D1671227

50 Jahre Bundesrepublik – 50 Jahre Einwanderung

Jan Motte, Rainer Ohliger,
Anne von Oswald (Hg.)

50 Jahre Bundesrepublik –
50 Jahre Einwanderung

Nachkriegsgeschichte als
Migrationsgeschichte

Campus Verlag
Frankfurt/New York

Die Deutsche Bibliothek – CIP-Einheitsaufnahme

50 Jahre Bundesrepublik – 50 Jahre Einwanderung:
Nachkriegsgeschichte als Migrationsgeschichte / Jan Motte ... (Hg.). –
Frankfurt/Main; New York: Campus Verlag, 1999
   ISBN 3-593-36369-0

Copyright © 1999 Campus Verlag GmbH, Frankfurt/Main
Umschlaggestaltung: Satzstudio »Die Letter«, Hausen/Wied
Umschlagmotiv: Italienische Gastarbeiter der VW-Werke in Wolfsburg
überweisen einen Teil ihres Lohnes an ihre Familien in Italien.
Foto: Benno Wundshammer, 1962
Quelle: Bildarchiv preussischer Kulturbesitz, Berlin
Satz: Roland Laich, Göttingen
Druck und Bindung: Druckhaus »Thomas Müntzer«, Bad Langensalza
Gedruckt auf säurefreiem und chlorfrei gebleichtem Papier.
Printed in Germany

Besuchen Sie uns im Internet: www.campus.de

Inhalt

Abkürzungen

Aa	Arbeitsamt
AA	Auswärtiges Amt
AAK	Ausländische Arbeitskräfte
Abb.	Abbildung
ÄAL	Ämter für Arbeit und Löhne
AIDGL	Archiv des Instituts für donauschwäbische Geschichte und Landeskunde
ANBA	Amtliche Nachrichten der Bundesanstalt für Arbeitsvermittlung und Arbeitslosenversicherung
APVO	Ausländerpolizeiverordnung
ARCI	Associazione Ricreativa Culturale Italiana
BA	Bundesarchiv
BAVAV	Bundesanstalt für Arbeitsvermittlung und Arbeitslosenversicherung
BDA	Bundesvereinigung der Deutschen Arbeitgeberverbände
BdV	Bund der Vertriebenen
BMA	Bundesministerium für Arbeit und Sozialordnung
BmfG	Bundesministerium für gesamtdeutsche Fragen
BMI	Bundesministerium des Innern
BMVt	Bundesministerium für Vertriebene, Flüchtlinge und Kriegsgeschädigte
BMWi	Bundesministerium für Wirtschaft
BMWo	Bundesministerium für Wohnungsbau bzw. Bundesministerium für Wohnungswesen, Städtebau und Raumordnung
BR	Betriebsrat
BRA	Betriebsratarchiv
BRD	Bundesrepublik Deutschland

BStU	Bundesbeauftragter für die Unterlagen der Staatssicherheit
BT	Bezirkstag
BVFG	Gesetz über die Angelegenheiten der Vertriebenen und Flüchtlinge (Bundesvertriebenengesetz)
BVP	Betriebsversammlungsprotokolle
COMECON	Council for Mutual Economic Assistance (siehe RGW)
CRALOG	Council of Relief-Agencies Licensed for Operation in Germany
ČSSR	Tschechoslowakische Sozialistische Republik
DDR	Deutsche Demokratische Republik
DGB	Deutscher Gewerkschaftsbund
DoMiT	Dokumentationszentrum und Museum über die Migration aus der Türkei e.V.
DP	Displaced Person
EG	Europäische Gemeinschaft
EWG	Europäische Wirtschaftsgemeinschaft
FAZ	Frankfurter Allgemeine Zeitung
FES	Friedrich-Ebert-Stiftung
FR	Frankfurter Rundschau
GBR	Gesamtbetriebsrat
HMI	Hessisches Ministerium des Innern
HStAS	Hauptstaatsarchiv Stuttgart
IG Metall	Industriegewerkschaft Metall
KPI	Kommunistische Partei Italiens
KZ	Konzentrationslager
LAA	Landesarbeitsamt
LHA	Landeshauptarchiv
MB	Ministerratsbeschluß
MdI	Ministerium des Innern
MfAL	Ministerium für Arbeit und Löhne
Muna	Munitionsanstalt
NATO	North Atlantic Treaty Organization
NAV	Notaufnahmeverfahren

10

NDS	Niedersachsen
Nds HstA	Niedersächsisches Hauptstaatsarchiv
OAS	Organisation de l'Armee Secrète
P+S	Stahlwerke Peine-Salzgitter AG
PA	Personalabteilung
Pdm	Potsdam
RdB	Rat des Bezirkes
RGW	Rat für Gegenseitige Wirtschaftshilfe (siehe COMECON)
RückHG	Rückkehrhilfegesetz
RZ	Rückkehrer und Zuziehende
SA	Sozialabteilung
SAL	Staatssekretariat für Arbeit und Löhne
SAPMO	Stiftung Archiv der Parteien und Massenorganisationen
SBZ	Sowjetische Besatzungszone
SED	Sozialistische Einheitspartei Deutschlands
SPD	Sozialdemokratische Partei Deutschlands
SPK	Staatliche Plankommission
StAS	Stadtarchiv Stuttgart
UNRRA	United Nations Relief and Rehabilitation Administration
UVR	Ungarische Volksrepublik
VEB	Volkseigener Betrieb
VRA	Volksrepublik Angola
VRP	Volksrepublik Polen
VVS	Vertrauliche Verschlußsache

Vorwort

Zwei Themen bestimmen seit Jahresbeginn 1999 die öffentlichen Diskussionen in der Bundesrepublik Deutschland: Zum einen wurde in zahlreichen Beiträgen Rückschau auf 50 Jahre Grundgesetz und 50 Jahre Bundesrepublik gehalten. Zum anderen war die Reform des (Reichs- und) Staatsbürgerschaftsrechtes Gegenstand heftiger öffentlicher Auseinandersetzungen. So groß das Interesse für das jeweilige Thema ist, so merkwürdig unterbelichtet erscheint jedoch die Schnittmenge beider Diskussionen. Auch nach 50 Jahren Bundesrepublik und angesichts der großen – und weiter zunehmenden – Bedeutung von Migration in der Einwanderungsgesellschaft Bundesrepublik Deutschland findet dieses Thema keine angemessene Berücksichtigung und Würdigung in vielen Darstellungen, die anläßlich des Staatsjubiläums die Geschichte der Bundesrepublik Deutschland bearbeiten. Allzu häufig bleibt auch heute noch die öffentliche und teilweise auch fachwissenschaftliche Auseinandersetzung mit der Geschichte der Zuwanderung bei der Reproduktion der gängigen Bilder von „ostpreußischen Frauen mit Handkarren auf der Flucht" und vom mit „einem Moped beschenkten ‚Gastarbeiter'" stehen. Die je spezifischen Migrationsgeschichten werden kaum hinreichend analysiert und gleichzeitig in einen analytischen Zusammenhang mit der Gesamtgeschichte der Bundesrepublik gestellt. Statt eines integrierten Ansatzes, der auf Gemeinsamkeiten oder markante Unterschiede bei verschiedenen Gruppen von Migranten und Migrantinnen hinweist, herrscht häufig eine Parzellierung der Migrationsgeschichte(n) vor. Semantische Unterscheidungen und Aufteilungen in „Flüchtlinge", „Vertriebene", „Asylbewerber", „Gastarbeiter", „Spätaussiedler" oder gar „echte Flüchtlinge" und „Illegale" fanden und finden im politischen Umgang mit und der finanziellen Förderung von verschiedenen Migrantengruppen ihre Entsprechung.

Bislang fehlt ein Bewußtsein für die Einwanderungstraditionen unseres Staates. Dies bleibt nicht ohne Folgen: Während historische Traditionen und Diskurse relevante Größen in den gesellschaftlichen Auseinandersetzungen darstellen, führt das fehlende Bewußtsein über die jüngere Einwanderungsgeschichte der Bundesrepublik dazu, daß historisches Wissen als Ressource für die öffentlichen Debatten weitgehend ungenutzt bleibt.

Die Aufgaben sozial- und alltagsgeschichtlicher Forschung und ihrer Vermittlung sollten gerade darin liegen, die historischen Zusammenhänge darzustellen und Erklärungen dafür anzubieten. Der vorliegende Band geht diese Aufgaben in überzeugender Weise an. Durch seine methodische Anlage vermeidet er Verkürzungen, die in einer vermeintlich alles dominierenden kulturellen Differenz von Menschen die Erklärungen für Konflikte und Ungleichheiten in der Gesellschaft zu erkennen glauben. Die Beiträge dieses Bandes betonen hingegen auch die wirtschaftlichen, sozialen und politischen Implikationen von 50 Jahren Bundesrepublik *und* 50 Jahren Einwanderung.

Das vorliegende Buch erlaubt ein besseres Verständnis der Geschichte der bundesdeutschen Einwanderungsgesellschaft. Aus Sicht des *Landeszentrums für Zuwanderung NRW* ermöglicht es damit auch die Voraussetzung für aufgeklärte Diskussionen über die Gegenwart und Zukunft der bundesdeutschen Gesellschaft und für Versuche, am Ziel der Chancengleichheit für alle Menschen – nicht nur im Bereich ihrer historischen und kulturellen Repräsentation – in der Bundesrepublik zu arbeiten.

Lale Akgün, *Landeszentrum für Zuwanderung NRW*

50 Jahre Bundesrepublik – 50 Jahre Einwanderung

Jan Motte, Rainer Ohliger, Anne von Oswald

„Italienische Gastarbeiter freuen sich über die D-Mark und nehmen am deutschen Wirtschaftswunder teil." So hätte eine zeitgenössische Schlagzeile für das Foto aus dem Jahre 1962 auf der Titelseite des Sammelbandes lauten können. Die fröhlich und hoffnungsvoll mit DM-Scheinen wedelnden Italiener vor dem Einzahlungsschalter einer deutschen Bank symbolisieren die Zeit des wirtschaftlichen Aufschwungs in der Bundesrepublik. Der Arbeitsmarkt war leergefegt, die Flüchtlinge aus der DDR konnten den Arbeitskräftebedarf nicht mehr decken, so daß verstärkt Arbeitskräfte aus dem Mittelmeerraum angeworben wurden. Das Motto „Wohlstand für alle" schloß zunächst auch Arbeitsmigranten und Arbeitsmigrantinnen mit ein. Die Vorstellungen vom massenhaften Einsatz in den unattraktiven, unteren Beschäftigungspositionen auf der einen Seite und vom höchstmöglichen Verdienst auf der anderen Seite harmonierten einträchtig miteinander, solange das Konzept der „Gastarbeit" umgesetzt werden konnte, solange also der Mythos vom begrenzbaren provisorischen Arbeitsaufenthalt einerseits und der „produktiven Rückkehr" ins Heimatland andererseits aufrecht erhalten werden konnten.

Die Augenblicksaufnahme des Jahres 1962 trifft jedoch mehr die *Stimmung* und *Erwartung* der ersten Generation von Arbeitsmigranten und Arbeitsmigrantinnen und der sie aufnehmenden bundesdeutschen Gesellschaft als die tatsächliche soziale und politische *Wirklichkeit*. Die Botschaft des Bildes – Migration als transitorischer Arbeitsaufenthalt, der junge männliche Arbeitskräfte betraf und in einer erfolgreichen Rückkehr endete – erwies sich als unzutreffend. Der historische Blick auf die Arbeitsmigration zeigt in mehrfacher Hinsicht komplexere Zusammenhänge, als es das Bild suggeriert. Weder entsprach die Erwartung, daß Arbeitsmigration nur temporär war, der Wirklichkeit noch war sie auf rein ökonomische Aspekte begrenzt. Das Bild vom jungen Arbeitsmigranten, der heute kommt, um Geld zu verdienen, und morgen geht, um sich eine eigene Zukunft im Herkunftsland aufzubauen, stimmte schon in der Anwerbezeit nicht. Nicht nur Männer aus dem Mittelmeerraum, wie es das Titelbild suggeriert, sollten den akuten Arbeitskräftemangel vorübergehend lindern, sondern auch junge, möglichst ledige Frauen standen an oberster Stelle auf den Anwerbelisten deutscher Industrieunternehmen. Gleichermaßen männliche wie weibliche Arbeitsmigranten schickten besonders in den ersten Jahren den Hauptanteil des Lohnes in ihr Herkunftsland in der Hoffnung, bald als Taxiunternehmer, Land-, Restaurant-, Fischerboot- oder Hausbesitzer eine Existenz im Heimatland aufbauen zu können. Aber mit fortdauerndem Arbeitsaufhalt begann ein Einwanderungsprozeß, der mit dem Umzug aus den Ausländerunterkünften in Wohnungen, dem Nachholen der Familien, der Heirat oder Familiengründung in der Aufnahmegesellschaft sichtbar wurde. Die Arbeitsmigranten und Arbeitsmigrantinnen wurden so Teil des sozialen wirtschaftlichen und politischen Lebens der bundesdeutschen Gesellschaft und stellen gerade heute Fragen an das politische Gemeinwesen und sein Selbstverständnis. Arbeitsmigration beinflußte somit die Geschichte und die politische und soziale Wirklichkeit der Bundesrepublik entscheidend mit. Der tiefgreifende gesellschaftliche Wandel durch Einwanderung ging allerdings über die Arbeitsmigration hinaus und begann bereits mit der Aufnahme der Flüchtlinge und Vertriebenen der unmittelbaren Nachkriegszeit und setzt sich heute unter dem Einfluß der „Neuen Migration" (Asylsuchende, Aussiedler, Bürgerkriegsflüchtlinge, Umweltflüchtlinge) fort.

Das Jubiläum 50 Jahre Bundesrepublik bietet einen Anlaß für einen vergleichenden Blick auf die Veränderungen der deutschen Gesellschaft durch Zuwanderung in ihrer ganzen historischen Breite. Es liefert die Gelegenheit, die Entwicklung der Einwanderungsgesellschaft Bundesrepublik und die aus Zuwanderung resultierenden gesellschaftlichen Bedingungen und Veränderungen einer zeitgeschichtlichen Untersuchung und Würdigung zu unterziehen. Die unterschiedlichsten Formen von Migration und der sich daraus ergebenen Konflikte, aber auch der Chancen waren für die Bundesrepublik seit ihrem Bestehen kennzeichnend. Flucht und Vertreibung der unmittelbaren Nachkriegszeit, die Anwerbung von Arbeitsmigranten zwischen 1955 und 1973, die deutsch-deutsche Wanderung vor dem Bau und nach dem Fall der Berliner Mauer, Familienzusammenführung von Arbeitsmigranten und der Zuzug von Aussiedlern und Asylbewerbern bildeten die großen Zuwanderungsbewegungen in die Bundesrepublik. Zwölf Millionen Flüchtlingen und Vertriebenen der unmittelbaren Nachkriegszeit folgten zwischen 1950 und 1999 3,9 Millionen Aussiedler. Der Anteil der ausländischen Bevölkerung in der Bundesrepublik im Jahr 1999 beträgt 7,4 Millionen Personen, von denen ca. 4,5 Millionen als Arbeitsmigranten bzw. Familienangehörige von Arbeitsmigranten ins Land kamen oder aber als deren Kinder in der Bundesrepublik geboren wurden. Damit war und ist die Bundesrepublik in ihrer jüngeren Geschichte nach den USA zum zweitgrößten Einwanderungsland der Erde geworden, selbst wenn das Faktum, Einwanderungsland zu sein, nicht zum Allgemeingut oder gar zur Identität der Mehrheit der bundesdeutschen Bevölkerung oder der politischen Klasse des Landes gehört.

Insbesondere das Jubiläumsjahr 1999 zeigte, daß Zuwanderung und die Debatte um Fremde im Land und deren Integration einen herausgehobenen Stellenwert für die gegenwärtige deutsche Gesellschaft bilden. Dazu gehören die Fragen und Kontroversen, was es heißt, deutsch zu sein, wie sich (nationale) Zugehörigkeit in der deutschen Gesellschaft bestimmt und wo die Grenzen deutscher Identität verlaufen. Die Kontroverse um die doppelte Staatsbürgerschaft und die Änderung des Reichs- und Staatsangehörigkeitsgesetzes war im Wesen eine Debatte um das Selbstverständnis des Landes als Einwanderungsland. Die Leidenschaft, mit der diese Debatte geführt wurde, ist nicht ohne ihre historischen Voraussetzungen zu verstehen: Sowohl das Verständnis der deutschen Nation als Ethno- bzw. Abstammungsnation, als auch die Präsenz von Ausländern der ersten, zweiten und dritten Generation ohne deutschen Paß sind in ihrer historischen Dimension zu berücksichtigen, will man an den Kern der jüngsten Debatte um Staatsangehörigkeit und nationale Zugehörigkeit gelangen. Das Spannungsfeld in dem sich die Kontroverse bewegte, ist u.a. durch die politischen und sozialen Prozesse von Homogenisierung und Heterogenisierung der deutschen Bevölkerung durch Migration, vor allem aber auch durch historisch geprägte Vorstellungen über nationale Homogenität und davon tolerierbaren Abweichungen vorgeprägt gewesen.

Während Flucht und Vertreibung deutscher Minderheiten in der Nachkriegszeit zur Homogenisierung von Staat und Ethno-Nation in Deutschland beitrugen und Flüchtlinge und Vertriebene eher als „national Eigene" empfunden wurden, bewirkte die Arbeitsmigration in den fünfziger und sechziger Jahre eine Heterogenisierung der Bevölkerung. Arbeitsmigranten und Arbeitsmigrantinnen verkörperten eher das Andere und das Fremde. Heute werden allerdings einige der ehemals Angeworbenen, beispielsweise die Italiener und Spanier, weithin als zugehörig empfunden. Die Rolle der Fremden wird nun den nichteuropäischen Migranten und Migrantinnen, vor allem jenen aus der Türkei, zugewiesen, deren Ausgrenzung sich in der Frage des Zugangs zur deutschen bzw. zur EU-Staatsbürgerschaft widerspiegelt. Dabei wird deutlich, daß der Wandel der gesellschaftlichen Inklusions- und Exklusionsprozesse gegenüber Migrantinnen und Migranten in direkter Beziehung zum Wandel der nationalen Identität stand und steht. Flüchtlinge und Vertriebene verstärkten das Eigenbild, wohingegen Arbeitsmigranten als Kontrastbild zur Eigendefinition dienten, insbesondere wenn sie sich nicht in eine werdende europäische Identität einfügen (lassen). Entwicklungen von verminderter bzw. erhöhter Exklusion und Inklusion gegenüber bestimmten Einwanderergruppen veränderten und verändern so auf lange Sicht das Selbstverständnis der Bundesrepublik in einem sich allerdings wandelnden europäischen Kontext, der nationale Zugehörigkeiten transformiert und auflöst.

Jedoch unterschieden sich nicht nur die Inklusions- und Exklusionsprozesse von Flüchtlingen bzw. Vertriebenen und Arbeitsmigranten und Arbeitsmigrantinnen. Auch die Form der Migration, ihre Ursachen und Integrationsvoraussetzungen wichen stark voneinander ab. Im Fall der Flüchtlinge und Vertriebenen handelte es sich um Zwangsmigranten, bei den Aussiedlern und Aussiedlerinnen um eine Form der (ethnisch) privilegierten Zuwanderung. Beiden Formen der Zuwanderung war gemein, daß sie als definitive Zuwanderung akzeptiert wurden, auch wenn sie nicht von vornherein so intendiert waren. Spezielle soziale und ökonomische Integrationshilfen (z.B. Lastenausgleich, Sprachkurse) dienen bis heute zur Förderung des gesellschaftlichen Eingliederungsprozesses. Der einfache Zugang zur Staatsbürgerschaft und die Integrationsmaßnahmen lassen es gerechtfertigt erscheinen, diese Gruppe von Zuwanderern als „privilegierte" Migranten zu bezeichnen, auch wenn ihre Zuwanderung sich selbst in der Regel nicht aus einem Privileg, sondern aus Zwangsmaßnahmen oder einem Status der Benachteiligung ableitete.

Der Fall der Arbeitsmigranten und Arbeitsmigrantinnen lag anders. Sie wurden aus arbeitsmarktpolitischen Gründen seit dem Inkrafttreten des ersten Anwerbeabkommens zwischen Italien und Deutschland im Jahr 1955 angeworben. Ein beispielloser Arbeitskräftemangel seit Beginn der sechziger

Jahre führte zu „einer hektischen Jagd der Firmen nach in- und ausländischen Arbeitskräften" (IG-Metall Geschäftsbericht 1960-61) erst aus Italien, dann aus Griechenland, Spanien, der Türkei und später aus Jugoslawien. Mit dem wirtschaftlichen Konjunktureinbruch seit dem Herbst 1973, der im Zeichen der weltweiten Ölkrise stand, endete die Anwerbung von Arbeitsmigranten und Arbeitsmigrantinnen aus dem Mittelmeerraum. Bis dahin dominierte bei den maßgeblichen Arbeitsmarktakteuren die Vorstellung eines ausschließlich zeitlich begrenzten Arbeitsaufenthaltes für die Migranten und Migrantinnen. Obwohl diese oft selbst, die Vorstellung einer baldigen Rückkehr ins Heimatland nährten und auch die Rückwanderungsquote hoch war, verwiesen bereits seit Mitte der sechziger Jahre deutliche Zeichen auf einen klassischen Einwanderungsprozeß. Spezielle Integrationsmodelle, wie einst für die Vertriebenen oder heute für die Aussiedler, waren und sind für die Arbeitsmigranten und Arbeitsmigrantinnen nicht vorgesehen. Als „nicht-privilegierte" Migranten und Migrantinnen sollten sie weniger eingegliedert, als vielmehr durch spezielle Regierungsangebote zur Rückkehr motiviert werden. Bis heute steht die volle politische und gesellschaftliche Anerkennung des vollzogenen Einwanderungsprozesses aller ehemaligen „Gastarbeiterinnen" und „Gastarbeiter" noch aus. Dies wurde in der Debatte um den Erwerb der deutschen Staatsbürgerschaft überaus deutlich.

Obwohl ein Wandel der gesellschaftlichen Vorstellung von einer national homogenen Gesellschaft bzw. eine Öffnung zu einer pluralen, Differenz anerkennenden westeuropäischen Gesellschaft feststellbar ist, werden die Arbeitsmigranten und Arbeitsmigrantinnen aus der Türkei und deren Nachkommen sowie die „neuen" Arbeitsmigranten aus Polen oder der tschechischen Republik weithin ausgegrenzt und gelten als „nicht-privilegierte" Fremde. Obwohl oft auch als Fremde empfunden und in sozialen Randlagen lebend, genießen Aussiedler hingegen als „privilegierte" Migranten uneingeschränkte gesellschaftliche Teilhabe. Im historischen Vergleich der beiden großen und bedeutenden Zuwanderungen in die Bundesrepublik zeigt sich, daß die Frage nach Inklusion und Exklusion der zugewanderten Bevölkerung den Kern der Debatte und ihrer sozialen und politischen Probleme ausmacht. Rechtliche, soziale und politische Privilegierung von Vertriebenen, Flüchtlingen und Aussiedlern führte zu einem hohen Maß an Inklusion in die bundesdeutsche Gesellschaft und damit zu erhöhten Partizipationschancen sowie vergleichsweise guten Integrationsbedingungen, auch wenn Inklusion nicht notwendigerweise gelungene Integration bedeutete. Eine zumindest rechtliche und politische, z.T. auch soziale Marginalisierung von Arbeitsmigranten und Arbeitsmigrantinnen ist hingegen ein Indiz für die weiterhin bestehende Exklusion dieser Personengruppe aus der und durch die Aufnahmegesellschaft.

Die soziale und politische Wirklichkeit von Migration und Integration entsprach den Intentionen in beiden Zuwanderungsfällen nicht oder nur partiell. Die schnelle, einfache und volle Integration von Flüchtlingen und Vertriebenen der Nachkriegszeit ist ein sozialer Mythos der durch jüngere zeithistorische Forschungen in Frage gestellt worden ist. Die eigene Migrationsgeschichte ist für viele Flüchtlinge und Vertriebene nicht eine geradlinige Erfolgsgeschichte des komplikationslosen Einlebens in der Bundesrepublik, sondern vielfach die Geschichte eines mühsamen Neuanfangs, der von sozialen Brüchen, vom Fremdsein und Gefühlen des Ausgeschlossenseins gekennzeichnet war. Hingegen erwies sich die Idee, daß Arbeitsmigration ein nur temporäres Phänomen ohne dauerhafte Auswirkungen sei, als politischer Mythos, der in der Gegenwart ad absurdum geführt wird.

Die Beiträge des Bandes

Der vorliegende Band vereint Arbeiten von Wissenschaftlern und Wissenschaftlerinnen aus verschiedenen Fachdisziplinen mit interdisziplinären Forschungsinteressen im Bereich von (historischer) Migrations-, Minderheiten-, Ethnizitäts- und Geschlechterforschung. Die Spannbreite der Disziplinen reicht von der Ideen-, Alltags- und Sozialgeschichte über die Biographie- und Frauenforschung bis hin zu Politikwissenschaft, Soziologie und Volkskunde.

Die Autoren und Autorinnen, zum Teil selbst Zuwanderer nach Deutschland, werfen einen neuen Blick auf die beiden großen Zuwanderungen ins Nachkriegsdeutschland, versuchen, den Vergleich zu eröffnen und die (sozial)historische Migrationsforschung für neue aus den systematischen Sozialwissenschaften gewonnene Fragestellungen zu öffnen.

Der Schwerpunkt des Bandes ist historisch. Die jüngste Phase der Zuwanderung in die Bundesrepublik, Asyl und neue Arbeitsmigration, gerät nicht oder nur am Rande in den Blick. Eine historiographische Untersuchung dieser Migrationen wird erst mit Ablauf der Aktensperrfristen möglich sein. Im Vordergrund stehen daher die beiden historischen Migrationsbewegungen der Flüchtlinge und Vertriebenen der unmittelbaren Nachkriegszeit und der Arbeitsmigranten und Arbeitsmigrantinnen der sechziger und siebziger Jahre. Beleuchtet werden nicht nur die verschiedenen Einwanderungsverläufe und unterschiedlichen Prozesse gesellschaftlicher Inklusion und Exklusion, sondern auch die gesellschaftliche Wahrnehmung gegenüber den „privilegierten Zuwanderern" und den „nicht-privilegierten" Arbeitsmigranten. Welche Auswirkungen die ungleichen Teilhabechancen an der Gesellschaft sowie die gesellschaftlichen Perzeptionen auf die Lebensverläufe der Zuwanderer hatten und welchem Wandel sie unterlagen, wird in einem ersten Teil für privilegierte Migranten (Vertriebene, Flüchtlinge, Aussiedler) und in einem zweiten Teil für Arbeitsmigranten untersucht. Neue theoretische Erkenntnisse sowie neue Untersuchungsfelder in der Migrationsforschung werden in einem dritten Teil vorgestellt.

Die Zuwanderung von Flüchtlingen, Vertriebenen und Aussiedlern nach Deutschland wird von Hannelore Oberpenning, Volker Ackermann, Mathias Beer und Heinke Kalinke in den Mittelpunkt der Untersuchung gestellt, während Andrea Schmelz sich mit der Migration aus der Bundesrepublik in die DDR beschäftigt. Im Eingangsaufsatz des ersten Teils des Sammelbandes ,,Das Modell Espelkamp' Zur Geschichte der sozialen und kulturellen Eingliederung von Flüchtlingen, Vertriebenen und Aussiedlern" zeigt *Hannelore Oberpenning* in historischer Längsschnittanalyse das gesamte Spektrum an Zuwanderungen und Eingliederungsprozessen in die Bundesrepublik von der unmittelbaren Nachkriegszeit bis in die Gegenwart auf. Die Fallstudie der Vertriebenen- und Flüchtlingssiedlung Espelkamp in Nordrhein-Westfalen bietet für die Untersuchungen der unterschiedlich verlaufenden Prozesse von Inklusion und Exklusion nach dem Zweiten Weltkrieg eine optimale „historische Laborsituation". Die Autorin verdeutlicht einerseits die „objektive" Seite des Integrationsverlaufs mit seinen politischen Konzepten und Maßnahmen, andererseits die „subjektive" Seite der Zuwanderungserfahrungen und Einstellungen der Flüchtlinge, Vertriebenen und Aussiedler. Die Gründungsidee „Espelkamp als Modell für die Vertriebenenintegration" wurde auf den Prüfstand gestellt, als der Migration von Vertriebenen und Flüchtlingen der späten vierziger Jahre neue Formen der Zuwanderung folgten. Den Arbeitsmigranten und Arbeitsmigrantinnen aus dem Mittelmeerraum, die in den sechziger Jahren nach Espelkamp kamen, folgten in den siebziger, achtziger und neunziger Jahren die Aussiedler. Parallel dazu verlief seit Mitte der achtziger Jahre die Aufnahme von Asylbewerbern.

Die Autorin gelangt zu dem Ergebnis, daß die nach innen orientierte alte Flüchtlings- und Vertriebenengemeinschaft eine erstaunlich integrative Wirkung entwickelte, die jedoch durch den starken Zuwachs von Aussiedlern seit Mitte der siebziger Jahre aufbrach, so daß Konflikte und Spannungen zwischen alteingesessenen und neuen Zuwanderern entstanden. Diese sind jedoch nicht als bedrohliche Ausnahmesituation, sondern als Teil eines echten Einwanderungsprozesses zu verstehen.

Mathias Beer eröffnet mit seiner Mikrostudie „Lager als Lebensform in der deutschen Nachkriegsgesellschaft: Zur Neubewertung der Funktion der Flüchtlingswohnlager im Eingliederungsprozeß" die Debatte um das Lager als Lebensform von und für Migranten und Migrantinnen und damit als ein Leitmotiv für die Geschichte des 20. Jahrhunderts, dem Jahrhundert der Flüchtlinge. Anhand einer Flüchtlingsgruppe aus Südosteuropa, Angehörigen der vertriebenen deutschen Minderheit aus der Batschka, zeigt er, wie im Jahrhundert der Lager die Lagergemeinschaft eine durchaus integrative Funktion erfüllte, um die Marginalität der Zuwanderer zu überbrücken, eigene Sozialstrukturen auszubilden und im Spannungsverhältnis von Segregation und Integration eine spezifische Identität zu entwickeln.

In „Politische Flüchtlinge oder unpolitische Zuwanderung aus der DDR? Die Debatte um den *echten* Flüchtling in Westdeutschland von 1945 bis 1961" geht *Volker Ackermann* einer Frage nach, die in der jüngsten Vergangenheit der Bundesrepublik in einem anderen Kontext wiederum für Kontroversen sorgte, nämlich dem Problem der Authentizität von Fluchtgründen und der Anerkennung von Flüchtlingen als „echte" Flüchtlinge, nicht nur als Wirtschafts- oder Wohlstandsflüchtlinge. Der Autor weist nach, daß bereits die Anerkennung von Flüchtlingen aus der DDR in der Bundesrepublik der fünfziger und sechziger Jahre mit ähnlichen Argumenten geführt wurde, wie die Debatte um sogenannte Scheinasylanten und Wirtschaftsflüchtlinge zu Beginn der neunziger Jahre. Die Akzeptanz von DDR-Flüchtlingen in der Bundesrepublik als „echte" Flüchtlinge wurde erst durch die soziale Konstruktion des politischen Flüchtlings gewährleistet.

Andrea Schmelz untersucht in „West-Ost-Migranten im geteilten Deutschland der fünfziger und sechziger Jahre" die in der Forschung bislang kaum beachteten Migranten aus der Bundesrepublik in die DDR. Wie die von Ackermann analysierten Ost-West-Flüchtlinge hatten auch die West-Ost-

Migranten mit erheblichen Schwierigkeiten zu kämpfen, um in der DDR soziale Anerkennung zu finden. Die schwierige Integration der West-Ost-Migranten zeigte sich u.a. an der starken Rückwanderung dieser Personen. Zwischen einem Viertel und der Hälfte der West-Ost-Migranten wanderte vor 1961 in die Bundesrepublik zurück. Eine Parallele zu Konfliktlinien der Gegenwart zeigt sich am Fallbeispiel von Schmelz. Während im vereinigten Deutschland die gegenseitige Zuschreibung kollektiver Stereotype („Ossi"/„Wessi") allgegenwärtig ist, sahen sich bereits die Ost-West-Migranten der fünfziger und sechziger Jahre in der DDR unter völlig anderen Vorzeichen mit der Stigmatisierung als „Wessis" konfrontiert.

Das Spannungsfeld von Identität und Flucht/Vertreibung steht im Mittelpunkt der Untersuchung von *Heinke Kalinke*. Die Autorin zeigt in ihrem Beitrag „,Wir waren irgendwie entwurzelt': Lebensgeschichtliche Erzählungen von Frauen aus und in Oberschlesien" anhand einer Studie oberschlesischer Frauen, wie sich Flucht und Vertreibung einerseits, Nicht-Vertreibung und Verbleib in Schlesien andererseits biographisch und in den Perzeptionsmustern des Eigenen und Fremden niederschlugen. Marginalität und ein Zwischenstatus waren sowohl für die geflohenen bzw. vertriebenen als auch für die verbliebenen Frauen kennzeichnend. Innerhalb der (Re-) Konstruktion des biographischen Selbst dieser Frauen nahmen die unmittelbaren durch Flucht und Vertreibung dominierten Nachkriegsereignisse herausragende und prägende Bedeutung ein.

Karen Schönwälder eröffnet mit ihrem Beitrag „,Ist nur Liberalisierung Fortschritt?' Zur Entstehung des ersten Ausländergesetzes der Bundesrepublik" den zweiten Teil des Bandes zum Thema Arbeitsmigration nach Deutschland. Die Autorin untersucht die Ablösung der alten Ausländerpolizeiverordnung von 1938 durch die Neuregelung des Ausländergesetzes im Jahr 1965. Die Neuregelung erwies sich als ein historisches Beispiel dafür, daß diese zum Zeitpunkt ihrer Verabschiedung die gesellschaftliche Realität schon nicht mehr erfaßte oder erfassen wollte. Der Bezugsrahmen des Gesetzes verwies ungleich mehr auf die Vergangenheit, als auf die Erfordernisse der Gegenwart oder der Zukunft.

Schönwälder untersucht die Entstehungsgeschichte eines damals in der Öffentlichkeit und im Bundestag als weltoffen und liberal gefeierten Ausländergesetzes. Während das Gesetz für die nächsten 25 Jahre bis 1990 vor allem für Arbeitsmigranten und Arbeitsmigrantinnen und Asylsuchende Anwendung fand, war das Bild des bzw. der Fremden, das die Entwicklung des Ausländergesetzes zuvor maßgeblich geprägt hatte, entscheidend von ordnungs- und sicherheitspolitischen Vorstellungen geprägt, die in erster Linie auf die unmittelbare Nachkriegszeit zurückgingen: Die Erfahrung mit und die Erinnerung an sogenannte Displaced Persons und heimatlose Ausländer standen Pate bei der Formulierung des Gesetzes.

Anne von Oswald und *Barbara Schmidt* setzen in ihrem Beitrag die von Mathias Beer begonnene Diskussion über Lager und Lagerleben fort. In ihrem Beitrag „,Nach Schichtende sind sie immer in ihr Lager zurückgekehrt': Leben in Gastarbeiter-Unterkünften in den sechziger und siebziger Jahren" nutzen sie den Lagerbegriff als heuristisches Mittel, um das Leben in typischen „Gastarbeiter"-Unterkünften zu analysieren. Anhand zweier konkreter Beispiele, den Unterkünften des Volkswagenwerkes in Wolfsburg und des Opel-Wohnheims in Rüsselsheim, werden die Lebensbedingungen von Arbeitsmigranten und Arbeitsmigrantinnen geschildert. Über die betrieblichen Beispiele hinaus wird die Politik, die der Unterbringung zugrunde lag und deren Legitimation untersucht. Diese Politik war von Widersprüchlichkeiten gekennzeichnet.

Einerseits wurden aller Orten in den sechziger Jahren Barackenräumprogramme zur „Schandfleckbeseitung" durchgeführt. Andererseits boomte gleichzeitig die Branche, die die Unternehmen mit barackenähnlichen Leichtbauten versorgte. Während die „Entproletarisierung" (Josef Mooser) der deutschen Arbeiter und Arbeiterinnen eine Verbesserung der Wohnsituation mit sich brachte, bedeutete die soziale Position als „Gastarbeiter" für eine Vielzahl von Arbeitsmigranten und Arbeitsmigrantinnen die Unterbringung zu viert, fünft oder sechst in lagerartigen betrieblichen Wohnheimen. Es wird deutlich, daß in diesem Kontext nicht nur toleriert, sondern planmäßig gefördert wurde, was an anderer Stelle als „Schandfleck" beseitigt wurde. Die Gastarbeiterunterkünfte symbolisierten somit die Politik der als nur provisorisch verstandenen Anwerbepolitik und wurden zu Zeichen der sozialen Segregation.

Mit der Arbeitsmigration aus der Türkei beschäftigen sich die Beiträge von *Mathilde Jamin* und *Jan Motte*. In „Fremde Heimat. Zur Geschichte der Arbeitsmigration aus der Türkei" faßt Jamin die Ergebnisse eines Ausstellungsprojekts des Ruhrlandmuseums und des Dokumentationszentrums und Museums über die Migration aus der Türkei e.V. (beide Essen) zusammen. Diesem Pionierprojekt ist unter anderem ein Quellenfund zu verdanken, der von herausragender Bedeutung für die Frage nach der Verstetigung des

Aufenthalts von Arbeitsmigranten und Arbeitsmigrantinnen ist. Es war nämlich die Bundesvereinigung der Deutschen Arbeitgeberverbände, die die politischen Akteure bereits im Dezember 1962 aufforderte, vom Rotationsprinzip Abstand zu nehmen, um zu einem effizienteren Einsatz der einmal angelernten Arbeiter und Arbeiterinnen zu gelangen.

Jan Motte präsentiert im Aufsatz „Gedrängte Freiwilligkeit: Arbeitsmigration, Betriebspolitik und Rückkehrförderung 1983/84" Ergebnisse eines Projekts zur Sozial- und Alltagsgeschichte von Arbeitern aus der Türkei im Stahlwerk Peine-Salzgitter. Er untersucht die Ursachen und den Verlauf der Beschäftigung von ausländischen Arbeitskräften und deren Qualifikationsniveau im Zusammenhang mit der Politik der Rückkehrförderung Anfang der achtziger Jahre.

Trotz unterschiedlicher methodischer Ansätze gelangen Jamin und Motte zu einer gemeinsamen Einschätzung: Die Arbeiter und Arbeiterinnen aus der Türkei sollten nicht primär in der Rolle von Industriearbeitern wahrgenommen werden, „in der sie sich (...) von ihren deutschen Kolleginnen und Kollegen nicht unterscheiden" (Jamin). Durch die Auswertung zahlreicher Lebensgeschichten gelangt Jamin zu dem Ergebnis, daß für die Lebenswirklichkeit der Arbeiter und Arbeiterinnen aus der Türkei „der Gegensatz zwischen Erster und Dritter Welt offenbar sehr viel ausschlaggebender als der Klassengegensatz innerhalb der Bundesrepublik war."

Durch seine Analyse der Betriebspolitik verdeutlicht Motte, wie sich unter den Bedingungen einer ökonomischen Krise eine Spaltung der Industriearbeiterschaft und des Betriebsrats vollzog. Zur Unterstützung ihrer ‚freiwilligen' Rückkehr wurde 1983/84 Druck auf die Arbeiter aus der Türkei ausgeübt. Für den Bereich der Stahlbranche gelangt Motte zu einer Neubewertung der bislang als weitgehend erfolglos eingeschätzten Politik der Rückkehrförderung.

Sandra Gruner-Domić analysiert in ihrem Beitrag „Beschäftigung statt Ausbildung: Ausländische Arbeiterinnen und Arbeiter in der DDR (1961 bis 1989)" die Geschichte der Arbeitsmigration in die DDR. Im Jahr 1989 beschäftigte der Staat über 90.000 ausländische Arbeiter und Arbeiterinnen. Menschen, deren Lebenssituation sich nach der Vereinigung der beiden deutschen Staaten überwiegend verschlechterte, da die Bundesrepublik die von der DDR eingegangenen Verträge nicht verlängerte bzw. übernahm. Die ehemaligen Vertragsarbeiter wurden ausländerrechtlich den bundesdeutschen „Gastarbeitern" nicht gleichgestellt.

Wenngleich Vertragsarbeiter und Vertragsarbeiterinnen lediglich 1,4 Prozent der Beschäftigten im industriellen Bereich ausmachten, so waren die bilateralen Abkommen, die seit 1963 fast ausnahmslos mit sozialistischen Staaten abgeschlossen worden waren, für beide Vertragsseiten dennoch von großer Bedeutung. Gruner-Domić' Artikel verdeutlicht, daß entgegen den offiziellen Verlautbarungen weder ein „lebendiger sozialistischer Internationalismus" noch konkrete Programme zur Qualifizierung der ausländischen Arbeiter und Arbeiterinnen im Vordergrund standen: „Das Hauptinteresse an der Beschäftigung war bei allen Partnerstaaten, entweder ein Defizit oder einen Überschuß an Arbeitskräften auszugleichen." Am Beispiel der kubanischen Werkvertragsarbeitnehmer und -arbeitnehmerinnen rekonstruiert die Autorin u.a., wie sich die Verpflichtung zur Einhaltung sozialistischer Arbeitsdisziplin und der Status als Vertragsarbeiter auf die konkreten Lebens- und Arbeitsbedingungen auswirkte. Deutlich wird, daß in der „durchherrschten Gesellschaft" (Alf Lüdtke) der DDR das Leben der Arbeitsmigranten und Arbeitsmigrantinnen noch stärker als in der Bundesrepublik durch eine direkte staatliche Einflußnahme und Kontrolle gekennzeichnet war.

Der dritte Teil des Bandes vereint drei Aufsätze, die neue Perspektiven in die historische Migrationsforschung einführen. Der Beitrag von *Livia Novi* „Lebenswelten italienischer Migranten: Eine empirische Analyse" liefert in einem ersten Teil einen historischen Überblick zur Migrationsforschung in den letzten dreißig Jahren. Sie zeigt auf, daß im Bereich der historischen Migrationsforschung ein biographischer Ansatz noch aussteht, der Antworten auf die individuelle Entscheidungsfindung im Falle von Migration gibt. In einem zweiten Teil überprüft die Autorin die Anwendung des Lebensweltkonzepts von Alfred Schütz zur Erklärung von Migration. Die Lebensweltanalyse ermöglicht die Erfassung der inneren, der individuellen Erfahrungen, wie auch der äußeren Rahmenbedingungen. In einem dritten Schritt erläutert die Autorin ausführlich den methodischen Zugang zur Rekonstruktion von Lebenswelten anhand erzählter Lebensgeschichten. Novis Untersuchung der Alltagswelt von Migranten und Migrantinnen und der Wahrnehmungen und Empfindungen innerhalb ihrer Lebenswelten führt zu einer neuen Interpretation, die den Prozeß der Migrationsentscheidung in den Vordergrund rückt.

Der sich anschließende Gemeinschaftsaufsatz von *Sonja Haug* und *Edith Pichler* mit dem Titel „Soziale Netzwerke und Transnationalität: Neue Ansätze für die historische Migrationsforschung" stellt sich die Aufgabe, neue theoretische Konzepte in der Migrationsforschung an empirischen Ergebnissen zu überprüfen. Einerseits wird die zentrale Bedeutung von sozialen Netzwerken für die Entstehung kumulativer Migrationsprozesse, d.h. von Kettenwanderung diskutiert. Andererseits setzen sich die beiden Autorinnen theoretisch mit dem Konzept transnationaler sozialer Räume auseinander. In einem empirischen Teil folgt die Überprüfung bzw. Anwendung dieser Konzepte anhand der italienischen Zuwanderung nach Berlin.

Aus historischer Perspektive zeichnen die Autorinnen die Entwicklung der italienischen *community* von den ersten Pioniermigranten der unmittelbaren Nachkriegszeit, über die angeworbenen Arbeitsmigranten bis hin zu den jüngsten „postmodernen Migranten" nach. Die empirische Analyse der Netzwerkstrukturen und ihrer Funktion zwischen Berlin und Italien liefert einen Beleg für die Existenz transnationaler Strukturen, die durch italienische Migranten etabliert wurden.

Das in der Öffentlichkeit und Forschung geläufige Bild von den männlichen „Gastarbeitern", die zunächst jung und ledig angeworben wurden und später „ihre Frauen und Kinder nachgeholt haben", wird im Beitrag von *Monika Mattes* widerlegt und der aktiven Anwerbepolitik von Frauen von seiten der deutschen Industrie entgegengestellt. Im Zentrum des Aufsatzes „Zum Verhältnis von Migration und Geschlecht: Anwerbung und Beschäftigung von ‚Gastarbeiterinnen' in der Bundesrepublik 1960-1973" stehen nicht die Frauen selbst mit ihren Erfahrungen und Erwartungen in der Bundesrepublik, sondern die Arbeitsverwaltung und die Unternehmen. Anhand einer Analyse der vorherrschenden Vorstellungen und entwickelten Konzepte zur Anwerbung und Beschäftigung von Arbeitsmigrantinnen gelingt es der Autorin, eine von den Arbeitsmarktakteuren zugeteilte Sonderrolle der Migrantinnen nachzuweisen. Vorgesehen war nicht nur die Stabilisierung weiblicher Niedriglöhne sondern auch die Beschäftigung ausschließlich junger, hochmobiler Frauen, die für Heirat und Familiengründungen ins Heimatland zurückkehren sollten. Mit dem bereits seit Mitte der sechziger Jahre einsetzenden Einwanderungsprozeß waren jedoch solche Vorstellungen von weiblicher „Gastarbeit" schnell dahin. Die angeworbenen Ausländerinnen heirateten, holten ihre Familienmitglieder nach, bekamen Kinder und traten so bei fortlaufender Arbeitsplätzeknappheit in direkte Konkurrenz zu den deutschen Arbeiterinnen.

Die in der bisherigen Diskussion stets positiv angeführte tarifrechtliche Gleichstellung von Migranten und Migrantinnen mit ihren deutschen Kollegen und Kolleginnen bedeutete für die zugewanderten Frauen eine Gleichheit in der Ungleichheit. Sie trafen auf einen geschlechtsspezifisch segregierten Arbeitsmarkt, in dem sie, wie auch viele deutsche Frauen, für die gleiche Arbeit mit niedrigeren Löhnen bezahlt wurden.

Danksagung

Wie viele andere Projekte, so wäre auch dieses Buch ohne die Unterstützung zahlreicher Personen und Institutionen nicht möglich gewesen. Ihnen möchten wir an dieser Stelle herzlich danken. Der vorliegende Sammelband geht auf eine Tagung zur zeitgeschichtlichen Migrationsforschung im Oktober 1998 am Max-Planck-Institut für Geschichte in Göttingen zurück. Prof. Dr. Hartmut Lehmann, Prof. Dr. Alf Lüdtke, Prof. Dr. Rudolf Vierhaus, Christel Albern und die Geschichtswerkstatt Göttingen e.V. haben diese Tagung auf jeweils spezifische Art tatkräftig unterstützt und gefördert. Durch großzügige Unterstützung ermöglichte der Stifterverband der deutschen Wissenschaft die Durchführung der Veranstaltung. Dem Engagement von Dr. Lale Akgün vom Landeszentrum für Zuwanderung NRW (LzZ) in Solingen ist es zu verdanken, daß die Publikation des Buches sich so schnell umsetzen ließ.

Antje Scheidler (HU Berlin) danken wir für die Unterstützung beim Lektorieren der Texte, Jarko Hennig (HU Berlin) gilt unser Dank für technische Hilfestellungen beim Editieren der Texte. Roland Laich (Göttingen), Nicole Bongard und Heiko Kurbach (beide LzZ) verwandelten die Sammlung von Manuskripten, Bildern und Tabellen in ein druckreifes Manuskript. Dem Campus Verlag, speziell Dr. Judith Wilke, danken wir für die Aufnahme des Bandes in das Verlagsprogramm und die sach- und fachkundige Unterstützung. Abschließend gilt unser spezieller Dank natürlich den Autoren und Autorinnen für ihre Bereitschaft, die in Göttingen gehaltenen Referate innerhalb kurzer Zeit zu überarbeiten und in Aufsätze für diesen Sammelband zu verwandeln.

Erster Teil

Privilegierte Zuwanderung nach Deutschland

Das ‚Modell Espelkamp'

Zur Geschichte der sozialen und kulturellen Eingliederung von Flüchtlingen, Vertriebenen und Aussiedlern

Hannelore Oberpenning

Mit dem Ende des Zweiten Weltkrieges begann im Osten die Flucht vor der näherrückenden Roten Armee, danach die ‚wilde' und schließlich die ‚organisierte' Vertreibung der in Ost-, Ostmittel- und Südosteuropa lebenden Deutschen und deutschen Minderheiten. Bis Ende 1950 kamen rund 8,1 Millionen Flüchtlinge bzw. Vertriebene ins westliche Nachkriegsdeutschland und in die Bundesrepublik, ca. 3,6 Millionen in die sowjetische Besatzungszone und die DDR. Die Flüchtlinge und Vertriebenen stammten vor allem aus Schlesien, Ostpreußen, Pommern und Ostbrandenburg sowie aus der Tschechoslowakei, aus Polen, Ungarn, Jugoslawien und Rumänien.[1] Die Einglie-

---

1 Die Begriffe Flüchtlinge und Vertriebene werden im folgenden zum Teil synonym verwendet. Die juristische Definition lautet: Vertriebener ist, wer als deutscher Staatsangehöriger oder deutscher Volkszugehöriger seinen Wohnsitz in den ehemals unter fremder Verwaltung stehenden deutschen Ostgebieten oder in den Gebieten außerhalb der Grenzen des Deutschen Reiches nach dem Gebietsstande vom 31. Dezember 1937 hatte und diesen im Zusammenhang mit den Ereignissen des Zweiten Weltkrieges infolge Vertreibung, insbesondere durch Ausweisung oder Flucht, verloren hat." Und weiter heißt es zum Begriff „Flüchtling" unter anderem: „Sowjetzonenflüchtling ist ein deutscher Staatsangehöriger oder deutscher Volkszugehöriger, der seinen Wohnsitz in der sowjetischen Besatzungszone oder im sowjetisch besetzten Sektor von Berlin hat oder gehabt hat und von dort vor dem 1. Juli 1990 geflüchtet ist, um sich einer von ihm nicht zu vertretenden und durch die politischen Verhältnisse bedingten besonderen Zwangslage zu entziehen." Aussiedler werden als Vertriebene deutscher Staatsangehörigkeit oder Personen deutscher „Volkszugehörigkeit" definiert. Dabei handelt es sich um Personen, die vor dem 8. Mai 1945 einen Wohnsitz in den ehemaligen deutschen Ostgebieten bzw. den ehemaligen deutschen Siedlungsgebieten Ostmittel- und Osteuropas hatten und diese „nach Abschluß der allgemeinen Vertreibungsmaßnahmen" verließen. Hierzu „Gesetz über die Angelegenheiten der Vertriebenen und Flüchtlinge (Bundesvertriebenengesetz – BVFG)" vom 19. Mai 1953, in: Haberland 1994, S. 115-119.

derung der Flüchtlinge und Vertriebenen gehörte zu den größten gesellschaftlichen und wirtschaftlichen Herausforderungen in der Geschichte der noch jungen Bundesrepublik. Die Einwanderung von Deutschen aus dem Osten stellte viele Kreise, Städte und Gemeinden angesichts zerbombter Häuser und Wohnungen, Kriegszerstörungen in der Industrie, Demontagen und knapper Lebensmittel vor besondere soziale und politische Probleme. Die Eingliederung ließ die Kommunen nicht selten zum konfliktreichen ‚Schauplatz' der Begegnung von Alt- und Neubürgern, Einheimischen und Zuwanderern werden.

Mit der Zuwanderung der Flüchtlinge und Vertriebenen unmittelbar nach Ende des Zweiten Weltkrieges war das Kapitel keineswegs abgeschlossen. Nach 1950 vollzog sich die Zuwanderung von Aussiedlern aus Ost-, Ostmittel- und Südosteuropa, und dies jahrzehntelang nahezu unbemerkt. Erst

Grafik 1:   Aussiedlerzuwanderung in die Bundesrepublik Deutschland 1950 bis 1998

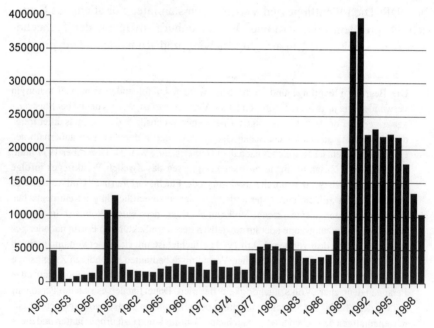

Quelle: Info-Dienst Deutsche Aussiedler (1998), *Zahlen – Daten – Fakten*; Statistisches Bundesamt Wiesbaden (1999).

32

mit dem sprunghaften Anstieg der Aussiedlerzahlen nach dem Fall des ‚Eisernen Vorhangs' wurde sie verstärkt Gegenstand des öffentlichen Interesses und der wissenschaftlichen Forschung. Von 1951 bis Ende 1988 gelangten rund 1,6 Millionen Aussiedler in die Bundesrepublik. Mit den politischen Umwälzungen in Osteuropa seit dem Ende der achtziger Jahre stiegen die Aussiedlerzahlen dramatisch an. Zwischen 1989 und 1998 kamen etwa 2,3 Millionen, seit 1950 mithin fast 4 Millionen Personen als Aussiedler nach Deutschland. Zu den drei Hauptherkunftsländern zählen die UdSSR bzw. ihre Nachfolgestaaten, Polen und Rumänien. Während bis 1989 Aussiedler aus Polen den größten Anteil stellten, waren es danach vorwiegend Personen aus den Nachfolgestaaten der Sowjetunion, insbesondere aus Kasachstan, Rußland und Kirgisien, die als Aussiedler die Grenzdurchgangslager der Bundesrepublik passierten. Seit dem Jahr 1993 reisen über 90 Prozent aller Aussiedler aus der ehemaligen Sowjetunion ein. Insgesamt kamen seit dem Ende des Zweiten Weltkrieges mehr als 16 Millionen Vertriebene (ca. 8,1 Millionen), Flüchtlinge bzw. Übersiedler (ca. 4,6 Millionen) und Aussiedler (ca. 3,9 Millionen) ins westliche Nachkriegsdeutschland und in die Bundesrepublik (Quelle 10; Bade 1994b, S. 148f.; 1990b, S. 5; 1990a, S. 128; 1994c, S. 89; Benz 1995, S. 10; Münz/Ohliger 1998; Ronge 1997; Waldmann 1979). Die Zahl dieser Zuwanderer entspricht etwa einem Fünftel der auf dem Gebiet der heutigen Bundesrepublik lebenden Bevölkerung deutscher Staatsangehörigkeit. Die Eingliederung von Flüchtlingen, Vertriebenen und Aussiedlern hat die Entwicklung von Bevölkerung und Wirtschaft, Politik und Gesellschaft in der Bundesrepublik in den vergangenen Jahrzehnten in besonderem Maße geprägt.

Zuwanderung und Integration im Spiegel der Forschung

Die deutsche Flüchtlingsforschung hat in den vergangenen Jahrzehnten eine Vielzahl an Publikationen hervorgebracht, die mittlerweile ganze Regalreihen füllen.[2] Im Hinblick auf Eingliederungsfragen erschienen in den fünfziger Jahren zahlreiche Untersuchungen, die sich vor allem mit sozialökono-

---

2   Im folgenden werden nur jene Studien genannt, die im Kontext der hier zugrundeliegenden Forschungsansätze von Belang sind.

mischen Aspekten beschäftigten. Dieses Forschungsinteresse resultierte unmittelbar aus dem drängenden Problem jener Jahre, für die Masse an Zuwanderern aus dem Osten Arbeit und Wohnraum zu finden. Darüber hinaus wurden regional- bzw. lokalhistorische Forschungsansätze zur Leitperspektive zahlreicher Fallstudien, die neben der quantitativen Untersuchung kleinräumiger Fallbeispiele vor allem die Begegnung von Flüchtlingen und Einheimischen ins Blickfeld rückten (Schulze-Westen 1948; Lemberg/ Krecker 1950; Rehders 1953). Zu den detailliertesten Darstellungen des Flüchtlingsproblems aus Ländersicht gehören die vor allem volkswirtschaftlich ausgerichteten Studien, die in den fünfziger Jahren in der vom Verein für Socialpolitik begründeten Schriftenreihe erschienen (Kollai 1959; Edding 1955; Wagner 1956). Eine umfassende Schilderung des Vertreibungsgeschehens auf der Grundlage von Aussagen und Berichten der Vertriebenen bietet die von Theodor Schieder bearbeitete, acht Bände umfassende „Dokumentation der Vertreibung" (Bundesministerium für Vertriebene, Flüchtlinge und Kriegsgeschädigte 1984). Den vorläufigen Abschluß und gleichzeitigen Höhepunkt dieser frühen Phase der Flüchtlingsforschung stellte die dreibändige, Ende der fünfziger Jahre von Friedrich Edding und Eugen Lemberg herausgegebene Untersuchung über die „Vertriebenen in Westdeutschland" dar, die in zahlreichen Beiträgen grundlegende Aspekte der Eingliederung behandelte (Lemberg/Edding 1959). Nach der darauffolgenden Phase der Stagnation bzw. der Vernachlässigung der Flüchtlingsthematik in der Forschung haben erst wieder die achtziger Jahre zu einer neuen produktiven wissenschaftlichen Auseinandersetzung mit diesem Kapitel deutscher Nachkriegsgeschichte geführt. Seither entstanden eine Reihe von Regional- bzw. Lokalstudien, deren Ergebnisse nach Aufhebung der Sperrfristen auf der Auswertung bislang unbekannter Archivbestände basierten und stärker als bisher sozialgeschichtliche Fragestellungen zugrunde legten (Schier 1982; von der Brelie-Lewien 1990; Brosius/Hohenstein 1985; Erker 1988). Den genannten Untersuchungen gemeinsam ist jedoch die Konzentration auf die frühen Phasen der Integration. Der Untersuchungszeitraum all dieser Darstellungen endet in den fünfziger Jahren.

In der älteren Literatur und dem von ihr vielfach noch bis heute geprägten Geschichtsbild dominiert die Vorstellung von einer bereits Ende der fünfziger Jahre abgeschlossenen, erfolgreichen „Integration" der Flüchtlinge und Vertriebenen (Lemberg/Edding 1959; Lemberg/Krecker 1950; Edding 1955; Arndt 1954). Die Eingliederung war jedoch Ende der fünfziger Jahre allenfalls in einem äußerlichen, auf die Bewältigung der wirtschaftlichen Probleme gerichteten Sinne abgeschlossen. Vor allem in kultureller, sozialer und mentaler Hinsicht stand dieser Prozeß noch ganz am Anfang. Neuere, in den achtziger Jahren verfaßte Studien vermochten mit ihren zum Teil auf umfassenden empirischen Erhebungen basierenden Untersuchungsergebnissen die lange Zeit hartnäckig vertretene Vorstellung von der „schnellen Integration" oder jene vom „Schmelztiegel" als Mythos zu entlarven (Lüttinger 1989; 1986; Messerschmidt 1992; Bade 1987; Tolksdorf 1990, S. 124). Die Perspektive der nahezu „abgeschlossenen" Eingliederung verstellte den Blick für weiter zu differenzierende Fragen nach Formen und Verlauf des sozialen, mentalen und kulturellen Eingliederungs- und Anpassungsprozesses. Gegenseitige Anpassung, die Einebnung sozialer Barrieren und die kulturelle Verständigung brauchten in der Tat weit länger als die Versorgung mit Wohnraum und Arbeitsplätzen, die im allgemeinen Sprachgebrauch mit dem Begriff „Integration" gleichgesetzt wurde (von der Brelie-Lewien 1990, S. 241). Die Zuwanderer waren bzw. sind den sogenannten Einheimischen und mittlerweile einheimisch Gewordenen in ihrer Mentalität, Sprache, Religiosität und in ihren kulturellen Traditionen bis hin zu ihren Lebenserfahrungen und Lebenserwartungen oft völlig fremd. Diese Fremdheit war beiderseitig.

„Die Integration von Vertriebenen und Flüchtlingen spielte sich zwar innerhalb des gleichen Nationalverbandes ab, so daß sprachliche und mancherlei andere, aus transnationalen Wanderungsprozessen bekannte, kulturelle Barrieren entfielen. (...) Die Klammer der noch gar nicht so alten Nation sollte indes nicht überstrapaziert werden angesichts der vielfältigen kulturellen Diskrepanzen zwischen Aufnahmegesellschaft und Flüchtlingsbevölkerung, die in den anfangs stark mit Flüchtlingen und Vertriebenen, aber auch noch mit Evakuierten bevölkerten ländlichen Regionen mit ihren traditionell festgefügten Lebensformen besonders deutlich zutage traten. Darüber hinaus war die ‚Aufnahmegesellschaft' in ihren regionalkulturellen Ausprägungen ebenso vielgestaltig wie ‚die Flüchtlingsbevölkerung' selbst" (Bade 1987, S. 152). Dies gilt in ähnlicher Weise auch für die Eingliederung der Aussiedler in die Bundesrepublik.

Vor diesem Hintergrund scheint es sinnvoll, bei der Neuerschließung der Geschichte von Flucht und Vertreibung neben den wirtschaftlichen und beruflich-sozialen auch die kultur- und mentalitätsgeschichtlichen Aspekte einerseits sowie die Langzeitperspektiven des Eingliederungsgeschehens andererseits ins Blickfeld zu rücken. Häufig lassen sich erst nach – zum Teil auch gleichzeitig mit – der Bewältigung der materiellen Probleme und der Eingewöhnung in die schwierige Neubürgerexistenz die vielfach verdrängten kulturellen und mentalen Spannungslagen und Identitätskrisen erkennen. Sie treten bei den in der unmittelbaren Nachkriegszeit zugewanderten Deutschen aus dem Osten unter anderem hervor infolge eines schmerzlichen und bleibenden Verlustes des gesamten sozialen und kulturellen Umfeldes und einer oft als ‚Trauma‘ unverarbeitet gebliebenen Flucht- und Vertreibungs-erfahrung. Durch den Wechsel in die bundesdeutsche Gesellschaft ergeben sich für Aussiedler vielfach Bruchstellen in der eigenen Lebensgeschichte und daraus resultierende Orientierungsprobleme, verbunden mit enttäuschten Erwartungen und Hoffnungen beim Einleben in die oftmals anders vor-gestellte neue Heimat Deutschland (Bade 1987, S. 147; 1994b, v.a. S. 160-168; Dietz/Hilkes 1994; Dietz 1997; 1999).

Kaum eine andere Stadt in der Bundesrepublik wurde und wird nach wie vor so intensiv und nachhaltig durch Zuwanderung und Eingliederung geprägt wie Espelkamp in Nordrhein-Westfalen. Gründung und Aufbau der Siedlung gehen auf eine gemeinsame Initiative des Landes Nordrhein-Westfalen und des Hilfswerks der Evangelischen Kirche (heute Diakonisches Werk) zurück, die Espelkamp nach dem Zweiten Weltkrieg auf dem Gelände einer ehemaligen Munitionsanstalt der Wehrmacht (Muna) als städtische Neugründung für Flüchtlinge und Vertriebene entstehen ließ. Espelkamp bietet aufgrund seiner spezifischen Entstehungs- und Entwicklungsgeschich-te ein reichhaltiges Orientierungs- und Erfahrungsreservoir für die ver-schiedenen und umfassenden Prozesse des Eingliederungsgeschehens nach dem Zweiten Weltkrieg und ein zur historischen Laborsituation verdichtetes Forschungsfeld für die Untersuchung von Zuwanderung, Eingliederung und Minderheitenexistenz im kommunalen Raum.

Im Vordergrund steht die Untersuchung der Eingliederungsprozesse in Espelkamp von der unmittelbaren Nachkriegszeit bis in die Gegenwart. Der Prozeß der ‚Integration‘ von Flüchtlingen und Vertriebenen war noch keineswegs abgeschlossen, als die Zuwanderung der Aussiedler, die bereits in den siebziger Jahren in Espelkamp erhebliche Dimensionen annahm, die Stadt vor neue und schwierige Integrationsaufgaben stellte. Auf der Grundla-ge von Längsschnittperspektiven werden die wichtigen Zusammenhänge und Überschneidungen der verschiedenen aufeinanderfolgenden Zuwanderungs-prozesse untersucht und dabei Entwicklungen, Formen und Folgen der

Begegnung von Einheimischen und Zugewanderten, Alt- und Neubürgern vor dem Hintergrund vorhandener Integrationserfahrungen beobachtet. Mit dem Fallbeispiel Espelkamp können zum einen das Wanderungsgeschehen und Wanderungsverhalten in seinen Bestimmungsfaktoren, Entwicklungsbedingungen und Folgeerscheinungen gezeigt werden (Bade 1987, S. 138f.). Zum anderen verdeutlicht es Formen des Eingliederungsverlaufs, die Erfahrungen und Einstellungen der Flüchtlinge, Vertriebenen und Aussiedler sowie die von Politik und Verwaltung entwickelten Konzepte und Maßnahmen mit ihren konkreten Auswirkungen auf die Situation der Zuwanderer. Im Vordergrund steht die soziokulturelle Dimension des Eingliederungsgeschehens, die aber auch unter Einbeziehung methodisch integrativer Konzeptionen im wechselseitigen Wirkungs- und Verflechtungszusammenhang von kulturellen, sozialen, ökonomischen und politischen Prozessen betrachtet wird.

Die Gründung der Flüchtlingssiedlung Espelkamp

Im Gebiet des späteren Nordrhein-Westfalen konzentrierte sich die Zuwanderung der Flüchtlinge und Vertriebenen, nachdem die britische Militärregierung 1945 die linksrheinischen Gebiete, die rheinischen Städte und das Ruhrgebiet für Zu- und Rückwanderung gesperrt hatte, vor allem auf die Randgebiete, insbesondere auf Ostwestfalen, das die höchste Flüchtlingsdichte im Land erreichte. Der alte Kreis Lübbecke, zu dem Espelkamp gehörte, zählte 1950 mehr als 13 000 Zuwanderer. Dies waren mehr als 16 Prozent der Gesamtbevölkerung. Für sie mußten Unterkunft, Verpflegung und Beschäftigungsmöglichkeiten gefunden werden. Besonders gravierend wirkte sich hier die Notsituation der Nachkriegsjahre angesichts einer Wirtschaftsstruktur aus, die vorwiegend durch kleine und kleinste landwirtschaftliche Betriebe geprägt war und den Zugewanderten nur wenig Arbeitsplätze bot.

Vor diesem Hintergrund begannen in der Nachkriegszeit intensive Diskussionen um die weitere Verwendung der 1938 im südlichen Teil der ostwestfälischen Altgemeinde Espelkamp, in der Ortschaft Mittwald, errichteten Munitionsanstalt der Wehrmacht. Zwei gegensätzliche Konzeptionen kristallisierten sich heraus. Zum einen entwickelte das Evangelische Hilfswerk Westfalen eine Konzeption vorwiegend karitativer Prägung, die Einrichtungen mit sozialfürsorgerischen, schulischen und kulturellen Aufgaben unter ausschließlich kirchlicher Führung vorsah. Dieses Modell wurde vor allem vom Leiter des Hilfswerks, Karl Pawlowski, vertreten, der im traditionellen Bereich der Diakonie bleiben und sich nur im Rahmen eines Anstalts-Projekts in Espelkamp engagieren wollte. Zum anderen gab es die Idee einer gewerblichen Flüchtlings- und Vertriebenensiedlung, die den zugewanderten Neubürgern Arbeitsplätze, Wohnungen und schließlich eine neue Heimat geben sollte (Kleinknecht 1990, S. 592f.; Souchon 1959, S. 12). Vehemente Befürworter dieses zweiten Konzepts waren unter anderem der Vorsitzende des Hilfswerks der Evangelischen Kirchen in Deutschland und spätere Bundestagspräsident Eugen Gerstenmaier, Birger Forell als Vertreter des Schwedischen Hilfswerks sowie der ehemalige IG-Farben-Manager Max Ilgner, dem vom Zentralbüro des Hilfswerks die verantwortliche Koordination des Aufbaus übertragen worden war (Quellen 2a; 9; Kleinknecht 1990, S. 592f.; Souchon 1959, S. 12). Ilgner, der vom Nürnberger Militärgericht aufgrund seiner leitenden Tätigkeit im IG-Farben-Konzern zu einer dreijährigen Haftstrafe verurteilt worden war, begründete sein ehrenamtliches Engagement für Espelkamp mit der Chance zur moralischen Wiedergutmachung.

Ein zentrales Motiv für die Entwicklung der Konzeption „Vertriebenensiedlung" lag in der weit verbreiteten Befürchtung, die große Masse der aus dem Osten Zugewanderten stelle ein sozialrevolutionäres Gefahrenpotential ersten Ranges dar. So verband Ilgner mit dem Aufbau Espelkamps eine deutlich politisch-ideologische Zielsetzung mit klarer Stoßrichtung gegen das altbekannte, diffuse Feindstereotyp einer vermeintlich „roten Gefahr", die von den vielen entwurzelten und desillusionierten Vertriebenen für die bestehende kapitalistisch geprägte Ordnung Westdeutschlands hätte ausgehen können: „Durch derartige gewerbliche christliche Siedlungen" sollten Ilgner zufolge „Bollwerke gegen den Bolschewismus geschaffen werden" (Quellen 4e; 9). Schließlich setzte sich das Konzept der industriegewerblichen Flüchtlingssiedlung des Zentralbüros des Hilfswerks auf der Grundlage der Arbeiten von Ilgner durch. Beim Aufbau Espelkamps kam aber auch der kirchlich-karitative Ansatz durch die Gründung des „Evangelischen Vereins Steil-Hof e.V." im Herbst 1948 zum Tragen. Die zugrunde gelegte Konzeption der industriegewerblichen Flüchtlingssiedlung fand ihren institutionellen Niederschlag in der ein Jahr später gegründeten „Aufbaugemeinschaft". Sie wurde vom Hilfswerk der Evangelischen Kirchen in Deutschland, dem Evangelischen Hilfswerk Westfalen und dem Land Nordrhein-Westfalen als Gesamtaufbauträger der geplanten Flüchtlings- und Vertriebenensiedlung gegründet. Im Gesellschaftsvertrag der Aufbaugemeinschaft wurde festgelegt, daß das Land und die Evangelische Kirche zu je 50 Prozent beteiligt sein sollten, wobei das Zentralbüro des Hilfswerks der Evangelischen Kirchen und das Evangelische Hilfswerk Westfalen einen Anteil von jeweils 25 Prozent übernahmen. Zur Zielsetzung hieß es im Gesellschaftsvertrag: „Zweck der Gesellschaft ist, die bisherige Wehrmachtsliegenschaft Espelkamp durch Maßnahmen des Wohnungs- und Siedlungswesens, durch Ansetzung von gewerblichen Unternehmen und Förderung sozialer und karitativer Anstalten zu einem gesunden, dem Allgemeinwohl dienenden Gemeinwesen zu machen, das Flüchtlingen und Heimatvertriebenen eine neue Heimat bieten soll" (Quellen 1a; 7a; Souchon 1959, S. 12; Simon o.J., S. 103; Oberpenning 1998b). Dies war die eigentliche offizielle Geburtsstunde Espelkamps.

Espelkamp, das „kollektive Siedlungswerk großen Stils" (Kleinknecht 1997, S. 147; Oberpenning 1999b), war den Planern zufolge als Modell für eine Form der Vertriebenenintegration gedacht, die weitere Siedlungsgründungen nach sich ziehen und zu einem Symbol des christlichen Wiederaufbaus in Deutschland mit internationaler Signalwirkung werden sollte. Espelkamp ist „hervorragend geeignet (...), auf dem Gebiet der Bekämpfung des Flüchtlingselends etwas Beispielhaftes zu leisten", so ein Vertreter des Zentralbüros des Evangelischen Hilfswerks in Stuttgart im Oktober 1948 (Quelle 2b). Von einem „Musterbeispiel für die Bundesrepublik" sprach acht Jahre später ebenfalls Ministerialrat Herber von der nordrhein-westfälischen Landesregierung (Quelle 4a). Das Projekt fand in Deutschland und im Ausland große Beachtung und führte zu intensiven Diskussionen über Möglichkeiten und Formen der Flüchtlingsintegration nach dem Zweiten Weltkrieg. Auf der ökumenischen Flüchtlingstagung des Weltkirchenrates im Februar 1949 in Hamburg wurde das Projekt Espelkamp ebenso heftig diskutiert wie auf der Weltausstellung für Städtebau im gleichen Jahr in Lissabon. Auf den periodischen CRALOG-Tagungen seit Juli 1949 (Council of Relief-Agencies Licensed for Operation in Germany, eine Dachorganisation von 16 privaten amerikanischen Hilfsorganisationen) wurde Espelkamp bereits als Mustersiedlung mit der Losung des Evangelischen Hilfswerks „Scores of Espelkamps wanted" („viele Espelkamps gewünscht") vorgestellt

(Kleinknecht 1990, S. 607). Im Juni 1950 stufte es schließlich die Marshall-Plan-Hilfe als anerkanntes Modell-Projekt ein. „Die Wiedergeburt des neuen Deutschland beginnt in Espelkamp. Espelkamp ist das größte Projekt im heutigen Deutschland im Bereich der Hilfe und des Wiederaufbaus", stellte ein Vertreter der amerikanischen „Evangelical and Reformed Church" im Hinblick auf die Planungen in Espelkamp anläßlich seines Besuches in der Muna im Juni 1948 enthusiastisch fest (Quelle 1b).

Von kirchlicher und staatlicher Seite gab es Überlegungen zur Gründung von über 50 weiteren Flüchtlingsstädten, wobei vor allem an den Ausbau ehemaliger Munitionsanstalten gedacht war. Das Zentralbüro des Evangelischen Hilfswerkes in Stuttgart suchte beispielsweise für den Aufbau von gewerblichen Flüchtlingssiedlungen in Bayern die Pläne in Espelkamp als Vorlage zu nutzen. Das, was in Nordrhein-Westfalen als „erste soziale Städtegründung der Kirche" (Christ und Welt, Nr. 6, 10. Februar 1949, S. 4, zit. nach Langen 1997, S. 149; Karasek-Langer 1957, S. 24-102) entstanden war, sollte nun auch in Bayern, und zwar gleich mehrfach, auf der Basis einer Gesamtkonzeption und zentralen institutionellen Leitung realisiert werden. Wenn auch das Vorhaben des Hilfswerks in seinen ursprünglichen Plänen mit dem ihnen zugrunde liegenden Ansatz einer evangelischen Gesamtleitung nicht umgesetzt wurde, konnten in Bayern und darüber hinaus, zum Teil in Anlehnung an das Espelkamper Vorbild, eine Reihe von Siedlungen speziell für Flüchtlinge und Vertriebene gegründet bzw. vorhandene ausgebaut werden. Hierzu zählen neben vielen anderen in Bayern die Gemeinde Neugablonz, in der sich die alte sudetendeutsche Gablonzer Glas- und Schmuckwarenindustrie geschlossen ansiedelte, Bubenreuth bei Erlangen, wo seit 1949 die Ansiedlung großer Teile der ehemals sudetendeutschen Schönbacher Musikinstrumenten-Industrie erfolgte, ferner Geretsried, Traunreut, Waldkraiburg sowie Allendorf in Hessen. Das Espelkamper Modell der Muna-Bebauung mit dem Ziel einer Flüchtlingsgewerbesiedlung wurde nach dem Zweiten Weltkrieg eines der bekanntesten Projekte der Evangelischen Kirche und „als Konzeption kirchlichen Bauens mit seinen neuen Maßstäben" zu einem „Markstein der evangelischen Siedlungsarbeit" (Langen 1997, S. 152).

Zuwanderung nach und Eingliederung in Espelkamp

Espelkamp ist nach Wanderungsverlauf und Stadtentwicklung durch verschiedene Phasen gekennzeichnet. Der Planungs- und Gründungsphase von 1945 bis 1949 folgte die Aufbauphase, die von 1949 bis etwa zur Erlangung des Stadtrechts im Jahr 1959 reichte. Sodann schloß sich in den sechziger Jahren die Phase der Konsolidierung und in den siebziger Jahren die Phase der Expansion und des strukturellen Wandels an (Oberpenning 1998a; 1999a). In diesem Prozeß hat die Stadt in Form und Umfang unterschiedliche Zuwanderung erlebt. Der Zuwanderung von Flüchtlingen und Vertriebenen in den vierziger und fünfziger Jahren folgte in den sechziger Jahren die Zuwanderung der Arbeitsmigranten aus Südeuropa und der Türkei. Die als amtlich organisierte Wanderung auf Zeit intendierte Arbeitsmigration mündete spätestens seit Ende der siebziger Jahre mit fließenden Übergängen in eine echte Einwanderungssituation (Bade 1994d, S. 54; 1994b, S. 45-52; 1994a, S. 71-74). Der Arbeitsmigration folgte die Zuwanderung von Aussiedlern im Jahrzehnt zwischen 1971 und 1981. In der zweiten Hälfte der achtziger Jahre setzte eine weitere große Zuwanderungsbewegung rußlanddeutscher Aussiedler ein. Sie gewann mit den politischen Umwälzungen in Osteuropa und der Öffnung des ,Eisernen Vorhangs' erhebliche Dimensionen. Seit Mitte der achtziger Jahre verlief die Zuwanderung von Aussiedlern und Asylbewerbern parallel.

Grafik 2:   Aussiedlerzuzüge 1970 bis 1998 in Espelkamp

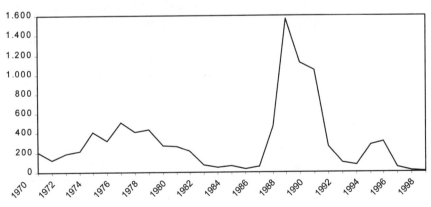

Quelle: Sozialamt der Stadt Espelkamp.

41

Flüchtlings- und Vertriebeneneingliederung

Die erste Phase zwischen 1945 und 1949 war durch ungesteuerte Zuwanderung der ersten Flüchtlinge und Vertriebenen sowie durch die bereits beschriebenen umfassenden Diskussionen um die geeignete Konzeption und Planung gekennzeichnet. Die Flüchtlinge und Vertriebenen kamen bereits unmittelbar nach Kriegsende nach Espelkamp und fanden zunächst provisorisch Unterkunft im ehemaligen, außerhalb der Muna gelegenen Arbeitslager der ‚Fremdarbeiter‘, in der sogenannten Kolonie. An die erste Phase schloß sich im Jahrzehnt zwischen Gründung und Stadtwerdung die eigentliche Aufbauphase mit Industrieansiedlung, Wohnungsbau, Schaffung von Infrastruktur und anderen notwendigen Einrichtungen an. Unmittelbar nach Kriegsende zählte die Altgemeinde Espelkamp knapp 1400 Einwohner. 1950 lebten in der gesamten Gemeinde fast 2900 Menschen, darunter etwa die Hälfte auf dem ehemaligen Muna-Gelände. Fünf Jahre später waren bereits über 5100 Flüchtlinge und Vertriebene nach Espelkamp gekommen. Zehn Jahre nach der Gründung lebten 1959, als Espelkamp die Bezeichnung „Stadt" erhielt, bereits über 10 000 Menschen dort, von denen mehr als zwei Drittel Flüchtlinge und Vertriebene waren. 1970 lag ihr Anteil unter den nunmehr 13 000 Einwohnern noch immer bei etwa 43 Prozent (Quelle 5a).

Zu den politisch markanten Entwicklungslinien gehörte in den Anfängen die konzeptionell untermauerte, systematische Gesamtplanung mit klaren Steuerungs- und Regelungsmechanismen in den Bereichen von Zuwanderung und Stadtaufbau. Diese erstreckte sich nicht nur auf bevölkerungs-, wirtschafts- und arbeitsmarktpolitische, sondern auch auf andernorts oftmals vernachlässigte soziale und kulturelle Gestaltungsbereiche. Die Bedeutung dieser Gestaltungsaufgaben haben die damaligen Planer klar erkannt. In vorausschauender Überlegung wurde antizipiert, daß das Ziel der Integration keinesfalls allein mit infrastrukturellen und städteplanerischen Konzepten verwirklicht werden könne.

Kollektive Selbsthilfe, kooperative Eigeninitiative und die Ausbildung einer Solidargemeinschaft wurden zur wichtigsten ungeschriebenen sozialpolitischen Maxime bei der Bewältigung des schwierigen Neuanfangs und der Gestaltung des Eingliederungsprozesses. Dazu gehörte die Schaffung von sozialen Netzwerken, von Kommunikationsstrukturen, Informationsdiensten, speziellen Integrationsagenturen, die Organisation nachbarschaftlicher Treffen und Arbeitskreise sowie kultureller Veranstaltungen. So wurde jenseits landsmannschaftlicher Gruppierungen der Austausch, das gemeinsame Miteinander, das Entstehen einer „Gemeinschaft" auf möglichst breiter Basis und der wechselseitige Integrationsprozeß gefördert. Als bedeutendste lokale Integrationsagentur entstand die sogenannte Baugemeinde, ein Dachverband von Organisationen. Sie umfaßte 1953 bereits etwa 30 Organisationen und hatte die Aufgabe, „den von Kirche und Staat begonnenen Aufbau durch praktische Selbsthilfe" (Espelkamper Nachrichten, August 1954; Storck 1959, S. 21; Quelle 8a) zu ergänzen und „durch gemeinschaftliches Zusammenwirken aller Kräfte in überparteilicher und überkonfessioneller Weise eine neue Lebensgemeinschaft in Espelkamp" zu schaffen (Quelle 3a). Sie war sowohl ein Instrument zur Anregung gemeinsamer Aktivitäten der Espelkamper Bevölkerung als auch ein übergreifendes Forum zur Begegnung und Konfliktregulation. Seit 1952 gibt die Baugemeinde die sogenannten Espelkamper Nachrichten heraus, die bis heute die Aufgabe gegenseitiger Vermittlung politischer und kultureller Informationen haben.

Bei der Ausprägung des Sozialgefüges in Espelkamp waren einzelne Persönlichkeiten als Orientierungsvermittler maßgeblich beteiligt, die zum Teil von den Verantwortlichen des Aufbaus gezielt zum Engagement motiviert wurden (Pfeil 1954, S. 91). Eine ebenfalls wichtige Funktion für die Eingliederung der Flüchtlinge und Vertriebenen nahmen die am Espelkamp-Projekt maßgeblich und engagiert beteiligte Evangelische Kirche und ihre Vertreter wahr, und zwar sowohl im Hinblick auf die geschaffenen karitativen Einrichtungen als auch im Hinblick auf das kirchlich-religiöse Gemeindeleben (Albertin 1987). Ende der fünfziger Jahre waren fast 74 Prozent der Einwohner Espelkamps evangelischer und nur etwa 20 Prozent katholischer Konfessionszugehörigkeit. Die Kirche stellte einen besonders günstigen institutionellen Rahmen für die Sammlung und Reorganisation der Vertriebenen dar. Für den sozial-karitativen Bereich gab es umfangreiche und unterstützende Einrichtungen im Jahr 1948 von der evangelischen Kirche gegründeten Ludwig-Steil-Hof. Zu den bis Ende 1949 etablierten Einrichtungen gehörten ein Dauerkinderheim für Bromberger Kinder, drei Erholungs-Kinderheime sowie Ausbildungsstätten für Jugendliche. Später wurde hier ein eigenes Integrationszentrum für junge Aussiedler mit Schulen, Internaten, Sprachkursen und Berufsförderungsprogrammen etabliert (Meyer/Weinrich 1988; Stich 1998).

Die Zuwanderer der ersten Stunde standen in Espelkamp in zweifacher Hinsicht vor der schwierigen Aufgabe der Integration, nämlich innerhalb der eigenen Gemeinde (Binnenintegration) und innerhalb des regionalen Umfelds in Ostwestfalen (Außenintegration). Trotz der gemeinsamen Vertreibungserlebnisse, trotz allgemeiner Armut und eines gewissen Unterschichtenbewußtseins waren die Flüchtlinge und Vertriebenen keine einheitliche Gruppe. Sie unterschieden sich nach ihrer Herkunft, ihren kulturellen Traditionen, nach der Mundart, nach Konfession, nach ihren Lebensgewohnheiten, nach ihrer sozialen und beruflichen Stellung sowie nach ihrem politischen Engagement (Tolksdorf 1990, S. 110; Bade 1987, S. 134).

Im Rahmen des inneren Aufbaus der Vertriebenensiedlung Espelkamp sind sich voneinander abgrenzende, eigenkulturelle Sonderidentitäten und -entwicklungen jedoch schnell abgebaut worden. Nicht zuletzt aufgrund vorhandener Konzepte und im Zuge ihrer Umsetzung geschaffener spezifischer Integrationsagenturen sowie der Initiierung vielfältiger Aktivitäten mit dem Ziel der Verbesserung des Zusammenlebens von Einheimischen und Zuwanderern kam es bald zur Ausbildung eines ausgesprochenen ‚Wir-Gefühls‘ der Flüchtlinge und Vertriebenen. Dieses wiederum wirkte seinerseits als lokaler Integrationsmotor für die Festigung dieser sogenannten Schicksalsgemeinschaft, die durchaus das Neben- und Miteinander verschiedener Kulturtraditionen zuließ. Aufgrund der gemeinsamen Errichtung einer Siedlung und der sich für viele bietenden Möglichkeit des schnellen Eigenheimbaus waren darüber hinaus die Erwartungshaltungen und Verhaltensweisen der Neubürger in Espelkamp nicht von jenen Rückkehrillusionen bestimmt, wie sie für viele Flüchtlinge und Vertriebene in der Nachkriegszeit kennzeichnend waren. Die Ansiedlung war vielmehr von Anfang an auf einen Neubeginn im Westen ausgerichtet.

Angesichts des gemeinsamen Vertriebenenschicksals in einer überwiegend von Zugewanderten bewohnten Siedlung waren in dieser nachkriegsspezifischen Situation soziale Besitz- und Statushierarchien weniger stark ausgeprägt bzw. wurden weitgehend nivelliert. Das vielerorts oft zu beobachtende Gegeneinander von auf Statussicherung bedachter einheimischer Mehrheit und an gleichberechtigten Teilnahmechancen orientierter zugewanderter Minderheit kam hier nicht zum Tragen. Vielmehr erfolgte eine Eingliederung in eine instabile, im Umbruch befindliche, neu zu konstituierende Gesellschaft, in der für alle gleichermaßen Sozial-, Einkommens-, Verteilungs- und Konsumpositionen noch weitgehend unbesetzt, offen und disponibel waren. Dieser Aspekt wurde verstärkt durch eine sozial relativ homogene, sich vorwiegend aus der Arbeiterschaft und dem kleinen Handwerk rekrutierende Erwerbsbevölkerung. Die besondere Gründungsgeschichte führte zur Ausbildung einer bis heute für Espelkamp typischen Bevölkerungs- und Sozialstruktur. Im Jahr 1959 waren etwa 75 Prozent der Arbeitskräfte in der Industrie beschäftigt und ca. 7 Prozent im Handwerk, 1968 lag der Anteil bei etwa 72 Prozent. Im Jahr 1963 erreichte der Anteil der Arbeiter unter den Beschäftigten eine Größenordnung von fast 72 Prozent, 1991 immerhin noch von 64 Prozent. Damit ist die Stadt in wirtschaftlicher Hinsicht als Industriesiedlung, in sozialer Hinsicht primär als Arbeitersiedlung zu kennzeichnen (Quelle 1c; Schmidt 1961, S. 74; Landesamt für Datenverarbeitung und Statistik Nordrhein-Westfalen 1996).

Darüber hinaus ließ die notwendige Bewältigung existentieller Alltagsprobleme gegenseitige Kooperation und solidarisches Miteinander zu einer sozialen Überlebensfrage ersten Ranges werden. Alle, die nach Espelkamp kamen, waren von den gleichen Entwurzelungs- und Fremdheitserfahrungen geprägt, von ähnlichen materiellen Startschwierigkeiten betroffen und glei-

Ausbau der Munahallen, 1948.

chermaßen an der Schaffung einer zweiten, neuen Heimat beteiligt. Diese Entwicklungsbedingungen blieben nicht ohne Wirkung. Viele der am Aufbau Beteiligten sehen Espelkamp heute als „ihre Stadt" an, die sie mitgeschaffen und mitgeprägt haben und mit der sie ein hohes Maß an positiver Identifikation verbindet (Quelle 11). Ähnliche Startbedingungen, die gemeinsame Aufbauleistung und die weithin ähnliche soziale Lage führten sogar zu einer positiven Aufwertung des in anderen Kommunen oft durch Ausgrenzung und Anfeindung bestimmten Vertriebenenschicksals: „Hier war man nicht Flüchtling im negativen Sinne, sondern Mensch unter Menschen" (Gärtner u.a. 1990, S. 3).

Demgegenüber scheint sich nach außen lange Zeit ein abgrenzender Sonderstatus verfestigt zu haben. Abwehrhaltungen, Spannungen und Konflikte entluden sich somit weniger im Innern der neuen Flüchtlingssiedlung als im Kontakt mit den Bewohnern der Altgemeinde sowie den Einwohnern der umliegenden Gemeinden. Sie verliehen Espelkamp lange Zeit die Stellung eines Fremdkörpers im regionalen Umfeld. Espelkamp bestand in den frühen Jahren des Aufbaus gewissermaßen aus zwei Teilen, nämlich der auf dem ehemaligen Muna-Gelände in der Ortschaft Mittwald geschlossen errichteten Flüchtlingssiedlung und der nördlich gelegenen Altgemeinde. Im kleinbäuerlich-agrarisch geprägten Alt-Espelkamp schien die neue industriegewerbliche Flüchtlingssiedlung als großer monolithischer Fremdkörper, der die Alteingesessenen zu einer Minderheit werden, die traditionell über Jahrhunderte festgefügten Leitbilder ins Wanken geraten ließ und die Ernährungs-, Wohnungs- und Arbeitsmarktsituation weiter zu verschärfen drohte (Quelle 8b). So bestanden während der Aufbauphase relativ wenige Kontakte zur Altgemeinde und zu den Einwohnern im regionalen Umfeld der Siedlung. Konkurrenzgefühle und Besitzstandsängste artikulierten sich in vielfältigen Abwehrreaktionen, die sich oftmals auch in gewalttätigen Auseinandersetzungen entluden. Daß sich das Zusammenleben von Einheimischen und fremden Zuwanderern in ländlichen Regionen zum Teil wesentlich schwieriger gestaltete als im städtisch-industriell geprägten Umfeld, belegen zahlreiche lokal- bzw. regionalhistorisch orientierte Untersuchungen (Schulze 1990; Brosius/Hohenstein 1985; von Plato 1985). Im Aufbau einer ganzen Flüchtlingsgemeinde mit industriegewerblicher Ausrichtung sah die alteingesessene Bevölkerung im stark ländlich-agrarischen Ostwestfalen die Gefahr einer Überfremdung und fühlte sich in ihrer bislang dominanten sozialen Stellung sowie in ihren althergebrachten Lebensformen bedroht.

Dies galt insbesondere, da die Siedlung von Anfang an ein demonstratives Zeugnis dafür war, daß aus den als Gästen gekommenen Flüchtlingen dauerhaft Bleibende werden würden.

Breslauer Straße mit Blick auf die evangelische Thomaskirche, 1967.

Von der ‚Flüchtlingssiedlung' zur ‚Aussiedlerstadt'

Nach einer Phase der weitgehenden Konsolidierung in den sechziger Jahren stellten die siebziger und achtziger Jahre mit der kommunalen Neuordnung und vor allem der neuen Aussiedlerzuwanderung eine weitere, ganz entscheidende Zäsur mit tiefgreifenden Veränderungen für die Entwicklung der ostwestfälischen Kleinstadt dar. Mit der ersten großen Aussiedlerzuwanderung zwischen 1971 und 1981 kamen insgesamt fast 3400 Neubürger hinzu, der größere Teil in der zweiten Hälfte der siebziger Jahre. Dies entsprach einem Anteil von fast 15 Prozent bezogen auf die Gesamteinwohnerzahl Espelkamps im Jahr 1972 (23 167 Einwohner). Bei den Zuwanderern handelte es sich vor allem um Mennoniten aus der Sowjetunion und aus Paraguay. Bis Anfang der achtziger Jahre erhöhte sich die Einwohnerzahl auf über 24 100. Mit der zweiten großen Zuwanderungsbewegung rußlanddeutscher Aussiedler zogen zwischen 1987 und 1997 über 5200 Aussiedler nach Espelkamp. Dies machte bezogen auf das Jahr 1987 einen Anteil von etwa 22 Prozent an der Gesamteinwohnerzahl aus (Quellen 5b; 5c; 4b; Eller 1988, S. 82f.).[3] Die Zuwanderung erreichte allein in den zwei Jahren zwischen 1987 und 1989 eine Größenordnung von über 3100 Personen. 1993 kamen über 90 Prozent der Aussiedler aus der ehemaligen Sowjetunion (Quelle 5d). Die Einwohnerzahl der Industriestadt hat vor diesem Hintergrund zwischen 1987 und 1993 um 19,1 Prozent auf über 27 000 zugenommen, gegenüber 9,2 Prozent im Kreis Minden-Lübbecke und 6 Prozent landesweit (Gropp 1994, S. 4f.).[4] Damit hat Espelkamp im Kreisgebiet mit Abstand das höchste Bevölkerungswachstum zu verzeichnen. Von dem seit Ende der achtziger Jahre zu beobachtenden Bevölkerungsplus entfallen über 80 Prozent auf das Zentrum und knapp 20 Prozent auf die Ortschaften. Von der Zuwanderung betroffen war damit fast ausschließlich das Zentrum und hier vor allem die Weststadt (ebd.). Die Stadt verzeichnete im vergangenen Jahrzehnt gegenüber allen übrigen Gemeinden des Landes Nordrhein-Westfalen die höchsten Zuwanderungsraten (Quelle 4d). Insgesamt zogen bis 1960 über 7500 Flüchtlinge und Vertriebene nach Espelkamp, das in jenem Jahr eine Einwohnerzahl von etwa 11 000 erreichte. Seit 1970 kamen über 8500 Aussiedler in die Ende der neunziger Jahre fast 28 000 Einwohner zählende Stadt. Espelkamp entwickelte sich damit zu einem der im Verhältnis zur Einwohnerzahl größten Zuwanderungszentren in der Bundesrepublik.

Der außergewöhnlich starke Zuzug von Aussiedlern seit den siebziger Jahren, vor allem der Mennoniten, war eine Folge von sich dauerhaft entwikkelnden Kettenwanderungen und (neu) entstehenden Migrationsnetzwerken, die auf verwandtschaftliche und religiöse Verflechtungen zurückgingen (Münz/Ohliger 1998, S. 176-178). Dies führte zur Umsiedlung ganzer Dörfer

---

3   Nicht mitgerechnet wurden diejenigen, die zunächst anderen Kommunen zugewiesen wurden und erst später nach Espelkamp zogen.

4   Die hier zugrunde gelegten Zahlen unterscheiden sich von den Angaben der Stadt Espelkamp. Gropp hat sich weitgehend auf die Berechnungen des Landesamtes für Datenverarbeitung und Statistik in Nordrhein-Westfalen gestützt, das bei der Berechnung der Einwohnerzahlen im Gegensatz zur Stadt den zweiten Wohnsitz nicht mitzählt.

mit Familiengroßverbänden und lokalen Nachbarschaften. Bereits 1948 war eine Mennonitengruppe aus den USA nach Espelkamp gekommen, um sich im Zuge eines freiwilligen Friedensdienstes am Aufbau der Siedlung zu beteiligen. Im Jahr 1951 trafen die ersten aus dem Weichselraum vertriebenen deutschstämmigen Mennoniten-Familien in Espelkamp ein und gründeten im September 1952 die erste Mennonitengemeinde. Weitere mennonitische Flüchtlingsfamilien zogen in den folgenden Jahren nach. Ihnen folgten dann vor allem seit den siebziger Jahren Verwandte und Bekannte aus Paraguay und deutschstämmige Mennoniten aus der Sowjetunion. Unter den etwa 2600 Rußlanddeutschen im Rahmen des Aussiedlerzuzugs der siebziger Jahre gehörten 2200 Personen zu den Mitgliedern dieser Glaubensgemeinschaft. In den siebziger und achtziger Jahren wurden weitere mennonitische Kirchengemeinden gegründet. Mittlerweile gibt es sechs evangelisch-freikirchliche – mennonitische und baptistische – Kirchengemeinden in Espelkamp, die zusammen fast 4000 Mitglieder zählen (Quelle 5b; Eller 1988, S. 83; Mai 1998). Für viele Angehörige dieser konfessionellen Gemeinschaften bedeutet die Ankunft in der Stadt das Ende einer Odyssee, die sich über Generationen erstreckte. Espelkamp ist mittlerweile eine der größten mennonitischen Ansiedlungen in Deutschland (Albrecht 1988; Günnewig 1991).

Im Zuge der Konsolidierungsphase Espelkamps in den Sechzigern und Anfang der siebziger Jahre schien die innere Integration und der Weg hin zur ‚normalen‘ westfälischen Kleinstadt erheblich vorangeschritten zu sein. Dann setzte allerdings der Zuzug von Aussiedlern erneut intensive Diskussionen und Kontroversen um die weitere Entwicklung und das Selbstverständnis der Stadt in Gang. Neben der Pionierphase des Aufbaus ist die Zuwanderung der Aussiedler zum prägenden Moment in der Stadtentwicklung geworden. Die traditionelle Leitidee „Espelkamp als Vertriebenenstadt" wurde neu auf den Prüfstand gestellt, wobei es zu einer Aktualisierung in der Form kam, daß die Stadt sich in Anknüpfung an ihre spezielle Entstehungs- und Entwicklungsgeschichte in der besonderen Verantwortung für die Spätaussiedler sah und sich daher berufen fühlte, verstärkt diese Zuwanderer aufzunehmen und ihnen in Espelkamp eine neue Heimat zu geben. Die Zuwanderung einer so großen Zahl von Aussiedlern unterschiedlicher Herkunft, Tradition und Kultur hatte vielfältige Auswirkungen vor allem angesichts der besonderen Sozialstruktur der Stadt. Für viele der ehemaligen Flüchtlinge und Vertriebenen drohte die als stärkende Identifikationskraft empfundene alte ‚Schicksalsgemeinschaft' aufzubrechen. Die Vertriebenengemeinde Espelkamp hatte in den Anfangsjahren, so Vertreter des Stadtrates, „eine ganz selbstverständliche Identität nach innen und außen. Das gemeinsame Schicksal und die Dynamik der Aufbauleistung prägten das Bild. Diese Phase ging schon Ende der sechziger Jahre zu Ende." Deutlich wurde danach, daß es „die ursprüngliche einheitliche Identität der Espelkamper nicht mehr gibt, sondern eine sehr große Vielfalt oder auch Gegensätzlichkeit" (Quelle 4c).

Darüber hinaus fürchteten nicht wenige um das Bild der Stadt im traditionsbewußten westfälischen Umland (Eller 1988, S. 86). Da andere Gemeinden die bereits in den siebziger Jahren in Espelkamp einsetzende außerordentlich hohe Zuwanderung aus Osteuropa in dieser Form nicht erlebt hatten, wurde sie zu einem spezifisch lokalen Problem der ‚alten Vertriebenensiedlung'. Dies ließ Befürchtungen vor einer weitergehenden Isolation laut werden. Mit den Aussiedlern kam jetzt auch ein Stück vergessener Geschichte in die Gegenwart zurück, und zwar die Geschichte einer nach innen als Integrationschance erlebten, nach außen jedoch oft als Stigma empfundenen Sonderentwicklung zur Vertriebenen-, heute Aussiedlersiedlung. Die Aufnahme der Aussiedler seit Ende der achtziger Jahre führte zudem zur Neubelebung eigenkultureller Sonderidentitäten jener Personengruppen, die bereits vor 50 Jahren nach Espelkamp gekommen waren. Die Zuwanderer der ersten Stunde betonten jetzt verstärkt ihr Selbstverständnis als Vertriebene und Flüchtlinge und grenzten sich damit als Gruppe gegenüber den neu zugewanderten Aussiedlern ab. Die Begegnung mit diesen Zuwanderern führte mithin zu Tendenzen der sozialen Schließung unter den Einheimischen (Bund der Vertriebenen 1995).

Das Ausmaß der Zuwanderung hat kurzfristig massive, nicht nur finanzielle Anstrengungen und Aufwendungen notwendig gemacht und zu erheblichen Überlastungen vieler Infrastrukturen und des Sozialhaushaltes geführt. Zusätzlich entstanden zahlreiche Spannungen und Konflikte zwischen Einheimischen und Zuwanderern einerseits und unter den verschiedenen Zuwanderergruppen andererseits. Diese reichten bis hin zu handgreiflichen Auseinandersetzungen unter Jugendlichen. In den vergangenen Jahren haben sich die Konflikte vor dem Hintergrund verschlechterter wirtschaftlicher Rahmenbedingungen und hoher Erwerbslosigkeit wesentlich verschärft. Unsicherheiten und Ängste auf seiten der Aussiedler sowie Sozialneid und Konkurrenzängste der Einheimischen erschweren die Kontakte. Aussiedler werden von den Einheimischen angesichts steigender Erwerbslosigkeit oft als Bedrohung der eigenen Zukunftsperspektive empfunden (Quelle 11; Ministerium für Arbeit, Gesundheit und Soziales des Landes Nordrhein-Westfalen 1992, S. 52; Messerschmidt 1992, S. 50; Münz/Ohliger 1998, S. 182-184).[5] Die oft artikulierte Sorge der Verdrängung Einheimischer auf dem ohnehin schwierigen Arbeitsmarkt durch eine wachsende Zahl von „willigen und leistungsorientierten" Aussiedlern gewinnt besonderes Gewicht im Zusammenhang mit der Bevölkerungs- und Sozialstruktur Espelkamps. Die „Arbeiterstadt" ist durch einen hohen Anteil von Erwerbspersonen in unteren Beschäftigungs- bzw. Einkommensbereichen gekennzeichnet.

Die Lage in Espelkamp spitzte sich Ende der achtziger und Anfang der neunziger Jahre so dramatisch zu, daß Vertreter aller Parteien sich zu der Feststellung genötigt sahen, daß das kommunale Zusammenleben in Espelkamp kurz vor dem „Kollaps" stehe (Neue Westfälische, 14. August 1988, 19. September 1988). Zu einem gravierenden und besonders belastenden Faktor wurde die Abwälzung eines erheblichen Teils der Folgekosten der Aussiedlerzuwanderung vom Bund auf die Kommunen. Die Ansprüche der Aussiedler wurden erheblich eingeschränkt. So wurde z.B. der Anspruch auf Arbeitslosengeld zu einem auf Eingliederungsgeld (1990) bzw. Eingliederungshilfe (1993) heruntergeschraubt (Heinelt/Lohmann 1992, S. 45-107). Seit 1993 erhalten Aussiedler, sofern beschäftigungslos, im Anschluß an die Eingliederungshilfe auch keine Arbeitslosenhilfe mehr, sondern sind auf Sozialhilfe angewiesen, die wiederum den kommunalen Haushalt belastet. Innerhalb weniger Jahre verdoppelten sich nahezu die Sozialhilfeausgaben der Stadt Espelkamp und stiegen auf über 8 Millionen DM (Quelle 6). Damit wurde eine Entwicklung verstärkt, die heute unter dem Stichwort „Kommunalisierung der Aussiedlerintegration" (Heinelt/Lohmann 1992, S. 235) verschärft an politischem Zündstoff gewinnt und vorhandene lokale Integrationsbemühungen erheblich erschwert oder sogar verhindert.

Ein besonderes Gewicht in der aktuellen Konstellation zuwanderungsbedingter Probleme erhält der Rückzug der Neubürger mennonitischen Glau-

---

5   Messerschmidt 1992, S. 50, zieht aus den Abwehrhaltungen der Flüchtlinge den Schluß, daß die „mentale" Integration soweit fortgeschritten ist, „daß die Flüchtlinge und Vertriebenen von gestern sich mit der bundesrepublikanischen Gesellschaft insoweit solidarisieren, als sie wiederum selbst Aussiedler, Flüchtlinge, Asylanten und Ausländer als Fremde, oftmals als vermeintliche Wirtschaftsflüchtlinge, ausgrenzen."

bens in die Abgeschlossenheit ihrer traditionsorientierten konfessionellen Gemeinschaft, die als strenggläubiges Musterbeispiel protestantischer Moral und Sitte mancherlei argwöhnische Aufmerksamkeit und nicht selten offene Ablehnung erregt. Innerhalb der Stadt Espelkamp entstanden auf diese Weise mehrere durch Siedlungskonzentrationen etablierte oder durch geschlossene, auf der Basis informeller oder kirchlich-religiöser Kommunikationskreise zusammengewachsene „Einwanderergesellschaften" (Heckmann 1992, S. 112). Mit den von ihnen mitgebrachten Kulturmustern, Wertorientierungen und ihrem gleichsam transportierten Sozialsystem grenzen sich viele der hier Inkludierten rigoros gegenüber der Aufnahmegesellschaft und ihren verändernden Einflüssen ab (Görtz 1971; Klassen 1991; Wisotzki 1992). Die feste Struktur des religiösen Gruppenverbandes wirkt zwar integrativ nach innen, doch gleichzeitig auch isolierend nach außen. Vorhandene kulturelle Differenzerlebnisse werden hierdurch ebenso verstärkt wie Ausgrenzungstendenzen durch ghettoisierte Aussiedlerwohngebiete. Der größte Teil der zugezogenen Aussiedler konzentriert sich im wesentlichen in dem zwischen 1969 und 1975 bebauten Stadtteil Gabelhorst (Quelle 5e; Gropp 1994, S. 25). Was von der einen Seite als Verweigerung und Unfähigkeit zur Integration verstanden wird, ist für die anderen eine Folge jahrhundertelanger, oft leidvoller Emigrations- und Fluchterfahrung. Die Mennoniten gehören außerdem zu den vielen, die weitaus länger für die Folgen der nationalsozialistischen Vergangenheit zu bezahlen hatten als die einheimischen Deutschen. Angesichts des Verlustes des sozialen und kulturellen Umfeldes sowie vorhandener Orientierungskrisen und Ängste werden der Rückzug ins Private und in die religiöse Gemeinschaft ebenso wie der gemeinschaftliche Zusammenhalt zu einer lang bewährten sozialen und mentalen Überlebenstechnik und zu einem notwendigen Hilfskonstrukt für das schwierige Einleben in die neue Gesellschaft.

Schlußbetrachtung

Die ostwestfälische Stadt Espelkamp hat sich von der einstigen ‚Flüchtlingshochburg' der Nachkriegszeit zu einem der Zentren der Aussiedlerzuwanderung in der Bundesrepublik entwickelt. Die Geschichte Espelkamps zeigt in vieler Hinsicht besondere, nur bedingt mit anderen lokalen Eingliederungsprozessen vergleichbare Strukturmerkmale auf, die vor allem aus der Entstehung als staatlich-kirchliche Neuschöpfung resultieren. Jedoch lassen sich eine Reihe von für Migrationsgesellschaften typischen Prozessen und Strukturen feststellen, wie z.b. die Entstehung spezifischer Kommunikationsmilieus, Segregationstendenzen, Kettenwanderungen und Koloniebildungen mit den für sie typischen Strukturelementen bzw. internen und externen Problemlagen.

Mit dem ‚Modell Espelkamp' entstand nach 1945 in Nordrhein-Westfalen ein industriegewerbliches Gemeinwesen, das mit dem Ziel der geschlossenen Ansiedlung von Flüchtlingen und Vertriebenen errichtet worden war. Die Segregation von Flüchtlingen in einer eigens gegründeten Gemeinde, die den Charakter einer Siedlungskolonie entwickelte, hatte nach innen eine erstaunlich integrative Wirkung. Das Milieu der Kolonie, die stärkende Identifikationskraft des gemeinsamen Vertriebenenschicksals und der gemeinsamen Aufbauleistung ließ einen lange Zeit wirkenden Schutzraum mit Hilfsfunktionen im Eingliederungsprozeß entstehen. Die starke Zuwanderung von Aussiedlern seit Mitte der siebziger Jahre brach die binnenorientierte integrative Prägekraft der ‚alten Vertriebenensiedlung' bzw. die lange als Integrationshilfe wirkende Klammer der ehemaligen ‚Schicksalsgemeinschaft' auf und ließ eine Reihe von Konflikten und Spannungen im Zusammenleben von Einheimischen und Zuwanderern entstehen.

Die Stadt zeigt in besonders verdichteter Form die kurz-, mittel- und langfristigen Folgen und Probleme des komplexen und vielgestaltigen Zu- und Eingliederungsgeschehens nach dem Zweiten Weltkrieg und vor allem jener zum Teil festen und langlebigen Kettenwanderungsprozesse, die zur Entstehung von lokalen Wanderungsmustern maßgeblich beitragen. Spannungen und Konflikte, die die Zuwanderung begleiten, sind, wie die Vergangenheit zeigt, nicht als bedrohliche Ausnahmesituation zu verstehen, sondern Teil eines in verschiedenen Phasen verlaufenden Eingliederungsprozesses. Dieser Prozeß verlief – wie auch im Espelkamp der Nachkriegszeit – nicht kontinuierlich, problemlos oder ohne Brüche. Form und Verlauf der Flüchtlings- und Aussiedlerzuwanderung nach Espelkamp demonstrieren in anschaulicher Weise, daß es sich um echte Einwanderungsprozesse mit allen vorhandenen Fremdheitserfahrungen, Abgrenzungstendenzen, sozialen Konflikten um Anerkennung und interkulturellen Problemlagen handelt.

Quellen

Archiv der Aufbaugemeinschaft Espelkamp

Quelle 1a: Gesellschaftsvertrag für die Aufbaugemeinschaft, 4. Oktober 1949.

Quelle 1b: Bericht von Reverend Walter Wagner aus St. Louis, Juni 1948 (Übersetzung aus dem Englischen).

Quelle 1c: Geschäftsberichte der Aufbaugemeinschaft Espelkamp, 1945-1994.

Archiv des Diakonischen Werkes der EKD, Berlin

Quelle 2a: ZB 815a: Memorandum über die Erwägungen und Pläne des Zentralbüros des Hilfwerks der Evangelischen Kirchen in Deutschland über Aufbau und Ausgestaltung Espelkamps; Denkschrift über Espelkamp, o.J. (1948).

Quelle 2b: ZB 813: Schreiben von Lukowicz, Zentralbüro des Evangelischen Hilfswerks, an Albert H. Lüders, Christian Reconstruction Europe in London, 6. Oktober 1948.

Bundesarchiv Koblenz

Quelle 3a: B 150, Nr. 2914: Schreiben des Vorsitzenden der Baugemeinde Espelkamp an Staatssekretär Dr. Peter Paul Nahm, 28. Februar 1956.

Archiv der Stadt Espelkamp

Quelle 4a: Nr. 226: Besprechungsvermerk des Leiters der Amtsaußenstelle Espelkamp, Lübbert, unter anderem mit den Oberregierungsräten Scheel vom Innenministerium und Braunköhler vom Finanzministerium Nordrhein-Westfalen, 28. März 1956.

Quelle 4b: Sitzungsprotokolle des Rates und des Haupt- und Finanzausschusses, 20. Oktober 1976; 3. November 1976.

Quelle 4c: Sitzungsprotokoll des Haupt- und Finanzausschusses, 23. August 1989.

Quelle 4d: Entschließung des Rates der Stadt Espelkamp zur Aufnahme von Spätaussiedlern, 17. August 1988.

Quelle 4e: Max Ilgner, Denkschrift über Espelkamp (Ms.) 1949.

Ordnungsamt der Stadt Espelkamp

Quelle 5a: Einwohnerstatistik der Stadt Espelkamp, 1947-1971.

Quelle 5b: Aufnahme und Unterbringung von Aussiedlern und Flüchtlingen, 1970-1989.

Quelle 5c: Anzahl der seit 1. Januar 1987 zugezogenen Aussiedler, 1998.

Quelle 5d: Gemeldete Aussiedler nach Zuzugsländern und Geschlecht, 1993.

Quelle 5e: Anzahl der Aussiedler nach Jahren, Geschlecht und Wohngebiet in Espelkamp, o.J.

Sozialamt der Stadt Espelkamp

Quelle 6: Sozialhilfeausgaben und -einnahmen, 1982-1996.

Evangelische Kirche von Westfalen – Landeskirchliches Archiv, Bielefeld

Quelle 7a: Bestand 0.1 Nr. 833 (Aktenbestand Präses Wilm): Bericht der Aufbaugemeinschaft Espelkamp über den Stand der Aufbauarbeiten der ehemaligen Muna Espelkamp, August 1950.

Kommunalarchiv Minden

Quelle 8a: Kreis Lübbecke 10 Nr. 393: Zusammenfassung über Aufgaben und Ziele der Baugemeinde, 1953.

Quelle 8b: Kreis Lübbecke 10 Nr. 397: Aktenvermerk des Oberkreisdirektors, 11. September 1954.

Privatarchiv von Bischof Dr. Hermann Kunst, Tonnenheide

Quelle 9: Aktenordner betr. Espelkamp, 1948 – Juli 1949.

Statistisches Bundesamt Wiesbaden

Quelle 10: Aussiedler nach Herkunftsländern, langfristiger Vergleich, 1950-1998.

Interviews

Quelle 11: Interviews mit Einwohnern der Stadt Espelkamp Dezember 1996, Januar 1997.

Lager als Lebensform in der deutschen Nachkriegsgesellschaft

Zur Neubewertung der Funktion der Flüchtlingswohnlager im Eingliederungsprozeß[1]

Mathias Beer

Ein Begriff macht Karriere

Das 20. Jahrhundert hat einem Wort zur Hochblüte verholfen, die so nicht vorhersehbar war. Der Begriff „Lager" läßt sich bis zu den Anfängen der deutschen Sprache zurückverfolgen und bedeutet im allgemeinen ein Gerät oder eine Stelle zum Liegen. Das Ende des 19. Jahrhunderts kennt fast zwei Dutzend Bedeutungen des Begriffs. Sie reichen vom Krankenlager, dem Lager des Kaufmannes, der Lagerstätte, dem Heer- und Feldlager bis hin zum Aufenthalts- oder Ruheort.

Mit der Ruhe war es spätestens seit dem Beginn des 20. Jahrhunderts endgültig vorbei. Der Erste Weltkrieg brachte Gefangene und sie kamen in Lager. Bei den Kriegsgefangenenlagern sollte es nicht bleiben. In den dreißiger Jahren begann das Wort „Lager" immer breiter in den Alltag, den Erlebnishorizont und damit auch den Sprachgebrauch der Deutschen einzudringen. In den Landwehrübungs- und Militär- oder Wehrertüchtigungslagern bereitete man sich auf die gewaltsame Revision des Vertrages von Versailles vor. Jugend- und Arbeitslager dienten der Mobilisierung aller Kräfte für den geplanten Krieg. Für Arbeitsverweigerer und „arbeitsunlustige Elemente" richtete man Arbeitserziehungslager ein.[2] Unliebsame Gegner, politischer oder weltanschaulicher Art, wurden in Anhalte-, Schutzhaft- und

---

1 Der Aufsatz gibt einen Einblick in ein Forschungsprojekt im Fachbereich Zeitgeschichte des Instituts für donauschwäbische Geschichte und Landeskunde in Tübingen, das im Rahmen einer Fallstudie die Funktion des Lageraufenthalts im Eingliederungsprozeß bei Bewohnern von Flüchtlingswohnlagern untersuchte. Die Ergebnisse werden in absehbarer Zeit im Druck erscheinen.

2 Demnächst erscheint eine tiefgreifende Studie zur Thematik der Arbeitserziehungslager von Gabriele Lofti, Essen.

Konzentrationslager sowie deren sich rasch ausbreitenden Nebenlager eingesperrt (Kogon 1946; Adler 1955; Schwarz 1990; Sofsky 1993; Tuchel 1994; Wippermann 1999). Mit dem Zweiten Weltkrieg kamen zu den bestehenden neue, nicht nur Kriegsgefangenenlager (Streit 1978; Hüser/Otto 1992; Osterloh 1995) hinzu. Um die angestrebte ethnische Flurbereinigung Ost- und Südosteuropas zu verwirklichen, richtete man Durchgangs- und Umsiedlerlager (Aly 1995) ein. Über die Kinderlandverschickungslager (Dabel 1981; Krause 1997) brachte man den Nachwuchs in Sicherheit. In Fremd-, Ost- und Zwangsarbeiterlagern (Herbert 1985; Cistova/Cistov 1998) wurden zu Millionen die für die Kriegsproduktion erforderlichen Arbeitskräfte gesteckt. Das Reich wurde buchstäblich mit einem Netz von Lagern überzogen. Seine Maschen strickte man immer enger bis es in den nationalsozialistischen Vernichtungslagern (Rückerl 1977; Kogon 1983; Warnekke 1998) jegliches Leben erstickte. Mit dem Kriegsende wurden zahlreiche Lager aufgelöst. Doch die Begriffe blieben und mit ihnen das mittlerweile von Elend, Erniedrigung und Tod geprägte Bild des Lagers.

Und viele Lager blieben auch nach dem Krieg bestehen. Sie erhielten lediglich neue Insassen. Eine Stunde Null sucht man auch hier vergebens. Politische Gegner und solche, die man jetzt dafür hielt, landeten in Spezial-, Internierungs- und Arbeitslagern (Grewe 1990; Klonovsky/Flocken 1991; Horn 1992; Niethammer 1995; Ritscher 1996; Wilmes 1997; Mironenko 1998). In den Umerziehungslagern (Wember 1991) probte man die *reeducation*. Über die Repatriierungs- und Displaced-Person-Lager (Institut für Besatzungsfragen 1950; Jacobmeyer 1985; Pegel 1997; Wyman 1998) wurden die während des Krieges Zwangsverschleppten in ihre Heimat zurückgebracht. Dennoch reichten die verfügbaren Unterkünfte bei weitem nicht aus, um die Kriegsgefangenen und vor allem die Flüchtlinge und Vertriebenen aufzunehmen. Über 12 Millionen waren es, die bis Anfang der fünfziger Jahre aufgrund der von den Alliierten in Potsdam sanktionierten Vertreibung der deutschen Bevölkerung aus Ostmitteleuropa in die vier Besatzungszonen „umgesiedelt" wurden (Bundesministerium für Vertriebene 1953-1962; Benz 1985; Reichling 1986).

Für die neue Realität brauchte man neue Namen. Um den Begriff „Lager" bildeten sich weitere sprachliche Wucherungen. Sie sind Ausdruck des verzweifelten Versuchs, in die unübersichtliche Lage Ordnung zu bringen, um so das Elend notdürftig verwalten zu können. Die Ausgewiesenen nahm man in Grenz- oder Auffanglagern in Empfang (Müller/Simon 1959). Sie dienten gleichzeitig als Durchgangs-, Durchschleusungs- und Verteilerlager in die einzelnen Besatzungszonen. Entsprechend der festgesetzten Aufnahmequoten kamen die Flüchtlinge dann in Kreisdurchgangslager, um schließlich von dort in Privatquartiere eingewiesen zu werden. Doch dieser Plan mußte angesichts des im Krieg zerstörten Wohnraums, der Masse der Menschen, die im Nachkriegsdeutschland unterwegs waren, und der unüberschaubaren Zahl aufzunehmender Flüchtlinge und Vertriebener ein kaum einzulösender Wunsch bleiben. Notgedrungen richtete man in Schulen, Fabrikhallen, Baracken, Sälen, Schuppen und Scheunen Flüchtlingslager ein. Sie waren von den Besatzungsmächten und den deutschen Behörden als provisorische und vorübergehende Unterkünfte, als Zwischenlager gedacht, wurden aber als Massen-, Baracken- oder Heimlager über Jahre hinweg zum Wohnsitz Tausender von Flüchtlingen und Vertriebenen. Dauerlager lautete der dafür geprägte Begriff.

Mit der Gründung der Bundesrepublik trat die Flüchtlingsproblematik in ein neues Stadium, wie die Einrichtung des Bundesministeriums für Angelegenheiten der Vertriebenen und die in der Folgezeit verabschiedeten Gesetze erkennen lassen. Aus den DP-Lagern wurden Lager für Heimatlose Ausländer. In den Heimkehrerlagern (Lehmann 1986) empfing man jene, die Krieg und Gefangenschaft überlebt hatten, und Auswandererlager bildeten den Ausgangspunkt für die nicht geringe Zahl jener, die im Nachkriegsdeutschland keine Zukunft für sich sahen. Umsiedlungslager wurden eingerichtet, über die die gleichmäßigere Verteilung der Flüchtlinge und Vertriebenen auf die einzelnen Bundesländer erfolgte. Überschritt in einem Land die Zahl der Aufzunehmenden jene der verfügbaren Lagerplätze, so nahm es in einem benachbarten Bundesland Gastlager in Anspruch. Es entstanden Bundesaufnahme- und Bundesdurchgangslager die ihre Pendants auf Landesebene fanden. Die verstärkte Flucht aus der DDR erforderte neue Lager – Notunterkünfte Ost, Sowjetzonenflüchtlings- und Bundesjugendnotaufnahmelager (Heidemeyer 1994; Ackermann 1995a).

Trotz aller Anstrengungen und der unbestreitbaren Erfolge bei der Bewältigung des Flüchtlings- und Vertriebenenproblems im Zuge der wirtschaftlichen und politischen Konsolidierung der Bundesrepublik in den fünfziger Jahren bestand nach wie vor eine große Zahl von Lagern aus der unmittelbaren Nachkriegszeit. Sie waren zu Wohnlagern geworden. Und je mehr Zeit verging, desto mehr entwickelten sich die Provisorien zu Dauereinrichtungen. Auch wenn ihre Zahl im Zuge der Lagerräumungsprogramme auf

Bundes- und Landesebene nach und nach verringert werden konnte und sie von neuen Lagern, den Übergangswohnheimen für Flüchtlinge aus der SBZ/ DDR und Aussiedler aus Ostmitteleuropa abgelöst wurden, gehörten sie noch Anfang der sechziger Jahre zum bundesdeutschen Alltag (Zwanzig Jahre Flüchtlingslager 1965). Als Flüchtlinge und Vertriebene die Lager nach Jahren verlassen konnten, folgten nicht selten Obdachlose, Räumungs- schuldner und „Asoziale", aber auch „Gastarbeiter" als Bewohner. Bis in die Gegenwart kamen weitere Lagerarten hinzu. Spätestens die brennenden Asylbewerber- und Aussiedlerunterkünfte der neunziger Jahre erinnerten daran, daß in Deutschland nach wie vor Menschen in Lagern leben.

Die Geschichte des 20. Jahrhunderts ist über weite Strecken auch eine Geschichte der Lager, für die sich allein in der deutschen Sprache mehr als zweihundert Begriffe[3] – vom Abschiebelager bis zum Zwischenlager – nachweisen lassen.

Flüchtlingslager nach dem Krieg

Ohne Zweifel entsprangen die zahlreichen Wortschöpfungen, die nach dem Krieg geprägt wurden, dem Bedürfnis, den Lagern funktionsgerechte Namen zu geben. Die Benennung sollte die zuständige Behörde, die Art der Insas- sen, die Beschaffenheit der Unterkünfte und die Verwendung des Lagers erkennen lassen. Das Bestreben, all diese Kriterien möglichst in einem Wort zu vereinen, führte zu seltsam anmutenden neuen Wortschöpfungen. Die mit solchen Wortgebilden verbundene Hoffnung, durch Kategorisierung einen Überblick über die Lager und damit über die Lage zu erhalten, sollte sich in der unmittelbaren Nachkriegszeit nicht erfüllen.

Sucht man nach verläßlichen Zahlen über die ohne Zweifel in die Tausen- den gehenden Flüchtlingslager wird man enttäuscht. Sie liegen, wenn über- haupt, nur für einzelne Länder der Besatzungszonen vor. Im Oktober 1946 gab es z.B. in Bayern 1375 staatliche Flüchtlingslager mit damals 145 827 Insassen (Kornrumpf 1979, S. 33-49). Doch handelte es sich um Grenz-,

---

3   Ein Verzeichnis der zusammengesetzten Begriffe im Deutschen mit dem Grundwort „Lager" und der jeweiligen Definition bzw. dem entsprechenden Umschreibungsversuch wurde im Rahmen des Tübinger Forschungsprojektes erstellt. Vgl. dazu Anm.1.

Durchgangs-, Kreis-, Gemeinde-, Massen- oder Wohnlager? Eine solche Differenzierung lassen die vorliegenden Statistiken in der Regel nicht erkennen, wie z.B. die Aufstellung der englischen und amerikanischen Flüchtlingsexperten vom Ende des Jahres 1948 über die in Dauer- und Durchgangslagern sowie Massenunterkünften der Bizone untergebrachten Flüchtlinge zeigt (Quelle 1a). Und wenn sie vorliegt, so sind die Zahlen nicht mit jenen anderer Länder vergleichbar, weil man dort andere Begriffe verwendete oder man mit den gleichen Begriffen andere Bedeutungen verband. Der Mehrdeutigkeit des Begriffes „Flüchtlingslager" entsprachen die Unterschiede bei der Bestimmung des Personenkreises, der in solchen Unterkünften untergebracht war. Jedes Land hatte seine eigene Flüchtlings- oder Vertriebenendefinition, die wesentlich von der anderer Länder abweichen konnte (Thomas 1950; Beer 1997). Erst das 1953 verabschiedete Gesetz über die Angelegenheiten der Vertriebenen und Flüchtlinge (BVFG) brachte eine einheitliche Regelung des Vertriebenen- und Flüchtlingsbegriffs.

Die hier nur angedeuteten Schwierigkeiten, verläßliche Angaben über die Zahl der Flüchtlingslager, die das ganze Land überzogen, zu erhalten, blieben auch nach Gründung der Bundesrepublik bestehen (Quelle 2a). Bund und Länder gelang es zwar, die drückende Wohnungsnot durch eine gewaltige Bauleistung zu lindern. Sie reichte aber nicht aus, um die zum Symbol der Zeit avancierten Wohnlager räumen und beseitigen zu können. „Eine der wichtigsten Aufgaben, die der deutschen Sozialpolitik noch bevorstehen" – so die Bundesregierung Mitte der fünfziger Jahre –, „ist die Räumung der durch die Kriegsfolgen entstandenen Lager und die Unterbringung der noch in Lagern lebenden Personen in Arbeitsplätzen und Wohnungen." Um erste Schritte zur Bewältigung der Aufgabe einleiten zu können, bedurfte es verläßlicher Zahlen. Weil solche auch damals noch nicht verfügbar waren, wurde von der Bundesregierung am 14. Mai 1955 die „Verordnung über eine einmalige Statistik der Lager und Lagerinsassen" erlassen (Bundesanzeiger Nr. 95, S. 1). Sie bildete die Grundlage für die zum 30. Juni 1955 durchgeführte erste und letzte bundesweite Erhebung über die kriegsbedingten Lager und ihre Insassen. Die zwei Jahre später vom Statistischen Bundesamt veröffentlichten Ergebnisse lieferten ein detailliertes und in seinen Aussagen besorgniserregendes Bild (Statistisches Bundesamt 1957).

Tabelle 1: Kriegsbedingte Lager im Bundesgebiet am 30. Juni 1955 ohne Berlin (West)

Art der Lager	Zahl	in Prozent	Belegung	in Prozent
Wohnlager	1.907	63,40	234.900	3,23
Durchgangslager	35	1,16	30.700	8,26
Grenzdurchgangslager	4	0,13	1.600	0,43
Notaufnahmelager	6	0,20	2.500	0,67
Auswandererlager	1	0,03	40	0,01
Notunterkünfte Ost	1.049	34,88	100.600	27,08
sonstige Lager	6	0,20	1.200	0,32
Summe	3.008	100,00	371.540	100,00

Quelle: Statistisches Bundesamt (1957), S. 6.

Im Bundesgebiet bestanden 3008 Lager mit einer Belegung von über 371 000 Personen. Rechnet man die Lager in Berlin (West) dazu, so kommt man auf knapp 400 000 Personen, wenn man die durch die Lagerdefinition[4] ausgeschlossenen Unterkünfte mit berücksichtigt, sicher auf eine halbe Million Menschen, die zehn Jahre nach Kriegsende in Lagern oder anderen vergleichbaren Behausungen lebten. Den größten Anteil verbuchten die rund 1900 Wohnlager,[5] die in ihrer Mehrheit kommunaler Verwaltung unter-

---

4 „Als Lager im Sinne der Statistik galten einheitlich geleitete Not- und Sammelunterkünfte zur einstweiligen Aufnahme und gemeinsamen Betreuung von durch Kriegsfolgen wohnungslos gewordenen Personen oder Personengruppen bis zu deren endgültiger wohnungsmäßiger Unterbringung." Bei der Erhebung wurden zur Klassifikation der Lager die Kriterien „Zweckbestimmung" (Wohnlager, Durchgangslager, Grenzdurchgangslager, Notaufnahmelager, Rückführungslager, Umsiedlungslager, Auswandererlager, Notunterkünfte Ost, Sonstige Lager) und „Art der Unterbringung" (Massenlager, Behelfswohnlager, eigentliche Wohnlager) berücksichtigt (Statistisches Bundesamt 1957, S. 5.).

5 Ebd. Danach wurden eigentliche Wohnlager wie folgt definiert: „Lager, in denen ebenfalls Mehr- und Einzelpersonenhaushaltungen Räume zur Benutzung für sich getrennt zugewiesen erhalten, die jedoch im Gegensatz zu den Behelfswohnlagern nach ihrem baulichen Zustand und nach ihren Einrichtungen als Unterkünfte auf längere Dauer geeignet sind."

standen. In ihnen lebte fast eine viertel Million Menschen. Annähernd die Hälfte von ihnen fristete seit 1947 und früher ein Lagerdasein. Das Lager, die klassische Nichtlösung des Flüchtlingsproblems, war ihnen notgedrungen zur Wohnung geworden und sollte es auch noch für einige Zeit bleiben. Die in der Folgezeit eingeleiteten Lagerauflösungsprogramme, für die bis 1966 vom Bund über 251 Millionen DM zur Verfügung gestellt wurden (Quelle 1b), verbunden mit einem intensivierten Wohnungsbau, verfehlten zwar ihr Ziel nicht. Doch wurde es viel später erreicht, als man es geplant und erhofft hatte. Im Jahre 1959 gab es im Bundesgebiet 1184 Wohnlager mit insgesamt 145 623 Insassen (Quelle 1c).[6] Und 1964 wurden in den „Rest-Wohnlagern" noch immer 74 000 Menschen gezählt. Auch wenn es nach den Worten des zuständigen Ministers Mitte der sechziger Jahre „Wohnlager im eigentlichen Sinne des Wortes in der ganzen Bundesrepublik nicht mehr" gab (Quelle 1d), wurden dennoch erst Anfang der siebziger Jahre die letzten Wohnlager völlig geräumt oder abgebrochen (Schuster 1971; Kornrumpf 1979, S. 33-42). Verläßliche Angaben fehlen auch hier, denn die Statistik hinkte der Wirklichkeit hinterher.

Flüchtlingswohnlager – Realität, Öffentlichkeit und Forschung

Nach dem Krieg, daran lassen die Zahlen der Erhebung von 1955 keinen Zweifel, zählte das Leben in Lagern zur „normalen" Lebensform vieler Tausender Menschen in Deutschland. Ihr sichtbarer Ausdruck waren die Flüchtlingswohnlager. Ihnen haftete das gesamte Spektrum von Bedeutungen an, welches die Realität des 20. Jahrhunderts hervorgebracht hatte. „Sie sind" – heißt es in einem Bericht des Evangelischen Hilfswerks vom März 1946, der nach dem Besuch einer ganzen Reihe von Flüchtlingslagern in den westlichen Besatzungszonen verfaßt wurde –

---

6   Dabei wird ausdrücklich darauf verwiesen, daß diese Statistiken angesichts der Art und Weise, wie die Daten gesammelt wurden, und der veränderten Begriffsdefinitionen nicht mit der einmaligen Erhebung von 1955 zu vergleichen sind. Nach Angaben des damaligen Bundesvertriebenenministers, die er bei einem Vortrag am 8. Mai 1959 machte, befanden sich zu jenem Zeitpunkt in der Bundesrepublik noch rund 350 000 Menschen in 2600 Lagern (Oberländer 1959, S. 8.).

„die Keimzellen der Entwurzelung und Zerstörung der Familie. Sittliche Verwahrlosung und moralische Verwilderung werden hier gezüchtet. Menschen, die in diesen Lagern zusammengepfercht leben müssen, werden immer Fremdkörper in der Gemeinde bleiben. (...) Gesundheitlich sind diese Lager Ausgangspunkt von Infektionen und Seuchen, bedingt durch enges Zusammenliegen, Mangel an Waschgelegenheiten des Körpers und der Wäsche, schlechter oder völlig ungenügender sanitärer Einrichtungen. (...) Der Mangel an Kochgelegenheiten – für mehrere Familien oft nur ein Herd oder nur ein Kochtopf – und die Unmöglichkeit, Nahrungsmittel (Kartoffeln, Gemüse) zu lagern, bedingt eine so einseitige Ernährung, daß Schäden nicht erst zu befürchten sind, sondern auch schon in auffälliger Weise festgestellt werden können. (...) Wenn es aber Sinn aller Flüchtlingsarbeit sein soll, die Flüchtlinge einzuwurzeln, d.h. sie wirklich in der ansäßigen Bevölkerung einheimisch werden zu lassen, dann wird in solchen Lagern das Gegenteil erreicht. Hier entsteht ein wurzeloses Proletariat, das, krank an Leib und Seele, von der Bevölkerung als Fremdkörper, als eine Art Zigeuner angesehen wird und schließlich die Bevölkerung selbst vergiften wird" (Quelle 2b).

Ähnlich war die Wahrnehmung der Flüchtlingswohnlager durch die Politik und Verwaltung. In einem Bericht des Staatsbeauftragten für das Flüchtlingswesen in Württemberg-Baden aus der gleichen Zeit heißt es mit Bezug auf die Flüchtlingslager:

„Auf dem Weg der Flüchtlingsströme sind auch diejenigen moralischen Gefahrenherde zu kennzeichnen, mit welchen das Flüchtlingswesen sich auseinanderzusetzen hat: Arbeitsscheu – Schwarzhandel – Sittenverwilderung – Sittenlosigkeit – Verbrechen" (Quelle 2c).

Nach Ansicht des ersten Bundesministers für Angelegenheiten der Vertriebenen, Hans Lukaschek, entwickelten sich 1950 die Flüchtlingslager immer mehr zu gefährlichen politischen Unruheherden. Sein Nachfolger, Theodor Oberländer, sah Ende der fünfziger Jahre in den Lagern eine schwere moralische und eine ökonomische Belastung (Oberländer 1959, S. 12). Und Peter Paul Nahm, der langjährige Staatssekretär im Bundesministerium für Vertriebene, Flüchtlinge und Kriegsgeschädigte schrieb rückblickend: „An sich ist ein Lager die Auflösung natürlicher Gemeinschaften und eine Enthausung. Also kulturell und sozial ein Rückfall in nomadenhaftes Kollektiv" (Nahm 1971, S. 46).

Die Gefährdung der Lagerbewohner einerseits und andererseits der Gefahrenherd, den man in den Lagern für die Gesellschaft sah, in der sie zur alltäglichen Erscheinungsform gehörten, erklären die Aufmerksamkeit, die die Besatzungsmächte und auch die deutschen Behörden sowohl vor als auch nach der Gründung der Bundesrepublik den Lagern und ihren Bewohnern schenkten. Sie bildete zugleich den Ausgangspunkt für die vielfältigen Anstrengungen und Programme, die Zustände in den Lagern zu verbessern und sie so bald wie möglich zu beseitigen. Die dabei im Laufe der Zeit erzielten Erfolge änderten dennoch wenig an dem negativen Bild des Lagers, das sich zunehmend in der breiten Öffentlichkeit verfestigte. Das Lager, hieß es Mitte der fünfziger Jahre, sei das „grauenvollste und grausamste Zeugnis menschlichen Unvermögens" und eine „Brutstätte des Nihilismus" (Zenter 1953, Bd. 1, S. 95). Je länger sie bestanden, desto mehr wurden die Wohnlager zum Inbegriff für Elend, Unterernährung, verloren gegangene Moral, Mangel, unhygienische Verhältnisse, Kriminalität, Armut, berufliche Abstufung und sozialen Abstieg. Damit wollte man nichts zu tun haben, auch wenn es häufiger die Vorurteile waren, die das Bild vom Lager bestimmten, als die eigene Anschauung. Wie heute, war auch damals die Zahl jener Menschen gering, die den Kontakt zu den Lagerbewohnern suchte.

In dem Maße, wie es gelang, die Zahl der Lager zu verringern, schwand auch das Interesse an ihnen. Die Flüchtlingslager, häufig am Stadtrand oder ganz abgelegen, wurden nur noch punktuell, über Aufsehen erregende Zeitungsberichte, wahrgenommen. Man sprach von Altvertriebenenwohnlagern oder Kriegsfolgenhilfe-Lagern und versuchte so, die stummen Zeugen eines durch den Krieg und seine Auswirkungen beschädigten Daseins in die Vergangenheit zu verbannen. Als das Wirtschaftswunder begann, seine Früchte abzuwerfen, wollte man auch an diesen Teil der eigenen Vergangenheit, möglichst nicht mehr erinnert werden.

Eine ähnliche Entwicklung, von zeitbedingter Aufmerksamkeit über Verdrängung und schließlich Vergessen, ist bei der Beschäftigung der Forschung mit den Flüchtlingslagern zu beobachten.

„Es muß festgestellt werden" – schrieb Josef Hanika 1957 –, „daß über die ‚Welt' dieser Lager, über das Leben darinnen noch keine Arbeiten und Untersuchungen vorliegen: über die psychologischen, moralischen und sonstigen Wirkungen auf die Insassen, über die sich entwickelnden Spielregeln des zwangsweise gemeinschaftlichen Daseins, über Selbsthilfe in Notlagen, über Fortleben von Dorfgemeinschaften oder Transportgemeinschaften in Lagern, über die Versuche, ein kulturelles Leben zu entfalten (...). Hier gibt es noch viel zu erfragen" (Hanika 1957, S. 65).

Der hier aufgestellte, volkskundlich-soziologisch geprägte und gerade deshalb moderne Fragenkanon ist bis heute ein Desiderat der Forschung geblieben. So gut wie keiner der aufgeworfenen Fragen hat sich die Forschung bisher angenommen, geschweige denn daß eine vertieft worden wäre. Nur gestreift wird das Lagerproblem in dem Standardwerk „Die Vertriebenen in Westdeutschland" (Müller/Simon 1959, bes. S. 414-420). Schon damals, 1959, lag der Schwerpunkt auf der Umsiedlung der Flüchtlinge und Vertriebenen, dem Wohnungsbau und der Eigenheimförderung. Als Hanika anregte, diese kriegsbedingte Lebensform der Flüchtlingswohnlager genauer zu untersuchen, schlug die Flüchtlingsforschung bereits neue Wege ein. Das Interesse galt bereits den neuen Siedlungen, den Brennpunkten der Begegnung zwischen Einheimischen und Zugewanderten, Alt- und Neubürgern (Bausinger/Braun/Schwedt 1959; Köhle-Hetzinger 1995). Damit aber verschwanden die Flüchtlingslager aus dem Blickfeld der Wissenschaft, noch ehe sie als Forschungsgegenstand entdeckt worden waren.

Auch die neuere Flüchtlingsforschung (Krallert-Sattler 1989; Schulze/Brelie-Lewien/Grebing 1987; Messerschmidt 1992; Schraut/Grosser 1996) hat es bisher nicht vermocht, hier eine Wende einzuleiten. Geblieben ist, wie in Politik, Verwaltung und der breiten Öffentlichkeit, die grundsätzlich negative Bewertung der Flüchtlingswohnlager im Eingliederungsprozeß (Tolksdorf 1990; Ackermann 1994). Sie werden in erster Linie als „desintegrierender Faktor" gesehen, welcher der Eingliederung der Flüchtlinge entgegenwirkt und sie damit verzögert habe (Carstens 1992, S. 13f, S. 468-474). Zu dieser Einschätzung hat erstens beigetragen, daß im Unterschied zu den Konzentrations-, DP-, Kriegsgefangenen- und Internierungslagern, welche seit den achtziger Jahren das Interesse der Forschung finden,[7] die Flüchtlingswohnlager aus der Nachkriegszeit trotz der umfangreichen Flüchtlings- und Vertriebenenforschung nach wie vor ein Schleier der Vergessenheit umhüllt. Hier liegt, wie Albrecht Lehmann es treffend formulierte, ein weiteres tabuisiertes Thema der deutschen Nachkriegsgeschichte (Lehmann 1991, S. 56).[8]

---

7   Vgl. dazu die eingangs bei den einzelnen Lagerarten genannte Auswahlliteratur.
8   Die geringe Zahl von Studien, die sich mit Flüchtlingslagern im allgemeinen und Flüchtlingswohnlagern im besonderen befassen, ist eine Bestätigung des Forschungsdefizites. Dieses betrifft in besonderem Maße die Funktion der Flüchtlingswohnlager im Eingliederungsprozeß (Grieser 1980; Pscheidt 1984; Carstens 1988; Pieper/Siedenhans 1988; Carstens 1992; Kleineke 1993; Carstens 1994; Ackermann 1995b; Salvador-Wagner 1996; Volkmann 1998; Viewegh 1998).

Zweitens werden die bei der Erforschung anderer, auch vom Krieg hervorgebrachten Arten von Lagern erprobten Konzepte und erzielten Ergebnisse vorschnell auf die Flüchtlingswohnlager übertragen. Macht man sich aber allein die Sicht von Politik, Verwaltung und Verbänden auf die Flüchtlingswohnlager zu eigen und übernimmt Konzepte, die sich bei der Erforschung anderer Lagertypen, welche das 20. Jahrhundert hervorgebracht hat, bewährt haben, läuft man Gefahr, die Funktion der Flüchtlingswohnlager im Eingliederungsprozeß falsch einzuschätzen. Am Beispiel eines Flüchtlingswohnlagers soll das verdeutlicht werden. Dabei steht weniger die soziale Realität im Lager als die Einschätzung des Lageraufenthalts durch die Bewohner im Vordergrund.

Die notwendige doppelte Perspektive

Das größte der 18 Wohnlager (Müller 1988; König 1989; Müller 1995), die sich 1949 in der Zuständigkeit der Stadt Stuttgart befanden, war jenes auf der Schlotwiese, im nördlichen Bezirk Zuffenhausen gelegen. Am 13. August 1945 beschlagnahmte die amerikanische Militärregierung das ehemalige, 1942 eingerichtete Zwangsarbeiterlager, das nach Kriegsende kurze Zeit als Repatriierungslager für russische Zwangsarbeiter gedient hatte, und wies dort DPs aus dem Grenzgebiet von Kroatien, Jugoslawien, Rumänien und Ungarn ein. Es handelte sich um etwa 1200 Volksdeutsche – Angehörige deutscher Minderheiten, die sich selbst als Schwaben bezeichneten –, die im Oktober auf Anweisung deutscher Reichsstellen vorwiegend nach Thüringen evakuiert worden waren. Nach dem Ende des Krieges sollten sie wie alle anderen DPs in ihre Heimatorte zurückgebracht werden.

„Und da warn dann noch jugolawische Soldaten, die in deutscher Kriegsgefangenschaft warn. Und mit dene sim mer also losgezogen. (Im Lager Uder) Ham sie uns wieder in Viehwagon (gesteckt) und jetzt geht's nachhause" (Quelle 4a).

Doch die Fahrt endete in Stuttgart, eben auf der Schlotwiese, wo eines der größten Flüchtlingswohnlager der Bundesrepublik entstand (Beer 1995a; Beer/Lutum-Lenger 1995b).

Flüchtlingslager auf der Schlotwiese, Stuttgart-Zuffenhausen, 1948.

Ein ausführlicher Bericht von 1946 schilderte detailliert die „katastrophale" Lage im Lager, die „fürchterliche" und „qualvolle" Enge, die „behelfsmäßigen Betten", die Feuchtigkeit, die Kälte in den „ungenügenden Hütten" und die „kümmerliche Ernährung" mit der damit einhergehenden Gefährdung der Gesundheit.

„ Wer dieses Lager nicht im einzelnen gesehen hat, wer sich nicht die Mühe genommen hat, ein paar Stunden wenigstens von Hütte zu Hütte zu gehen, kann sich kein Bild von diesen gefährlichen Wohnverhältnissen machen. Sie sind gefährlich" (Quelle 2d).

Es wurde daher aus „moralisch-sittlichen, aus sozialen, aus politischen, aus menschlichen Gründen" für dringend geboten gehalten, für eine Besserung der Zustände zu sorgen: „Die drohenden Gefahren würden nicht nur die dort Wohnenden treffen, sondern uns alle" (ebd.). An dieser, die Flüchtlingswohnlager der Nachkriegszeit insgesamt bestimmende Einschätzung, änderte sich während der gesamten Zeit seines Bestehens wenig. Das Lager und seine Bewohner, denen erst in einem längerfristigen Prozeß und auf Drängen der amerikanischen Militärregierung der Vertriebenenstatus zuerkannt wurde, blieben für die Stadtverwaltung in erster Linie ein Gefahrenherd. Für sie war das Lager geradezu „ein Pfahl im Fleisch" der Stadt, „mit dem sich die Stadt abfinden mußte," bis zum Abbruch der letzten Flüchtlingsbehausung auf der Schlotwiese im Jahre 1967 aber nur schwer abfinden konnte (Quelle 3). Die schwierige Diskussion der späten neunziger Jahre in der Bezirksverwaltung darüber, ob man bei der Umgestaltung der als Freizeitgebiet genutzten Schlotwiese mit einer Tafel an die dort zwischen 1942 und 1967 bestehenden Lager erinnern soll, offenbart die bis in die Gegenwart fortbestehenden Vorbehalte.

Die aus der Sicht der Behörden und der breiten Öffentlichkeit vom Flüchtlingswohnlager zumal für eine Großstadt ausgehende Gefahr hat eine große Zahl von Akten entstehen lassen. Spuren des Lagers und seiner Bewohner finden sich in der Überlieferung der städtischen Verwaltung, der Landesverwaltung, in den Akten der amerikanischen Militärregierung sowie der einige Zeit für das Lager zuständigen United Nations Relief and Rehabilitation

Grafik 1:   Belegung des Lagers auf der Schlotwiese

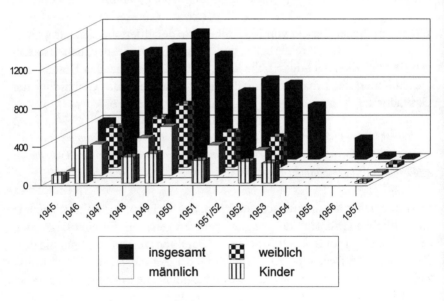

Quelle: StAS Ha 4440, Ha 6723, Sozialamt 159.

Administration (UNRRA). Weiteres aufschlußreiches Schriftgut liegt in mehreren Vereinsarchiven, den Beständen der Evangelischen Landeskirche und der Diözese Rottenburg-Stuttgart sowie die den beiden großen Kirchen angeschlossenen Hilfsorganisationen – Caritas und Hilfswerk. Diese Unterlagen, Ausdruck des vom Lager ausgehenden Gefährdungspotentials, liefern zum einen Fakten, detaillierte quantifizierbare Daten. Für die gesamte Zeit, in der das Lager bestand, liegen die Belegungszahlen vor, die zudem nach Geschlecht, Alters-, Berufsgruppe und Konfession aufgeschlüsselt werden können. Die Insassen jeder Baracke lassen sich ebenso bestimmen, wie auch genaue Angaben über den Ernährungs-, Hygiene- und Gesundheitszustand, über Geburts- und Mortalitätsrate der Insassen vorliegen. Und damit sind nur einige der recherchierbaren „objektiven" Daten genannt.

Zum anderen gibt die schriftliche Überlieferung von Politik, Verwaltung, Einrichtungen und Verbänden Aufschluß über das Bild, das sich die Außenwelt vom Flüchtlingswohnlager auf der Schlotwiese und seinen Bewohnern machte. Es zeichnet sich mit Abstufungen, welche die Spezifika der jeweiligen Perspektive charakterisieren, durch eine doppelte Bedrohung aus: Jene, die aus der Perspektive der Außenstehenden vom Flüchtlingswohnlager auf der Schlotwiese für dessen Umgebung, d.h. das gesellschaftliche Umfeld ausging; und jene, welche man aus dem gleichen Blickwinkel dem Lagerdasein für dessen Bewohner zuschrieb. Diese doppelte Bedrohung, die man mit dem Lager auf der Schlotwiese verband, wurde vom Erscheinungsbild des Lagers bestimmt, aber auch von den landläufigen Vorstellungen über Lager und Menschen, die darin leben müssen. Sie wurden nicht nur in diesem Fall durch den nahtlosen Übergang vom Zwangsarbeiter- zum Flüchtlingswohnlager zusätzlich genährt.

In scheinbarem Gegensatz zu dieser Bewertung steht die Einschätzung des Flüchtlingswohnlagers durch die Schlotwieser, wie sich die Lagerbewohner selbst bezeichnen. Für sie war das Lager notgedrungen über Jahre hinweg Wohnort, der schließlich – wie ein Großteil der Bewohner bekundete[9] – zur zweiten Heimat wurde. Anders als die Stadtverwaltung und die Öffentlichkeit, die noch 1947 der Meinung war, auf der Schlotwiese seien nach wie vor

---

9 Neben der einschlägigen schriftlichen Überlieferung bilden 100 lebensgeschichtliche Interviews die Grundlage der Untersuchung. Die einzelnen Tonbandaufnahmen mit einer Länge von eineinhalb bis zu neun Stunden entstanden in den Jahren 1993 bis 1996. Vgl. auch Anm. 1.

„Fremdarbeiter" untergebracht, haben sie die Zeit des Aufenthalts in diesem Lager, der für viele Bewohner 1945 begann und sich über ein Jahrzehnt und länger erstreckte, nicht verdrängt und auch nicht vergessen. Zu einschneidend waren die Erfahrungen, als daß sie ohne Wirkung geblieben wären. Für sie ist das Lager auf der Schlotwiese kein Stigma, sondern einer der wichtigsten Bezugspunkte ihres Lebens. Und anders als die zeitgenössischen, aus sozialpolitischer Sicht verfaßten Berichte haben die Schlotwieser mehr mitzuteilen als Klagen über unzureichende Hygiene, katastrophale Wohnverhältnisse und sozialen Abstieg:

„Ich möchte die Zeit in der Schlotwiese, obzwar wir materiell nicht gut gestellt warn, ich möchte die Zeit nicht missen in meinem Leben. Ich würde sagen, diese Zeit hat mich stark gemacht. Nein, ich möchte diese Zeit nicht missen. Und ich kenne viele, die so ähnlich denken wie ich. Und es ist bei den meisten doch die Gemeinschaft, die es damals war. Ich glaube (...), daß es eigentlich die Gemeinschaft war, die das schönste war dort, der Zusammenhalt" (Quelle 4b).

Flüchtlingslager auf der Schlotwiese, Stuttgart-Zuffenhausen. Innenansicht einer Baracke, 1948.

Der Möglichkeit heimzukehren beraubt, von den städtischen Behörden und der Bevölkerung Zuffenhausens mal als unwillkommene Ausländer, mal als Staatenlose eingestuft, suchten und fanden die Lagerinsassen in der Selbstorganisation den Weg aus der trostlosen Lage. Aus dem zusammengewürfelten Haufen von Menschen, die in die abbruchreifen Baracken des ehemaligen Zwangsarbeiterlagers gesetzt worden waren, entstand nach und nach eine funktionierende Gemeinde, mit einem selbst gewählten Lagerleiter, einem Lagerausschuß, einem Kindergarten einer Schule einer Kirche, Läden, Handwerksbetrieben und mehreren Vereinen, allen voran der Fußballclub FC Batschka. Mit seinen Erfolgen trug der Verein mit zur Identifikation der Bewohner mit dem Lager und der Herausbildung eines Eigenbewußtseins bei.

„Natürlich, durch unsere Spielweise, durch unsere Erfolge (...) hen sie uns anerkennen müssen. Der Stellenwert des Lagers, möchte ich sagen, isch erscht dann richtig bekannt worde, durch unsern Fußball, weil des war unser Vorzeigeschild" (Quelle 4c).

Das mit den Erfolgen des Vereins gestiegene Selbst- und Eigenbewußtsein fand seinen Niederschlag in der Eigenbezeichnung Schlotwieser. Der Initiative der Schlotwieser ist auch die Gründung der Baugenossenschaft „Neues Heim" auf der Schlotwiese zu verdanken, die, dem Namen der Genossenschaft folgend, von 1949 an mit staatlicher und städtischer Hilfe den Grundstein für die neue Siedlung Stuttgart-Rot legte (Bausinger/Braun/ Schwedt 1958, S. 24-27; Köhle-Hetzinger 1995, S. 221-232). Hier fand der überwiegende Teil der Schlotwieser ein neues Zuhause.

Das notgedrungene Zusammenleben auf engstem Raum, die Not und die Außenseiterrolle, die man ihnen als Fremde zuschrieb, als auch die gegenseitige Hilfe, die entwickelten Lebensweisen und kulturellen Ausdrucksformen, haben die Schlotwieser während der Lagerzeit zu einer verschworenen Gemeinschaft werden lassen, die, wenn auch in abgeschwächter Form, bis heute fortbesteht. Aus den ehemaligen fremden Staatsbürgern, Volksdeutschen, Zwangsverschleppten, Ausländern, Staatenlosen, Flüchtlingen und Vertriebenen, als welche man diese Menschen im Laufe der Zeit einstufte, sind mit der wichtigen Zwischenstation „Lager Schlotwiese" alteingesessene Bürger des neuen Stadtteils Stuttgart-Rot geworden (Beer 1996).

„Des hier, doch, des kannscht jo jetzt nur als dritte Heimat schon bezeichnen: Die erschte daheim, unte, Schlotwiese, und des als dritte" (Quelle 4d).

Flüchtlingswohnlager als Kolonie

Betrachtet man die Flüchtlingswohnlager vorwiegend oder allein aus der Perspektive der Außenstehenden – Politik, Verwaltung, Öffentlichkeit –, begibt man sich in eine zweifache Gefahr. Zum einen macht man sich dadurch die einem bestimmtem Standpunkt verpflichtete Sicht zu eigen. Sie sagt viel über die Einstellung des Betrachters zum Lager aus, aber nur wenig über die Welt des Lagers selbst, wie Josef Hanika sie umriß. Zum anderen, und das ist noch wichtiger in unserem Zusammenhang, ist mit der in der Regel durch die Auswertung von Verwaltungsschriftgut vermittelten Perspektive die dysfunktionale Wirkung verbunden, welche den Flüchtlingswohnlagern im Eingliederungsprozeß zugeschrieben wird.

Bezieht man dagegen komplementär zur Sicht auf die Lager die lebensgeschichtliche Perspektive der Lagerbewohner heran (Bade 1987, bes. S. 157-162), erscheinen sowohl das Lager und die in seinem Rahmen entwickelten Lebensformen als auch die Funktion des Lageraufenthalts und damit des Lagers selbst im Anpassungsprozeß an die neue Gesellschaft in einem anderen Licht. Für die Schlotwieser wurde das Lager, wie sie selbst schildern, trotz der unbefriedigenden Wohnungs-, Arbeits-, Ernährungs- und Hygieneverhältnisse zu einer wichtigen Station auf dem Weg zu ihrem allmählichen Hineinwachsen in das politisch, sozial, wirtschaftlich und kulturell neue Umfeld. Das Lager und die dort entwickelten Lebensformen, die in sich hergebrachte Muster und solche der neuen Umwelt vereinigten, boten ihnen den notwendigen Schutzraum, für den in der historischen Migrationsforschung der Terminus Kolonie geprägt wurde (Heckmann 1992, S. 96-116; Bade 1994b, bes. S. 38-52). Das mit ihm verbundene Konzept knüpft an die begrifflichen Traditionen der frühen Einwanderungsforschung an, welche damit sozial-kulturelle, religiöse und politische Organisationen, gemeinsame Wohnbezirke und die darin lebenden Einwanderer als Einwandererkolonie bezeichnete. Der Kolonie kommt im Einwanderungsprozeß die wichtige Funktion eines Durchgangsstadiums zwischen Herkunfts- und Aufnahmegesellschaft zu. Die sie charakterisierenden Strukturelemente – unter anderem Verwandtschaft, Vereinswesen, religiöse Gemeinde, informelle soziale Verkehrskreise, Nischenökonomie – und die der Kolonie eigenen Funktionen – Neueinwandererhilfe, Persönlichkeitstabilisierung der Migranten, Selbsthilfe, Sozialisation – finden sich auch in den Flüchtlingswohnlagern wieder, wie anhand des Lagers auf der Schlotwiese zu sehen ist. Der Kolonie vergleichbar wurde in den Flüchtlingswohnlagern die Konfrontation mit der neuen Umgebung durch die im Lager gegebene Nestwärme abgemildert.

„Des war noch nicht Deutschland in der Schlotwiese. Des war eine Zwischenstation, wo die sich bißle habe anlerne könne oder ansehn könne und wies weitergeht. Bis jetzt seh ich das, des war ja noch ihr Umgang, normal von dahoim mitbrocht, aber des Land, die Gesetze und des war schon woanderscht" (Quelle 4e).

Als Selbsthilfegemeinschaft in der zunächst noch die tradierten wirtschaftlichen, sozialen und kulturellen Lebensformen gepflegt werden konnten, erleichterte der Lageraufenthalt den allmählichen Anpassungsprozeß an die neuen Verhältnisse. Das erklärt auch, weshalb viele Flüchtlinge trotz der unzureichenden Lebensbedingungen im Lager und der Aufforderung durch die zuständigen Verwaltungen, das Lager zu verlassen, dort länger verblieben, als von der Einwanderungsgesellschaft als notwendig erachtet wurde. Dadurch aber verstärkte sich die „falsche" Wahrnehmung der Flüchtlingswohnlager durch die Außenwelt als sich selbst abkapselnde Fremdkörper, die in der wirtschaftlich und sozial prosperierenden bundesdeutschen Gesellschaft der fünfziger und sechziger Jahre in erster Linie als Bedrohung empfunden wurden.

Fazit

Die Erforschung der Flüchtlingswohnlager aus doppelter Perspektive – von außen und innen – bietet eine Reihe von Vorteilen. Zunächst wird dadurch deutlich, daß man sich nicht von den Konzepten der „totalen Institution" oder der „absoluten Macht" leiten lassen darf, welche sich bei der Analyse anderer vom Krieg hervorgebrachten Lagerarten als erkenntnisfördernd herausgestellt haben. Einen besseren Zugang bietet das mit dem Begriff der Kolonie verbundene Modell, mit dessen Hilfe sowohl die Funktion der Flüchtlingswohnlager als Zwischenstation im Eingliederungsprozeß erklärt werden kann, als auch die in der Regel negative Wahrnehmung der Flüchtlingswohnlager durch die Außenwelt. Die mit dem Konzept der Kolonie verbundene adäquate Analyse einer Lebensform, die zwar integraler Bestandteil der bundesdeutschen Geschichte ist, aber kaum erforscht ist, läßt zweitens den engen Zusammenhang zwischen deutschen Flüchtlingen und Vertriebenen und anderen Migrantengruppen der Nachkriegszeit erkennen. Drittens wird dadurch die deutsche Flüchtlingsforschung in den Kontext der allgemeinen Migrationsforschung eingebettet, der es ihr erlaubt, neue Wege zu gehen.

Auszug aus dem Lager Schlotwiese, 1949.

Quellen

Bundesarchiv Koblenz

Quelle 1a: BA RG 260 OMGUS 13/165-1/15, Statistik der englischen und amerikanischen Flüchtlingsexperten über die zum Ende des Jahres 1948 in Dauer- und Durchgangslagern sowie Massenunterkünften der Bizone fast 400 000 untergebrachten Flüchtlinge.

Quelle 1b: BA B 150:6264, Auflösung von Wohnlagern 1953/54, 1956-1958, 1966.

Quelle 1c: BA B 150:3260 Heft 1, Statistik der Wohnlager 1958-1960.

Quelle 1d: BA B 150:3260, Heft 1, Statistik der Wohnlager 1956-1958.

Hauptstaatsarchiv Stuttgart (HStAS)

Quelle 2a: HstAS EA 2/801:314, Schreiben des Bundesministers für Angelegenheiten der Vertriebenen an die Landesflüchtlingsverwaltungen vom 10. November 1949, in dem mit Bezug auf den Bundestagsbeschluß vom 4. November 1949 um umgehende Meldung der in den Ländern vorhandenen Durchgangslager und Notunterkünfte mit Angabe der Zahl der Lager und ihrer Belegung gebeten wird.

Quelle 2b: HStAS EA 2/801:106, Bericht über eine Informationsfahrt von Vertretern des Evangelischen Hilfswerks durch die Flüchtlingslager an der Bayr(ischen) Ostgrenze zwischen dem 14. und 23. März 1946.

Quelle 2c: HStAS EA 1/920:667, Monatsbericht für April und Mai 1946, S. 7.

Quelle 2d: HStAS EA 1/802:37, 26. Oktober 1946.

Stadtarchiv Stuttgart (StAS)

Quelle 3: StAS HA 6732-10, 2. April 1947.

Interviews

Quelle 4a: Interview mit Magdalena B., Jahrgang 1922, Archiv des Instituts für donauschwäbische Geschichte und Landeskunde Tübingen (AIDGL), Schlot/Interviews.

Quelle 4b: Interview mit Maria P., Jahrgang 1933, AIDGL Schlot/Interviews.

Quelle 4c: Interview mit Franz B., Jahrgang 1928, AIDGL Schlot/Interviews.

Quelle 4d: Interview mit Mathias S., Jahrgang 1920, AIDGL Schlot/Interviews.

Quelle 4e: Interview mit Adam K., Jahrgang 1926, AIDGL Schlot/Interviews.

Politische Flüchtlinge oder unpolitische Zuwanderer aus der DDR?

Die Debatte um den *echten* Flüchtling in Westdeutschland von 1945 bis 1961

Volker Ackermann

Nach dem Ende des Zweiten Weltkrieges waren die westlichen Besatzungs-zonen und später die Bundesrepublik Deutschland das Ziel großer Zuwan-derungen. Zunächst ging sie von den deutschen Ostgebieten aus, die unter sowjetische bzw. polnische Verwaltung gestellt worden waren, dann von der sowjetischen Besatzungszone (SBZ) bzw. der DDR. Diese Migrations-bewegung hielt bis zum Bau der Berliner Mauer am 13. August 1961 an. Danach gelang es bis 1989 nur noch einzelnen Personen, die DDR als Flüchtling zu verlassen. Zwischen 1945 und 1961 entstand in Westdeutsch-land eine Diskussion über diejenigen, die aus ihrer Heimat vertrieben und ausgesiedelt wurden bzw. geflüchtet waren. Im Mittelpunkt der Debatte stand die Frage, wer Anspruch darauf habe, aufgenommen zu werden und besondere Rechte zu genießen – d.h. wer ein *echter* Flüchtling sei. Nach welchen Kriterien dieser Anspruch eines *echten* Flüchtlings definiert werden sollte, war eine eminent politische Frage, die nach 1945 unterschiedlich beantwortet wurde. Personen aus den ehemaligen Ostgebieten des Deutschen Reiches, die heute als *Vertriebene* bzw. *Heimatvertriebene* bezeichnet werden, wurden in der unmittelbaren Nachkriegszeit allgemein *Flüchtlinge* genannt. Nach 1949 galt als *echter* Flüchtling, wer wegen unmittelbar drohender Gefahr für Leib und Leben oder wegen Bedrohung der persönli-chen Freiheit die DDR verließ und in die Bundesrepublik Deutschland kam. Lange herrschte die Idealvorstellung vom heroischen Einzelkämpfer gegen politische Verfolgung vor; erst allmählich wurde auch der wirtschaftlich motivierte Entschluß, die Heimat zu verlassen, als legitim anerkannt. Unter dem Zwang der Realitäten mußte der Kreis der Aufnahmeberechtigten fortlaufend erweitert und die Grenze zwischen *politisch* und *unpolitisch* motivierter Zuwanderung ständig neu gezogen werden (Ackermann 1995a, S. 13-20).

Die Vorstellung vom *echten* Flüchtling entstand aus zwei historischen Erfahrungen: Die erste Erfahrung betrifft das, was oft verkürzt als *Vertreibung* bezeichnet wird. Sie umfaßt vier verschiedene Ausprägungen – Evakuierung, Flucht, Vertreibung und Zwangsumsiedlung von Deutschen nach 1945. Zweitens ist das Bild vom Flüchtling geprägt von den Erfahrungen der Teilung Deutschlands und des Kalten Krieges. Der Ost-West-Konflikt erzwang geradezu die Politisierung des Flüchtlingsbegriffs, und da der individuelle Flüchtling mit dem Kollektivschicksal *aller* Bewohner der DDR identifiziert wurde, lag das Bild des heroischen Einzelkämpfers in ständigem Widerstreit mit dem Bild der Massenfluchtbewegung. Beide Bilder bestimmten sowohl die Selbstinterpretation der Flüchtlinge als auch das Verhalten der Aufnahmegesellschaft.

Flucht und Zuwanderung aus der DDR wurden von der Bundesregierung erst 1952/53 als akutes Problem erkannt. Ungelöst blieb jedoch die Frage, wie der Begriff Flüchtling zu definieren sei und welche Leistungen an diesen Status geknüpft werden sollten. Hätte die Bundesregierung nur politische Flüchtlinge aufgenommen, wäre die große Masse der Zuwanderer ohne Unterstützung sich selbst oder der wohlfahrtsstaatlichen Fürsorge überlassen geblieben. Hätte sie dagegen alle Zuwanderer gleich behandelt, so wären nicht nur die erwarteten Widerstandskämpfer und Opfer des Regimes aufgenommen worden, sondern auch sogenannte *Wirtschaftsflüchtlinge*. Für letztere war in der Öffentlichkeit eine verstärkte finanzielle Unterstützung nur dadurch zu rechtfertigen, daß die Bundesregierung die Fluchtbewegung in der Konkurrenzsituation des Kalten Krieges als Zeichen für die politische Überlegenheit des Westens interpretierte (Heidemeyer 1994, S. 335f.; Hefele 1998, S. 1-6).

In der Bundesrepublik gab es in den fünfziger Jahren eine Region, die in hohem Maße von Vertriebenen bevölkert und zugleich der Hauptanziehungspunkt für Flüchtlinge und Zuwanderer aus der DDR war: Das 1946 gegründete Bundesland Nordrhein-Westfalen hatte zunächst – anders als die Hauptaufnahmeländer Schleswig-Holstein, Niedersachsen und Bayern – nur wenige Flüchtlinge aufgenommen. Erst als mit der Gründung der Bundesrepublik die Freizügigkeit wiederhergestellt wurde, nahm Nordrhein-Westfalen bis 1953 im Vergleich zu anderen Bundesländern die meisten Flüchtlinge auf. Diese Einwanderungsregion verstand sich als *melting pot*. Alte Bilder des Fremden aus dem Osten prägten das Verhalten der Aufnahmegesellschaft; aber es entstanden auch neue, miteinander konkurrierende Bilder. Im Sommer 1947 entspann sich zwischen der nordrhein-westfälischen Landesregierung und der britischen Militärregierung eine fast zwei Jahre lang andauernde Kontroverse um die Frage, nach welchen Kriterien die Flüchtlinge und Zuwanderer aus der SBZ aufzunehmen und zu versorgen seien. In dieser Auseinandersetzung wurden erstmals Lösungen für ein Problem gesucht, das sich in den achtziger und neunziger Jahren auf ganz neue Weise stellen und eine stark emotional gefärbte Debatte in der Bundesrepublik auslösen sollte – das Problem des Mißbrauchs des Asylrechts (Ackermann 1999).

Die Kontroverse Ende der vierziger Jahre entzündete sich am Problem der sogenannten illegalen Grenzgänger oder auch Illegalen. Hierbei handelte es sich um Personen aus der SBZ, welche die Zonengrenzen trotz des im Jahre 1945 erlassenen Verbots der Alliierten überschritten. Die sowjetische Militärregierung hatte unmittelbar nach der Kapitulation die Zonengrenze gesperrt. Mit den Kontrollratsdirektiven Nr. 43 vom 29. Oktober 1946 und Nr. 47 vom 23. April 1947 hatte sie den Interzonenpaß eingeführt und den Grenzverkehr auf dringende Geschäftsreisen und Familienanlässe ausgedehnt. Ab April 1948 erschwerten die Sowjets die Ausgabe von Interzonenpässen und den illegalen Grenzübertritt. Die Absperrung der SBZ nach Westen hin erreichte mit der Währungsreform und der Berliner Blockade im Juni 1948 ihren damaligen Höhepunkt.

Personen aus der SBZ, die bereits in der britischen Besatzungszone lebten oder in diese zuwanderten, galten in Nordrhein-Westfalen nur unter bestimmten Bedingungen als Flüchtlinge. Sie mußten glaubhaft machen können, daß sie aus Gründen der persönlichen Sicherheit geflüchtet waren und ihnen eine Rückkehr nicht zugemutet werden konnte. Nach dem Flüchtlingsgesetz des Landes Nordrhein-Westfalen vom 2. Juni 1948 waren Personen, die nach dem 8. Mai 1945 außerhalb der britischen, amerikanischen und französischen Besatzungszonen aus politischen, rassischen oder religiösen Gründen verfolgt wurden und aus diesen Gründen geflüchtet waren, den *Vertriebenen* gleichgestellt. Die Debatte um den Mißbrauch des Asylrechts verlief vor dem Hintergrund dieser gesetzlichen Bestimmungen. Ins Zentrum der Auseinandersetzung rückte alsbald die Frage, wie die Verfolgung in der SBZ glaubhaft nachgewiesen werden konnte. Die positive Gegenfigur zu denen, die das Asylrecht angeblich mißbrauchten, war der *echte* Flüchtling. Unausgesprochen wurde hierbei eine enge Definition des *Politischen* zugrunde gelegt. Tatsächliche Verfolgung in der SBZ war jedoch oft nur schwer nachzuweisen, da die Zuwanderer häufig gefälschte bzw. gar keine Papiere bei sich trugen. Mißbrauch des Asylrechts lag in dieser Perspektive ferner auch deshalb vor, weil die Illegalen die ohnehin schon drängenden Knappheitsprobleme bei der Versorgung mit Wohnraum und Lebensmitteln verschärften und zusätzlich eine große Gefahr für Sicherheit und Ordnung darstellten. Daher wurde schließlich allein von der kontinuierlich steigenden Zahl von Illegalen auf Mißbrauch des Asylrechts geschlossen.

Das ‚Haus für Alle‘ des Christlichen Vereins für junge Männer im Lager für DDR-Flüchtlinge in Salzgitter-Watenstedt, um 1955.

Die britische Militärregierung sah die Gründe für die Abwanderung aus der SBZ letztlich in den dortigen politischen Verhältnissen bedingt. Sie forderte deshalb von den deutschen Verwaltungsbehörden, *allen* Flüchtlingen aus der SBZ Asyl zu gewähren, welche Gründe auch immer sie zum Weggehen bewogen hätten. Wenn also deutsche Behörden von Asylrecht und Asylpflicht zu einem Zeitpunkt sprachen, als es den Artikel 16 Absatz 2 des Grundgesetzes, demzufolge politisch Verfolgte Asylrecht genießen, noch nicht gab, so bezogen sie sich auf diese Forderung der britischen Militärregierung.

Zur Lösung dieses Problems schlugen deutsche Behörden der britischen Militärregierung vor, Arbeits- und Umerziehungslager zu errichten, die eine abschreckende Wirkung auf potentielle Zuwanderer ausüben sollten. Obwohl die Forderung nach Arbeitslagern für sogenannte Asoziale bereits in der Zeit der Weimarer Republik von Wohlfahrtsverbänden erhoben worden war, scheute man sich nicht, gegenüber der britischen Militärregierung ganz offen von Konzentrationslagermethoden zu sprechen. Zweifel am Erfolg der *reeducation* mußten auch weitere Vorschläge wecken: So wurde z.B. in Erwägung gezogen, illegale Grenzgänger für die Dauer der Überprüfung ihrer Personalien in Sammelunterkünften mit Gemeinschaftsverpflegung unterzubringen und sie anschließend in die SBZ zurück zu transportieren. Auch wollte man durch negative Presseberichte bzw. Mund-zu-Mund-Propaganda die Wanderungsbereitschaft mindern. Diese Vorschläge wären ohne die britische Militärregierung, die ihre liberale Asylpraxis verteidigte, sicherlich realisiert worden. Sogar von einer „Endlösung" des Problems der illegalen Einwanderung und der „Unschädlichmachung" der abgewiesenen Personen war die Rede (Kleinert 1988, S. 99).

Die Diskussion um den Mißbrauch des Asylrechts von 1947 bis 1949 zeigt, daß bereits in jener Zeit viele Argumente vorgetragen und Lösungsmöglichkeiten erwogen wurden, die später in den fünfziger Jahren die Flüchtlingspolitik in Westdeutschland bestimmten. Gelöst wurde das Problem damals nicht, sondern nach der Gründung der Bundesrepublik auf eine andere Ebene gehoben. Das *Bundesnotaufnahmegesetz* vom 22. August 1950 und das *Bundesvertriebenengesetz* vom 19. Mai 1953 hatten in dieser frühen Phase ihre Vorläufer.

Die Frage nach dem Begriff des *Politischen* und damit nach der Unterscheidung zwischen *politischen* und *unpolitischen* Fluchtmotiven sollte bis zum Bau der Berliner Mauer am 13. August 1961 die Flüchtlingsdebatte ebenso prägen wie das Problem der Aufnahmeprozedur selbst. Im Aufnahmeverfahren mußten Flüchtlinge und Zuwanderer ihre Motive vor einzelnen Beamten bzw. Aufnahmeausschüssen glaubhaft darlegen, um als *echte* Flüchtlinge anerkannt zu werden. Insofern waren damals, als mit der Gründung der Bundesrepublik die Kompetenz zur Bewältigung dieser Aufgaben auf die Bundesregierung überging, schon viele Probleme erkannt und artikuliert worden.

Schon vor 1949 tauchte im deutsch-deutschen Verhältnis das Problem des Mißbrauchs des Asylrechts auf. Die Dimension des Problems und der damit verbundenen Vorschläge und Maßnahmen wird deutlich, wenn man sich die Diskussionen im Parlamentarischen Rat vor Augen hält, der am 1. September

1948 in Herrenchiemsee zusammentrat. Bei den Beratungen des Parlamentarischen Rats wurde z.B. ein Antrag abgelehnt, der vorsah, das Asylrecht nur Personen bzw. nur Deutschen zu gewähren, die wegen ihres Eintretens für eine freiheitliche Staatsordnung ein anderes Land verlassen mußten. Der Völkerrechtler Hermann von Mangoldt (CDU) erklärte am 4. Dezember 1948, daß die Gewährung des Asylrechts eine Frage der Generosität sei, ungeachtet dessen, ob der Betreffende dem Aufnahmeland politisch nahestehe. Im Falle von Einschränkungen, so warnte er, müsse an der Grenze eine Prüfung vorgenommen werden, so daß die Vorschrift gegenstandslos würde.

Ein Asylrecht, das nur unter bestimmten Voraussetzungen und Bedingungen gilt, bedeute das Ende des Asylrechts als Prinzip, gab der SPD-Politiker Friedrich Wilhelm Wagner am 19. Januar 1949 zu bedenken, und der CDU-Politiker Heinrich von Brentano forderte im Hinblick auf das Problem der Flüchtlinge aus der sowjetischen Besatzungszone, aufgrund der Teilung Deutschlands sollten diese Deutschen innerhalb des Bundesgebietes Asylrecht genießen, obwohl sie keine Bundesangehörigen seien (Feldkamp 1998, S. 67f.). Trotz dieser Bedenken lehnte der Parlamentarische Rat die Formulierung ab, auch Deutschen aus der sowjetischen Besatzungszone im Bundesgebiet Asylrecht zu gewähren, und entschied sich für die allgemeine Fassung des Artikel 16 Absatz 2 des Grundgesetzes.

Der Vergleich der Debatten um das Asylrecht zwischen der nordrhein-westfälischen Landesregierung und der britischen Militärregierung einerseits und den Mitgliedern im Parlamentarischen Rat andererseits zeigt deutlich, daß auf beiden Ebenen vor einem grundsätzlich unterschiedlichen Erfahrungshintergrund argumentiert und gehandelt wurde. Die Erfahrungen der Mitglieder des Parlamentarischen Rates bezogen sich vor allem auf die Jahre von 1933 bis 1945, als einige von ihnen selbst verfolgt und im Ausland aufgenommen bzw. abgewiesen worden waren. Ihre Antwort auf die Zeit des Nationalsozialismus war der Artikel 16 des Grundgesetzes. Daher spiegelte die spätere Diskussion um die Änderung des Grundrechts auf Asyl immer auch das historisch-politische Selbstverständnis der Deutschen wider. Von einem potentiellen oder tatsächlichen Mißbrauch des Asylrechts auf Länderebene war bei den Debatten im Parlamentarischen Rat keine Rede (Bade 1992b, S. 411-422).

Im Laufe der fünfziger Jahre wurde zwar versucht, die Vorstellung vom *echten* Flüchtling als Schlüsselfigur der Flüchtlingspolitik aufrecht zu erhalten; er verlor jedoch immer mehr an realem Gehalt. Sprachregelungen,

Wortverbote, Umbenennungen und Bedeutungsverschiebungen kennzeichneten die vorwiegend von Politikern, Beamten, Verbandsfunktionären, Wissenschaftlern, Geistlichen und Fürsorgern geführte Diskussion um den *echten* Flüchtling. Wissenschaftler, die vom Bundesminister für Vertriebene mit der Erforschung des Vertriebenen- und Flüchtlingsproblems beauftragt wurden, mußten ihre Erkenntnisse politischen Vorgaben unterordnen. Flucht und Vertreibung als intensivierte Fortsetzung der Ost-West-Wanderung zu interpretieren oder von Zuwanderern statt von SBZ-Flüchtlingen zu sprechen, bedeutete nach Auffassung des Ministeriums eine Verharmlosung der Zwangszuwanderung.

Reden und Handeln der Politiker zu dieser Zeit orientierten sich an dem sozialpolitischen Konzept der Eingliederung. Dem lag die Vorstellung zugrunde, daß aus einem wechselseitigen Prozeß der Annäherung zwischen

Ansprache des Bundesministers für gesamtdeutsche Fragen, Ernst Lemmer, im Notaufnahmelager für ,Sowjetzonenflüchtlinge' in Berlin-Marienfelde, Juli 1961.

Einheimischen und Vertriebenen ein neues Volk hervorgehen sollte. Die angestrebte Gleichstellung der beiden Bevölkerungsgruppen sollte sich jedoch nicht im Sinne von Assimilation, dem Leitbild der US-amerikanischen und britischen Besatzungsmacht, vollziehen. Gerade dem Ausland gegenüber betonte die Bundesregierung immer wieder den politischen Charakter der Flucht aus der DDR, die von der Bundesrepublik als Staat nicht anerkannt wurde. Die Bundesregierung bemühte sich, das Flüchtlingsproblem in der internationalen Diskussion zu halten, um dem Anspruch auf Wiedervereinigung Nachdruck zu verleihen. Im westlichen Ausland dagegen neigte man schon Mitte der fünfziger Jahre dazu, die Bedeutung des deutschen Flüchtlingsproblems angesichts des *Wirtschaftswunders* herunterzuspielen. Mitunter wurde es sogar als gelöst betrachtet.

Die Genfer Flüchtlingskonvention von 1951 hob erstmals die Mediatisierung des Einzelnen durch seinen Staat auf, indem sie den Flüchtling als Subjekt des Völkerrechts anerkannte. Die Vertriebenen und Flüchtlinge hingegen, die aus den ehemaligen deutschen Ostgebieten und aus der SBZ bzw. DDR nach Westdeutschland kamen, waren deutsche Staatsbürger. Die Frage, wie sie korrekt bezeichnet werden sollten, stand im Zentrum eines Kampfes um *Sein* und *Heißen*. Bei dieser Auseinandersetzung ging es nicht nur um die Abgrenzung des *echten* Flüchtlings von anderen Immigranten, die als sogenannte Illegale oder Asoziale stigmatisiert waren. Es ging auch um die historische Wahrheit und um den Begriff des Politischen, der durch das Grundgesetz vorgeformt und durch zwei folgende Gesetze weiterentwickelt wurde. Das *Notaufnahmegesetz* vom 22. August 1950 schuf eine Art innerstaatliches Asylrecht; es machte die Anerkennung als *echter* Flüchtling davon abhängig, ob jemand die DDR wegen drohender Gefahr für Leib, Leben bzw. die persönliche Freiheit oder aus anderen zwingenden Gründen verlassen hatte. Obwohl sich bald herausstellte, daß nur die wenigsten Antragsteller diesen strengen Kriterien entsprachen, hielt die Bundesregierung aus politischen Gründen am Notaufnahmeverfahren fest. Auch lehnte sie ein reines Verteilungsgesetz für die Aufnahme nicht anerkannter Flüchtlinge stets ab, weil sie um der künftigen Wiedervereinigung willen möglichst viele Menschen zum Bleiben in der DDR ermutigen wollte.

Das *Bundesvertriebenengesetz* vom 15. Mai 1953 legte inhaltlich fest, wer *echter* Flüchtling sei; es unterschied drei Typen von Zwangszuwanderern: *Vertriebene* (1) und *Heimatvertriebene* (2) waren all jene, die gewaltsam aus den ehemaligen deutschen Ostgebieten vertrieben wurden. Die Begriffe sollten das Unrecht der unfreiwilligen Wanderung der Deutschen aus den ehemaligen Ostgebieten widerspiegeln. *SBZ-Flüchtlinge* (3) waren Personen, die aus der DDR bzw. Ost-Berlin flüchteten, um einer Zwangslage zu entgehen, die von ihnen nicht zu vertreten und durch die politischen Verhältnisse im Herkunftsland bedingt war. Ferner durften sie durch ihr Verhalten nicht gegen die Grundsätze der Menschlichkeit oder Rechtsstaatlichkeit verstoßen haben. Die zunächst scharfe Unterscheidung zwischen *politischen* und *wirtschaftlichen* Fluchtgründen wurde im Laufe der fünfziger Jahre überwunden und schließlich wenige Wochen vor dem Bau der Berliner Mauer im Jahr 1961 ganz aufgehoben. Mit der Anerkennung wirtschaftlicher Fluchtgründe, die letztlich als politisch fundiert angesehen wurden, erweiterte sich das Feld dessen, was als *politisch* interpretiert werden konnte. Der bloße Wunsch nach Verbesserung des Lebensstandards galt fortan als politisches Fluchtmotiv; der Kampf um die Freiheit wurde offiziell als Kampf der arbeitenden Bevölkerung um einen gerechten Anteil am Bruttosozialprodukt gedeutet. Nur durch diese Erweiterung konnte die Bundesregierung weiterhin am Bild vom *echten*, d.h. politischen Flüchtling festhalten.

Wichtigstes Kriterium für die Unterscheidung zwischen *echten* und *unechten* Flüchtlingen war das Fluchtmotiv. In offiziellen Verlautbarungen in West und Ost wurden die Fluchtmotive der DDR-Bürger unterschiedlich interpretiert. Die Bundesregierung ging von einem ursächlichen Zusammenhang zwischen den Maßnahmen der Staatspartei SED und der individuellen Entscheidung zur Flucht aus. Sie behauptete, daß nicht der materielle Wohlstand im Westen, sondern allein die Politik des Ostens das Wanderungsverhalten bestimme. Ferner ging die Bundesregierung davon aus, daß politische Motive die ökonomischen bei weitem überträfen. Offiziell galt die Flucht als Entscheidung für Freiheit und Menschenwürde und Niederlage des SED-Regimes.

Regierungsamtliche Äußerungen der DDR kriminalisierten seit 1957 die sogenannte Republikflucht als Verrat am Kampf der Arbeiterklasse der DDR. Nach Auffassung der SED-Regierung handelte es sich um eine vom westlichen „Klassenfeind" propagandistisch bestimmte Abwerbung von Arbeitskräften. Es wurde jedoch eingestanden, daß die Abwerbung durch bestimmte Methoden, wie z.B. bürokratisches und unsensibles Verhalten der Staats- und Parteifunktionäre der DDR, begünstigt wurde. Die Regierung der DDR versuchte bis zum Bau der Mauer erfolglos, sowohl durch Repression als auch durch Zugeständnisse an bestimmte Bevölkerungsgruppen die Wanderung von Ost nach West zu unterbinden.

Erkenntnisse über die Fluchtmotive gewann die Bundesregierung durch jene von ihr selbst geschaffene Institution – das Notaufnahmeverfahren –, das aus der Masse der Zuwanderer die *echten* Flüchtlinge herausfiltern sollte. Wie bei einem Initiationsritus, der die Aufnahme in eine neue Gemeinschaft mit einer Gehorsamsprobe verbindet, wurden die Flüchtlinge vor dem Aufnahmeausschuß zu einer Art Rollenspiel gezwungen, bei dem beide Seiten einander zu instrumentalisieren versuchten. Der Aufnahmeausschuß erwartete *echte* Flüchtlinge; die Antragsteller ihrerseits wollten dieser Erwartung entsprechen und spielten die ihnen zugedachte und für ihre Anerkennung unerläßliche Rolle des *politischen* Flüchtlings.

Ein besonderes Notaufnahmeverfahren gab es für Jugendliche aus der DDR. Ihr Anteil an den rund 3,5 Millionen Flüchtlingen und Zuwanderern betrug mehr als 50 Prozent. In großzügiger Weise unterstellten die Aufnahmeausschüsse den Jugendlichen ex post ein politisches Fluchtmotiv. Das Klischee vom politisch motivierten jugendlichen Flüchtling, dem „Rebell", sollte nicht preisgegeben werden, auch wenn es vereinzelt sachkundige Kritik gab, daß dieser Mythos dem tatsächlichen jugendlichen Zuwanderer nicht gerecht werde. Nur eine Minderheit von 1 Prozent aller Flüchtlinge aus der DDR, nämlich Oberschüler und Studenten, schien dem Idealbild vom *echten* Flüchtling am nächsten zu kommen. Bei Volkspolizisten und Soldaten der Nationalen Volksarmee dagegen hatten die Notaufnahmebehörden allein schon mit der Klassifizierung der Fluchtgründe als politisch und unpolitisch größte Schwierigkeiten.

Die Vorstellung vom *echten* Flüchtling entsprang dem Kriterienkatalog des Aufnahmelandes. Er war eine zu politischen Zwecken gestiftete Kunstfigur, die dazu neigte, sich zu verselbständigen. Schließlich wurde die Vorstellung vom *echten* Flüchtling so dominant, daß alle anderen Wanderungstypen, wie vor allem die *Zuwanderung*, die *Rückwanderung* in die DDR oder die *Pendelwanderung* als Abweichungen von der Norm interpretiert wurden.

Dem Bild vom *echten* Flüchtling als einer Konstanten stand als eine Variable das Wanderungs- und Eingliederungsverhalten entgegen. Besondere Integrationsprobleme hatten jugendliche Flüchtlinge und Zuwanderer aus der DDR; sie wurden als „Gratwanderer zwischen zwei Welten" bezeichnet, da sie aus einem Gesellschafts- und Wertesystem in ein anderes wechselten (Ackermann 1995a, S. 214f.). Als Integrationsagenturen fungierten Einrichtungen der Jugendgemeinschaftswerke, die vor allem in Nordrhein-Westfalen seit 1953 in großer Zahl neu gegründet worden waren. In diesen Einrichtungen konnten die Jugendbetreuer in einer Art „natürlichem Experiment" studieren, wie sich junge Menschen, die in einem von westlicher Seite als totalitäre Diktatur bezeichneten Regierungssystem aufgewachsen waren, in der pluralistischen Gesellschaft der Bundesrepublik verhielten.

Unter dem Aspekt der angestrebten Wiedervereinigung war eine erfolgreiche gesellschaftspolitische und staatsbürgerliche Eingliederung ein wichtiges Anliegen der Bundesregierung. Aus diesem Grund interpretierte sie das Flüchtlingsproblem immer als Auseinandersetzung mit dem Kommunismus. Bei der Umwandlung angeblicher oder tatsächlicher Kommunisten in Demokraten ging es der Bundesregierung darum, den Flüchtlingen ein gesamtdeutsches Bewußtsein zu vermitteln, denn sie wurden als Garanten der Wiedervereinigung angesehen.

Bei dem Versuch, Flüchtlinge aus der DDR im Sinne des Ost-West-Konfliktes zu instrumentalisieren, wurde ein Phänomen beobachtet, das man in Anlehnung an George Orwells Roman *1984* als „Zwiedenken" bezeichnete. Besonders die Jugendlichen wurden als „Meister des Zwiedenkens" bezeichnet. Sie schienen in dem sogenannten Eingliederungsprozeß eine bestimmte Verstellungskunst perfekt zu beherrschen: Aufgrund einer erst nach der Befriedigung materieller Bedürfnisse aufkommenden Orientierungs- und Identitätskrise setzten die Jugendlichen in dem „Wilden Westen", der Bundesrepublik, ein Rollenspiel fort, das sie in der DDR erlernt hatten und das auf Überanpassung hinauslaufen konnte. Diese Verhaltensweise wurde durch das Notaufnahmeverfahren und die Konfrontation mit den gefestigten Erwartungshaltungen der Aufnahmegesellschaft verstärkt. Auf westdeutscher Seite führte dies teilweise zu der Fehleinschätzung, daß die Eingliederung der DDR-Flüchtlinge ein kurzfristiger Prozeß ohne langfristige Folgen sei. Eine Frage, die sich in diesem Zusammenhang stellt, verdient besonderes Interesse, nämlich welche Rolle ehemalige jugendliche Flüchtlinge aus der DDR, wie Rudi Dutschke, bei den politischen, sozialen und mentalen Veränderungen gespielt haben, für die „1968" zur Chiffre geworden ist (Ackermann 1996).

In der Zeit vom Ende des Zweiten Weltkrieges bis zum Bau der Berliner Mauer hat in der Bundesrepublik Deutschland zum ersten Mal eine Diskussion über den *echten* Flüchtling stattgefunden. Sie ist seit den achtziger Jahren wieder verstärkt aufgelebt. Jedoch geht es nicht mehr um Vertriebene und Flüchtlinge aus der DDR, sondern um Asylsuchende und andere Migranten, die in das attraktive Zielland Bundesrepublik Deutschland kommen wollen. Wie schon in den fünfziger Jahren kreist die Diskussion um die zwei Zentralbegriffe *Eingliederung* bzw. *Integration* und den Begriff des *Politischen*. Im wiedervereinigten Deutschland gibt es eine neue Eingliederungssituation; sie steht am Ende des säkularen Wandels Deutschlands vom Auswanderungsland im 19. Jahrhundert zu einem *Einwanderungsland neuen Typs* im ausgehenden 20. Jahrhundert. Diese neue Eingliederungssituation umfaßt „Gastarbeiter", Aussiedler, Flüchtlinge aus Osteuropa und der sogenannten Dritten Welt sowie Flüchtlinge und Übersiedler aus der ehemaligen DDR.

Anlaß zu einem erneuten Streit um den Begriff des Politischen hat in den achtziger Jahren der Artikel 16 des Grundgesetzes gegeben, dem zufolge politisch Verfolgte Asylrecht genießen. So wie in den fünfziger Jahren nur wenige Antragsteller als *echte* Flüchtlinge aus dem Anerkennungsverfahren hervorgingen, so sind auch heute die anerkannten Asylsuchenden deutlich in der Minderheit (Bade 1994a; 1994b). Zum zweiten Mal in ihrer Geschichte muß sich die Bundesrepublik Deutschland mit der Frage nach dem *echten* Flüchtling auseinandersetzen, wenn auch die politischen und sozialen Bedingungen andere sind als in der Zeit von 1945 bis 1961. Als Frontstaat des Kalten Krieges sah die Bundesregierung die Aufnahme von DDR-Flüchtlingen als eine humanitäre Aufgabe mit politisch-ideologischer Legitimationsfunktion an. Im Wettstreit der Systeme galten Menschen aus dem nicht anerkannten zweiten deutschen Staat offiziell als willkommene Überläufer, die mit den Füßen gegen den Kommunismus abgestimmt hatten und ein tägliches Plebiszit für die Wiedervereinigung vollzogen. Insofern war der *echte* Flüchtling eine zentrale Gestalt in der politischen Wirklichkeit des Kalten Krieges, und die Hoffnung, es werde ihn mit der Wiedervereinigung nicht mehr geben, war begründet. Die Einheit Deutschlands ist Wirklichkeit geworden und der Ost-West-Konflikt gehört der Vergangenheit an, die Geschichte des *echten* Flüchtlings aber ist noch nicht zu Ende.

West-Ost-Migranten im geteilten Deutschland der fünfziger und sechziger Jahre

Andrea Schmelz

Von Beginn der fünfziger bis Ende der sechziger Jahre wanderten mehr als 600 000 Menschen aus dem Westen des geteilten Deutschlands in den Osten (Tabelle 1). Die West-Ost-Migration in die DDR setzte sich aus zwei Migrantengruppen zusammen – zu zwei Dritteln aus zurückkehrenden „Republikflüchtlingen" und zu einem Drittel aus Bürgern mit vorherigem Wohnsitz in der Bundesrepublik. In der DDR-Bürokratie wurden sie „Rückkehrer" und „Zuziehende", oft auch „Erstzuziehende", genannt (Quelle 1). Nachfolgend sind sie als Gruppe der West-Ost-Migranten zusammengefaßt.

Die Zuwanderungszahlen in die DDR entwickelten sich während der fünfziger Jahre tendenziell rückläufig, auch wenn die DDR-Führung stets bemüht war, durch Propaganda mit manipulierten Zahlen das Gegenteil zu behaupten. Schon gar nicht vermochte die Zuwanderung aus der Bundesrepublik, den Verlust von Arbeitskräften durch Abwanderung im erwünschten Maße auszugleichen (Schmelz 1998, S. 43). Im Laufe der fünfziger Jahre nahm der Anteil der West-Ost-Migranten mit qualifizierten Berufen ab. Immer deutlicher trat eine Verflachung im Qualifikationsprofil hervor. Der Großteil der Wanderungen wurde von Arbeitern bestritten, gefolgt von Angestellten und Personen mit höheren Bildungsabschlüssen (Schmelz 1998, S. 51). Je höher das Qualifikationsniveau einer Berufsgruppe war, desto geringer fielen die Wanderungsausgleichsquoten aus (Schmelz 1998, S. 54). In der West-Ost-Migration überwog der Typ des jungen männlichen Zuwanderers. Mehr als ein Drittel der Zuwanderer gehörte der Altersgruppe von 18 bis 25 Jahren an; ein Drittel davon waren Frauen (Schmelz 1998, S. 20ff.).

Der folgende Beitrag untersucht das Randgruppendasein der West-Ost-Migranten in der DDR und analysiert ihre hohe Abwanderung als eine mögliche Reaktion, der Marginalisierung in der DDR-Gesellschaft zu entgehen. Marginalisierung bedeutet das Gegenteil von Integration, von Zugangschancen und Partizipationsmöglichkeiten eines Akteurs an den gesamtgesellschaftlich relevanten Statusdimensionen. Dazu gehören vor allem die berufliche Stellung, Einkommensverhältnisse, Wohnqualität, Schulbildung, politische Rechte (Dieckie-Clark 1963). Das Randgruppendasein der West-Ost-Migranten wird anhand einiger zentraler Aspekte, wie soziales Ansehen, Arbeits- und Wohnverhältnisse aufgezeigt.

Tabelle 1: West-Ost-Migration im Zeitraum 1950 bis 1968

Jahr	Gesamt	Rückkehrer	Zuziehende	Rückkehrer	Zuziehende
	abs.	abs.	abs.	in Prozent	in Prozent
1950	27.543	k. A.	k. A.	k. A.	k. A.
1951	24.880	k. A.	k. A.	k. A.	k. A.
1952	23.134	k. A.	k. A.	k. A.	k. A.
1953	31.792	k. A.	k. A.	k. A.	k. A.
1954	75.867	41.999	33.868	55,4	44,6
1955	72.922	41.937	30.985	57,5	42,5
1956	73.868	48.625	25.243	65,8	34,2
1957	77.924	58.247	19.677	74,7	25,3
1958	55.500	43.103	12.397	78,9	22,7
1959	63.083	41.580	21.503	65,9	34,1
1960	42.479	26.850	15.629	63,2	36,8
1961	33.703	22.653	11.050	67,2	32,8
1962	14.442	9.474	4.968	65,6	34,4
1963	6.987	4.419	2.568	63,2	36,8
1964	6.973	4.293	2.680	61,6	38,4
1965	6.710	4.750	1.960	70,8	29,2
1966	4.292	2.935	1.357	68,4	31,6
1967	2.653	1.855	798	69,9	30,1
1968	1.563	1.087	476	69,5	30,5
Gesamt	646.315	353.807	185.159	65,8	34,4

Quelle: Eigene Berechnungen aus Quelle 7h und für 1950-1952 aus Quelle 7i.
Rückkehrer: vorh. Wohnsitz in der DDR, d.h. ehemalige „Republikflüchtlinge".
Zuziehende: vorh. Wohnsitz in der Bundesrepublik.
Rückkehrer und Zuziehende wurden statistisch erst seit Juni 1953 getrennt erfaßt.

„Agenten, Arbeitsbummelanten oder zumindest lästiger Zuwachs" – Perzeption der West-Ost-Migranten

Die Frage nach der Perzeption von West-Ost-Migranten in der Gesellschaft der DDR ist kompliziert. Meinungen und Einstellungen der DDR-Bevölkerung lassen sich für die fünfziger und sechziger Jahre nur schwer erfassen (Niemann 1993). In den Quellen sind vor allem Stereotype und soziale Vorurteile zu finden, die vereinfachte Meinungsbilder repräsentieren (Marefka 1982; Lüdtke 1997). Überliefert werden vorwiegend alarmierende Berichte, Beschwerden und Proteste. Über Zeiten jedoch, in denen die Verhältnisse erträglich oder zufriedenstellend waren, gibt es kaum Material.[1]

Mit Mißbilligung registrierte ein Bericht, der 1954 für das Politbüro angefertigt wurde, zwei entgegengesetzte „Tendenzen" im Umgang der Verwaltung mit den West-Ost-Migranten: „(...) z.T. werden den Zugezogenen alle Vergünstigungen und jede Unterstützung gewährt, ohne die geringste Wachsamkeit zu üben. Zum anderen werden vielfach die Zugezogenen als Agenten, Arbeitsbummelanten oder zumindest als lästiger Zuwachs betrachtet" (Quelle 2a). In dieser Kritik zeigt sich die ambivalente Grundhaltung der DDR-Regierungspolitik im Umgang mit den West-Ost-Migranten: Es sind die zwei Gesichter einer politischen Grundhaltung, die Mary Fulbrook in der Zwittergestalt von „Paternalismus" und „Paranoia" beschrieben hat (Fulbrook 1995, S. 23ff.). Unter den Alteingesessenen bildeten sich ablehnende Haltungen und in hohem Maße Vorbehalte gegen die West-Ost-Migranten heraus. Sehr oft distanzierten sich Einheimische im alltäglichen Umgang von West-Ost-Migranten.

Soziale Spannungen bis hin zu handgreiflichen Konflikten waren vor allem am Arbeitsplatz sichtbar. Vielerorts vernahm die Arbeitsverwaltung ein regelrechtes Klagelied über „das ständige Kommen und Gehen" von West-Ost-Migranten und deren definitives Wegbleiben von der Arbeit, ohne daß die Betriebsleitung darüber informiert war (Quelle 3a). Die Ablehnung der West-Ost-Migranten reichte so weit, daß in zahlreichen Betrieben

---

1   Ein Forschungsdesiderat sind Unternehmensstudien, die eine vertiefende Perspektive erlauben. Die Schließung dieser Forschungslücken dürfte sich als äußerst schwierig und sehr zeitaufwendig erweisen. Punktuell könnten dabei möglicherweise differenziertere Ergebnisse und Interpretationsansätze erzielt werden. Die Gesamtinterpretation des Massenphänomens West-Ost-Migration wird davon jedoch unberührt bleiben.

Neuankömmlinge aus dem Westen – auch bei Arbeitskräftemangel – nicht mehr eingestellt wurden. Selbst wohlgesonnene Parteigenossen waren der Meinung, daß nicht „zuviele solcher Menschen" beschäftigt werden sollten (Quelle 2b). Obwohl Betriebe gegen Ende der fünfziger Jahre immer mehr auf zusätzliche Arbeitskräfte angewiesen waren, verhärtete sich aufgrund vorangegangener Erfahrungen das Meinungsbild. Weder Kampagnen, die die negative Einstellung gegenüber West-Ost-Migranten korrigieren sollten, noch die Richtigstellungen über die vermeintliche „Bevorzugung" dieser Zuwanderer konnten die Meinungsstereotype, die sich in den Köpfen festgesetzt hatten, positiv beeinflussen. Rigoros und kategorisch soll sich in vielen Betrieben die Meinung verfestigt haben, daß „alles, was von drüben kommt, nichts taugt" (Quelle 4). Die Bezirksverwaltung in Magdeburg beispielsweise konstatierte verheerende Folgen für die Kontaktbereitschaft zwischen Einheimischen und Zugewanderten aus der Bundesrepublik. Die Kollegen, so die Beobachtungen, wollten von den West-Ost-Migranten „nichts wissen", hielten „Abstand" und mißtrauten den Neuankömmlingen (ebd.). Nach der Grenzschließung in den sechziger Jahren war den Menschen, die in Ostdeutschland geblieben waren, um so weniger einsichtig, weshalb jemand „freiwillig" in die DDR kam. Desto härter trafen die West-Ost-Migranten die Vorurteile, daß es sich bei ihnen um „gescheiterte Existenzen" und „allerlei Tunichtgute" handelte (Quelle 5).

Soziale und ökonomische Vorurteile traten dort zutage, wo es um die Verteilung knapper öffentlich verwalteter Güter ging. Solche Bereiche stellten vor allem der staatlich regulierte Wohnungsmarkt sowie die Zuteilung begehrter Geldleistungen dar, die von vielen DDR-Bürgern als ungerecht empfunden wurde. Es waren dies Kreditzuteilungen sowie die Gewährung von Übergangsgeldern. Übersehen wurde dabei, daß die Leistungen ohnehin zurückgezahlt werden mußten und nicht einmal zur Anschaffung des nötigsten Hausrates ausreichten. Einheimische Wohnungssuchende, die oft jahrelang auf die Zuteilung einer besseren Wohnung warteten, äußerten „Sozialneid" und „Frustration". Ihr Mißmut entlud sich unkritisch gegen alle Rückkehrer und Zuziehenden, wenn sie erlebten bzw. nur davon hörten, daß ein Neuzuzögling sofort eine Wohnung bekam – ganz gleich welche Ausstattung sie aufwies. Wütende Reaktionen provozierten vor allem auch die im Zuge der „Politik des Neuen Kurses" gewährten Erstattungen des konfiszierten Vermögens sowie die Gewährung von Krediten für West-Ost-Migranten. Konfliktstoff und Zielscheibe für Empörung boten dabei an erster Stelle die

Nutznießer der Politik des Neuen Kurses, vor allem dann, wenn sie in den Gemeinden ohnehin keinen guten Ruf genossen (Quelle 6). Die Zuwanderer aus dem Westen erschienen im öffentlichen Meinungsbild als ungebetene Gäste, die die Staatskasse unnötig strapazierten.

In den Betrieben waren es die sich alltäglich abspielenden Formen der Ost-West-Konfrontation, die Unruhe verursachten. So faßte eine Analyse der Eingaben beschwerdeführender West-Ost-Migranten im Dezember 1956 das Unverständnis der Einheimischen darüber, warum sie in die DDR gekommen bzw. zurückgekehrt waren, wie folgt zusammen: „Das Verhalten der Kollegen in den Arbeitsstellen ist oftmals unfreundlich und drückt zum Teil aus, daß es dumm ist, in die DDR überzusiedeln. Viele kommen sich nach ihren Angaben wie Eindringlinge vor" (Quelle 2c). Das Verhalten der Arbeitnehmer gegenüber West-Ost-Migranten in den Betrieben reichte von leichter bis zu schwerwiegender Ablehnung. Dabei mischten sich politisch und sozial motivierte Geringschätzung. Eine der schwächeren Formen der Distanzierung von West-Ost-Migranten vor allem in den Betrieben waren despektierliche Äußerungen gegenüber ehemaligen Bundesbürgern. Vorgesetzte und Kollegen riefen ihnen beispielsweise respektlos „He, Westdeutscher" nach (Quelle 7a). Eigens anberaumte Aussprachen und Versammlungen fanden kaum ein interessiertes Publikum und wurden aus politischen Gründen gemieden (Quelle 8).

Die Distanzierung der Einheimischen gegenüber West-Ost-Migranten soll soweit gegangen sein, daß sie in ihren ursprünglichen sozialen Milieus nicht mehr aufgenommen wurden. So berichtete ein Flüchtling aus der DDR über die kollektive Schicksalslage der Rückkehrer in der DDR:

„Von den Insassen des Lagers Eisenach sind die meisten anständige Leute unter den Rückkehrern, die aus irgendeinem Grunde wieder in die Zone zurückkehren, sei es aus Heimweh oder weil ihnen irgend etwas in der Bundesrepublik nicht gefällt oder weil sie keine Existenz oder keine Wohnung fanden. Aber auch, wenn diese Leute als im Grund anständig angesehen werden können, werden sie in der Regel nie wieder in ihrem alten Bekanntenkreis aufgenommen, und sogar ihre Verwandten behandeln sie mit Vorsicht. Es gilt als ein Makel und eine Minderwertigkeit, wenn jemand aus der Bundesrepublik in die SBZ zurückkommt, gleichviel weshalb" (Quelle 9a).

Auch die aus der Bundesrepublik Zugezogenen erlebten häufig keinen einfachen Start; sie wurden von Mitschülern, Arbeitskollegen oder in der Nachbarschaft gemieden. Die auffallendste Konstante in den Erzählungen der interviewten West-Ost-Migranten ist, daß bereits ihr Entschluß zum Weggang in die DDR auf Verwunderung und „Kopfschütteln" stieß und von nächsten Angehörigen, Freunden und Bekannten in der Bundesrepublik oft mit Schimpf und Schande aufgenommen wurde.

Frau Sigrid M., die im Jahr 1958 als 28-jährige mit einer kleinen Tochter ihrem Mann, einem Schauspieler, von Stuttgart in die DDR folgte, wurde „eigentlich von allen für verrückt" erklärt. Ihr sind „Unglück" und „schlechte Zeiten" prophezeit worden, die sie doch gerade erst überwunden glaubte (Quelle 10a). Ihr Mann sei ungerechterweise als „Kommunist" verschrien gewesen. Die familiären Kontakte brachen nach der Übersiedlung in die DDR weitgehend ab. Frau Erna W., die 1960 als 12-jährige mit ihrer alleinerziehenden Mutter aus dem Westteil Berlins offiziell in den Ostteil umzog, wurde nicht nur in Westberlin von den Kindern ihrer Straße verspottet. Auch die Ostberliner Lehrerin begrüßte sie mit den Worten: „Wie kann man nur so blöd sein, vom Westen in den Osten zu gehen" (Quelle 10b). Herr Elmar S., der als 19-jähriger aus Dortmund in die DDR zog, wurde von Verwandten als „Stasi-Spitzel" und „Kommunisten-Depp" beschimpft. Außer zu seiner Mutter hatte er bis zur Wende im Jahr 1989 über dreißig Jahre lang keinen Kontakt zu Verwandten und früheren Bekannten in der Bundesrepublik (Quelle 10c). Sein beruflicher Werdegang als gelernter Verwaltungsangestellter in der DDR führte ihn vom Buchhalter, zum Lehrer, FDJ-Funktionär und stellvertretenden Bürgermeister. Trotz dieser beachtlichen Karriere blieb er seiner Darstellung zufolge immer nur „an zweiter Stelle", weil man wußte, daß er aus dem Westen kam.

Das skizzierte Meinungsbild kann aufgrund der Quellenlage keine differenzierten Verhaltensmuster widerspiegeln. Stigmatisierende Urteile sind charakteristisch für die Einstellungen und das Verhalten gegenüber Rückkehrern und Zuziehenden. Es gab nur selten anerkennende Stimmen in den Beurteilungen und dem Einstellungshabitus der altansässigen Bevölkerung. Das ablehnende Votum über die West-Ost-Migranten hatte sicher eine gewisse Rechtfertigungsfunktion. Sie waren unter anderem Sündenböcke für die eigene Unzufriedenheit mit dem Leben im Sozialismus. Insbesondere die Kaderleitungen sahen sich mit der Betreuung der West-Ost-Migranten überfordert. Sie mag die Suche nach einer plausiblen Begründung, warum man keine West-Ost-Migranten einstellen wollte, dazu verleitet haben, den negativen Duktus eher noch zu verschärfen und die „schlechten Erfahrungen" überhöht darzustellen. Aus Sicht der DDR-Behörden traten West-Ost-Migranten oft nicht devot genug auf. Dem Einleben von West-Ost-Migranten in der DDR standen starke Ressentiments der Einheimischen entgegen.

West-Ost-Migranten sind „... keine besondere Kategorie": Das Postulat der Eingliederung

Die Migrationsbürokratie in der DDR drängte auf eine rasche Eingliederung. Die historische Rekonstruktion des Postulates „Eingliederung" ist auf die praktischen Ansätze in der DDR, das Problem zu steuern, angewiesen. Sie führt daher in die politische Arena der „Umsiedler"-Problematik (Ther 1998).[2] Zunächst parallel und dann an Stelle der „Umsiedlerfrage" begann sich seit Ende 1952 das Aufgabengebiet „Rückkehrer und Zuziehende" in der inneren Verwaltung, Abteilung Bevölkerungspolitik, zu etablieren. Im administrativen Eingliederungskonzept für West-Ost-Migranten fanden sich konzeptionelle Vorstellungen, die hinsichtlich der „Umsiedler" bereits sehr ähnlich formuliert waren (Hoffmann/Wille/Meinicke 1993, S. 17). Es bestand aus drei aufeinanderfolgenden Schritten: Aufnahmeheim, Zuweisung von Arbeit und Wohnung sowie politische Erziehung. Untersagt waren Interessenszusammenschlüsse, die zur Herausbildung einer Gruppenidentität unter Schicksalsgenossen hätten beitragen können (Quelle 7b).

Das Selbstverständnis von „Eingliederungsarbeit" gegenüber West-Ost-Migranten wurde nur selten zusammenhängend beschrieben. Eines der wenigen Beispiele stellte eine sogenannte „Vorlesung" dar, die den Titel „Die richtige Eingliederung der Rückkehrer und Zuziehenden aus Westdeutschland und Westberlin in das gesellschaftliche Leben der Deutschen Demokratischen Republik" trug (Quelle 7c). Die Vorlesung richtete sich an Verwaltungsangestellte, die innerhalb der Migrationsbürokratie tätig waren.

Das gesamte Konzept orientierte sich an der Maxime, keine Sonderentwicklung aufkommen zu lassen, und ging davon aus, daß Rückkehrer und Zuziehende „keine besondere Kategorie von Menschen" seien (ebd.). Sie

---

2   In der DDR wurden die Flüchtlinge und Vertriebenen der Jahre 1945 bis 1950 aus den ehemaligen deutschen Ostgebieten und aus Ostmittel- und Südosteuropa als Umsiedler bezeichnet.

94

sollten gleichsam in der Gesellschaft aufgehen und keine eigene soziale Schicksalsgruppe konstituieren. In der Regel sollte die Eingliederung innerhalb eines Jahres abgeschlossen sein. Als wesentliche Voraussetzung für den Erfolg galt ihre gründliche Vorbereitung. Diese setzte mit der Vermittlung von Arbeit und Wohnraum schon während des Aufenthaltes in den Aufnahmeheimen ein. Die Akteure in den Kommunen sollten die Wünsche der West-Ost-Migranten respektieren, damit staatliche Behörden weniger Eingaben erhielten. Es oblag der Verantwortung eigens eingesetzter kommunaler Kommissionen, allgemeine und individuelle Hindernisse aus dem Weg zu räumen, die einer „schnellen Eingliederung" entgegenstanden. Ferner stellte die politische Erziehung, d.h. die Entwicklung des „sozialistischen Bewußtseins", eine wichtige Voraussetzung für einen gelungenen Integrationsverlauf dar. Um von Anfang an keine Sonderentwicklung der West-Ost-Migranten zu fördern, sollten sie in die allgemeine politische Erziehungs-

West-Ost-Migranten werden im Aufnahmeheim Blankenfelde (Berlin-Ost) verabschiedet, um in ihre künftigen Wohnorte abzureisen, Mai 1959.

arbeit einbezogen und auf gruppenspezifische „zusätzliche Veranstaltungen" verzichtet werden. Nur in Ausnahmefällen wurden Veranstaltungen speziell für diese Zielgruppe als sinnvoll erachtet, so z.b. um sie bei der Ankunft in der DDR über praktische Fragen zu informieren.

West-Ost-Migranten – ganz gleich ob Rückkehrer oder Zuziehende – sollten also nicht als soziale oder politische Gruppe in Erscheinung treten, die eigene Forderungen artikulierte. Dieser administrativ formulierten Konzeption von Eingliederung lag letztlich die Erwartungshaltung der „Eingliederung" durch Unterordnung zugrunde, die mit einem starken Konformitätsdruck einherging. Im Zentrum des integrationspolitischen Handelns stand das Bemühen um die Vermittlung eines Arbeitsplatzes und einer Wohnung. Als Reaktion auf den Juni-Aufstand 1953 hatte die Aufnahmebürokratie der DDR festgelegt, daß die West-Ost-Migranten bevorzugt mit Arbeit und Wohnraum versorgt werden sollten (Quelle 11a). In der kommunalen Praxis wurden diese Vorgaben nur zögerlich umgesetzt bzw. schnell unterlaufen. Auf Druck der Öffentlichkeit wurden sie offiziell erst im Sommer 1957 aufgegeben.

Beschwerlicher Neuanfang und berufsfremde Beschäftigung

Angesichts der Arbeitslosigkeit in der Bundesrepublik war es erklärter politischer Wille des Arbeitsministers, der im Auftrag des Politbüros handelte, jedem West-Ost-Migranten in der DDR einen Arbeitsplatz zu garantieren (Quelle 3b). Bis Mitte der fünfziger Jahre waren die Arbeitsmarktchancen von West-Ost-Migranten aufgrund der Rahmenbedingungen nicht immer gut. Als Folge der Abwanderung in den Westen machte sich in einigen Wirtschaftsbereichen der DDR immer stärker ein Mangel an Arbeitskräften bemerkbar (Hoffmann 1999, S. 217ff.). Dennoch standen häufig Angebot und Nachfrage auf dem Arbeitsmarkt in einem wenig ausgewogenen Verhältnis zueinander. So galt das Überangebot an Arbeitskräften in bestimmten Branchen als eine maßgebliche Ursache für die Abwanderung von DDR-Jugendlichen in die Bundesrepublik (Quelle 2d). In zahlreichen Betrieben gab es einen Überhang an Arbeitskräften, vor allem bei Fachleuten. Jugendliche wurden demzufolge nach ihrer Ausbildung berufsfremd untergebracht (Quelle 2e). Ein weiteres Grunddilemma bestand darin, daß sich Fachministerien nicht in ausreichendem Maße für die Arbeitsvermittlung von Fachkräften einsetzten. Im Gegenteil: Durch wiederholte Weisung an die ihnen unterstellten Betriebe, die das Gebot der „Wachsamkeit" in den Vordergrund rückten, versperrten oder behinderten sie gar den Weg zur Beschäftigung von Zugewanderten aus der Bundesrepublik (Quelle 2f). Nicht zuletzt verzögerte sich die Vermittlung von Arbeitskräften aufgrund einer wenig effizienten überregionalen Arbeitsverwaltung. Angebot und Nachfrage konnten so nur ungenügend in Übereinstimmung gebracht werden (Quelle 3c).

Das Hauptproblem einer Erstbeschäftigung unterhalb der beruflichen Qualifikation hing ursächlich auch mit der Haltung des Ministeriums für Arbeit zusammen, das sich auf Minimalvorgaben für die Eingliederung der West-Ost-Migranten in den Arbeitsprozeß verständigt hatte. Der Erfolg der lokalen Arbeitsverwaltung maß sich an der Zuweisung eines Arbeitsplatzes an sich. Welche Abstriche die Betroffenen dabei an ihre mitgebrachten Erwartungen machen mußten, verschweigen die Berichte (Quelle 3d). Enttäuschend war für viele West-Ost-Migranten, daß sich ihr erster Arbeitsplatz weder in der Vergütung noch im Qualifikationsprofil mit ihren Vorstellungen deckte. Die Neubürger aus dem Westen hielten ihre berufliche Situation nach Ankunft in der DDR in vielfacher Hinsicht für inakzeptabel. An erster Stelle der Unzufriedenheit rangierte neben einer ganzen Reihe weiterer Gründe der „berufsfremde Einsatz". Auch zu geringer Verdienst, zu lange und übersteuerte Unterbringung in Hotels sowie die Einweisung in Landgemeinden wurden beklagt (Quelle 3e).

Die vorwiegende Beschäftigung von West-Ost-Migranten in der Landwirtschaft, im Bergbau und auf dem Bau erklärt sich durch den akuten und permanenten Arbeitskräftebedarf in diesen Wirtschaftssektoren (Hübner 1995a). Ohne die Option, West-Ost-Migranten zu rekrutieren, hätten einheimische Arbeitskräfte aus anderen Tätigkeitsbereichen durch höhere Löhne abgeworben werden müssen (Quelle 11a). Typisch für das Bauwesen war die Einstellung aufgrund eines außergewöhnlichen Zusatzbedarfes. Die Beschäftigung der West-Ost-Migranten in der Landwirtschaft und im Bergbau hingegen resultierte aus der Tatsache, daß für die Tätigkeiten in diesen Beschäftigungszweigen einheimische Arbeiter nur schwer zu gewinnen waren (Quelle 3e). West-Ost-Migranten verrichteten in der DDR häufig Arbeiten, die einheimische Arbeitnehmer aufgrund der niedrigen Entlohnung bzw. der schlechten Arbeitsbedingungen nicht ausführen wollten (Quelle 11a). Dieser Rekrutierungsmodus führte dazu, daß Zuwanderer aus Westdeutschland in vielen Betrieben dieser Branchen zur Randbelegschaft gehörten. Ihre Beschäftigung führte in diesen Fällen dann auch zu einer zumindest vorübergehenden Unterschichtung.

Der Eintritt bzw. Wiedereintritt in das Berufs- und Arbeitsleben in der DDR war nicht selten mit beträchtlichen Statuseinbußen verbunden. West-Ost-Migranten konnten oft nicht an ihre alte Lohn- und Berufsposition anknüpfen. Zumindest vorübergehend mußten sie sich auf wenig attraktive Beschäftigungsverhältnisse einlassen. Verantwortlich dafür waren insbesondere sicherheitspolitisch motivierte Auflagen der Behörden. Je stärker eine Berufsrichtung von kaderpolitischen Sonderkriterien betroffen war, desto schwieriger gelang ein Einstieg in den Beruf ohne Umweg über eine weniger qualifizierte Beschäftigung. Viele Jugendliche mußten sich erst einmal mit Hilfsarbeiten durchschlagen, bevor sie eine Lehrstelle erhielten und konnten dabei oft ihren Berufswunsch nicht erfüllen (Quelle 11b).

West-Ost-Migranten aus kaufmännischen Berufen und Verwaltungsberufen machten etwa ein Zehntel der West-Ost-Migration aus (Schmelz 1998, S. 51). Sie waren besonders oft gezwungen, unterhalb ihrer eigentlichen Qualifikation zu arbeiten (Quelle 12). Bei der Ankunft in der DDR wurden sie aufgrund ihres westlich geprägten Ausbildungsprofils häufig zunächst für Hilfsarbeiten eingesetzt. Höchst schwierig gestaltete sich auch die Arbeitsvermittlung für Personen in speziellen Berufen, wie Schauspieler, Journalisten, Künstler, Lehrer oder Rechtsanwälte. Angesichts dieser Situation konnten sich folglich die beruflichen Erwartungen der Zugewanderten häufig nur langfristig erfüllen und erforderten geduldige Anpassung. Vielen West-Ost-Migranten erschwerte auch die schwierige Lage auf dem Wohnungsmarkt und die mangelhafte Wohnqualität den Neuanfang in der DDR.

West-Ost-Migranten als Belastung für den Wohnungsmarkt

Aufgrund der mangelhaften Versorgung mit Wohnraum stellten West-Ost-Migranten für die Verwaltung und Bevölkerung in der DDR häufig eine zusätzliche Belastung auf den lokalen Wohnungsmärkten dar. Akuter Wohnungsmangel und schlechte Wohnraumqualität gehörten in der DDR bis in die späten sechziger Jahre zu den gravierendsten sozialpolitischen Problemen (Arndt 1960; Jenkis 1976; Hübner 1995b). Auch die Wohnungen, die

98

durch „Republikflucht" frei wurden, trugen entgegen weit verbreiteter Annahmen aufgrund ihres schlechten Zustandes kaum zur Entlastung des angespannten Wohnungsmarktes bei. Häufig wurden Wohnungen zurückgelassen, die sich in einem nahezu unbewohnbaren Zustand befanden. Oder aber es handelte sich bei dem frei gewordenen Wohnraum um Wohnungen, die überbelegt waren. Diese Wohnungen waren zwar für Einzelpersonen, nicht aber für die Unterbringung von Familien geeignet.

Wie akut das Wohnungsproblem war, läßt sich auch daran ablesen, daß es bei der Benennung der materiellen Ursachen, die eine Flucht begünstigten, an vorderster Stelle rangierte (Ackermann 1995a, S. 141). Für die Konkurrenzsituation, die West-Ost-Migranten auf dem angespannten Wohnungsmarkt der DDR antrafen, war auch die Unterversorgung der Umsiedler mit Wohnraum verantwortlich (Plato/Meinicke 1991, S. 45-53; Seraphim 1954, S. 138-157).

Am extremsten zeigte sich die Wohnungsnot in der Ablehnung von Zuzugsgesuchen von Bundesbürgern. Zwar konzentrierten sich solche Vorkommnisse stärker auf die Mitte der fünfziger Jahre, in denen ein starker Zuzug zu verzeichnen war (Quelle 3f). Grundsätzlich jedoch hatte diese Problematik auch gegen Ende der fünfziger Jahre, als Zuzug und Rückkehr schon stark rückläufig waren, und selbst nach dem Mauerbau kaum an Brisanz verloren. Die Ablehnung von Zuzugsgesuchen stand im starken Kontrast zur offiziellen Anwerbepolitik und rief daher besonders den Mißmut anwerbepolitisch engagierter Behördenvertreter auf den Plan (Quelle 7b). Eine andere Lösung, und zwar die kostspielige Unterbringung in qualitativ minderwertigen Hotels, versetzte die betroffenen West-Ost-Migranten bei ihrer Ankunft in der DDR in eine schwierige Situation. Vor allem bei größeren Familien war es problematisch, eine adäquate Wohnung zur Verfügung zu stellen. Daher mußten diese häufig mehrfach umziehen. Flexibler zeigte sich der Wohnungsmarkt bei Einzelpersonen (Quelle 12).

Mängel in bezug auf die Größe, Ausstattung und Qualität der Wohnungen führten die Liste der Beschwerden von Rückkehrern und Zuziehenden an (Quelle 3g). Teilweise waren die Wohnungen derart abgewohnt, daß sie als neues Zuhause unzumutbar waren (Quelle 3h). Vielerorts erreichten West-Ost-Migranten erst durch hartnäckige Eingaben an oberste Instanzen eine Verbesserung ihrer Wohnsituation. Katastrophal waren die Lebensbedingungen in den Betriebswohnheimen, in denen viele junge ledige Zuwanderer aus Westdeutschland vorübergehend untergebracht waren (Quelle 7d).

Mit der streng reglementierten Wohnraumlenkung stand den lokalen Behörden ein durchaus geeignetes Instrument zur Verfügung, die Zuteilung von Wohnraum an benachteiligte Gruppen zu steuern. Während etwa Umsiedler in aller Regel mit Sitz und Stimme in den Wohnungsausschüssen vertreten waren, die den Wohnungsämtern zur Verteilung der Wohnungen beigeordnet waren (Quelle 3i), blieben West-Ost-Migranten selbst von dieser minimalen Option einer „Interessenvertretung" ausgeschlossen. Als Neuankömmlinge auf dem lokalen Wohnungsmarkt gehörten West-Ost-Migranten bei den Verteilungskämpfen zur Nachhut der Klientel der Wohnungsämter. Sie mußten sich vielfach mit beengten Wohnverhältnissen und mit Wohnungen in schlechtem Zustand arrangieren. Die Situation von Zuziehenden und Rückkehrern unterschied sich dabei in vielen Fällen nicht grundlegend. Die Rückkehrer hatten zwar einen gesetzlichen Anspruch auf die Rückgabe ihrer Wohnungen, gut ausgestattete Wohnungen wurden jedoch sehr schnell weitervermietet, so daß der Anspruch erst gar nicht geltend gemacht werden konnte. Eine privilegierte Wohnsituation hatten nur solche Zuwanderer zu erwarten, für die sich Einrichtungen und Behörden aus wirtschaftlichen und gesellschaftlichen Interessen stark engagierten.

Unter dem Ansturm einheimischer Wohnungssuchender wehrten sich die Wohnungsämter nicht selten gegen die zentrale Weisung, jene, die zuletzt in die DDR gekommen waren oder der DDR gar explizit den Rücken gekehrt hatten, nun zu bevorzugen (Quelle 7e). Bei den örtlichen Verteilungskämpfen mußten sich Rückkehrer wie Zuziehende in der Warteschlange für den begehrten Wohnraum de facto ganz hinten anstellen. Viele lokale Wohnungsämter verfolgten ihre eigene Strategie und mißachteten die Weisung, West-Ost-Migranten bevorzugt unterzubringen. Das Problem bestand darin, daß die Angestellten der kommunalen Wohnungsverwaltung den Interessen der einheimischen Wohnungssuchenden gegenüber den Anträgen der West-Ost-Migranten meist den Vorzug gaben.

Erneute Abwanderung

Seit den frühen fünfziger Jahren klagten die Behörden über das „schnelle Verschwinden" vieler West-Ost-Migranten (Quelle 2g). Von 1959 bis 1963 wurden die „erneuten Abwanderer" schließlich eigens statistisch erfaßt.[3] Die Migrationsforschung bezeichnet dieses Phänomen als „Remigration" und sieht darin einen wesentlichen Indikator für eine mißlungene Integration (Treibel 1990, S. 27ff.).

Tabelle 2: Quoten der erneuten Abwanderung der West-Ost-Migranten, 1959 bis 1963 (in Prozent)

	West-Ost-Migranten		
	gesamt	davon Rückkehrer	davon Zuziehende
1959	22,2	18,8	33,6
1960	25,2	24,8	25,9
1961	44,4	45,6	41,9
1962	6,1	6,6	5,1
1963	6,0	6,7	5,0

Quelle: Eigene Berechnungen aus Quelle 7h und für 1950-1952 aus Quelle 7i.
Rückkehrer: vorh. Wohnsitz in der DDR, d.h. ehemalige „Republikflüchtlinge".
Zuziehende: vorh. Wohnsitz in der Bundesrepublik.
Rückkehrer und Zuziehende wurden statistisch erst seit Juni 1953 getrennt erfaßt.

Die Jahresstatistik über die erneute Abwanderung verdeutlicht, daß bereits in den Jahren 1959 und 1960 fast ein Viertel aller West-Ost-Migranten die DDR wieder verließ. 1961 stieg der Anteil auf fast 50 Prozent an. In Anbetracht der kompletten Abriegelung der Grenze war die Abwanderung noch immer außerordentlich hoch (Tabelle 2).

Die hohen Abwanderungsquoten stellten keineswegs ein spezifisches Resultat der instabilen politischen Lage der Jahre vor dem Mauerbau dar.

---

3 Eine detaillierte Differenzierung nach Berufsstruktur, Alters- und Geschlechterverteilung erfolgte nicht.

*Tabelle 3: Verbleibsquote der seit 1. Januar 1954 zugewanderten und bis
zum 30. Juni 1961 in der DDR ansässigen West-Ost-Migranten*

West-Ost-Migranten (gesamt)			Zuziehende (gesamt)			Rück-kehrer (gesamt)		
	in %	59,3		in %	46,1		in %	64,9
	abs.	225.565		abs.	52.626		abs.	172.939
Männer	in %	58,1		in %	46,1		in %	64,4
	abs.	139.706		abs.	33.232		abs.	106.474
Frauen	in %	60,8		in %	49,9		in %	64,9
	abs.	85.859		abs.	19.394		abs.	66.465

Quelle: Eigene Berechnungen aus Quelle 7k.
Verbleibsquote: Die zum Stichtag im Jahr 1961 in der DDR verbliebenen Rück-kehrer und Zuziehenden geteilt durch die Summe der monatlichen Zuwanderung seit 1. Januar 1954 bis einschließlich dem genannten Stichtag.

Tabelle 3 zeigt, daß zum Stichtag 30. Juni 1961 weniger als zwei Drittel der West-Ost-Migranten, die seit Anfang des Jahres 1954 aus der Bundesrepublik gekommen waren, dauerhaft in der DDR ansässig geworden waren.[4] Dabei sind die Unterschiede zwischen Rückkehrern und Zuziehenden beachtlich: Von den aus der Bundesrepublik zurückgekehrten ehemaligen „Republikflüchtlingen" blieben immerhin fast zwei Drittel in der DDR; bei den Zuziehenden war es nicht einmal die Hälfte.[5] Signifikante geschlechts-spezifische Unterschiede lassen sich dabei nicht feststellen. Ehemalige Bundesbürger hatten – so eine mögliche Interpretation – weniger enge Bin-dungen an die DDR; daher ließen sie sich weniger oft endgültig in der DDR nieder und suchten dort bei Schwierigkeiten erneut eine Lebens- und Be-rufsperspektive.

---

4   Etwa 6 Prozent der West-Ost-Migranten kamen zwei- oder mehrmals in die DDR.
5   Die These der geringen Absorption von Zuziehenden und Rückkehrern in der DDR rela-tiviert sich nur unbeträchtlich, wenn man die Zahl der Pendelwanderer zwischen West und Ost in die Betrachtung miteinbezieht. Ihr Anteil wurde bis zum Mauerbau in der Bundesrepublik meist auf etwa 10 Prozent geschätzt. Dies ist auf der Grundlage der Ver-handlungen von Rückwanderern vor den Notaufnahmeausschüssen angenommen worden (Quelle 13a).

Die erneute Abwanderung spiegelt ein statistisches Ergebnis wider. Darüber sollten die menschlichen Tragödien, die sich dahinter verbergen, nicht vergessen werden. Vor allem unmittelbar nach der Grenzschließung haben viele West-Ost-Migranten noch verzweifelt versucht, durch hartnäckige Eingaben auf legalem Weg wieder in den Westen zu gelangen (Quelle 11c). Oft verlangten gerade die West-Ost-Migranten, die kurz zuvor in die DDR gekommen waren und nun von ihrer alten Heimat im Westen des geteilten Landes abgeschnitten waren, hartnäckig und kategorisch ihre Rückkehr. „Unüberwindliches Heimweh" nach den Verwandten in der Bundesrepublik gaben sie als offizielle Begründung an (Quelle 7f).

Die hohe Zahl der erneuten Abwanderer warf für die Migrationsbürokratien auf beiden Seiten der „innerdeutschen Grenze" die Frage auf, wo die Ursachen dafür zu suchen seien. Ihre Erklärungsversuche waren von der politischen Auseinandersetzung zwischen Ost und West derart stark instrumentalisiert, daß sie keine differenzierten Schlüsse über die tatsächlichen Abwanderungsmotive erlauben.

Staatliche und parteiamtliche Stellen in der DDR verorteten die Gründe der „erneuten Abwanderung" außerhalb des Politischen (Ackermann 1995a, S. 139ff.). In erster Linie machten die Bezirksbehörden die mißlungene Betreuung in den Kreisen für die hohe Abwanderung in ihrer Region verantwortlich und beklagten das „herzlose" und „bürokratische" Verhalten sowie das völlige Desinteresse am Schicksal der West-Ost-Migranten seitens der lokalen Massenorganisationen (Quelle 7g). In zweiter Linie war die Wohnungsfrage aus Sicht der Behörden das Kardinalproblem für die große Unzufriedenheit unter West-Ost-Migranten (Quelle 11d). Als Erläuterung fehlte in den Berichten nie der Hinweis, daß es sich bei dieser Personengruppe zumeist um Menschen von „schlechter Qualität" gehandelt habe (Quelle 11e).

Auch Vertreter der Notaufnahmebehörden neigten dazu, die Rückkehrer aus der DDR[6] überwiegend als „Kriminelle" und „Asoziale" zu charakterisieren (Quelle 13b). So zog der Leiter des Notaufnahmelagers Uelzen Ende

---

6   In der Bundesrepublik war die Bezeichnung „Rückkehrer" oder „Rückwanderer" gebräuchlich. Aus Sicht der Bundesrepublik verschoben sich natürlich die Definitionen: Die in der DDR als „Rückkehrer" bezeichneten Migranten nannte man in der Bundesrepublik „Rückwanderer". „Rückkehrer" hingegen waren für die bundesdeutsche Aufnahmebürokratie sowohl Bundesbürger, die wiederum aus der DDR abwanderten, als auch zweimalig „republikflüchtig" gewordene DDR-Bürger. Wer mehrfach hin- und herwanderte, galt in der Bundesrepublik als Pendler (Quelle 14).

der fünfziger Jahre aus seinen Beobachtungen ein dichotomisches Urteil über zurückkehrende West-Ost-Migranten aus der DDR: Zum „weitaus größten Teil" handelte es sich entweder um „Asoziale und sozial Hilfsbedürftige" oder aber um „Vorbestrafte" (Quelle 14). Aus den Reihen der Notaufnahmebürokratie kamen nur selten wohlwollende Stimmen über die Rückwanderer aus der DDR. So hebt ein Untersuchungsbericht hervor, daß die Zusammensetzung der abgeworbenen Bundesbürger hinsichtlich ihrer Berufe und ihrer sozialen Einschätzung durchaus ein normales Bild bot und darunter nur wenige „arbeitsscheue" Menschen waren. Die Abgewanderten befanden sich nach Auffassung des Berichtes fast ausnahmslos „in den besten Schaffensjahren" und hegten keine andere Erwartung, als sich „durch ihrer Hände Arbeit" eine Existenz zu sichern. „Sie gehörten zu dem großen Teil heimat- und wurzelloser Menschen, deren zeitweiliges Seßhaftwerden oder Weiterwandern einzig und allein von der Aussicht auf Verbesserung der materiellen Lebenshaltung abhängig war" (Quelle 11e). Diese beiden kontrastierenden Berichtsauszüge können kaum eindringlicher zeigen, wie sehr menschliche Empathie den Urteilstenor beeinflussen kann. Einer Sondererhebung zufolge waren es die Divergenz im Lebensstandard zwischen West und Ost, die Arbeits- und Lohnverhältnisse sowie die Wohnbedingungen, die so viele Menschen schon nach kurzer Zeit veranlaßten, die DDR wieder zu verlassen. Die berufsfremde Vermittlung wurde dabei als bedeutsamster Faktor angesehen (Quelle 9b).

Beiderseits der innerdeutschen Grenze machten die Migrationsbürokratien sehr ähnliche Beobachtungen über die Abwanderung und blieben dabei stark vereinfachenden Erklärungsmustern verhaftet. Als Hauptgründe wurden die Funktionsdefizite der Daseinsfürsorge benannt. Häufig wurde auch angeführt, daß sich unter den West-Ost-Migranten besonders viele Asoziale befanden, die als unerwünscht und ohnehin schwer integrierbar galten. Die Migrationsbürokratie in der DDR schreckte davor zurück, den dramatischen Anstieg der erneuten Abwanderung von West-Ost-Migranten, der sich verstärkt während der Berlin-Krise zeigte, als Ausdruck des politischen Dissenses zu werten.

Fazit

Die Migrationsbürokratie in der DDR rang vielfach vergeblich darum, daß sich West-Ost-Migranten einlebten und dauerhaft niederließen. Als Reaktion auf die schwierige Ausgangssituation wanderten sehr viele West-Ost-Migranten schon nach kurzer Zeit wieder ab. Nach dem offiziellen Eingliederungskonzept sollten West-Ost-Migranten keine eigene soziale Kategorie bilden. Im gesellschaftlichen Miteinander lösten sie allerdings heftige soziale und politische Spannungen aus, die ihr Randgruppendasein verdeutlichen. Die einheimische Bevölkerung verhielt sich gegenüber West-Ost-Migranten auffallend distanziert und unterstellte ihnen als Wanderungsmotive häufig soziales Scheitern oder aber starke politische Affinitäten zum DDR-Regime. Insbesondere die schlechten Chancen auf dem Arbeits- und Wohnungsmarkt sind Beleg für die These, daß die Mehrheit der West-Ost-Migranten sich in einer marginalisierten Ausgangssituation befand. Privilegierte West-Ost-Wanderer waren in der Minderzahl. Obgleich die Nachfrage nach Arbeitskräften im Laufe der fünfziger Jahre anstieg, blieb die berufsfremde Beschäftigung ein Dauerproblem. West-Ost-Migranten wurden wirtschaftlich als Arbeitskräftereserve genutzt; ihre Beschäftigung führte zur Unterschichtung.

West-Ost-Migranten erlebten in der heißen Phase des Kalten Krieges, den fünfziger und sechziger Jahren, Verhalten und Ressentiments in der Aufnahmegesellschaft, die sie als Erfahrung – auf sehr ähnliche Weise – mit den Ost-West-Migranten in der Bundesrepublik teilten. Während des Kalten Krieges machten Menschen, die von einem in den anderen Teil Deutschlands wechselten, vielfach ähnliche Erfahrungen – unabhängig von der Richtung, in die sie wanderten. So kämpften auch viele Ost-West-Migranten in der Bundesrepublik um soziale Anerkennung. Sie mußten sich jedoch damit abfinden, daß ihre Berufsabschlüsse entwertet wurden. Nicht wenige gingen wieder in ihre alte Heimat, die DDR, zurück, da sie sich in der Bundesrepublik isoliert fühlten. Aus ihrer schwierigen Ausgangslage heraus konnten sie oft keine neue Lebensperspektive entwickeln.

Bis heute sind viele stereotype Ansichten bei der Begegnung zwischen Menschen aus Ost und West lebendig geblieben. Beispielsweise beschweren sich „Wessis" in den neuen Bundesländern gern über die angeblich „schlechte" Einstellung der „Ossis" zur Arbeit. Demselben Vorurteil waren die West-Ost-Migranten ausgesetzt, die in der Hochphase des Kalten Krieges aus dem Westen in den Osten des geteilten Landes kamen.

Quellen

Ministerium des Innern der DDR, Schriftgutverwaltung

Quelle 1: Befehl Nr. 14/53 vom 27. März 1953, in: MdI, Z 3.

Bundesarchiv, Stiftung Archiv der Parteien und Massenorganisationen der DDR

Quelle 2a: Bericht über die illegale Abwanderung im Jahr 1954, in: BA, SAPMO, Dy 30/ V/2/13/396.

Quelle 2b: Informatorischer Bericht vom 21. März 1955, in: ebd.

Quelle 2c: Aktennotiz vom 8. Dezember 1956, in: Dy 30 IV/2/13/397.

Quelle 2d: Schreiben der Bezirksleitung der SED Erfurt an das ZK, 30. Mai 1956, in: ebd.

Quelle 2e: Informationsbericht über die Bevölkerungsbewegung im Bezirk Leipzig, in: ebd.

Quelle 2f: Bericht über arbeits- und wohnungsmäßige Unterbringung, 12. April 1954, in: BA, SAPMO, Dy 30 IV/2/13/395.

Quelle 2g: Schreiben SED-Bezirksleitung Erfurt an ZK, 14. Januar 1954, in: ebd.

Bundesarchiv, Ministerium der Arbeit der DDR

Quelle 3a: Bericht Zeitraum Oktober - Dezember 1954, in: BA, DQ 2/2682.

Quelle 3b: Arbeitsanweisung vom 22. Juni 1953, in: BA, DQ 2/1683.

Quelle 3c: Aktenvermerk vom 21. März 1955, in: ebd.

Quelle 3d: Schreiben Macher an das ZK vom 21. Juni 1954, in: BA, DQ 2/1684.

Quelle 3e: Beschwerdeanalyse für das II. Halbjahr 1956, 7. Januar 1956, in: BA, DQ 2 / 1701.

Quelle 3f: Mitteilung vom 17. September 1954, in: BA, DQ 2/3944.

Quelle 3g: Aktenvermerk vom 28. Oktober 1954, in: BA, DQ 2/1702.

Quelle 3h: Bericht, April-Juni 1955, in: BA, DQ 2/2683.

Quelle 3i: Mitteilung Abt. Arbeitskräftelenkung an Abt. Wohnungswesen vom 17. September 1954, in: BA, DQ 2/3944.

Landeshauptarchiv Sachsen-Anhalt, Magdeburg

Quelle 4: Bericht über eingewiesene RZ vom 11. November 1960, in: LHA Sachsen-Anhalt, Rep. M1 BT/RdB Magdeburg Nr. 3568.

Bundesarchiv, Untersuchungsausschuß Freiheitlicher Juristen

Quelle 5: Flüchtlingsberichte, Fl. 18909, 14. November 1963, in: BA, B 209/406.

Bundesbeauftragter für die Unterlagen der Staatssicherheit

Quelle 6: Informationsdienst, Nr. 2369 vom 18. November 1954, in: BStU, ZA, AS 9/57, Bd. 5, Bl. 173-196.

Bundesarchiv, Ministerium des Innern

a) Abteilung Innere Angelegenheiten

Quelle 7a: Beratung beim Ausschuß Deutsche Einheit, vom 23. März 1956, in: BA, D-01 34/16755.

Quelle 7b: Protokoll über die Tagung mit den Leitern der Bezirksverwaltungen am 29. August 1954, in: BA, DO 1-34/3627.

Quelle 7c: Die richtige Eingliederung der Rückkehrer und Zuziehenden aus Westdeutschland und Westberlin in das gesellschaftliche Leben der Deutschen Demokratischen Republik, undatiert, wahrscheinlich 1960, in: BA, DO 1-34/31857.

Quelle 7d: Abt. Bvp. vom 19. November 1956, Überprüfung der Unterkunftsheime, in: BA, DO 1-34/19155.

Quelle 7e: Bericht vom 9. März 1960, in: BA, DO 1-34/18771.

Quelle 7f: Bericht Übersiedlung nach Westdeutschland und Westberlin vom 20. Juli 1962, in: BA, DO 1-34/31851.

Quelle 7g: Bericht zur Tagung der 1. Stellvertreter, undatiert, Ende 1960, in: BA, DO 1-34/19154.

b) Abteilung Paß- und Meldewesen

Quelle 7h: BA, DO 1-8/292 bis 319/2.

Quelle 7i: Stand und Entwicklung der Bevölkerungsbewegung im Jahr 1960, vom 13. Februar 1961: BA, D0 1-11/967, Bl.37-60, hier Bl.53.

Quelle 7j: BA, DO 1-8/301/1 bis 303/1 8.

Quelle 7k: BA, DO 1-8/290/1.

Mecklenburgisches Landeshauptarchiv, Schwerin

Quelle 8: Situationsbericht für das II. Quartal 1955, in: Mecklenburgisches LHA, RdB Schwerin, Nr. 3924b.

Bundesarchiv, Gesamtdeutsches Institut

Quelle 9a: Flüchtlingsaussage vom 7. März 1960, in: BA, B 285/533.

Quelle 9b: Sprechzettel für Herrn Staatssekretär, 12. Mai 1960, BA, B 285/214.

Interviews

Quelle 10a: Interview mit Frau Sigrid M. am 14. Mai 1995.

Quelle 10b: Interview mit Frau Erna W. am 8. März 1996.

Quelle 10c: Interview mit Elmar S. am 22. April 1997.

Brandenburgisches Landeshauptarchiv, Potsdam

Quelle 11a: Rückkehrer und Zuziehende in der DDR, Mai 1958, in: Brandenburgisches LHA, RdB/FfO., Rep. 601, Nr. 7811.

Quelle 11b: Bezirk Frankfurt/Oder, Jahresanalyse für das Jahr 1954, 12. Januar 1955, in: Brandenburgisches LHA, RdB/Ffo., Rep. 601, Nr. 5478.

Quelle 11c: Protokoll Ständige Kommissionen für Inneres, VP und Justiz des Bezirkstages vom 27. März 1962, in: Brandenburgisches LHA, RDB/Pdm., Rep. 401, Nr. 3497, Bl. 14-18.

Quelle 11d: Analyse Zuziehende und Rückkehrer vom 24. Februar 1960, in: Brandenburgisches LHA, BdVP/Pdm., Rep.404/15 Nr. 139, Bl. 343-354, hier Bl. 347.

Quelle 11e: Analyse über die natürliche Bevölkerungsbewegung im Bezirk Frankfurt/Oder im Jahre 1960 vom 13. Januar 1961, in: Brandenburgisches LHA, RdB/Ffo., Rep. 601 Nr. 7789.

Ministerium des Innern der DDR, Volkspolizei

Quelle 12: Informationsbericht über die Betreuung von Rückkehrern und Zuziehenden in den Bezirken Karl-Marx-Stadt und Schwerin, Februar 1959, in: BA, DO 1-11/966, Bl. 11-16, hier Bl. 16.

Bundesarchiv, Ministerium für gesamtdeutsche Fragen

Quelle 13a: Bericht vom 27. April 1956 betr. Rückwanderer, in: BA, B 137/5.

Quelle 13b: Schreiben, Vorprüfung B II, NAV Berlin, an BMG vom 11. November 1954, in: ebd.

Bundesarchiv, Bundesministerium der Vertriebenen

Quelle 14: Leiter des Notaufnahmeverfahrens Uelzen an BMVt, 20. Februar 1960, in: BA, B 150/6661.

„Wir waren irgendwie entwurzelt"

Lebensgeschichtliche Erzählungen von Frauen aus und in Oberschlesien[1]

Heinke M. Kalinke

Einleitung

Nicht erst die Geschichte der Bundesrepublik Deutschland kann als Geschichte von Migrationsprozessen verstanden und dargestellt werden, bereits die unmittelbare Vorgeschichte im Europa der dreißiger und vierziger Jahre ist charakterisiert durch Migrationen großen Ausmaßes. Ganz überwiegend handelte es sich dabei um Zwangsmigrationen, also um Deportation, Verschleppung und Umsiedlung sowie Flucht und Vertreibung[2]. Für die Betroffenen bedeuteten diese Ereignisse in der Regel den Verlust eines großen Teils oder ihres gesamten Besitzes, die Aufgabe der Heimat[3] sowie gravie-

---

1 Der vorliegende Beitrag basiert auf einem umfassenderen Projekt (Kalinke 1997), in dem 1994 und 1995 biographische Erzählungen von deutschsprachigen Frauen in und aus Oberschlesien aufgezeichnet und im Hinblick auf zentrale Erfahrungen, Wertungen und Mentalitäten ausgewertet wurden.

2 Laut Bundesvertriebenengesetz von 1953 galt in der Bundesrepublik Deutschland als Vertriebener, wer „als deutscher Staatsangehöriger oder deutscher Volkszugehöriger seinen Wohnsitz in den zur Zeit unter fremder Verwaltung stehenden deutschen Ostgebieten oder in Gebieten außerhalb des Deutschen Reiches (...) hatte und diesen im Zusammenhang mit den Ereignissen des Zweiten Weltkrieges infolge Vertreibung, insbesondere durch Ausweisung oder Flucht, verloren hat" (BVFG, § 1, Abs. 1, Satz 1 zitiert nach Reichling 1987, S. 50ff). Im zeitgenössischen und im heutigen Sprachgebrauch werden die Begriffe Flüchtlinge und Vertriebene überwiegend synonym verwendet (Lehmann 1991, S. 14f.), wogegen zwischen Flucht und Vertreibung (i.S.v. Ausweisung) meist unterschieden wird. In diesem Beitrag wird ebenfalls zwischen Flucht als (re-)aktivem Verhalten und Vertreibung als Zwangsmaßnahme durch Dritte unterschieden.

3 Heimat soll hier als Satisfaktionsraum (Greverus 1972, S. 382ff.) verstanden werden, als Begriff für „die Zu(sammen)gehörigkeiten, die sich in der ständig genutzten Umwelt ergeben" (Bredow/Foltin 1981, S. 47).

rende physische und psychische Verletzungen. Für Millionen von Menschen führten Zwangsmigration und deren Folgen zu Tod oder zum Verlust nahestehender Personen.

Im folgenden soll von einem Ausschnitt dieser Zwangsmigrationen aus der Vorgeschichte der Bundesrepublik die Rede sein, nämlich von Flucht und Vertreibung von Teilen der deutschen Bevölkerung aus Oberschlesien in den Jahren 1945 und 1946. Auch wenn Flucht, Vertreibung und Umsiedlung im wesentlichen bis 1949 abgeschlossen waren, reichen die Erlebnisse, Erfahrungen und Sinndeutungen von insgesamt mehr als 12 Millionen deutschen Flüchtlingen und Vertriebenen aus Ostmittel-, Ost- und Südosteuropa dennoch als wichtiger Komplex der Erfahrungs- und Mentalitätsgeschichte weit in die deutsche Nachkriegsgeschichte hinein (Lehmann 1991, S. 12).

Vor diesem Hintergrund sollen weniger Verlauf und politische Implikationen der Ereignisse analysiert werden, als vielmehr die Auswirkungen der Migrationserfahrung bzw. der sie begleitenden Umstände auf die Lebenswege und -erzählungen einer von diesem Geschehen zentral betroffenen Gruppe, der Frauen. Die Konfrontation mit den Siegern sowie Flucht und Vertreibung waren in erster Linie Erfahrungen von Frauen, alten Männern und Kindern, da die wehrfähigen Männer am Kriegsende bis auf wenige Ausnahmen eingezogen oder in Kriegsgefangenschaft waren. Die weitaus meisten Männer „waren also Vertriebene ohne unmittelbare Vertreibungserfahrung" (Plato 1985, S. 173; Lehmann 1991, S. 151, S. 191). Es ist daher durchaus berechtigt, die erste Begegnung der Zivilbevölkerung mit den Siegern, die Entscheidung zu fliehen oder zu bleiben sowie Flucht und Vertreibung vor allem als Erfahrung von Frauen zu betrachten.

Nach der Beschränkung auf Frauen als Gesprächspartnerinnen und der Festlegung einer historischen Generation, die zu Wort kommen sollte, also im wesentlichen die Jahrgänge 1920 bis 1930, bedarf die Festlegung des Untersuchungsraums bzw. Ortes eines kurzen Kommentars. Oberschlesien bot sich für einen Vergleich der Lebensgeschichten von Gebliebenen und Vertriebenen bzw. Geflüchteten vor allem deshalb an, weil hier eine nennenswerte Minderheit von Personen bleiben konnte, die bereits vor 1945 dort ansässig war.[4] Somit blieb zum Teil eine gemischt-ethnische Bevölkerung

---

4   Insgesamt konnten in Oberschlesien (Wojewodschaften Opole und Katowice) schätzungsweise 850 000 Personen bleiben, die bereits vor 1945 hier gelebt hatten. Siehe Kalinke 1997, S. 142ff.

bestehen, die allerdings durch die Abwanderung Deutschstämmiger als Spätaussiedler in die Bundesrepublik kontinuierlich abnahm.[5]

Jedoch leben auch heute noch rund 270 000 Menschen in Oberschlesien,
die sich als Angehörige der deutschen Minderheit betrachten (Heffner 1994,
S. 195).[6] Die Entscheidung für Zülz/Biała als Ausgangsort der Untersuchung
fiel aus forschungspraktischen Gründen (Kalinke 1997, S. 12). Die vergleichende und grenzüberschreitende Perspektive ermöglichte es über einen
Vergleich der Lebensgeschichten hinaus, einen weiteren, in der Migrationsforschung bislang weitgehend unbeachteten Aspekt einzubeziehen: die Tatsache nämlich, daß Migration auch jene beeinflußt und verändert, die bleiben. Je größer im Umfang oder je einschneidender im Hinblick auf die
Sozial- und Wirtschaftsstruktur das Migrationsgeschehen ausfällt, desto
deutlicher und nachhaltiger ist sein Einfluß auf die Lebenswelt der Bleibenden.[7] Oberschlesien blieb auch nach 1945/46 eine Region, die ein hohes Maß
an Wanderungsbewegungen verzeichnete:[8] Neben Flucht und Vertreibung
der deutschen Bevölkerung 1945/46 setzte in jenen Jahren bereits der Zuzug
polnischer Bevölkerung aus den ehemaligen polnischen Ostgebieten ein. Die
Auswanderung der deutschen Minderheit in die Bundesrepublik sowie die
Binnenmigration zwischen dem agrarischen Oppelner Schlesien[9] und wirt-

---

5   Zwischen 1950 und 1998 kamen rund 1,44 Millionen Aussiedler aus Polen nach Deutschland (Info-Dienst Deutsche Aussiedler 1998, S. 6), davon etwa 45 Prozent aus Oberschlesien (Wiśniewski 1992, S. 166). Der Zuzug von Aussiedlern aus Polen nahm seit
Anfang der neunziger Jahre allerdings stark ab, nachdem die Anerkennung als Aussiedler
für Deutschstämmige aus Polen durch das Aussiedleraufnahmegesetz (1990) bzw. das
Kriegsfolgenbereinigungsgesetz (1993) erst erschwert, dann nahezu unmöglich gemacht
wurde. 1998 kamen nur noch 488 Aussiedler aus Polen, in die Bundesrepublik, während
es 1990 noch 133 872 waren.

6   Auf die vor allem anfangs stark emotional geführte Debatte, ob jene, die sich in die Vereine der deutschen Minderheit in Polen eingeschrieben haben, tatsächlich auch Deutsche
seien, kann hier nicht eingegangen werden. Siehe dazu Kalinke 1997, S. 241ff. sowie
Urban 1994, S. 101.

7   Dies gilt z.B. für den relativ geschlossenen Fortzug intellektueller Eliten bzw. bestimmter
Berufsgruppen oder für die Abwanderung ganzer ethnischer Gruppen aufgrund von Diskriminierungen.

8   Bereits im 19. und zu Beginn des 20. Jahrhunderts gab es starke Wanderungsbewegungen
aus Oberschlesien vor allem nach Berlin-Brandenburg (Düspohl 1995; Peters 1995).

9   Als Oppelner Schlesien (Śląsk Opolski) wird in Abgrenzung zum oberschlesischen In-
dustriegebiet das überwiegend agrarische West-Oberschlesien mit der Wojewodschafts-
stadt Oppeln/Opole bezeichnet, in dem Zülz/Biała liegt.

schaftlich attraktiveren Orten Schlesiens oder Polens wie auch die seit 1990 zunehmende Tendenz zur zeitlich befristeten Arbeitsmigration ins westliche Ausland schreiben diese Tendenz bis heute fort.[10]

Bei der Analyse der biographischen Erzählungen sollen folgende Fragen im Mittelpunkt stehen: Welche biographischen Auswirkungen hatte der zentrale lebensgeschichtliche Bruch des Fortmüssens bzw. des Bleibens in den Jahren 1945/46? Wer ist damals warum gegangen oder geblieben? Welche Situationen und Ereignisse stehen im Zentrum der lebensgeschichtlichen Erzählungen und wie werden sie geschildert? Welche Berührungspunkte mit Polen haben sich für Gebliebene und Gegangene nach 1945 ergeben z.B. auf Reisen in die alte Heimat, durch langjährige Nachbarschaft, Ehen oder Verwandtschaft? Welches Selbstverständnis als Deutsche, Oberschlesierinnen und/oder polnische Staatsbürgerinnen haben die Frauen heute? Wo ist ihre Heimat?

Zur Methode

Die wichtigste Quelle zur Erforschung zeitgenössischer kollektiver und individueller Mentalitäten und Identitäten, der ihnen zugrunde liegenden Erfahrungen, Erinnerungen, Wünsche und Enttäuschungen sind lebensgeschichtliche Erzählungen. Für die vorliegende Untersuchung sind 25 Frauen interviewt worden, davon zehn, die heute in Deutschland leben, und 15 Frauen aus Biała. Bei der Anwendung qualitativer Methoden geht es nicht um die Repräsentativität biographischer Aussagen und Muster. Denn nicht ihre Häufigkeit ist entscheidend, sondern ihre exemplarische Geltung im Rahmen einer bestimmten Fragestellung (Grele 1980, S. 147). Schon in einer einzigen biographischen Erzählung „artikuliert sich Typisches" (Schuhladen/ Schroubek 1989, S. 11), denn „die individuelle Allgemeinheit des Falls" (Bude 1985) erlaubt das Auffinden typischer Elemente aufgrund der engen Beziehungen zwischen Lebenswelt und Lebensgeschichte.

---

10 Die Bevölkerungsbewegungen im Oppelner Schlesien seit 1945 sind detailliert aufgeschlüsselt in Heffner 1993 und 1994.

Die lebensgeschichtlichen Erzählungen

Alle autobiographischen Erzählungen wiesen einen gemeinsamen Schwerpunkt auf, der auf der Schilderung der Ereignisse der Jahre 1945 und 1946 lag. In diesen Zeitraum fallen die Flucht(en),[11] der Einmarsch der Roten Armee, die Willkürherrschaft der polnischen Miliz, die Verifizierung[12] des einen bzw. die Ausweisung des anderen Teils der einheimischen Bevölkerung.

Ende Januar 1945 floh erstmals eine größere Zahl von Einwohnern aus Zülz, als sich die Rote Armee von Südosten her der Oder bei Oppeln näherte. Nur ein Teil der Einwohner entschloß sich angesichts der strengen Kälte zu fliehen. Und auch diese zogen meist nur bis in die Kreisstadt Neustadt und kehrten nach Zülz zurück, nachdem die sowjetischen Streitkräfte von deutschen Truppen bei Ratibor noch einmal hinter die Oder zurückgedrängt worden waren. Die im März 1945 forcierte Offensive der 1. Ukrainischen Front war allerdings nicht mehr aufzuhalten und führte im Raum Oppeln-Neustadt zur Einschließung deutscher Truppenteile. Nach viel zu spät erfolgten Evakuierungsmaßnahmen floh auch ein Großteil der Zülzer und versuchte, das südwestlich gelegene Sudetenland zu erreichen. Den meisten gelang es jedoch nicht, der Zangenbewegung der Roten Armee noch auszuweichen.[13] Auf der Flucht begannen für die meisten Frauen die Schrecken des Krieges. Die in relativer Sicherheit verlebten Kriegsjahre hatten es erlaubt, eine Distanz zum Kriegsgeschehen aufzubauen, die nun plötzlich hinfällig wurde.[14] Auf der Flucht sahen die Frauen Tote, Sterbende und

---

11 Die Bezeichnung von Flucht im Singular wird in vielen Fällen insofern der historischen Realität nicht gerecht, als viele Betroffene verschiedene Fluchtabschnitte erlebt haben, deren Abschnittscharakter erst rückblickend deutlich wird, oder sich, wie bei einigen der befragten Frauen, der Flucht vor der Roten Armee die Rückkehr nach Zülz anschloß, die sich in den Begleitumständen nicht grundsätzlich von der ‚ersten' Flucht unterschied.

12 Als Verifizierung wurde das von den polnischen Behörden in den Jahren 1945-1951 angewandte Anerkennungsverfahren bezeichnet, das versuchte, die Volkszugehörigkeit der in den ehemaligen deutschen Ostgebieten verbliebenen Bevölkerung zu bestimmen. Die Anerkennung (Verifikation) als polnisch bzw. polnischstämmig berechtigte zum Verbleib in Polen (Stoll 1968).

13 Zum genaueren Verlauf der militärischen Operationen s. Zeidler 1996, S. 83-95.

14 Schlesien galt lange Zeit als ‚Luftschutzkeller' Deutschlands, in den Menschen aus anderen Regionen evakuiert wurden. Erst im Frühjahr 1944 gelangte Oberschlesien mit seiner kriegswichtigen Industrie in die Reichweite amerikanischer Luftstreitkräfte, die nun von Norditalien aus angreifen konnten (Fuchs 1994, 676ff.).

Verwundete, sie wurden selbst von Tieffliegern und Artillerie beschossen, und auf die Einnahme der Ortschaften durch die sowjetischen Soldaten folgten sehr bald Vergewaltigungen und Ermordungen von Zivilisten und Kriegsgefangenen.

In den Erzählungen der Frauen nehmen diese Ereignisse viel Raum ein. Viele Berichte über die Flucht wirken auf den Zuhörer wie ein Film mit sehr harten, schnellen Schnitten, denn es fällt den Erzählenden bis heute schwer, den zeitlichen Ablauf der Ereignisse zu rekonstruieren. Die Bilder jagen einander, die Schilderungen werden durch Assoziationen miteinander verbunden, häufig werden Sätze abgebrochen, Teilsätze wiederholt, so daß es scheint, als überschlüge sich mit der Erinnerung an die Geschehnisse auch die Sprache:

„Da sind wir mit meinem Vater, mit meinen Eltern sind wir zurück in unser Haus, in unsere Wohnung, und sind dann morgens, gegen Morgen zeitig, auf die tschechische Seite wollten wir da raus. Aber wir kamen nicht mehr raus. Da sind die ganzen Soldaten gekommen und haben immer gewunken, und unser Polizist aus Zülz, der rief dann immer: „Max, komm mit! Max, komm mit!" Wir konnten ja nicht, wir waren dann mitten im Kessel. Um uns die Russen und dann ballerten die über uns mit dem Kanonendonner über uns, ne, ich schrie immer: „Papa, komm!" Na, klar, wir hatten wahnsinnige Angst, die Kinderwagen standen da im Kessel" (Zitat Frau Beer[15], geb. 1929).

Es gibt aber auch Erinnerungen und Erzählungen, die eher unbeteiligt und distanziert wirken, als sei die Erzählende am Geschehen ganz unbeteiligt gewesen. Zusammenhänge fehlen, und zentrale Ereignisse wirken wie unter der Last der Erinnerung verblaßt. Sie lassen sich Tagen oder Orten nicht mehr genau zuordnen. Solche Schilderungen illustrieren die Bedeutung der Selektivität von Erinnerung und Erzählung. Erst die selektive Erinnerung – die Mischung von Erzählen und Auslassen bzw. Nicht-Erinnern – erlaubte vielen Frauen die nötige Distanz, um die Ereignisse und ihre Schrecken überhaupt zu thematisieren.

„Da waren wir dann mal irgendwo auf 'nem Bahnhof, das war Fronleichnam, aber fragen Sie nicht, welchen Tag! Ich weiß es nicht mehr, da war ein Tag wie der andere! Da waren wir da auf so 'nem Bahnhof, und da ging 'ne Ärztin durch. Und da sagte sie: „Der Junge

---

15 Die Namen aller Gesprächspartnerinnen sind frei erfunden.

ist tot." Da kam schon einer, der sagte: „Da hinter der Baracke, da liegt schon ein Mann und eine Frau, da legen Sie ihr Kind dabei!" Ich hatte noch 'nen Kopfkissenbezug, da hab' ich 'nen dann reingewickelt, und dann gings weiter" (Zitat Frau Bartels, geb. 1918).

Die Erzählungen der Frauen kreisten um zwei Erinnerungsstränge. Neben die Erinnerung an die Begleitumstände von Flucht, Vertreibung und Besetzung trat die Erinnerung an die Ursachen und Zwänge, die zur Flucht oder zum Verbleib der Frauen geführt hatten. Am einfachsten lagen die Dinge bei jenen, die Zülz im März als Flüchtlinge verlassen hatten, oft erst auf Umwegen nach Westdeutschland gelangt und nicht wieder zurückgekehrt waren. Zum einen war Rückkehrern und Rückkehrerinnen aus dem Westen der Weg über die Neiße bei Görlitz ab dem 1. Juni 1945 versperrt. Zum anderen führten Nachrichten über Gewalttaten der Roten Armee und der polnischen Miliz dazu, daß man sich in den westlichen Besatzungszonen sicherer fühlte und die weitere Entwicklung hier abwarten wollte. Für ihre Entscheidung, zu gehen oder zu bleiben, machten die übrigen Frauen rückblickend – in der Reihenfolge ihrer Wichtigkeit – erstens familiäre und persönliche, zweitens wirtschaftliche und drittens politische Gründe geltend. Vor allem familiäre Konstellationen, die recht unterschiedlich gelagert sein konnten, nahmen dem Entschluß oftmals den Charakter einer bewußten Entscheidung. So waren es häufig die Eltern, die sich weigerten, Zülz zu verlassen, und von ihrer ledigen Tochter erwarteten, daß sie blieb und sich um sie kümmerte. Haus- und Grundbesitz in Zülz oder in den Dörfern der näheren Umgebung veranlaßte viele zum Bleiben, zumal ein Garten oder gar ein landwirtschaftlicher Betrieb das Überleben angesichts der chaotischen Versorgungslage wesentlich erleichtern konnte. Allerdings war auch der Druck auf Haus- und Hofbesitzer von seiten der aus Ostpolen vertriebenen Polen und Zuwanderer aus Zentralpolen besonders stark, so daß es zu schweren Konflikten um Besitzansprüche kam.

Verheiratete Frauen mit Kindern trauten sich mit den oft kleinen Kindern eine Flucht oder Aussiedlung nicht zu und versuchten, wenn möglich, den eigenen Hausstand zu erhalten und/oder warteten auf die Rückkehr ihrer Männer aus der Gefangenschaft. Bei zwei ledigen Frauen gab auch die Bekanntschaft mit einem Polen, den sie später heirateten, den Ausschlag zum Bleiben.

Die Möglichkeit für einen Teil der angestammten Bevölkerung, nach 1945 in Polen zu verbleiben, resultierte aus der polnischen Auffassung, es handle sich bei vielen Oberschlesiern um autochthone, ursprünglich slawische, aber (zwangs-)germanisierte Bevölkerungsanteile.[16] Im sogenannten Verifizierungsverfahren sollten diese vor einer örtlichen Kommission ihre Zugehörigkeit zur polnischen Kultur und Nation unter Beweis stellen. Die Betroffenen durften keinen antipolnischen und/oder NS-Organisationen angehört haben und mußten wenigstens rudimentäre Oberschlesisch-/Polnischkenntnisse nachweisen. Im einzelnen hing der Ausgang des Verifizierungsverfahrens aber auch davon ab, ob beispielsweise Eigentum vorhanden war, das eingezogen und an Polen vergeben werden sollte, oder ob es erwünscht war, daß erwachsene Kinder blieben, um die Versorgung der Eltern sicherzustellen.

Bei jenen Frauen, die Zülz erst 1946 verließen, ist nicht eindeutig, ob sie überhaupt die Möglichkeit gehabt hätten, zu bleiben. Womöglich wären sie im Verifizierungsverfahren nicht anerkannt worden, oder sie wollten dieses nicht über sich ergehen lassen. Einige Frauen interpretieren ihre damalige Handlung heute als politischen Entschluß, weil sie „kein Pole werden" wollten.

Die Jahre 1945/46 waren in der Erinnerung der Frauen mit einschneidenden Erlebnissen und Entscheidungen verbunden. Diese führten zu starken Emotionen wie (Todes-)Angst, Haß und Hilflosigkeit. Aber nicht nur die Intensität des Erlebens, auch die historischen und biographischen Folgen der Ereignisse trugen dazu bei, daß sich die Lebensgeschichten der Frauen um diesen Zeitraum herum ordneten. Die Zeit vor 1945/46 erschien als (überwiegend positiv gewertete) Vorgeschichte, während die Zeit danach als langsame Rückkehr zur Normalität dargestellt wurde. Dabei waren sich die Frauen der Reichweite und historischen Bedeutung des von ihnen erlebten Ausschnitts aus der „großen Geschichte" in der Regel sehr wohl bewußt. Daher haben Bescheidenheitstopoi, wie sie die lebensgeschichtlichen Erzählungen von Frauen oft begleiten,[17] in den Erinnerungen der Frauen aus Zülz/Biała keinen Platz. Das wissenschaftliche Interesse an ihren Lebensgeschichten erstaunte lediglich eine der Gesprächspartnerinnen. Die übrigen sahen in ihren Nachkriegserfahrungen eine wesentliche Abweichung von weiblichen

---

16 Auch Masuren, Ermländer und Kaschuben wurden als Autochthone eingestuft, die bleiben konnten und repolonisiert werden sollten.

17 Sie gelten als so typisch, daß sie von Hagemann (1990) „Ich glaub' nicht, daß ich Wichtiges zu erzählen hab'(...)" und Merbeck (1991) „Ich bin doch nichts Besonderes" als Veröffentlichungstitel gewählt wurden.

Normalbiographien,[18] die ihr Leben erzählenswert mache. Auch aus diesem Grund erhielten die Jahre 1945/46 den zentralen Platz in ihren Erzählungen.[19] Sie bildeten den Gesprächsauftakt und den Erzählschwerpunkt, dem bei den männlichen Angehörigen dieser Generation das „große Lebensthema ‚Krieg und Gefangenschaft‘" (Lehmann 1983, S. 120) entspricht.

Das Erleben der radikalen Umbruchsituation der Jahre 1945/46 hat die Lebenswege der befragten Frauen entscheidend beeinflußt: ihre Selbstbilder und ihre Stereotype anderer Gruppen sind maßgeblich von ihrem Flüchtlingsstatus und ihren Erfahrungen mit der polnischen Besatzung geprägt, ihr retrospektives und verklärendes Heimatverständnis ist auch Folge dieses jähen Bruchs. Die Aufwertung des eigenen Deutschseins in scharfer Abgrenzung zu ‚den‘ Polen, denen Faulheit, Hinterlist und Habgier zugeschrieben wurden, war besonders stark bei jenen Frauen anzutreffen, die Gewalt und Willkür von einzelnen Polen und besonders der polnischen Miliz erlitten hatten. Auch ein radikaler Statusverlust verstärkte die Tendenz, den Polen kollektiv negative Eigenschaften beizumessen. Am deutlichsten wurde die Ablehnung der Polen unter den Gebliebenen von Frau Kuska formuliert, deren Eltern einen großen und traditionsreichen Hof besessen hatten. Für sie blieben die Jahre des Nationalsozialismus mit seiner Aufwertung und Hofierung des Bauernstandes die besten Jahre. Wie sehr sie zudem unter Minderwertigkeitsgefühlen gegenüber den Westdeutschen litt, zeigt folgende Passage:

„(...) da verlangt ihr heute von uns, daß wir so sind, wie ihr im Westen nach 50 Jahren, unter so einem Regime? Da würd' ich sagen, wer ist denn schuld? Wir, weil wir Deutsche sind? Kommt, seht Euch doch mal unsere Höfe an! Wir haben alle zwei Spülklos, Badezimmer, vorn und hinten gekachelt, oben beleuchtet, weiß der Plunder! Alles schon versuchen wir, uns dem Westen anzupassen!" (Zitat Frau Kuska, geb. 1924).

Jene Frauen, die nach Flucht und Vertreibung in Westdeutschland einen in der ehemaligen Heimat vergleichbaren gesellschaftlichen Status erreichten oder jene, die in Polen blieben und versöhnliche oder gar positive Erfahrungen machen konnten, haben ein wesentlich entspannteres Verhältnis zu

---

18 Dies gilt vor allem für die Biographien der Frauen der Nachkriegsgenerationen.
19 Dieser Zeitabschnitt umfaßte durchschnittlich zwischen 35 Prozent und 45 Prozent der einzelnen Interviews.

‚(den) Polen'. Insgesamt speist sich das Polenbild beider Gruppen, der Gebliebenen wie der Gegangenen, aus verschiedenen Quellen: Vorurteile, eigene Erfahrungen, Erzählungen und tradierte Stereotypen[20] spielen bei allen in unterschiedlichem Maß eine Rolle.

Für die Lebensplanung der Frauen bedeuteten Flucht und Vertreibung sowie die radikal veränderten politischen, sozialen und ökonomischen Bedingungen in Westdeutschland bzw. Polen einschneidende Veränderungen. Heirat und Mutterschaft als die Eckpfeiler weiblicher Normalbiographien dieser Generation (Levy 1977, S. 43-55) wurden durch die Umstände gegen den Willen der Frauen oft verzögert oder beschleunigt. So heirateten zwei Gesprächspartnerinnen früher als geplant, um mit dem Freund als Ehemann gemeinsam ausreisen und auch nach der Ausreise zusammenbleiben zu können bzw. als Flüchtlinge nicht vom Wohnungsamt getrennt zu werden. Andere waren durch die schlechten wirtschaftlichen Bedingungen gezwungen, die Eheschließung mehrere Jahre aufzuschieben, weil die Lebensgrundlage für eine Familie fehlte.

Bis auf wenige Ausnahmen erlebten sich die Frauen in diesem biographisch relevantesten Zeitraum der Jahre 1945/46 vor allem als Opfer übermächtiger Gewalt. Sie verstanden ihr Handeln als Reaktion auf nicht von ihnen herbeigeführte Umstände und Ereignisse. Persönlichen Handlungsspielraum nutzten nur einige von ihnen in wenigen extrem bedrohlichen Situationen. Leidensfähigkeit und Anpassungsbereitschaft galten für die meisten rückblickend als die wichtigsten Überlebensstrategien.

Die übrigen Zeit- und Lebensabschnitte traten deutlich hinter die zentrale Bedeutung des genannten Zeitraums zurück. Selbst die Erinnerung an die Kriegsjahre und die politisch bewegten dreißiger Jahre erhalten im Vergleich den Anschein von Normalität. Diese Jahre wurden stärker von persönlichen, nicht von politischen Erfahrungen und Erinnerungen dominiert. Die Erinnerungen an und die Reflexionen über die politischen Ereignisse, Zusammenhänge und Folgen in der Zeit des Nationalsozialismus wurden aus dem Erzählzusammenhang des eigenen Lebens überwiegend ausgeblendet.

---

20 Auch der Einfluß der NS-Propaganda und ihrer Stereotype auf manche Frauen ist evident. Dies zeigt sich in der Kontinuität des Sprachgebrauchs, z.B. im z.T. fortdauernden Gebrauch der menschenverachtenden NS-Metaphorik. Die Bezeichnung der Polen als *widerliches Zeug* und ihrer Ankunft in Schlesien als *Landplage* illustriert dies beispielhaft.

Überlegungen zu eigener Mitverantwortung oder gar Mitschuld oder der des „Handlungskollektivs Deutschland" (Gravenhorst 1990, S. 20) wurden kaum zugelassen, da sie den Identitätsrahmen als Deutsche zu sprengen drohten. Auch der Hinweis auf das eigene Leid diente vielfach der Zurückweisung ‚deutscher' Schuld und Verantwortung. Dies galt selbst für jene, deren Familien zu den Opfern nationalsozialistischer Verfolgung zählten. Darüber hinaus ließ das Gefühl des Ausgeliefertseins, das besonders in den Schilderungen von Flucht und Vergewaltigungen zum Ausdruck kam, die Bedingungen und Voraussetzungen der Ereignisse vergessen, zumal die Frauen sich selbst fast ausnahmslos als unpolitisch und machtlos empfanden und/oder darstellten.

Die Selbstverständlichkeit, mit der die Frauen diese Selbstverortung vornahmen und vornehmen konnten, zeigt wie verbreitet das stark vereinfachende und apologetisch wirkende Bild einer politisch desinteressierten, durch nationalsozialistische Rollenvorgaben ‚verführten' Frauengeneration nach wie vor ist. Auch in der Frauenforschung erfolgte bis Ende der achtziger Jahre vielfach der Rückzug hinter die „Gnade der weiblichen Geburt" (Windaus-Walser 1988), so daß weibliche Mitwisser- und Täterschaft im Nationalsozialismus erst in den letzten Jahren in den Blick gerieten. Auch die durchgeführten Interviews enthalten einige Hinweise und Anstöße auf die unterschiedlichen Erfahrungs- und Einflußebenen von Frauen im Nationalsozialismus, so z.B. die Einblicke, die Frau Wisocka als Rote Kreuz-Schwester in die NS-Besatzungspolitik in Polen erhielt, wo sie Zwangsumsiedlung und Selektion erlebte. Auch den Mythos von der ‚sauberen Wehrmacht' kolportieren Frauen als Verteidigung ihrer Männer, Väter und Brüder sowie des „Handlungskollektivs Deutschland", dem sie sich zugehörig fühlen. So bedarf das Bild politisch unbelasteter Frauen zweifellos der Korrektur, aber ohne daß die ‚Heldinnenverehrung' von Widerstandskämpferinnen und Trümmerfrauen nun unreflektiert in ihr Gegenteil umschlagen darf. Denn tatsächlich „(besaßen) Frauen insgesamt sehr wenig politisch-gesellschaftliche Macht im Sinne von Befehlsgewalt, Definitions- und Verfügungsgewalt" (Lauterbach 1990, S. 142). Dennoch hatten sie außerhalb der oben genannten Bereiche Zugang zu Informationen und als Wählerinnen, Erzieherinnen und Konsumentinnen auch eingeschränkten politischen Einfluß.

Marginalität als Folge von Migration: Flüchtlinge und Vertriebene in Westdeutschland – Deutsche in Polen

Nach Abschluß der Migrationsvorgänge der Jahre 1945/46 fanden sich sowohl die gebliebenen als auch die gegangenen Frauen als Angehörige einer Minderheit in einer fremden oder stark veränderten Lebenswelt wieder. Die Schilderungen, die sich an diesen Zeitabschnitt anschlossen und das weitere Leben in Westdeutschland bzw. Zülz/Biała thematisierten, erreichten nur bei zwei Themen eine annähernd vergleichbare erzählerische Intensität: Bei den Flüchtlingen waren es die demütigenden Umstände des Neuanfangs, die materielle Not und die Ablehnung durch die Einheimischen, die ausführlich und engagiert geschildert wurden. Bei den Gebliebenen standen die Auseinandersetzungen mit den polnischen Siedlern und der Miliz sowie die Diskriminierung als Deutsche im Mittelpunkt.

Jene Frauen, die Zülz/Biała 1945/46 verlassen hatten, thematisierten beim Erzählen über die unmittelbare Nachkriegszeit zum einen die Alltagsproble-

Flüchtlingsfamilie im Lager Benthe, Januar 1950.

me wie Wohnsituation, Nahrungsmittel- und Verbrauchsgütermangel, zum anderen die ablehnende Haltung vieler Einheimischer gegenüber Flüchtlingen und Vertriebenen. Dies gilt vor allem für jene Frauen, die bereits selbst eine Familie, oft erweitert um die Eltern oder Schwiegereltern, zu versorgen hatten, während die ledigen und jüngeren Frauen stärker den Themenkomplex Beruf und Arbeit betonten. Nur sehr wenige hatten die Chance, einen gewünschten Beruf zu erlernen, die meisten mußten eigene Wünsche und Vorstellungen zurückstellen, um sofort zum Lebensunterhalt ihrer Familien beizutragen. Dennoch eröffnete der Arbeitskräftemangel der Wiederaufbauphase den Frauen einen breiten Zugang zur Berufstätigkeit, der auch später im veränderten familien- und arbeitsmarktpolitischen Klima der sechziger Jahre nicht mehr rückgängig zu machen war (Ruhl 1988, S. 205ff.).

In den Erzählungen schloß sich eine Phase der Konsolidierung an, die durch den Umzug in eine selbstgesuchte, nicht zugewiesene, eigene Wohnung gekennzeichnet war und durch erste Anschaffungen nach Ende des akuten Mangels. Die Lebensgeschichte seit Mitte der sechziger Jahre erschien weniger erzählenswert, weil in den Augen der Frauen Normalität erreicht war, auch wenn die Benachteiligung von Flüchtlingen und ihren Kindern tatsächlich noch fortbestand (Lüttinger 1986; 1989).

Für die gebliebenen Frauen dagegen sorgten die anhaltenden Spannungen und Krisen im polnischen Staat – Versorgungsengpässe, Massenausreisen, Kriegsrecht – vor allem aber die jüngsten politischen Entwicklungen für ein anhaltendes erzählerisches Engagement. Besonders die Anerkennung der deutschen Minderheit in Polen und die damit verbundene Möglichkeit, ohne Angst vor Diskriminierung öffentlich Deutsch zu sprechen und zum wieder angebotenen deutschsprachigen Gottesdienst zu gehen, wurde von den Frauen ausführlich thematisiert. Die Aktivitäten der deutschen Minderheit waren für die Frauen, von denen die meisten Witwen sind und allein leben, von großer Bedeutung. Die deutsche Sonntagsmesse, der wöchentliche Kaffeeklatsch im Gemeindehaus und der Friedhofsbesuch strukturierten die Woche. Einige Frauen haben auch ihre Enttäuschung über die erneute Bestätigung der polnischen Westgrenze angesprochen. Noch 1995 hatten einige die Hoffnung, „daß mal so eine Überraschung über Nacht kommt wie in der Ostzone" (Zitat Frau Winter, geb. 1922).

Die Konflikte um die deutsche Minderheit in Oberschlesien, die Grenzfrage und die anhaltende Abwanderung machen das Leben der gebliebenen Frauen bis heute unruhig und unsicher und veranlaßten sie zu Überlegungen über die Zukunft, die von den in Deutschland lebenden Frauen nicht vorgenommen wurden. Die Wünsche und Hoffnungen auf soziale Stabilität und ökonomischen Wohlstand oder gar der Wunsch nach einem ‚Wiedcranschluß' Schlesiens an Deutschland[21] waren begleitet von Zukunftsängsten. Hinter den Ängsten vor Auseinandersetzungen und Konflikten stand, wie wohl bei einem Großteil der Frauen dieser Generation, die Angst vor Krieg und dessen vehemente Ablehnung. Auf die Frage, was sie sich von der Zukunft erhoffe, äußerte Frau Winter: „Soll sein, wie es will, aber Frieden!" Und Frau Nowak ergänzte: „Hauptsache kein Krieg, denn ein Krieg hat noch nie Gutes gebracht!"[22]

Heimat und Identität

In der Frage des Heimatverständnisses trafen sich gebliebene und fortgegangene Frauen weitgehend in ihrem Verständnis von Zülz als ihrer Heimat, wie sie es aus der Vorkriegszeit ihrer Kindheit und Jugend in Erinnerung haben. Die Veränderungen in ihrem Heimatort Zülz in der Nachkriegszeit konnten nicht alle akzeptieren und in ihr Heimatbild integrieren. Bei vielen erschien diese Zeit im Kontrast zur Aufwertung der Vorkriegszeit als negative Entwicklung, die mit dem Schlagwort der ‚polnischen Wirtschaft' belegt wurde (Orłowski 1996, bes. S. 319ff. u. 371ff.). Auf das Heimatverständnis der Fortgegangenen wirkten aber auch die jeweiligen Umstände des Neuanfangs, insbesondere die Aufnahme durch die Einheimischen, und die mittlerweile lange Aufenthaltsdauer am neuen Wohnort.

Heimweh spielte eine um so größere Rolle, je schwerer den Frauen das Einleben in ihrer „Zufallsheimat" (Lehmann 1991, S. 20) fiel bzw. gemacht

---

21 Im Jahr 1990 startete der Bund der Vertriebenen (BdV) in Polen und Deutschland eine Unterschriftenaktion zum Beitritt Schlesiens aufgrund Artikel 23 des Grundgesetzes, auf dessen Basis die deutsche Wiedervereinigung erfolgt war. Insgesamt unterschrieben nur 200 000 Personen (von 2,5 Millionen BdV-Mitgliedern und 300 000 Mitgliedern deutscher Minderheiten-Organisationen in Polen) das umstrittene Papier, das in Oberschlesien vielfach falsche Hoffnungen weckte (Urban 1994, S. 139f.).

22 Zum diesem Ergebnis kommt auch A. Tröger nach ihren Befragungen von Frauen, die die Bombenangriffe auf Berlin und Hannover überlebt haben. „Never another war – under no condition!" laute das Fazit der Interviews (Tröger 1987, S. 297).

wurde. Dieses Gefühl äußerte sich weniger in der nostalgischen, retrospektiven Sehnsucht nach einem konkreten Ort, sondern eher im Verlangen nach Geborgenheit und Authentizität, die am Herkunftsort festgemacht wurde.

„Ich habe drei Jahre vor Heimweh-, das kam noch dazu, ich habe unheimliches Heimweh gehabt, ich habe geweint vor Heimweh. Wenn man es besser getroffen hätte: 'ne angenehmere Wohnung, oder mein Mann hätte vielleicht Arbeit gehabt (...) Man saß immer noch in dem Loch und immer noch und kam und kam nicht ran" (Frau Wolter, geb. 1925).

Die Frage der nationalen/ethnischen Identität spielte lediglich bei den Gebliebenen eine wichtige Rolle. Ihre Selbstidentifikation als Deutsche oder Oberschlesierinnen war wesentlich von Erfahrungen und Lebenswegen im Nachkriegspolen abhängig, wechselte aber auch im erzählerischen Kontext.

Die Tatsache, daß immerhin drei der Interviewpartnerinnen bereits kurz nach Kriegsende gegen den Widerstand ihrer Familien Ehen mit polnischen Männern eingingen, zeigte ihre Bereitschaft, die stark negativen Vorurteile über Polen durch persönliche Erfahrungen zu revidieren und sich so in einer Zeit rigoroser Abgrenzung zwischen den Gruppen der (deutschen) Einheimischen und der Polen auf eine Position zwischen den Parteien einzulassen. Daß die Beziehungen zwischen deutschen und polnischen Familienmitgliedern auch in der folgenden Generation teilweise konfliktreich und schwierig waren, zeigte die Langlebigkeit und Verfügbarkeit nationaler Stereotype und Vorurteile. In den Jahren nach 1990 erlaubte die neugewonnene politische Freiheit die offene Auseinandersetzung mit den Verbrechen an der einheimischen Bevölkerung und ihrer Diskriminierung, die zu einer – so scheint es heute – vorübergehenden Vertiefung nationaler Gegensätze führte. Symbolträchtige Handlungen der deutschen Minderheit wie die Wiedererrichtung der Kriegerdenkmäler und das Aufstellen deutschsprachiger Ortsschilder trugen zu diesen Konflikten bei.

Das Engagement der befragten Frauen im Verein der deutschen Minderheit und der Besuch des deutschen Gottesdienstes waren für sie einerseits öffentliches Bekenntnis ihres Deutschseins. Andererseits bildete es einen wichtigen Bestandteil der Freizeitgestaltung. Vor allem die Auswanderung naher Angehöriger, in erster Linie der eigenen Kinder, nach Deutschland stellte für die Frauen, die selbst oft aus familiären Rücksichten auf die Auswanderung verzichtet hatten, eine große emotionale Belastung dar, wie die Aussage von Frau Schröder (geb. 1938) deutlich macht:

„ '89 ist die Tochter (ausgereist) und er (der Sohn) '90, '91. (...) Für mich ist das schwer. Darf ich das vor Ihnen sagen, also keine Beleidigung, ich kann nicht fluchen, aber ich möchte dies Deutschland verfluchen bis dorthinaus! Ihr könnt das nicht verstehen, was das heißt, wenn die Kinder so wegreisen! Ich sag' immer, ich gönn' das keinem Feind, was ich schon Tränen geweint hab', das ist so weit!"

Die selbstreferentielle Verortung als Deutsche diente vor allem der Betonung als deutsch empfundener Tugenden wie Ordnung, Fleiß und Sauberkeit. Diese Identitätskonstruktion hing ebenso mit der jahrzehntelangen Diskriminierung wie mit dem wirtschaftlichen und politischen Erfolg Nachkriegsdeutschlands zusammen. Dem prosperierenden Westdeutschland fühlte man sich als Deutsche zugehörig und verbunden.

Das Zusammenleben, vielfach auch die enge persönliche Verbundenheit mit Polen durch Ehe und Verwandtschaft führte bei einigen auch zur Annäherung an Polen, in einem Fall zum ,Aufgehen' in der jetzt überwiegend polnischen Familie. Frau Liebusch (geb. 1915) betonte: *„ Ich bin jetzt ganz nach Polen gekommen. "*, als sie erklärte, wer in ihrer Familie Deutsche/r, wer Pole/in sei, und daß mittlerweile fast nur noch Polnisch gesprochen werde.

Betonten die Frauen ihr oberschlesisches Selbstverständnis, so bezogen sie sich vor allem auf den versöhnlichen, verbindenden Charakter dieser Zuschreibung, der zugleich auch Distanz zu den nach 1945 in die Westgebiete zugewanderten Polen ausdrückt. Das Bekenntnis zur Region Oberschlesien und zu seiner eigenen Kultur beinhaltet auch eine Konstante in einem Grenzgebiet mit wechselnden, leidvoll erfahrenen nationalen und politischen Zugehörigkeiten. Und es stellt eine Ablehnung der Versuche dar, Oberschlesien und die Oberschlesier und Oberschlesierinnen je nach politischem Kalkül für die deutsche oder polnische Seite zu vereinnahmen.

Quellen

Interviews:
Gesamtverzeichnis der Interviews siehe Kalinke 1997, S. 23f.

Zweiter Teil

Arbeitsmigration nach
Deutschland

„Ist nur Liberalisierung Fortschritt?"

Zur Entstehung des ersten Ausländergesetzes der Bundesrepublik

Karen Schönwälder

1965 verabschiedeten Bundestag und Bundesrat das erste Ausländergesetz der Bundesrepublik. Zwanzig Jahre nach Ende des Krieges definierte hier ein deutscher Staat die rechtlichen Strukturen seines Verhältnisses zu den Fremden im eigenen Land. Bis 1990 regelte das Gesetz Einreise und Aufenthalt von fremden Staatsangehörigen sowie das Asylverfahren. 1965 einhellig als Dokument der Liberalität und Weltoffenheit gefeiert, galt das Gesetz in den siebziger und achtziger Jahren einer wachsenden Zahl von Kritikern als Ausdruck des umfassenden Verfügungsanspruchs des deutschen Staates über das Leben von AusländerInnen in der Bundesrepublik. Denn wer immer in der Bundesrepublik leben wollte und keinen deutschen Paß besaß, bedurfte einer Erlaubnis. Deren Erteilung war abhängig davon, daß keine ,Belange der Bundesrepublik' berührt waren, worüber wiederum die zuständigen Behörden nach ihrem Ermessen entschieden. Mit dem vagen, praktisch willkürlich zu füllenden Begriff der ,Belange der Bundesrepublik' und den weiten Spielräumen, die man den Behörden zubilligte, gab das Ausländergesetz von 1965 dem bundesdeutschen Staat eine fast unbegrenzte Machtfülle, den betroffenen Individuen dagegen kaum Rechte (Rittstieg 1982; Franz 1984): ein perfektes Instrument, um die zunehmend zur fixen Idee werdende Vorstellung, die Bundesrepublik sei kein Einwanderungsland, durchzusetzen.

Im folgenden Text soll es nicht darum gehen, den zahlreichen juristischen Kommentaren zum Ausländergesetz eine weitere Diskussion seiner Struktur und Funktionsweise hinzuzufügen. Gefragt werden soll vielmehr nach dem Entstehungskontext und den Motivationen der Beteiligten, wie sie sich aus einer Analyse der nun einsehbaren Akten vor allem im Bundesarchiv Koblenz erschließen. Dabei soll gezeigt werden, daß die ausländerrechtlichen Strukturen, die sich die Bundesrepublik gab, nicht zu einseitig als Mechanismen zur Regulierung der Ausländerbeschäftigung interpretiert

127

werden sollten. Zu sehr hat die seit den sechziger Jahren dominierende Stellung der Arbeitsmigration dazu verführt, Ausländerpolitik und Ausländerbeschäftigungspolitik in der Bundesrepublik weitgehend in eins zu setzen. So argumentierten etwa Knuth Dohse und an ihn anschließend Hartmut Esser, daß Anfang 1951 die Ausländerpolizeiverordnung von 1938 (APVO) wieder in Kraft gesetzt wurde, da man das alte Regelungsinstrumentarium für eine Wiederaufnahme der Ausländerbeschäftigung bereitstellen wollte, bevor eine öffentliche Debatte dies erschweren würde. Nur durch die zeitliche Distanz zur Zwangsarbeiterausbeutung einerseits und dem Beginn der Ausländerrekrutierung andererseits sei es möglich gewesen, die immerhin vom NS-Regime erlassene Verordnung wiederzubeleben, ohne daß es zu einem öffentlichen Skandal kam (Dohse 1981b, S. 139ff.; Esser 1989, S. 330; Esser/Korte 1985, S. 179). Tatsächlich läßt sich in den nun einsehbaren Akten eine solche langfristige, zielgerichtete Vorbereitung der Ausländerrekrutierung nicht nachweisen. Für die Wiederbelebung der APVO und die Erarbeitung des auf sie aufbauenden Ausländergesetzes waren mehrere Motive maßgeblich. Hierzu gehörte der Wunsch nach Wiederherstellung eines gewohnten und weitgehend unhinterfragten Kontroll- und Überwachungsinstrumentariums gegenüber Fremden. Tradierte Kontrollansprüche und Bedrohungsfiguren paarten sich zweitens mit dem Bestreben, auf die Liberalisierung des Grenzverkehrs und die Migrationsbewegungen der Nachkriegszeit zu reagieren. Drittens schließlich spielte im Bild des bedrohlichen Ausländers der politisch aktive Emigrant eine wichtige Rolle. Neben erstaunlichen Kontinuitäten der Feindbilder und wenig problematisierten staatlichen Kontrollansprüchen aber gab es auch Forderungen nach einer ernsthaften Überprüfung des Ausländerrechts, und zwar innerhalb des Regierungsapparats und aus dem Kreis der Länder. Dies zu zeigen ist ein zweites Anliegen des folgenden Textes. Bekenntnisse zur Demokratie und westlichem Denken, wie sie bei der Verabschiedung des Ausländergesetzes 1965 vorherrschten, sollten nicht leichtfertig als Verschleierungsversuche eines eigentlich restriktiven Denkens abgetan werden. Um die Ausländerpolitik besser zu verstehen, müssen solche Differenzierungslinien beachtet und ein bislang recht monolithisches Bild bundesdeutscher Ausländerpolitik durch eine Einbeziehung auch der ressortspezifischen Interessen und Perspektiven der Ministerien modifiziert werden.

Schon vor Gründung der Bundesrepublik beunruhigte die Länder die Frage der Ausländerpolizei; im Dezember 1948 wurde diese Frage im Ausschuß für staats- und verwaltungsrechtliche Fragen des Stuttgarter Länderrats diskutiert (Quelle 1a). Die Innenministerien der Bundesländer griffen das Thema 1950 in einer Arbeitsgemeinschaft auf (Quelle 1b). Im Mittelpunkt dieser frühen Beratungen stand das Bestreben, AusländerInnen erfassen und unter Umständen ausweisen zu können. Beeinträchtigt waren die deutschen Behörden hier dadurch, daß sich die Besatzungsmächte bestimmte Rechte vorbehielten; außerdem gab es Zweifel an der Gültigkeit der immerhin 1938 erlassenen APVO. „Die Ausländerpolizeiverordnung vom 22. August 1938", schrieb etwa das Innenministerium Schleswig-Holsteins im Dezember 1949, „steht wegen der Beseitigung aller Rechtsgarantien zu Gunsten der Ausländer und ihres ausgesprochen fremdenfeindlichen Charakters mit dem Grundgesetz nicht mehr in Einklang und ist daher zum größten Teil nicht mehr anwendbar." Da zusätzlich Regelungen durch die Besatzungsmächte erfolgt seien, bestehe „eine erhebliche Rechtsunsicherheit", und man habe z.B. nicht die Möglichkeit, „notfalls im Zwangsweg eine vollständige Erfassung der Ausländer durchzuführen." Die Verabschiedung eines Bundesgesetzes sei daher dringlich (Quelle 1c). Auch andere Länder drängten darauf, ein Instrumentarium für die Erfassung, Kontrolle und Ausweisung von AusländerInnen zu erhalten. Im Januar 1951 entschied dann das Bundesinnenministerium, daß dies die alte Ausländerpolizeiverordnung des Naziregimes sein sollte. Schließlich, befand der zuständige Unterabteilungsleiter im Bonner Innenministerium, könne man nicht darauf verzichten, „lästige Ausländer auszuweisen", bis die Vereinbarkeit der Vorschriften der Ausländerpolizei mit dem Grundgesetz geklärt sei (Quelle 1d). Lediglich offen rassistische Elemente galten als aufgehoben. Im Grundgesetz waren zudem das Asylrecht und Rechtsgarantien bei der Freiheitsentziehung, etwa zur Abschiebung, verankert. Wie das Bundesverwaltungsgericht darüber hinaus 1955 feststellte, konnten auch fremde Staatsangehörige Behördenentscheidungen, wie etwa ein Aufenthaltsverbot, vor Gericht anfechten (Bundesverwaltungsgericht 1957, S. 58ff.).

Obwohl es durchaus Kritik und Zweifel an der APVO des NS-Regimes gab, war für das Bundesinnenministerium und zumindest für die Mehrheit der Innenministerien der Länder die Wiedererlangung einer gewohnten Kontroll- und Verfügungsmacht über AusländerInnen dringlicher als eine gründliche Debatte über eine dem Grundgesetz entsprechende, demokratische Ausländerpolitik. 1960 vertrat Innenminister Gerhard Schröder die zweifelhafte Ansicht, die APVO gehe auf preußische, nicht nationalsozialistische

Grundlagen zurück, und mit Ausnahme von „nationalsozialistischen Einfügungen, die als Fremdkörper offenkundig sind", bleibe sie im Rahmen der Bestimmungen, die auch in anderen Staaten üblich seien (Quelle 1g). Erfassung und unter Umständen Ausweisung, diese Befugnisse schienen den Beamten und Politikern unverzichtbar: eine Perspektive, die eine Grundhaltung des Mißtrauens gegenüber AusländerInnen einerseits und eines relativ ungebrochenen Vertrauens der Repräsentanten des deutschen Staates in die Legitimität des eigenen Handelns andererseits verdeutlicht.

Die ‚einfache' Lösung des Jahres 1951 erwies sich schnell als unbefriedigend. Denn schon bald hoben Gerichte etwa von den Behörden verhängte Aufenthaltsverbote auf. Hinzu kam, daß die Behörden auch gegen politische Aktivitäten von AusländerInnen nicht so energisch einschreiten konnten, wie sie es gern getan hätten. Schon 1952 drängte die Stadt München auf die Verabschiedung eines Fremdengesetzes, das ihr die Möglichkeit zum „Abschub krimineller und asozialer Ausländer" geben sollte: „Sowohl die illegale Unterwanderung aus der Ostzone, als vor allem auch der illegale Zuzug von Ausländern [als Beispiel wurden aus Israel zurückkehrende Displaced Persons (DPs) genannt, K.S.] verschärft die ohnehin auf das äusserste angespannte Situation auf dem Wohnungsmarkt, belastet in verstärktem Masse den Arbeitsmarkt sowie die öffentliche Fürsorge und steigert zweifelsohne die Kriminalität." Gelinge es nicht, „im Wege bundesgesetzlicher Regelungen und zwischenstaatlicher Vereinbarungen, wie sie bis zu Kriegsbeginn auch bestanden, die Möglichkeit für den Abschub solcher unerwünschter Personen zu schaffen", werde Deutschland, „im Herzen Europas gelegen, auf die Dauer ein Zufluchtsort für unerwünschte ausländische Elemente" werden (Quelle 1e).[1] Bereits in den fünfziger Jahren wurden Fremde oft genug mit einer erstaunlichen historischen Unbefangenheit als lästig oder gar als kriminell und asozial diffamiert. „Die in der Bundesrepublik Aufnahme suchenden Ausländer können nicht gerade als Elite bezeichnet werden", befand 1959 das Bayerische Staatsministerium des Innern. „Ein großer Teil der ausländischen Zuwanderer setzt sich aus asozialen, kriminellen und auch politisch bedenklichen Elementen zusammen." (Quelle 1n) Schon 1958 verlangte man: „Die starke und ständige Zunahme illegaler Einwanderung

---

1   Der Autor bezog sich auf die Vollversammlung des Stadtrates am 12. Februar 1952 und deren auf Antrag der Bayernpartei gefaßten Beschluß.

aus allen Ländern der Welt in die Bundesrepublik, insbesondere nach Bayern fordert gebieterisch wirksamste Möglichkeiten der Ausländerüberwachung. Statt einer *Aufweichung* der bisher eingespielten Regelung durch teilweise Einschaltung der Gerichte bedürfte es dringend einer *schärferen Fremdengesetzgebung*, die das Verfahren vereinfacht und abkürzt" (Quelle 1f, Hervorhebung K.S.). Die auf dem Grundgesetz basierenden Rechtsgarantien wurden offensichtlich keinesfalls allgemein akzeptiert. Die Tatsache, daß auch AusländerInnen Entscheidungen der deutschen Verwaltung vor Gericht anfechten konnten, wurde eher als Ärgernis denn als Fortschritt aufgefaßt. Gerade aus Bayern, das unter den Ländern eine Extremposition bezog, kamen immer wieder Beschwerden über das „Einströmen" unerwünschter und in verschiedener Weise als Belästigung und Bedrohung beschriebener Ausländer. Von einer bedrohlichen „Einwanderung" war schon die Rede, bevor die systematische Rekrutierung von ausländischen Arbeitskräften relevante Ausmaße erreicht hatte. In Bayern, so ließ Ausländerreferent Kanein sich im Juli 1959 in der Presse zitieren, gebe es „ein regelrechtes Ausländerproblem" (Schwäbische Landeszeitung vom 25. Juli 1959). Im bayerischen Landtag brachten nicht nur Staatsminister Goppel, sondern auch Abgeordnete von FDP und SPD schon 1959 Sorgen über die Zahl und das Verhalten der in Bayern lebenden Ausländer zum Ausdruck (Bayerischer Landtag 17. März 1959, S. 313, 330). Diejenigen, über die man sich so besonders lautstark beklagte, waren wohl zum großen Teil ehemalige Insassen von KZs oder Zwangsarbeiter. Unter den 1958 etwa 117 000 in Bayern lebenden AusländerInnen (ohne Streitkräfte) waren 43 701 „Heimatlose Ausländer" und ausländische Flüchtlinge. Neben den Österreichern, die häufig wohl schon lange in Bayern ansässig waren, war dies die größte Gruppe (Maier 1958). Unmittelbar nach Kriegsende war aufgrund der KZ-Märsche und dann der Massenwanderung gerade jüdischer Überlebender in die amerikanische Zone die Ausländerzahl im Süden Deutschlands besonders hoch gewesen. In den folgenden Jahren sanken die Zahlen stark, um dann ab 1959, und zwar nun vor allem durch die Zuwanderung von Arbeitskräften, wieder anzusteigen. Im Vergleich der Bundesländer allerdings lag Bayern schon im Juni 1961 bezüglich des Ausländeranteils an der Bevölkerung deutlich hinter Baden-Württemberg und dem Saarland und knapper hinter Hessen und Nordrhein-Westfalen. Die Vertreter des bayerischen Innenministeriums aber hielten in hartnäckiger Verweigerung gegenüber der Realität daran fest, daß Bayern das von der „zunehmenden Überflutung der Bundesrepublik durch Ausländer" besonders betroffene Land sei (Quelle 1h).[2] „Bayern, speziell München haben etwa die Aufgabe übernommen, die früher Wien zufiel: sie stellen das Einfallstor für den Südostraum dar. Nicht zuletzt darauf geht es zurück, daß unter den nach Bayern zuwandernden Ausländern der strukturell und soziologisch schwierigste Teil zu finden ist" – so Werner Kanein (1966b, S. 617), Ausländerreferent im bayerischen Staatsministerium des Innern, 1966 mit deutlich negativer Stoßrichtung gegen Personen aus Jugoslawien und andere Südosteuropäer.[3] Viele aus späteren Jahrzehnten bekanntere Muster sind hier bereits präsent: die pauschale Abstempelung des ‚Ausländers' als Bedrohung, die Vorstellung von Zuwanderung als einem stetig anwachsenden Prozeß, als illegal, als „Unterwanderung" oder „Überflutung" und die Selbstdarstellung als Opfer.

Das Bundesministerium des Innern (BMI) drängte im Juni 1951 gegenüber dem Arbeitsministerium, daß nur unter Beachtung der Vorschriften der Ausländerpolizeiverordnung „der durch das unkontrollierte Hereinströmen von Ausländern und Staatenlosen infolge der Kriegs- und Nachkriegsverhältnisse gekennzeichneten besonderen Lage Deutschlands Rechnung getragen werden" könne (Quelle 1m). Auch hier blieb ausgeblendet, daß die Ausländer und Staatenlosen, die so ‚unkontrolliert hereingeströmt' waren, dies zu einem großen Teil sehr kontrolliert und unfreiwillig als Zwangsarbeiter oder Häftlinge getan hatten. Andere mochten mit den deutschen Armeen und Besatzungsverwaltungen kooperiert haben. Was der deutsche Staat und die deutsche Gesellschaft diesen Zwangsarbeitern und Häftlingen angetan hatte, versuchte schon der 1951 eingeführte Begriff des „Heimatlosen Ausländers" zu verschleiern; „heimatlos" hieß es nun neutral, und nicht etwa verschleppt. Gleichzeitig wurden die DPs bzw. „Heimatlosen Ausländer" recht pauschal mit Kriminalität identifiziert (Jacobmeyer 1985, S. 230f., S. 208-210; Ste-

---

2   Quelle 1l: Hier wurde beharrlich behauptet, ein Drittel der in der Bundesrepublik lebenden Ausländer hielten sich in Bayern auf; tatsächlich waren es, wie das Bundesministerium des Innern (BMI) in seiner Antwort vom 13. Juni 1962 erläuterte, nur ein Sechstel. In München lebten nicht wie behauptet 100 000, sondern 45 000 AusländerInnen.

3   Der Verweis auf Wien deutet auf antisemitische Konnotationen hin. Auch der SPD-Abgeordnete Gräßler äußerte 1959 im bayerischen Landtag, man wisse, „daß Bayern schon immer das von den Ausländern am meisten gesuchte Land war, liegt es nun doch einmal am Ausgangstor nach dem Südosten." Diese Ausländer seien „sehr oft kriminell" und hätten nicht immer aus politischen Gründen ihre Heimat verlassen (Bayerischer Landtag, 17. März 1959, S. 313).

pien 1989, S. 151ff.). Aus dem Opfer deutscher Politik wurde so – wie oben in Zitaten verdeutlicht – der bedrohliche, potentiell kriminelle und asoziale „Ausländer". 1956 dann legitimierte Innenminister Schröder im Bundestag Haushaltsmittel für den Grenzschutz, da man sich schützen müsse gegen „Zehntausende von heimatlosen Ausländern" auf der Suche nach wirtschaftlicher Versorgung und politischem Asyl – hier war der „heimatlose Ausländer" nun vollends Teil einer ruhelosen Masse geworden, die die Bundesrepublik bedrohte (Bundestag 21. Juni 1956, S. 8075).[4] Ob ehemalige Häftlinge in KZs, langjährige BewohnerInnen Deutschlands, Flüchtlinge oder ArbeitsmigrantInnen – sie alle sollten als „Ausländer" möglichst weitgehender Kontrolle unterworfen werden, ihr Aufenthalt in der Bundesrepublik letztlich der Entscheidung der Innenverwaltungen unterliegen.

Verstärkt ist in den letzten Jahren in der Literatur darauf hingewiesen worden, wie verbreitet schon die Zuwanderung deutscher Flüchtlinge und Vertriebener als bedrohliches ‚Einströmen' von Fremden wahrgenommen und die Neuankömmlinge angefeindet wurden (Böke 1996, S. 144ff.; Brelie-Lewien/Schulte 1987). In mancher Hinsicht stellten die deutschen Flüchtlinge und Vertriebenen eine Brücke dar zwischen der millionenfachen ZwangsarbeiterInnenausbeutung der NS-Zeit und der ab Mitte der fünfziger Jahre systematisch betriebenen Ausländerrekrutierung. Eine solche ‚Wahrnehmungsbrücke' aber verkörperten vor allem auch die DPs, die in den fünfziger Jahren noch eine relevante Gruppe unter den etwa eine halbe Million AusländerInnen stellten. Es ist durchaus plausibel, daß die ‚Gastarbeiter'beschäftigung, als 1956 die ersten systematisch angeworbenen italienischen Arbeitskräfte eintrafen, eben nicht als etwas Neues, sondern als Wiederaufnahme nicht lange zurückliegender Traditionen der Ausländerbeschäftigung wahrgenommen wurde. Noch 1962 berichtete die Süddeutsche Zeitung (23. November 1962), es gebe Ressentiments gegenüber den von VW rekrutierten Italienern unter Wolfsburger Einwohnern, die nicht vergessen hätten, „daß es bei Kriegsende in Wolfsburg Tausende von plötzlich

---

4 Der Status des „Heimatlosen Ausländers" war tatsächlich auf diejenigen begrenzt, die der Obhut der Internationalen Flüchtlingsorganisation unterstanden und am 30. April 1950 ihren Wohnsitz im Bundesgebiet hatten. Weißmann verweist auf ein Rundschreiben des BMI vom 27. März 1953, wonach auch Ausländer, die auf deutscher Seite am Krieg teilgenommen hatten, unter Umständen als Heimatlose Ausländer anzusehen waren (1966, S. 195 und S. 274ff.).

freigewordenen Fremdarbeitern gab, die sich für die erlittene Unbill an den Wolfsburgern schadlos hielten."

Ein besonderes Problem stellte aus Sicht der Innenministerien die politische Betätigung von AusländerInnen dar. Gerade die Tätigkeit einer Vielzahl von Organisationen osteuropäischer Emigranten wurde mißtrauisch beäugt, hinzu kamen Aktivitäten von iranischen Studierenden oder im Algerienkrieg Engagierten sowie zunehmend Ängste vor einer kommunistischen Betätigung italienischer Arbeitsmigranten. Für die SPD-Fraktion im Bundestag forderte Hermann Schmitt-Vockenhausen 1963, daß das neue Ausländergesetz die Grundlage bieten müsse, „um verhindern zu können, daß hier ein Eldorado rechts- oder linksradikaler Emigranten-Organisationen entsteht" (SPD 1963). Auch die Vertreter der Länderinnenministerien drängten auf erweiterte und erleichterte Verbotsmöglichkeiten einer politischen Aktivität von AusländerInnen sowie ihrer Vereine. Gerade nachdem kroatische Emigranten 1962 einen Anschlag auf die jugoslawische Vertretung in Mehlem bei Bonn verübt hatten, wurde auch in der Öffentlichkeit gefragt: „Ist die Polizei gegen Ausländer machtlos?" (Süddeutsche Zeitung, 9. März 1963). 1962/63 wurde das neue Ausländergesetz der deutschen Öffentlichkeit zunächst nicht als Dokument der Liberalität, sondern als Maßnahme dargestellt, um dem Bund effektivere Mittel gegen diese politischen Aktivitäten an die Hand zu geben (Höcherl 1963). Im Zuge der parlamentarischen Beratung wurde in das Ausländergesetz ein Paragraph eingefügt, der Möglichkeiten regelte, die politische Betätigung von Ausländern einzuschränken oder zu verbieten. Auf seiner Grundlage untersagten es etwa 1967 Ausländerbehörden in der Bundesrepublik lebenden Iranern, während des Schah-Besuchs an Demonstrationen teilzunehmen, und verboten ihnen zur Sicherheit das Verlassen ihres Wohnortes. Zur Begründung der gesetzlichen Regelungen wurde auf außenpolitische Interessen der Bundesrepublik verwiesen aber auch argumentiert, daß „die Bestimmung der politischen Entwicklung in der Bundesrepublik allein Sache der Deutschen ist, die von störender Einmischung durch Fremde freigehalten werden muß."[5] Der Wunsch nach

---

5   Ministerialrat Breull übersandte mit Schreiben vom 4. September 1964 dem Abgeordneten Rollmann einen Entwurf für dessen Bericht im Bundestag (für den Innenausschuß) über das Ausländergesetz, in: Quelle 1x. Rollmann benutzte diese Formulierung allerdings nicht.

einer Ausgrenzung der „Fremden" aus dem politischen Prozeß könnte wohl kaum deutlicher formuliert werden.

Anfang der sechziger Jahre gab es starke Bestrebungen, auch eine Ausweisung der gesetzlich relativ stark geschützten „Heimatlosen Ausländer" zu erleichtern. Dies setzte sich allerdings nicht durch. Das Ausländergesetz erlaubte zwar die Ausweisung von „Heimatlosen Ausländern" ebenso wie von Asylberechtigten und Flüchtlingen, allerdings nur „aus schwerwiegenden Gründen der öffentlichen Sicherheit und Ordnung" (§ 11 II). Maßgeblich hierfür waren einmal massive Interventionen des UN Hochkommissars für Flüchtlingsfragen. Hinzu kam die überaus aktive Lobbytätigkeit von Organisationen „Heimatloser Ausländer", die den Wert ihrer nicht einfach politischen, sondern gegen die kommunistischen Staaten gerichteten Aktivitäten hervorhoben.[6] Unter den Abgeordneten der CDU/CSU und im Kanzleramt fanden sie Unterstützung.[7] Die restriktive Haltung der Bundesländer und des Innenministeriums zeigt demgegenüber ein ressortspezifisches Polizei- und Ordnungsdenken, das jenseits solcher Erwägungen politischer Opportunität im politisch aktiven oder gar illegal vorgehenden Ausländer in erster Linie einen Störenfried sah, den man möglichst loswerden wollte. Ein parallel

---

6 In den Akten des Bundesinnenministeriums und des Bundeskanzleramts (Quelle 1u) finden sich eine Fülle von Protestschreiben unter anderem des Zentralverbandes Ausländischer Flüchtlinge e.V., der Tolstoy Foundation in Deutschland e.V., des Bund der Freiheit e.V. und von Pax Christi. Die „Freie Presse-Korrespondenz", Informationsblatt des „Verbandes der Freien Presse", München, 12. Jg., Nr. 1. Januar 1964, enthielt mehrere Artikel gegen das Ausländergesetz; es hieß dort, Heimatlose Ausländer sollten nicht mit Mitgliedern der OAS (Organisation de l'Armee Secrète, K.S.) und „italienischen Fremdarbeitern" vermischt werden. Es dürfe keine Ausweisungen und keine Einschränkung ihrer politischen Betätigung geben. „Denn: Die politischen Flüchtlinge aus Ost- und Mitteleuropa sind keine Fremdarbeiter oder Mitglieder der OAS, sondern demokratisch gesinnte Repräsentanten ihrer unfreien Völker" (Quellen 1v; 2).

7 Auf einem Exemplar des Schreibens, mit dem der Bundeskanzler dem Präsidenten des Bundestages den Gesetzentwurf zum Ausländerrecht übersandte, wurde im Kanzleramt vermerkt: „Unter dem Eindruck des Mehlemer Anschlags darf die positive Bedeutung der antikommunist. Emigration keinesfalls übersehen werden. Diese Meinung wird auch von der Ostabteilung des AA geteilt" (Quelle 1t). Zu den Kontroversen im Bundestag bemerkte ein Mitarbeiter im Innenministerium bissig: „(...) sind die Abgeordneten Dr. Czaja und Professor Dr. Oberländer der Ansicht, selbst rechtskräftig verurteilte Schwerverbrecher unter den heimatlosen Ausländern dürften ‚wegen der Frontnähe der Bundesrepublik' nicht in einen Ostblockstaat abgeschoben werden (Quelle 1w).

gelagerter Konflikt wiederholte sich 1965/66. Jetzt qualifizierten die Innenministerien Zuwanderer vor allem aus Jugoslawien und Ungarn als „Wirtschaftsflüchtlinge" und als illegale, unerwünschte Ausländer, die abzuschieben waren. Die Mehrheit des Bundestages dagegen wollte in diesen Menschen vor allem dem Kommunismus Entkommene sehen, denen die Bundesrepublik Aufnahme gewähren sollte.

Etwa ab 1959/60 nahmen in den internen Debatten die Hinweise auf die anwachsende Arbeitsmigration zu. Im Mai 1959 forderte die Innenministerkonferenz das Bonner Innenministerium auf, „in Ansehung der starken und ständig im Steigen begriffenen Einwanderung von Ausländern in das Gebiet der Bundesrepublik" baldmöglichst ein Fremdengesetz auszuarbeiten; verwiesen wurde auf zuwandernde Algerier, Araber und italienische Familien (Quelle 1o). Nun folgte das Bonner Innenministerium dem Drängen der Länder und legte im März 1960 einen ersten Referentenentwurf für ein „Fremdengesetz" vor, den man am liebsten noch im gleichen Jahr in den Bundestag eingebracht hätte. Denn die Liberalisierung der Arbeitsmärkte und auch des allgemeinen Reiseverkehrs wurde im Innenministerium sorgenvoll beobachtet. Wegen der weitgehenden Aufhebung der Sichtvermerkspflicht, äußerte Innenminister Schröder 1960, liege die Last der „Ausländerkontrolle und -überwachung" immer mehr bei den Ausländerbehörden. Unter Umständen würde eine Bundestagsmehrheit bald die Aufhebung der Visumspflicht für Angehörige der Ostblockstaaten durchsetzen. Hierfür gelte es Vorsorge zu treffen, indem es „durch ein neues Fremdengesetz ermöglicht wird, den Ausländern gegenüber die im Interesse der öffentlichen Sicherheit und Ordnung erforderlichen Maßnahmen wirksam zur Geltung zu bringen" (Quelle 1g). Gerade unter einem Innenminister Schröder wurden Ausländer wesentlich auch als potentielle kommunistische Agenten gesehen. Aber auch allgemein fällt auf, wie hier Innenministerien und Ausländerbehörden aufgefaßt wurden als ‚Bollwerke' von Sicherheit und Ordnung gegenüber als bedrohlich wahrgenommenen Liberalisierungstendenzen und als Sachwalter des Staatsinteresses gegenüber einem leichtsinnigen Bundestag. Drängend mahnte das Bundesinnenministerium im April 1961 Wirtschafts- und Arbeitsministerium, daß es angesichts des zu erwartenden „weiteren Anwachsen(s) des Zustroms ausländischer Arbeitskräfte in das Bundesgebiet" dringend erforderlich sei, „sowohl den Zustrom der ausländischen Arbeitskräfte wie auch ihren Aufenthalt im Bundesgebiet unter Kontrolle zu halten." Immer wieder wurde auch die Forderung formuliert, daß „die ausländerpolizeilichen

Gesichtspunkte den Interessen des Arbeitsmarktes vorgehen müssen" (Quelle 1p). Die wirtschaftlichen Bedürfnisse sollten also der Forderung nach Kontrolle und Begrenzung untergeordnet werden. Diese Position konnte sich allerdings nicht durchsetzen. Letztlich akzeptierte auch das Bundesinnenministerium die Ansprüche der Wirtschaft und vor allem die politische Grundlinie einer positiven Einstellung zur Liberalisierung der Märkte und zu einem Ausbau der europäischen Integration. Dennoch sind gerade die sechziger Jahre gekennzeichnet von einem Ringen um Prioritäten. Auch im Kontext der Anwerbeverträge (besonders mit der Türkei), der Freizügigkeitsverordnungen der EWG oder des Familiennachzugs wurde intern darüber gestritten, ob einer Kontrolle und Begrenzung der Migrationsbewegungen oder dem möglichst ungehinderten Arbeitskräftenachschub sowie politischen Signalen der Offenheit und Liberalität Priorität zugemessen werden sollte. Die Gestaltung des Ausländergesetzes aber wurde innerhalb der Bundesregierung wesentlich dem besonders restriktiv eingestellten Innenministerium überlassen.

Widerspruchsfrei verlief die interne Abstimmung des Gesetzentwurfs innerhalb der Bundesregierung allerdings nicht. So meldete das Bundeswirtschaftsministerium unter Verweis auf die anstehende Umsetzung der Freizügigkeit in der EWG sowie „im Hinblick auf die allgemeinen Bestrebungen zur Liberalisierung des Reiseverkehrs – (...) auch allgemein-politische Bedenken gegen den Entwurf" an. Dieser enthalte weitergehende Beschränkungen als die APVO, und es sei „zweifelhaft, ob diese Verschärfung geboten ist" – liberalere Tendenzen seien zu bevorzugen. „Andernfalls würde das Gesetz m.E. in Gefahr geraten, als Rückschritt betrachtet zu werden." Handschriftlich vermerkte ein Leser im Innenministerium: „Ist nur Liberalisierung Fortschritt?" (Quelle 1i). Auch zeigte sich nun, daß es – anders als 1951 behauptet – keineswegs eindeutig war, wo das Ausländerrecht nationalsozialistisch geprägt war. Denn angelehnt an die APVO von 1938 lautete § 1 I im ersten Referentenentwurf für das neue Gesetz: „Ausländer können sich im Geltungsbereich dieses Gesetzes aufhalten und niederlassen, wenn sie nach ihrer Persönlichkeit und dem Zweck ihres Aufenthaltes der Gastfreundschaft würdig sind und ihre Anwesenheit Belange der Bundesrepublik Deutschland nicht beeinträchtigt" (Quelle 1q). Nach Ansicht des Auswärtigen Amtes aber erinnerte die Formulierung „allzu fatal an den nationalsozialistischen Sprachschatz, der unterstellte, daß bei einem Ausländer bis zum Beweis des Gegenteils zunächst einmal davon ausgegangen werden müsse, er sei gegen-

über dem deutschen Herrenvolk minderwertig." Auch aus dem Wirtschafts-
ministerium kam Kritik an dieser Formulierung (Quelle 1j). Tatsächlich
verschwand sie aus dem Ausländergesetz. Bestimmend hierfür war allerdings
ironischerweise das Bestreben, striktere und eben nicht liberalere Bestimmungen festzulegen: Denn nach der Formulierung der APVO hätten unter
Umständen AusländerInnen, die „nach ihrer Persönlichkeit und dem Zweck
ihres Aufenthaltes der Gastfreundschaft würdig" waren, ein Recht auf Aufenthalt einfordern können (Quelle 1r).

Im Gesetzentwurf der Bundesregierung wurde die Ost-West-Konfrontation zum strukturierenden Prinzip: Liberalität gegenüber Angehörigen der
‚freien Welt' sollte mit „Abwehrmaßnahmen" und hinreichenden „Kontroll-
und Eingriffsmöglichkeiten gegenüber solchen Ausländern (...), die den Staat
gefährden", kombiniert werden (Entwurf S. 10). Für Angehörige der westlichen Staaten sollte der kurzfristige Aufenthalt in der Bundesrepublik erleichtert werden, indem hierfür keine Aufenthaltserlaubnis mehr vorgesehen war.
Darüber hinaus wurde die „Niederlassungserlaubnis" (später unverbindlicher
Aufenthaltsberechtigung genannt) als neues Rechtsinstitut für Ausländer-
Innen vorgesehen, „die sich seit mindestens fünf Jahren rechtmäßig im Geltungsbereich dieses Gesetzes aufhalten und sich in das wirtschaftliche und
soziale Leben in der Bundesrepublik eingefügt haben." Dennoch war es das
zentrale Motiv in der Diskussion des Entwurfs – gerade im Bundesrat –
jegliche Andeutung einer Einwanderungsgenehmigung zu vermeiden. „Dem
Ausländer erwächst selbst aus einem langdauernden, rechtmäßigen Aufenthalt kein Recht zum Verbleiben in einem fremden Staatsgebiet", heißt es
in der Begründung zum Gesetzentwurf, und: „Der Aufenthalt eines Ausländers im Bundesgebiet hängt allein von dem objektiven Merkmal ab, daß
seine Anwesenheit Belange der Bundesrepublik nicht beeinträchtigt" (ebd.
S. 12f.). Diese ‚Belange der Bundesrepublik', von denen man die Erteilung
der Aufenthaltserlaubnis abhängig machte, wurden zum Schlüsselbegriff des
Ausländergesetzes – ein „Passepartout", wie Helmut Rittstieg (1982, S. 32)
urteilt, das den Behörden alle Freiheiten gab und den fremden Staatsangehörigen – ob aus Ost oder West! – ihrer Entscheidung unterwarf. Immer, so der
einflußreiche Kommentator des Gesetzes Werner Kanein 1966, „gebührt
dem staatlichen Interesse der Vorrang vor Belangen des einzelnen Ausländers" (1966a, S. 46). Die Kommentare zum Ausländergesetz insbesondere
von Weißmann und Kanein, die in Berlin bzw. Bayern als Verwaltungs-
beamte maßgeblich an der Umsetzung des Gesetzes beteiligt waren, illustrie-

ren die praktisch grenzenlosen Möglichkeiten, die der Begriff der „Belange der Bundesrepublik Deutschland" den Ausländerbehörden bieten sollte. Weißmann sah sie bedroht, „wenn der Ausländer sich nicht einzufügen versteht"; „eine sittlich einwandfreie Haltung, die Rücksichtnahme auf politische, religiöse und weltanschauliche Gefühle, Treu und Glauben im Verkehr, kurz ein allgemein menschliches Verhalten" seien legitimerweise einzufordernde Voraussetzungen ‚öffentlicher Ordnung' (1966, S. 42f.). Eine anderer Kommentator fand eine Ausweisung gerechtfertigt durch eine „laufende Belästigung der Behörden mit querulantenhaften Beschwerden; Störung des Arbeitsfriedens an der Arbeitsstätte". Auch eine lesbische Liebesbeziehung sollte mit der Ausweisung bestraft werden (Schiedermair 1968, S. 162f.). Nicht nur die Anwesenheit vorbestrafter oder „asozialer"[8] Ausländer, sondern auch einfach deren zu große Zahl wurde als Gefährdung der Belange der Bundesrepublik angesehen. Später würden Ausländerbehörden argumentieren, daß die Bundesrepublik kein Einwanderungsland sei, eine ständige Niederlassung daher gegen ihre Belange verstoße (Rittstieg 1982, S. 31). Das Individuum war hier nur noch Teil einer Gruppe, die als solche als gefährlich galt. „Bestimmte Ausländergruppen" gar gefährdeten laut Weißmann per se die Belange der Bundesrepublik, denn ihnen sprach er die Fähigkeit zur Anpassung an deutsche „Lebensgewohnheiten" grundsätzlich ab (1966, S. 48; Kanein 1966a, S. 26, 42). Rassistische Einstellungen sind hier unverkennbar.

Obwohl als Dokument der Liberalität präsentiert, war der Gesetzentwurf geprägt von dem Bemühen der Innenpolitiker, sich (und den ihnen unterstellten Behörden) angesichts offenbar unaufhaltsamer Bestrebungen zur Liberalisierung des Reiseverkehrs und der Arbeitsmärkte möglichst weitgehende Instrumente zum Gegensteuern zu sichern. So klingt es fast unwillig resignativ, wenn es in der Begründung der Bundesregierung zum Entwurf des Ausländergesetzes hieß, daß sich ein Staat als Mitglied der Völkergemeinschaft und „im Zeitalter der internationalen Freizügigkeit und der engen menschlichen Beziehungen zum Ausland weder diesem gegenüber abschließen und grundsätzlich fremden Staatsangehörigen den Aufenthalt in seinem

---

8 Für Schiedermair waren dies – nach § 10 des Ausländergesetzes – Bettler, Prostituierte, Landstreicher und „Landfahrer" (1968, S. 160f.); hier setzte sich mit anderer Begrifflichkeit u.a. die Diskriminierung von Menschen fort, die man aus Angst vor dem Rassismusvorwurf nicht mehr ‚Zigeuner' nennen mochte.

Gebiet verwehren, noch die Ausländer lediglich nach Belieben behandeln" könne (Entwurf S. 9).

Schon Anfang der sechziger Jahren gab es allerdings auch Alternativen zu einem solchen Denken. So argumentierte das Land Hessen im Januar 1962, es unterliege „gewissem Zweifel, ob der Entwurf (des Ausländergesetzes) eine fortschrittliche Regelung des Fremdenrechts darstellen kann, das der modernen Auffassung über den Vorrang der Menschenrechte Rechnung trägt und den allgemeinen Bestrebungen nach einer möglichst weitgehenden Annäherung der Staaten entspricht." Das hessische Innenministerium mahnte zur Vorsicht bei der Einschränkung von Rechten, etwa der menschlichen Handlungsfreiheit und damit Reisefreiheit; dies zu tun sei zwar möglich, der Gesetzentwurf bleibe aber zu vage und erlaube eine subjektive Auslegung durch die Beamten. Die vorgesehenen Ausweisungsmöglichkeiten fand Hessen zu weitgehend. Ganz ausführlich argumentierte man zum Asylrecht, wobei man sich für eine großzügige Auslegung, ein Recht zum Aufenthalt in der Bundesrepublik und ein Auslieferungsverbot aussprach (Quelle 1k). Im Bundesrat (26. Oktober 1962, S. 189) wandte Hessens Minister Hemsath ein, der Regierungsentwurf sehe einige Regelungen vor, die nicht mit dem Grundgesetz übereinstimmten. Er verwies auf die Möglichkeit zur Abschiebung von Flüchtlingen – hier gab es dann Änderungen – und die Einschränkung des Grundrechts auf freie Meinungsäußerung. Das Auftreten Hessens zeigt, daß auch in der ersten Hälfte der sechziger Jahre kritische Positionen zum Ausländerrecht durchaus innerhalb des Denkhorizonts der Zeit lagen. Schon 1963 verwies auch der Jurist Fritz Franz in kritischer Wendung gegen den Gesetzentwurf der Bundesregierung auf die Menschenrechtserklärung und erinnerte an eine liberale Tradition, die das Individuum und dessen Recht auf freie Bewegung über die Rechte der souveränen Staaten stellte.

In der Bundestagsdebatte aber fand, trotz der Position des sozialdemokratisch regierten Hessens, eine von liberalem Denken und einer kritischen Haltung zu deutschen Traditionen geleitete Prüfung des Entwurfs für ein Ausländergesetz nicht statt. Zwar kam es im Gesetzgebungsverfahren zu einer Reihe von Veränderungen des Gesetzentwurfs. Der Innenausschuß des Bundestags veranlaßte eine ‚freundlichere' Neufassung der ersten Paragraphen, weil, wie der SPD-Abgeordnete Gscheidle bemerkte, „dieses Gesetz mehr als andere Gesetze im Ausland beachtet werde." Anstatt der Schranken für die Einreise wurde nun die prinzipielle Offenheit der Bundesrepublik betont. Materielle Änderungen aber waren nicht beabsichtigt (Innenausschuß

1963). Es blieb dabei, daß das Gesetz zunächst einmal von einem Aufenthaltsverbot für AusländerInnen ausging und nicht – wie es etwa 1970 der von einigen kritischen Juristen erarbeitete Alternativentwurf zum Ausländergesetz forderte – das Aufenthaltsverbot zur begründungsbedürftigen Ausnahme machte und fremden Staatsangehörigen zunächst einmal das Recht zugestand, sich frei zu bewegen. Darüber hinaus wurden die Bedingungen, die eine Ausweisung rechtfertigten, leicht – aber vage – verschärft.[9] Im Jahr 1965 ließ das Parlament dann – obwohl eine Bundestagswahl bevorstand – das Gesetz fast ohne Debatte passieren. Kein Abgeordneter stimmte gegen einen Entwurf, der ab den siebziger Jahren auch vielen Sozialdemokraten als Ausdruck einer illiberalen Haltung gegenüber Fremden gelten würde. Weder wurden der Öffentlichkeit und den Abgeordneten die Ziele des Ausländergesetzes offen erläutert, noch wurde die Gelegenheit genutzt, um eine Standortbestimmung in der Ausländerpolitik vorzunehmen oder Zukunftsperspektiven zu thematisieren. Dies gilt, obwohl 1965 die Ausländerbeschäftigung auf einem Höhepunkt war und es durchaus eine recht lebhafte öffentliche Debatte über deren Vor- und Nachteile und langfristige Konsequenzen gab. Auch eine Auseinandersetzung mit der Vergangenheit, von der man sich vorgeblich abgrenzen wollte, fand nicht statt. In bemerkenswerter Einmütigkeit absolvierte der Bundestag eine Proklamation vor einer auch internationalen Öffentlichkeit. Nur drei Redner sprachen, als der Bundestag am 12. Februar 1965 in zweiter und dritter Lesung den Gesetzentwurf beriet (Bundestag, S. 8034-8036, S. 8059f.). Im Grundtenor waren sich der Berichterstatter des Innenausschusses, der CDU-Abgeordnete Rollmann, der für die SPD sprechende Hermann Schmitt-Vockenhausen und Innenminister Höcherl einig: Dies Gesetz war liberal, weltoffen und einer westlichen Demokratie würdig. Dies war ein „neues Ausländerrecht", befand Rollmann, es war „Ausdruck unseres gewandelten Verhältnisses zur Umwelt. Es ist Ausdruck der weltoffenen Fremdenpolitik der Bundesrepublik." Hier, so Schmitt-

---

9 In § 10 des Gesetzes wurde nun festgelegt, daß ein Ausländer unter anderem dann ausgewiesen werden konnte, wenn er erhebliche Belange der Bundesrepublik beeinträchtigte; nach § 11 konnten Heimatlose Ausländer, anerkannte Flüchtlinge und Asylberechtigte „nur aus schwerwiegenden Gründen der öffentlichen Sicherheit oder Ordnung ausgewiesen werden." Gegenüber dem 1962 eingebrachten Gesetzentwurf der Bundesregierung ergaben sich wesentliche Veränderungen durch die Einarbeitung des Asylrechts in das Ausländerrecht und die Einfügung des neuen § 6 zur politischen Betätigung. Beides resultierte allerdings nicht aus einem Bestreben zur Liberalisierung.

Vockenhausen, werde „ein weiterer wichtiger Beitrag zur Neugestaltung unserer inneren Ordnung" geleistet. Und Hermann Höcherl konstatierte: „Wir können uns mit dieser gesetzlichen Regelung in der ganzen Welt sehen lassen. Wir haben einen praktischen Beweis unserer demokratischen Einstellung" erbracht. Von einer Neugestaltung des Ausländerrechts war durchaus die Rede. Wo man sich von den Praktiken der Vergangenheit abgrenzte, inwiefern man neue Wege beschreiten wollte oder wie man in diesem Zusammenhang zur Ausländerpolizeiverordnung von 1938 stand, die ja für das neue Ausländergesetz eine Grundlage gebildet hatte, sollte nicht detaillierter erörtert werden. In den Vordergrund gestellt wurde das Asylrecht; der nun allen Flüchtlingen gewährte Status könne, so etwa Rollmann, in der Welt als Vorbild wirken. Aber auch anderen Ausländern gewähre man, so der Innenminister, „ein sehr hohes Maß von Entfaltungsmöglichkeiten". Das Gesetz wolle, erklärte Schmitt-Vockenhausen, „den hier lebenden Ausländern möglichst alle Rechte geben, die auch wir haben". Studiert man den Entstehungsprozeß des Gesetzes in den Akten, dann wird deutlich, daß bei seiner Formulierung keinesfalls der Bruch mit den Traditionen der Vergangenheit und die Gewährung größtmöglicher Liberalität im Vordergrund gestanden hatten.

In den Quellen zur Entstehung des Ausländergesetzes begegnen einem vor allem die Innenpolitiker und Innenverwaltungen. Gerade für sie ist – wenn auch Differenzierungen deutlich wurden – ein Selbstverständnis als Sachwalter der öffentlichen Sicherheit und Ordnung, als ‚Fels in der Brandung' um sich greifender Liberalisierungsbestrebungen typisch. Überdeutlich sind eine Grundhaltung des Mißtrauens – teilweise bis hin zur pauschalen Verurteilung der Fremden als kriminell und „asozial" – und das Streben nach einer möglichst ungehinderten Kontrolle über die Einreise, den Aufenthalt und wichtige Aspekte des Lebens von Ausländern in der Bundesrepublik. Der Schutz individueller Rechte und die Kontrolle des Verwaltungshandelns wurden demgegenüber kaum zur Geltung gebracht. Gelegentlich allerdings wurde der Anspruch, eine liberale und weltoffene Fremdenpolitik der Bundesrepublik zu betreiben, durchaus ernsthaft vorgetragen, wenn auch deren Gestaltung über das Asylrecht hinaus selten konsequent durchdacht und verfolgt wurde. Die Freundschaft gerade mit den „westlichen" Nationen sowie die europäische Integration und damit auch eine größere Freizügigkeit waren zentrale Elemente deutscher Politik in dieser Zeit. Nach Verabschiedung des Ausländergesetzes aber konnte Werner Kanein (1966b, S. 617)

versichern: „Nur eine Oberflächenanschauung könnte das Gesetz als ‚milder'
oder ‚großzügiger' als die bisherige rechtliche Regelung ansehen. Das Ausländergesetz ist moderner, elastischer und ermöglicht deshalb auch eine
liberale Fremdenpolitik, aber es erzwingt sie nicht."

Quellen

Bundesarchiv Koblenz

Quelle 1a: Landesregierung Schleswig-Holstein, Ministerium des Innern, an den Geschäftsführer der Arbeitsgemeinschaft der Innenministerien der Bundesländer, 14. Dezember
1949, B 106/47378.

Quelle 1b: AG der Innenministerien der Bundesländer an das Bundesministerium des Innern, 2. Juni 1950, B 106/47378.

Quelle 1c: Brief an den Geschäftsführer der Arbeitsgemeinschaft der Innenministerien der
Bundesländer, 14. Dezember1949, B 106/47378.

Quelle 1d: Niederschrift über die Besprechung am 17. Mai 1951 im BMI über Fragen der
Ausländerpolizei, B 106/47378.

Quelle 1e: Stadtrat München (Vortr. Stadtrat Fischer) an das Bayerische Staatsministerium
des Innern, 28. Februar 1952, Betr. Erlass eines Aufenthaltsgesetzes, B 106/47378.

Quelle 1f: Bayerisches Staatsministerium des Innern an BMI, 6. Dezember 1958, B 106/
47378.

Quelle 1g: BMI an den Berliner Senator für Inneres, 11. April 1960, B 106/47380.

Quelle 1h: Bayer. Staatsministerium des Innern an BMI, 4. Juni 1960, B 106/39961.

Quelle 1i: BMWi an BMI, 11. Dezember 1961, B 106/39961.

Quelle 1j: AA an BMI, 24. November 1961; BMWi an BMI, 11. Dezember 1961; Ministerialdirektor Walter, BMWi, an Ministerialdirektor Schäfer, BMI, 7. Februar 1962.
Senator für Inneres Berlin an BMI, 28. Dezember 1961, B 106/39961.

Quelle 1k: Der Hess. Minister des Innern an BMI, 25. Januar 1962, B 106/39961.

Quelle 1l: Schreiben von MDir Dr. Deinlein vom Bayerischen Staatsministerium des Innern
an das BMI vom 6. April 1962 und direkt an Staatssekretär Hölzl im BMI vom 25. Mai
1962, B 106/39961.

Quelle 1m: BMI (Nathusius) an BMA, 22. Juni 1951, B 149/6258.

Quelle 1n: Bayerisches Staatsministerium des Innern an den Vorsitzenden der Ständigen
Konferenz der Innenminister der Bundesländer, 14. April 1959, B 106/47379.

Quelle 1o: Auszug aus der Niederschrift über die Sitzung der Ständigen Konferenz der
Innenminister der Bundesländer am 8./9. Mai 1959 in Bad Schwalbach/Hessen: TOP 11
Fremdengesetzgebung, B 106/47379.

Quelle 1p: BMI an BMWi und BMA, 19. April 1961 (Entwurf), B 106/47427.

Quelle 1q: Referentenentwurf für ein Fremdengesetz, 11. März 1960, B 106/39957.

Quelle 1r: Niederschrift über die Besprechung mit den Innenministern (-senatoren) der Länder über den Entwurf eines Fremdengesetzes am 3. und 4. Juli 1962 im Bundesministerium des Innern, B 106/39957.

Quelle 1s: Der Bundeskanzler an den Präsidenten des Bundestages, 28. Dezember 1962, B 136/4951.

Quelle 1t: Begleitschreiben des Bundeskanzleramts an den Präsidenten des Bundestages zum Gesetzentwurf für ein Ausländergesetz, 28. Dezember 1962, B 136/4951.

Quelle 1u: B 106/39959, B 136/4951.

Quelle 1v: „Um das deutsche Ausländergesetz", B 106/39959.

Quelle 1w: BMI-Aufzeichnung für die Sitzung des AK I und V der CDU/CSU-Fraktion am 3. März 1964 über den Entwurf eines Ausländergesetzes, 2. März 1964, B 106/39959.

Quelle 1x: Ministerialrats Breull, Entwurf für den Bericht des Innenausschusses an den Bundestag, 4. September 1964, B 106/39960.

Politisches Archiv des Auswärtigen Amts, Bonn

Quelle 2: PA AA V 6/1849.

Fremde Heimat

Zur Geschichte der Arbeitsmigration aus der Türkei

Mathilde Jamin

„Fremde Heimat. Eine Geschichte der Einwanderung aus der Türkei" war der Titel einer Ausstellung, die das Ruhrlandmuseum Essen gemeinsam mit dem DoMiT – Dokumentationszentrum und Museum über die Migration aus der Türkei e.V. – erarbeitete und 1998 zeigte. Da es eine *historische* Forschung zu diesem Thema bis dahin noch kaum gab,[1] wurden für die Ausstellung und den Katalog zum ersten Mal die einschlägigen Akten des Bundesarbeitsministeriums und der Bundesanstalt für Arbeit im Bundesarchiv Koblenz sowie Quellen der türkischen Arbeitsbehörden ausgewertet. Rund 100 Migranten und Migrantinnen der „Ersten Generation" wurden vom Vertreter des DoMiT in der Kooperation, Aytaç Eryilmaz, in türkischer Sprache interviewt; sie stellten ihre persönlichen Erinnerungsstücke, Fotografien und Dokumente als Exponate zur Verfügung.

Das Schwergewicht der Ausstellung lag auf den sechziger und siebziger Jahren, also der Anwerbephase 1961 bis 1973 und dem Beginn der Niederlassung der ersten Generation von ArbeitsmigrantInnen. Die im folgenden zusammengefaßten Ergebnisse[2] betreffen nicht ausschließlich die Arbeits-

---

1   Wichtige Ansätze zu einer historischen Darstellung enthält bereits Kleff (1984). Steinert (1995) hat unter anderem auch das Zustandekommen der deutsch-türkischen Anwerbevereinbarung von 1961 aufgrund der Archivakten erforscht (S. 305-310). Sein Forschungszeitraum endet aber 1961, während der unsrige hier beginnt. Viele Angaben über türkische MigrantInnen enthält auch der sehr informative Überblick von Cord Pagenstecher (1994) zur Arbeitsmigration allgemein auf der Basis der veröffentlichten Quellen und der Forschungsliteratur.

2   Siehe Eryilmaz (1998a-c), Jamin (1998 a-c), dort auch ausführliche Quellenbelege. Eine kurze Zusammenfassung unserer Ergebnisse findet sich auch in den ersten beiden Artikeln des Heftes ZEIT-Punkte: Türken in Deutschland, das DIE ZEIT im Februar 1999 herausgab.

migration aus der Türkei, sondern zum Teil auch den Gesamtrahmen der deutschen Arbeitskräfteanwerbung im Zeitraum von 1961 bis zum Anwerbestop vom November 1973.

Der politische Rahmen: Die Anwerbevereinbarung

Ein kaum noch vorstellbarer extremer Arbeitskräftemangel in den sechziger und frühen siebziger Jahren führte bekanntlich dazu, daß die Bundesrepublik mit einer Reihe von Staaten Vereinbarungen über die staatlich organisierte Anwerbung von Arbeitskräften abschloß: 1955 mit Italien, 1960 mit Spanien und Griechenland, 1961 mit der Türkei, 1963 mit Marokko, 1964 mit Portugal, 1965 mit Tunesien und 1968 mit Jugoslawien. Johannes-Dieter Steinert (1995) stellte aufgrund der Akten im Bundesarchiv und im Archiv des Auswärtigen Amtes für den Zeitraum bis 1961 fest, daß die Initiative zu diesen Abkommen von den „Entsendeländern" ausging; Hisashi Yano (1998) kam für den Forschungszeitraum bis 1964 zu demselben Ergebnis.

Dieses nüchterne historische Faktum löst, soweit ich es beobachten konnte, bei deutschen „Ausländerfreunden" gelegentlich Unwillen aus – als ob diejenigen, die es referieren, damit die Abhängigkeit der damaligen Bundesrepublik von den Leistungen der ArbeitsmigrantInnen leugnen wollten. In diesem Zusammenhang scheinen mir zwei Differenzierungen wichtig: Die Bundesrepublik sah sich zwar wegen ihres hohen Bedarfs an Arbeitskräften auf Anwerbeabkommen angewiesen. Noch stärker war aber offenbar der Druck in den „Entsendeländern", durch „Export" von Arbeitskräften ihren Arbeitsmarkt zu entlasten. Das Machtgefälle zwischen Nord und Süd, zum Teil auch zwischen „Erster" und „Dritter" Welt, gab offenbar auch hier den Ausschlag zugunsten der reichen Bundesrepublik, die sich aussuchen konnte, mit welchen der zahlreichen Interessenten sie eines der begehrten Anwerbeabkommen abschloß. Zum zweiten ist zu berücksichtigen, daß der staatlichen Regulierung der Anwerbung durch die Abkommen häufig eine unkontrollierte Arbeitskräfterekrutierung durch deutsche Unternehmen voranging. Diesen Prozeß hofften die „Entsendeländer" mit den Abkommen sowohl zu fördern als auch nach ihren Interessen zu kanalisieren.

Wie Steinert (1995, S. 305) beschrieb, war dies auch das Motiv der türkischen Militärregierung, die seit dem 27. Mai 1960 eine Reform- und

Modernisierungspolitik verfolgte: Die befristete Emigration von „überschüssigen" Arbeitskräften sollte nicht nur den Arbeitsmarkt entlasten, sondern auch dringend benötigte Devisen ins Land holen; später sollten die durch den Auslandsaufenthalt qualifizierten Rückkehrer die Modernisierung der einheimischen Wirtschaft fördern. Durch Anwerbeabkommen, zunächst mit der Bundesrepublik, wollte die türkische Regierung die bereits im Gang befindliche individuelle Arbeitskräfteabwanderung, die zumeist mit Hilfe kommerzieller Übersetzerbüros stattfand, unter ihre Kontrolle bringen.

Die zuständigen deutschen Behörden standen den türkischen Wünschen zurückhaltend gegenüber; sie hatten sich intern darauf geeinigt, nur Arbeitskräfte aus europäischen Ländern anzuwerben, wozu sie die Türkei nur zum Teil zählten. Noch im September 1960 urteilte Anton Sabel, der Präsident der Bundesanstalt für Arbeitsvermittlung und Arbeitslosenversicherung, aus arbeitsmarktpolitischen Gründen sei die Bundesrepublik nicht auf ein Abkommen mit der Türkei angewiesen, möglicherweise wohl aber aus politischen Rücksichten auf die Türkei als NATO-Land. Daß die Türkei schließlich gegenüber zahlreichen anderen „Bewerberländern" außerhalb Europas bevorzugt wurde, verdankte sie ihrer Rolle als wichtiges NATO-Mitglied (Steinert 1995, S. 305-307).

Die Deutsche Verbindungsstelle in Istanbul, eine Außenstelle der Bundesanstalt für Arbeitsvermittlung und Arbeitslosenversicherung, nahm bereits am 15. Juli 1961 ihre Tätigkeit auf. Am 30. Oktober 1961 wurde die deutsch-türkische Anwerbevereinbarung getroffen, die rückwirkend zum 1. September in Kraft trat. Sie bestand nicht in einem förmlichen Abkommen, sondern lediglich in einem Notenwechsel, der zudem noch auf Wunsch der Bundesregierung zunächst nicht veröffentlicht wurde, um die zahlreichen abgelehnten „Bewerber"-Länder nicht zu verärgern (Steinert 1995, S. 307-308).

Die Akten des auf deutscher Seite federführenden Bundesministeriums für Arbeit und Sozialordnung[3] spiegeln die Auseinandersetzungen zwischen den

---

3 Bundesarchiv Koblenz - B 149 - 22372, 22373, 22374, 17830, 17833. Ausführliche Quellenbelege in: Jamin (1998 a). Eine gründliche historische Erforschung des Themas müßte neben den Akten des federführenden Bundesarbeitsministeriums selbstverständlich auch die Parallelüberlieferungen der anderen beteiligten Ressorts (Auswärtiges Amt, Bundesinnenministerium, Bundeswirtschaftsministerium) sowie die Kabinettsprotokolle berücksichtigen. Im Rahmen unserer Ausstellungsvorbereitungen ging es aber zunächst darum, einige erste Schneisen in ein bisher unerforschtes Gebiet zu schlagen.

beteiligten deutschen Behörden wider, die der Vereinbarung mit der Türkei vorausgingen. Das Bundesinnenministerium verlangte, den von Anton Sabel mit der türkischen Seite vorbesprochenen Entwurf des Bundesarbeitsministeriums in drei Punkten zu ändern:

1. Die Arbeits- und Aufenthaltserlaubnis für die türkischen Arbeitnehmer sollte von deutscher Seite auf maximal zwei Jahre beschränkt werden. Dies sollte zusätzlich zum Vertragstext auch in die Einleitung eingefügt werden, um deutlich zu machen, „daß eine Dauerbeschäftigung türkischer Arbeitnehmer im Bundesgebiet und eine Einwanderung, auf die auch von der Türkei kein Wert gelegt wird, nicht vorgesehen sind".

2. Die medizinische Untersuchung durch die Ärzte der Verbindungsstelle sollte laut Vertragstext nicht nur die gesundheitliche Eignung der Bewerber und Bewerberinnen „für die angebotene Beschäftigung", sondern ausdrücklich auch für „den Aufenthalt in der Bundesrepublik Deutschland" feststellen. „Hierdurch soll klargestellt werden, daß die ärztliche Untersuchung nicht nur auf Arbeitsverwendungsfähigkeit [!] hin, sondern auch zum Schutz der Bevölkerung aus seuchenhygienischen [!] Gründen vorgenommen wird."

3. Der im Entwurf des Bundesarbeitsministeriums vorgesehene Hinweis auf die Möglichkeit des Familiennachzugs sollte ersatzlos gestrichen werden, „zumal zwischen der deutschen und türkischen Regierung Einverständnis darüber besteht, daß durch dieses Abkommen nicht die Einwanderung türkischer Arbeitnehmer in die Bundesrepublik Deutschland gefördert oder erleichtert werden soll" (Quelle 1a).

Das Bundesarbeitsministerium und das Auswärtige Amt stimmten diesen Forderungen schließlich zu; lediglich die zusätzliche Erwähnung der Zwei-Jahres-Frist in der Einleitung des neugefaßten Vereinbarungstextes unterblieb.

Die Bedeutung der vom Bundesinnenministerium durchgesetzten Fassung der deutsch-türkischen Vereinbarung vom 30. Oktober 1961 wird erst klar, wenn man diese mit den vorangegangenen und den später folgenden Abkommen vergleicht, welche die Bundesrepublik mit den übrigen Anwerbestaaten abschloß:[4]

---

4 Siehe Bundesarbeitsblatt Jg. 1956, Nr. 2, 25. Januar 1956, S. 31-36 sowie 13. Jg., Nr. 3, 10. Februar 1962, S. 71-77 (Italien); ebd., S. 80-83 (Spanien); ebd., S. 77-80 (Griechenland); ebd. S. 69-71 (Türkei); 14. Jg., Nr. 19, 10. Oktober 1963, S. 601-603 (Marokko), 15. Jg., Nr. 12, 25. Juni 1964, S. 381-383 (Portugal); 17. Jg. Nr. 8, 25. April 1966, S. 221-223 (Tunesien); Jg. 1969, Nr. 7, S. 445-447 (Jugoslawien).

In keinem dieser Abkommen, mit Ausnahme der Vereinbarung mit Marokko, wurde die Dauer des Aufenthalts grundsätzlich beschränkt; auf die jährliche Verlängerungsmöglichkeit der Arbeits- und Aufenthaltserlaubnis wurde hingewiesen (Ausnahmen: Marokko und Tunesien).

Die Formulierung, die gesundheitliche Eignung der Bewerber und Bewerberinnen „für den Aufenthalt in der Bundesrepublik" (und nicht nur „für die angebotene Arbeit") sei zu überprüfen, findet sich nur in den Abkommen mit der Türkei und mit Tunesien. Die „Grundsätze über Art und Umfang der gesundheitlichen Prüfung", die als Ausführungsbestimmungen Bestandteil des Abkommens mit Italien waren, schlossen Personen mit ansteckenden Krankheiten aller Art (z.B. Tuberkulose) klar von der Anwerbung aus. Diese unauffällige Art der Regelung wäre gegenüber der Türkei selbstverständlich auch möglich gewesen. Der demonstrative Hinweis im Vertragstext selbst diskriminierte die Türkei und war zur Abwehr realer Gesundheitsgefahren offensichtlich unnötig. Die Begründung des Bundesinnenministeriums, das vehement danach verlangte – „aus seuchenhygienischen Gründen" –, deutet eher auf eine ideologische deutsche Vorprägung hin.

In den Abkommen mit Italien, Spanien, Griechenland und Portugal gab es jeweils einen Artikel, der freundlich auf die Möglichkeit eines Familiennachzugs hinwies: Entsprechende Anträge würden die deutschen Behörden „wohlwollend prüfen" und rasch entscheiden. Bedingung hierfür war der Nachweis eines ausreichenden Wohnraums. Dieser Passus fehlte im Abkommen mit Jugoslawien sowie in den Vereinbarungen mit Marokko und Tunesien.

Es gab also Anwerbeabkommen erster und zweiter Klasse – die Vereinbarungen mit der Türkei, mit Tunesien und Marokko gehörten der zweiten Kategorie an.

Schon sehr bald wurde jedoch klar, daß die seit 1961 angeworbenen ArbeitnehmerInnen aus der Türkei für die Wirtschaft der Bundesrepublik eine erhebliche Bedeutung bekamen. Diese Einsicht der beteiligten Ministerien und ihre ausgesprochene Wertschätzung der türkischen Arbeitskräfte führte 1962/63 zu einer Neuregelung des Kindergeldes, die am 1. Juni 1963 in Kraft trat: Nun erhielten auch die ArbeitnehmerInnen aus der Türkei, ebenso wie die aus den anderen Anwerbeländern, Anspruch auf Kindergeld, obwohl die ursprüngliche Rechtsvoraussetzung hierfür – eine entsprechende Kindergeldregelung in der Türkei – nicht gegeben war. Das Abkommen über soziale Sicherheit zwischen der Bundesrepublik und der Türkei vom 30. April 1964 schrieb diesen Rechtsanspruch fest und stellte die türkischen ArbeitnehmerInnen auch in anderen wesentlichen Punkten mit den deutschen gleich.

Bereits im November 1962 wurden im Bundesarbeitsministerium Überlegungen angestellt, die Zwei-Jahres-Frist für den Aufenthalt der türkischen ArbeitsmigrantInnen wieder abzuschaffen. Die dahinter stehenden Interessen verdeutlicht ein Schreiben der Bundesvereinigung der Deutschen Arbeitgeberverbände vom 12. Dezember 1962. Darin bat die BDA das Bundesarbeitsministerium, für den Wegfall des kostspieligen und unpraktischen Rotationszwangs zu sorgen. Die deutschen Unternehmer hatten schnell bemerkt, daß es überhaupt nicht ihren Interessen entsprach, alle zwei Jahre eingearbeitete türkische Arbeitskräfte, mit denen sie sehr zufrieden waren, wieder nach Hause zu schicken, um neue anzulernen, für die sich dann die Sprach- und Eingewöhnungsprobleme jedesmal neu stellen würden (Quelle 1b).

In den nun einsetzenden Auseinandersetzungen über die Neufassung der Anwerbevereinbarung setzten sich das Bundesarbeitsministerium, die Bundesanstalt für Arbeit und das Bundeswirtschaftsministerium für den Wegfall der Zwei-Jahres-Frist ein. Das Bundesinnenministerium hielt erbittert daran fest, um jede mögliche Einwanderung von türkischen Migranten von vornherein zu verhindern, und forderte ersatzweise ein ausdrückliches Verbot des Familiennachzugs für türkische ArbeitnehmerInnen. Das Auswärtige Amt schlug vor, den Familiennachzug nicht de jure, sondern de facto (durch die großen Ermessensspielräume der deutschen Verwaltung im Einzelfall) zu verhindern, nach außen hin aber der türkischen Seite entgegenzukommen, die sich energisch und geschickt gegen alle die Türkei diskriminierenden Regelungen wehrte. Nach einer Entscheidung des Bundeskabinetts im Oktober 1963 einigte man sich im Mai 1964 mit der türkischen Seite. Das Ergebnis war die bisher kaum bekannte Neufassung der deutsch-türkischen Anwerbevereinbarung, die am 30. September 1964 in Kraft trat. Die von der türkischen Regierung als diskriminierend bezeichneten Punkte waren nicht enthalten; die Beschränkung des Aufenthalts auf zwei Jahre fiel ersatzlos weg. Damit war der entscheidende erste Schritt zur (zumindest möglichen) Niederlassung und De-facto-Einwanderung von ArbeitsmigrantInnen aus der Türkei getan. Die wirtschaftlichen Interessen der deutschen Unternehmer hatten hierfür die Grundlagen geschaffen.

Größenordnung und staatliche Organisation der Anwerbung

Von 1956 bis 1973 reisten insgesamt rund 5,1 Millionen mal Menschen aus den Anwerbestaaten legal zur Arbeitsaufnahme in die Bundesrepublik ein.[5] Diese Zahl schließt mehrfache Einreisen derselben Person ein, so daß die Gesamtzahl der ArbeitsmigrantInnen niedriger war. Knapp 2,4 Millionen dieser Arbeitsverhältnisse wurden von den Deutschen Kommissionen und Verbindungsstellen vermittelt, welche die Bundesanstalt für Arbeit in den Anwerbestaaten unterhielt. Die übrigen Migranten reisten auf dem sogenannten „Zweiten Weg" ein, indem sie sich selbst eine Arbeitsstelle und eine Arbeitserlaubnis in Deutschland besorgten oder von dort lebenden Verwandten oder Landsleuten besorgen ließen. Dieser relativ hohe Anteil individueller Arbeitsmigration außerhalb der staatlichen Arbeitskräfterekrutierung kam vor allem durch die italienischen MigrantInnen zustande, die als EG-Angehörige eine Sonderstellung einnahmen. Ohne sie betrugen die Vermittlungen der Deutschen Kommissionen und Verbindungsstellen im Jahre 1973 ca. 75 Prozent (Ausländische Arbeitnehmer 1972/73, S. 43).

Aus der Türkei kamen in den Jahren 1961 bis 1973 rund 866 000 Arbeitnehmer und Arbeitnehmerinnen. Fast drei Viertel von ihnen, rund 638 000 Menschen, wurden nach einer Vorauswahl durch die türkische Arbeitsbehörde von der Deutschen Verbindungsstelle in Istanbul im Auftrag deutscher Unternehmen angeworben. In keinem anderen Anwerbestaat war die absolute Zahl der von den Deutschen Kommissionen und Verbindungsstellen vermittelten Arbeitsverhältnisse so hoch.

Von der Gesamtzahl der in der Bundesrepublik jeweils beschäftigten Ausländer und Ausländerinnen stellte bis 1970 Italien den höchsten Anteil, danach Jugoslawien und seit Anfang 1972 schließlich die Türkei.

Von den Hauptanwerbeländern entsandte die Türkei 1961 bis 1973 den höchsten Anteil von qualifizierten Arbeitskräften. Die Statistik der Bundesanstalt für Arbeit zählte hierzu diejenigen Migranten, die auf eine Arbeitsstelle für angelernte Arbeiter oder Facharbeiter in der Bundesrepublik vermittelt wurden. Von allen 1961 bis 1973 staatlich angeworbenen Arbeitskräften aus der Türkei, einschließlich der Massenanwerbungen der frühen siebziger Jahre, betrug dieser Anteil 30 Prozent. In absoluten Zahlen waren dies rund 197 000 Menschen, weit mehr als aus jedem anderen Anwerbeland.

---

5   Ausführliche Quellenbelege zu diesem Kapitel in: Jamin (1998b).

Dies war ein enormer Abzug an qualifizierter Arbeitskraft für ein Entsendeland, das sich im Gegenteil ja gerade einen Qualifizierungseffekt für die eigene Wirtschaft erhofft hatte.

Tabelle 1: Neu einreisende Arbeitnehmer und Arbeitnehmerinnen aus der Türkei und den Anwerbestaaten insgesamt, 1956 bis 1973

Jahr	Einreisen aus den Anwerbestaaten (insgesamt)	Hiervon angeworben durch Deutsche Kommissionen	Einreisen aus der Türkei	Hiervon angeworben durch die Deutsche Verbindungsstelle
1956-60	310.281	164.426	1.503	—
1961	271.573	156.485	7.116	1.207
1962	309.188	155.978	15.269	11.024
1963	293.531	131.083	27.910	23.436
1964	357.364	168.794	62.879	54.918
1965	433.195	154.143	59.816	45.553
1966	347.469	106.673	43.499	32.516
1967	105.895	17.249	14.834	7.233
1968	345.346	104.120	62.376	41.450
1969	582.950	281.605	121.529	98.142
1970	634.224	322.554	123.626	95.685
1971	487.508	219.560	112.144	63.777
1972	401.620	170.337	96.210	62.394
1973	274.896	238.147	117.966	101.426
Insgesamt	5,155.040	2,391.154	866.677	638.761

Quelle: Ausländische Arbeitnehmer 1961, S. 23; 1970, S. 79; 1972/73, S. 112, 114. In den Zahlen für 1973 fehlen die Italiener, die als EG-Angehörige nicht mehr mitgezählt wurden.

Der Frauenanteil war bei den türkischen ArbeitnehmerInnen zwar unterdurchschnittlich, betrug aber immerhin 21 Prozent derjenigen, die 1961 bis 1973 von der Deutschen Verbindungsstelle in Istanbul vermittelt wurden.

Jede fünfte angeworbene Arbeitskraft aus der Türkei war also eine Frau. Die meisten von ihnen gingen zunächst allein, ohne ihren Ehemann, nach Deutschland (Eryilmaz 1998 b, S. 133-134).

Der Auswanderungsdruck in der Türkei war stark. In den Jahren 1961 bis 1973 ließen sich viermal so viele BewerberInnen bei der türkischen Anstalt für die Vermittlung von Arbeit und Arbeitskräften registrieren, wie nach Deutschland vermittelt wurden (Eryilmaz 1998 a, S. 104). Deutsche Arbeitgeber richteten konkrete Vermittlungsanforderungen, die zugleich Stellenangebote waren, an die Deutsche Verbindungsstelle in Istanbul. In einem mehrstufigen bürokratischen Auswahlverfahren siebte die türkische Arbeitsbehörde die ihr geeignet erscheinenden BewerberInnen aus, die sie der Deutschen Verbindungsstelle zur endgültigen Auswahl vorstellte. Daneben gab es auch direkte namentliche Anforderungen einzelner ArbeitnehmerInnen durch deutsche Unternehmer. Weibliche und qualifizierte Arbeitskräfte wurden bevorzugt gesucht. Männliche Hilfsarbeiter hatten nur in konjunkturstarken Jahren gute Chancen und mußten oft eine jahrelange Wartezeit in Kauf nehmen, was unter anderem dazu führte, daß bei gemeinsamen Bewerbungen von Ehepaaren oft die Frauen zunächst allein nach Deutschland gingen. Eine andere Folge waren die nicht seltenen Versuche, eine Facharbeiterausbildung vorzutäuschen, um überhaupt eine Chance zu haben.

Aufgabe der Deutschen Verbindungsstelle war es, die BewerberInnen auf ihre gesundheitliche und fachliche Eignung für die angebotenen Arbeitsstellen zu überprüfen sowie die Reise der ausgewählten ArbeitnehmerInnen von Istanbul nach München zu organisieren. In den gut zwölf Jahren vom Beginn ihrer Tätigkeit im Juli 1961 bis Ende 1973 vermittelte die Deutsche Verbindungsstelle durchschnittlich mehr als 50 000 ArbeitnehmerInnen pro Jahr. Das bedeutete pro Arbeitstag ca. 160 Vermittlungen und schätzungsweise 180 bis 200 Vorstellungen. In konjunkturschwachen Jahren waren diese Zahlen erheblich niedriger; in konjunkturstarken Zeiten wesentlich höher. Im Juli 1971 untersuchte der Medizinische Dienst mehr als 700 BewerberInnen an einem Tag. Die häufigen konjunkturbedingten Schwankungen der Vermittlungsaufträge erforderten ständige Anpassungen der Arbeitsorganisation wie der Personalkapazität. 1973 beschäftigte die Verbindungsstelle 179 MitarbeiterInnen, darunter 130 einheimische Kräfte (Ausländische Arbeitnehmer 1972/73, S. 41).

Von allen 1961 bis 1973 durch die Deutsche Verbindungsstelle angeworbenen ArbeitnehmerInnen aus der Türkei reisten drei Viertel mit dem Zug nach Deutschland. Aus Kostengründen setzte die Bundesanstalt für Arbeit erst seit 1970, und dann vor allem für die Frauen, das Flugzeug ein. Die Zugreise war bis 1970 außerordentlich strapaziös und oft menschenunwürdig. Die Sonderzüge brauchten 50 bis 55 Stunden von Istanbul-Sirkeci nach München. Die vollbesetzten Wagen, die nur Sitzplätze hatten, wurden äußerst unzureichend gewartet und gesäubert. Probleme mit der Wasserversorgung, im Winter auch mit der Heizung, waren die Regel. Eine besondere Erschwernis bestand darin, daß die Bundesbahn Nahverkehrswagen (B3y-Wagen) für die Sonderzüge einsetzte. Auf den Sitzen mit den niedrigen Rückenlehnen konnten die Reisenden während der zwei Tage und drei Nächte dauernden Fahrt den Kopf nicht anlehnen. Die Proteste der Bundesanstalt für Arbeit, die den normalen Sonderzugtarif für diese Fahrten bezahlte, hatten erst Erfolg, als 1970 das Flugzeug zur Konkurrenz für die Bundesbahn wurde. Erst dann wurde auf moderne Fernreisewagen umgestellt; seit Ende 1971 wurden Liegewagen eingesetzt.

Die Sonderzüge mit den angeworbenen ArbeitnehmerInnen aus Italien, Griechenland, der Türkei und Jugoslawien endeten in München. Dort im Hauptbahnhof wurden die meist völlig erschöpften Menschen von den Mitarbeitern der Weiterleitungsstelle, einer Außenstelle des Landesarbeitsamtes Südbayern, in Empfang genommen, mit einer Mahlzeit versorgt und dann zu den Zügen gebracht, mit denen sie zu ihren neuen Arbeitgebern im gesamten Bundesgebiet fuhren. Für die Versorgung der Menschen während der Wartezeit stand seit 1960 ein umgebauter unterirdischer Bunker zur Verfügung, dessen Eingang sich direkt neben Gleis 11 befand, auf dem die Sonderzüge ankamen. Die jahrelangen Auseinandersetzungen um diesen Bunker werfen ein ironisches und teilweise makabres Licht auf die beteiligten deutschen Stellen: Der Anblick (!) der erschöpften Menschenmassen wurde aus der Öffentlichkeit unter die Erde verbannt – ausgerechnet in einen Bunker aus dem Zweiten Weltkrieg –, um naheliegende Assoziationen mit den Zwangsarbeitern eben dieser Zeit zu vermeiden. Andernfalls würde sich der „Eindruck eines Kriegszustandes" bzw. des „"Sklavenhandels'" aufdrängen, führte der Vertreter der Bundesanstalt für Arbeit 1963 in einer Besprechung aus (Quelle 1c). Die ungebrochene Verwendung von Worten wie „Fremdarbeiter" und „Transport" verwies dagegen bei manchen Akteuren auf unbewußte Kontinuitäten, von denen die moderne Bundesrepublik sich und ihre Anwerbepraxis gerade peinlich abgrenzen wollte.

Versucht man aufgrund der hier ausgewerteten Quellen eine erste Charakterisierung der Rolle der deutschen Behörden im Anwerbeprozeß, so fallen vor allem die Differenzierungen ins Auge: Das Bundesinnenministerium der frühen sechziger Jahre repräsentierte mit seiner kompromißlosen Ablehnung jeder türkischen Einwanderung offenbar eine eher ideologisch motivierte deutsche Traditionslinie. Die Bundesanstalt für Arbeit verhielt sich dagegen sachbezogen und kapitalismuskonform: Die deutschen Unternehmer brauchten dringend Arbeitskräfte, und die Bundesanstalt für Arbeit besorgte sie ihnen möglichst effizient und kostengünstig. Die Deutsche Verbindungsstelle in Istanbul konnte es sich leisten, aus einer vierfachen Anzahl von BewerberInnen die gesündesten und fachlich geeignetsten auszuwählen. Die MitarbeiterInnen der Bundesanstalt, die direkten Kontakt mit den angeworbenen Menschen hatten, setzten sich immer wieder engagiert und mit menschlichem Mitgefühl für die Abschaffung unerträglicher Zustände ein. Ihre Grenze fanden solche Bemühungen jeweils an der Kostenfrage. Von den frü-

hen sechziger bis zu den siebziger Jahren verbesserten sich die Bedingungen der organisierten Sammelreisen deutlich.

Bekanntlich hatte die Anwerbung von ausländischen ArbeitnehmerInnen bis 1973 einen zunächst undurchschauten, später von der deutschen Seite geleugneten Einwanderungsprozeß zur Folge.

Tabelle 2: Zuzüge aus der Türkei, Geburten und Fortzüge 1960 bis 1983[6]

1)	Zuzüge 1960-1983	2,467.456
2)	In Deutschland geborene Kinder türkischer Eltern, 1960-1983	492.910
3)	Summe (1) + (2) = zeitweiliger Bevölkerungszuwachs	2,960.366
4)	Fortzüge 1964-1983 = maximale Zahl der Rückkehrer	1,441.712
5)	(4) in Prozent von (1) = maximale Rate der Rückkehrer	58,4 %
6)	(4) - (2) = Mindestzahl der Rückkehrer	948.802
7)	(6) in Prozent von (1) = Mindestrate der Rückkehrer	38,5 %
8)	Mittelwert zwischen (5) und (7)	48,4 %
9)	(4) in Prozent von (3) = Rate der Abwanderung vom zeitweiligen Bevölkerungszuwachs	48,7 %

Quelle: Berechnet nach: Gümrükçü 1986, S. 164-169; Ausländische Arbeitnehmer 1970, S. 79; Geburtenstatistik: Zentrum für Türkeistudien 1998, S. 12.

Für seine Größenordnung lassen sich aufgrund der von Harun Gümrükçü (1986) veröffentlichten Zahlen über die Zuzüge und Fortzüge aus der Türkei Schätzwerte gewinnen, die aber noch sehr viel genauer zu erforschen wären.

---

6   Hiermit korrigiere ich meine Berechnungen in: Jamin (1998b), S. 168, Tabelle 5. Dort sind die Geburtenzahlen noch nicht berücksichtigt; deshalb fällt der Schätzwert für die Rückkehrer mit 58,4 Prozent zu hoch aus.
Für die Jahre 1960 bis 1963 sind bei den Zuzügen nur die ArbeitnehmerInnen erfaßt, nicht die Familienangehörigen. Ihre Zahl dürfte aber statistisch wenig ins Gewicht fallen, ebenso wie die der RückkehrerInnen vor 1964 und der Todesfälle vor 1984, die ebenfalls nicht berücksichtigt sind.

Sie beziehen sich nicht ausschließlich auf die Arbeitnehmer und Arbeitnehmerinnen, sondern auch auf die ein- und ausgereisten Familienangehörigen. Ihr Zuzug in die Bundesrepublik war ja ebenfalls eine Folge der Arbeitsmigration, selbst wenn er – z.B. Ende der siebziger und Anfang der achtziger Jahre – durch die politischen Zustände in der Türkei motiviert war. Nicht eingeschlossen sind illegale Zu- und Rückwanderer, die in den Statistiken nicht erfaßt sind.

Die Zahl der Fortzüge ist nicht identisch mit derjenigen der „echten" RückkehrerInnen, da sie einen unbekannten Anteil der rund 493 000 Kinder türkischer Eltern enthält, die bis 1983 in Deutschland geboren wurden und mit ihrer Familie zusammen in die Türkei ausreisten. Nimmt man an, daß alle diese Kinder in die Türkei fortzogen (was sehr unwahrscheinlich ist), ergibt sich für die Rückkehrer eine Mindestrate von 38,5 Prozent. Unterstellt man, daß alle diese Kinder in Deutschland blieben, gelangt man zu einem Maximalwert von 58,4 Prozent Rückkehrern. Der Mittelwert liegt bei 48,4 Prozent. Faßt man die in Deutschland geborenen Kinder mit den hierher migrierten ArbeitnehmerInnen und Familienangehörigen aus der Türkei als Summe des migrationsbedingten Bevölkerungszuwachses zusammen, so kehrten von dieser Gesamtzahl bis 1983 48,7 Prozent in die Türkei zurück.[7] Die RückwanderInnen von 1984, die infolge des „Rückkehrförderungsgesetzes" von 1983 Deutschland verließen, sind in diesen Zahlen noch nicht enthalten. Ungefähr die Häfte der Menschen aus der Türkei, die zu irgendeinem Zeitpunkt 1960 bis 1983 in der Bundesrepublik lebten, kehrte also bis 1984 wieder zurück.

Die Perspektive der MigrantInnen

50 der ca. 100 Interviews mit Migranten und Migrantinnen der Ersten Generation, die für die Ausstellung „Fremde Heimat" in türkischer Sprache geführt wurden, habe ich aufgrund einer deutschen (Teil-)Übersetzung nach intensi-

---

7 Dies ist nur *ein* Indikator von mehreren möglichen für die Größenordnung der Verweil- und Rückkehrtendenzen. Zu anderen Berechnungsgrundlagen siehe Pagenstecher (1994), S. 22-23 und 86-89.

ven Gesprächen mit den türkischen ProjektmitarbeiterInnen[8] „für deutsche Augen" ausgewertet (Jamin 1998c). Dabei ging es selbstverständlich weder um Repräsentativität noch um Vollständigkeit. Vielmehr sollten einem deutschen Publikum Erfahrungen, Perspektiven und Fragestellungen erschlossen werden, die ihm überwiegend fremd, den Interviewten aber selbstverständlich sind. Aus der Vielfalt dieser Aspekte greife ich einige heraus.

Der erste Kontakt, den die von türkischer Seite vorausgewählten BewerberInnen mit Deutschen hatten, war die endgültige Auswahl nach fachlichen und medizinischen Kriterien bei der Deutschen Verbindungsstelle in Istanbul. Sie wurde als eine äußerst strenge „Prüfung für Deutschland" empfunden (Eryilmaz 1998 a, S. 112-118). Viele InterviewpartnerInnen erinnerten sich sehr detailliert an die medizinische Untersuchung, die zumeist ein Kulturschock war: „Wie beim Militär" wurden sie in Gruppen zusammen nackt untersucht, hier aber durch einen deutschen Arzt, dem eine Frau – eine türkische Dolmetscherin – assistierte. Mehrere Gesprächspartner hoben hervor, daß der Arzt sogar ihr Gesäß und ihr Geschlechtsteil untersuchte – angesichts der „expliziten Schamkultur" der türkischen Gesellschaft (Schiffauer 1991, S. 30) eine verletzende, zumindest aber äußerst befremdliche Situation.

Die Ankunft in den firmeneigenen Wohnheimen in Deutschland war ebenfalls für viele InterviewpartnerInnen ein Schock. Die Heime lagen meistens auf dem Betriebsgelände, was unter anderem zur Folge hatte, daß 1971 in Nordrhein-Westfalen 16 Prozent der Unterkünfte von einem Stacheldrahtzaun umgeben waren (Zieris 1973, S. 165). Die „objektiven" Unterbringungsbedingungen wurden von den InterviewpartnerInnen sehr unterschiedlich bewertet; charakteristisch für das „Wohngefühl" waren jedoch offenbar das völlige Fehlen einer Privatsphäre und die oft kasernenartigen Reglements, die normale Freiheiten erwachsener Menschen vielfach verletzten. Zugleich waren die Heime, gerade wegen ihrer „Ghetto"-Qualität, jedoch auch Orte der Geborgenheit unter Landsleuten in der Fremde, die mit gegenseitiger Hilfe und Geselligkeit offenbar auch diesen Bedingungen oft noch ein Höchstmaß an möglicher Lebensfreude abgewannen.

---

8 Hierfür danke ich meinem Kooperationspartner vom DoMiT, Aytaç Eryilmaz, sowie Frau Dr. Sahizer Aydin, die die Übersetzungen und Zusammenfassungen in deutscher Sprache besorgte.

Dies belegen neben den Erzählungen der Interviewten auch zahlreiche Privatfotos aus den sechziger und frühen siebziger Jahren, die uns für die Ausstellung zur Verfügung gestellt wurden. Aus ihnen sprechen der Stolz und die Entdeckerfreude, mit denen sich die zumeist jungen Migranten und Migrantinnen (letztere überwiegend ohne Kopftuch und oft im Minirock) daran machten, Europa kennenzulernen und die fremde Welt für sich zu erschließen. Ihre Sehnsucht nach Teilhabe am westlichen Konsumniveau erfüllten sie sich, indem sie z.B. im Urlaub als erste im Dorf ein Radio oder ein Auto mitbrachten.

Unter dem Eindruck der deutschen Fremdenfeindlichkeit heute gibt es möglicherweise eine Tendenz, auch im Rückblick das Negative zu fokussieren, so daß Migrationsgeschichte fast ausschließlich als Leidensgeschichte erscheint. Obwohl es Leiden und Diskriminierungen in der Tat reichlich gab, enthalten unsere Interviews auch zahlreiche Geschichten von selbstbestimmten Biographien, stolzen Leistungen und sozialen Aufstiegen, bei denen Migranten und Migrantinnen nicht Opfer, sondern aktiv handelnde Subjekte waren.

Die von mir ausgewerteten Interviews sprechen dagegen, ArbeitsmigrantInnen primär in ihrer Rolle als Industriearbeiter in der Bundesrepublik wahrzunehmen, in der sie sich – abstrakt betrachtet – von ihren deutschen KollegInnen nicht unterschieden. Für ihre Lebenswirklichkeit war der Gegensatz zwischen Erster und Dritter Welt offenbar sehr viel ausschlaggebender als der Klassengegensatz innerhalb der Bundesrepublik. Ihr Leben hier wurde vor allem dadurch erschwert, daß sie gerade nicht dieselben Bedingungen vorfanden wie ihre deutschen ArbeitskollegInnen (Wohnheime und schlechte Wohnungen, Trennung von der Familie und der Heimat, mangelnde Zugehörigkeit zum Betrieb und zur Gesellschaft, Zwang zum Konsumverzicht, um die Angehörigen zu Hause zu unterstützen bzw. dort für das Rückkehrziel zu investieren, rassistische Diskriminierungen).

Probleme kultureller Fremdheit im Alltag bezogen sich vielfach auf die elementaren menschlichen Bedürfnisse: Das damalige deutsche Essen, das noch nicht durch südländische Lebensmittel und Gewürze bereichert war – das bewirkten erst die „Gastarbeiter" –, empfanden die MigrantInnen oft als ungenießbar. Hinzu kam die Angst, ohne ihr Wissen Schweinefleisch zu essen, das aufgrund eines kulturell vermittelten Ekelgefühls auch diejenigen MigrantInnen verabscheuten, die nicht religiös waren. Deshalb und wegen der Unkenntnis der Sprache und der Warenwelt ernährten sie sich in den Anfangsjahren oft sehr einseitig und unzureichend. Eine Zumutung war und blieb die unterschiedliche Toilettenhygiene – auch für die deutschen KollegInnen –, aber viel mehr noch für die MigrantInnen aus islamischen Ländern. Die in Deutschland üblichen Sitztoiletten empfanden sie als unhygienisch im Vergleich mit ihren Stehtoiletten. Als geradezu barbarisch erschien es ihnen aber, daß die Europäer sich nach dem Toilettengang nur die Hände und nicht auch die übrigen beteiligten Körperteile waschen. Und diese Barbaren wollten ihnen – wie Kindern – mit bildlichen „Falsch-Richtig"-Anweisungen und Kommentaren voller kulturrassistischer Arroganz die „richtige" Toilettenbenutzung aufzwingen (Eryilmaz 1998c, S. 176f.).

Das Verhältnis zu den Deutschen wurde dennoch mehrfach so beschrieben, daß es anfangs – in den sechziger Jahren – kaum oder keine Probleme gab und die Beziehungen gut waren („Damals sahen sie uns als einen von ihnen an"). Schwierigkeiten seien erst später, in den siebziger Jahren, aufgetaucht, und offener Rassismus stelle eine späte Entwicklung in den achtziger Jahren dar. Hierzu ist zu bedenken, daß erst in den siebziger Jahren, vor allem seit der zunehmenden Familienzusammenführung nach dem Anwerbestop von 1973, Türken in großer Zahl von isoliert lebenden exotischen Heimbewohnern zu einem Teil der normalen Wohnbevölkerung wurden, der mit den Deutschen um Wohnungen konkurrierte und in Schulen und anderen öffentlichen Einrichtungen präsent war. Bei den eindrucksvollen Beispielen rassistischer Diskriminierungen, über die berichtet wird, fällt auf, daß von ihnen am schmerzhaftesten diejenigen MigrantInnen getroffen wurden, die sich bereits sehr weitgehend mit Deutschland als ihrer neuen Heimat identifiziert hatten. Der Umkehrschluß liegt auf der Hand, daß eine innere Distanz zur deutschen Gesellschaft und Kultur offenbar einen gewissen psychologischen Schutz gegen die Fremdenfeindlichkeit bietet.

Viele InterviewpartnerInnen äußerten sich zum Thema Rückkehr in die Türkei, und die meisten kamen zu dem ausdrücklichen Schluß, daß sie dies nicht mehr wollen oder können. Zugleich betonten sie, daß zu Beginn der Migration und noch für lange Zeit die feste Absicht, bald zurückzukehren,

für fast alle MigrantInnen selbstverständlich gewesen sei. Ihr Traum war es, in wenigen Jahren Arbeit in der Fremde die Grundlage für ein späteres gutes Auskommen in der Türkei zu legen.

Zweifellos erfüllt die *Rede* von der beabsichtigten oder immerhin möglichen Rückkehr eine, von der konkreten Lebensplanung völlig unabhängige, wichtige psychologische Funktion[9] – zunächst, um sich auf das Abenteuer in der Fremde überhaupt einzulassen, später dann, um nicht den Eindruck einer Abkehr von der türkischen Kultur zu erwecken, die unter den Bedingungen rassistischer Fremdenfeindlichkeit wie ein Verrat am diskriminierten und bedrohten Kollektiv erscheinen muß.

Die allmähliche De-facto-Einwanderung infolge der immer wieder hinausgeschobenen Rückkehr, die für fast alle InterviewpartnerInnen charakteristisch ist, bedeutet jedoch nicht, daß ihre Rückkehrabsichten nicht „real" waren: Der langjährige radikale Konsumverzicht in der Bundesrepublik und die fast ausschließliche Orientierung auf die Türkei, wo man sich „später" alle aufgeschobenen Wünsche erfüllen wollte, sind ein Beweis für den Rückkehrwunsch. Die materiellen und psychologischen Bedingungen für seine Realisierung waren jedoch nach dem langen Aufenthalt in Deutschland in vielfältiger Weise untergraben: Der erhoffte Wirtschaftsaufschwung in der Türkei war ausgeblieben, die Arbeitslosigkeit dort nach wie vor hoch. Die meisten türkischen Arbeitnehmergesellschaften, in die viele Migranten ihre deutschen Löhne investiert hatten, um sich so ihren späteren Arbeitsplatz in der Türkei selbst zu finanzieren, waren gescheitert. Unter den bürgerkriegsähnlichen Bedingungen Ende der siebziger Jahre mußten auch unpolitische Menschen auf der Straße um ihr Leben fürchten, und die Folgen des Militärputsches von 1980 veranlaßten viele politisch Oppositionelle und KurdInnen, in die Bundesrepublik zu fliehen oder dort zu bleiben und ihre Familie nachzuholen, falls sie bereits dort waren. Vor allem aber hatten die ArbeitsmigrantInnen selbst sich verändert: Sie fühlten sich zunehmend fremd in der türkischen Gesellschaft und wurden von dieser als „Deutschländer" abgelehnt.

Dem ursprünglichen Konzept der beiden beteiligten Staaten, für eine befristete Zeit „Gastarbeiter" anzuwerben bzw. zu vermitteln, entsprach offenbar auf der individuellen Ebene bei den Angeworbenen trotz zahlreicher

---

9 Siehe hierzu die sehr erhellenden Untersuchungen von Ursula Mihçiyazgan (1986), S. 339-342 und Cord Pagenstecher (1994), S. 117-128.

Ambivalenzen eine starke Rückkehrorientierung. Zu Beginn des De-facto-Einwanderungsprozesses türkischer „Gastarbeiter" sah sich nicht nur die Bundesrepublik nicht als Einwanderungsland – auch die EinwanderInnen selbst verstanden sich wohl überwiegend nicht als solche. Dies relativiert allzu moralisierende, vorwurfsvolle Deutungen des in der Sache völlig zutreffenden Satzes von Max Frisch: „Man hat Arbeitskräfte gerufen, und es kommen Menschen".[10] Die Menschen, die kamen, hatten selbst lange Zeit die Illusion, sie könnten während ihres vorübergehenden Aufenthaltes in der Bundesrepublik nur als Arbeitnehmer existieren und ihr Leben als Menschen auf die Zeit nach der Rückkehr in die Türkei verschieben. Sie waren teils Einwanderer auf Probe, vielfach aber Einwanderer wider Willen in einem Einwanderungsland wider Willen.

---

10 „Ein kleines Herrenvolk sieht sich in Gefahr: man hat Arbeitskräfte gerufen, und es kommen Menschen." Die Ironie dieses auf die Schweiz bezogenen Satzes steht in bemerkenswertem Widerspruch zu der moralischen Schwere, mit der er meistens zitiert wird (Max Frisch, Überfremdung (1965), in: Gesammelte Werke Bd. I-VII, Frankfurt am Main 1976-1986, Bd. V, S. 374, zitiert in: Volker Hage, Max Frisch, 11. Aufl. Reinbek 1997, S. 92). Ich danke der Heinrich-Heine-Buchhandlung in Essen für den Hinweis auf die Fundstelle.

Ausblick: Bikulturelle Perspektiven auf die Migrationsgeschichte

Dank der Kooperation des Ruhrlandmuseums mit dem DoMiT war ich in einer gegenüber den meisten anderen Forschern und Forscherinnen privilegierten Situation: In unseren gemeinsamen Arbeitsprozeß gingen ständig „deutsche" und „türkische" Perspektiven ein – und ein beachtliches Erfahrungswissen der „türkischen Seite".

Im Bewußtsein der deutschen Öffentlichkeit heute scheint mir immer noch die Arroganz einer Mehrheitsgesellschaft vorhanden zu sein, die mit wohlwollendem Desinteresse auf die „Gastarbeiter"-Geschichte blickt und noch nicht begriffen hat, daß diese ein zentraler Bestandteil ihrer eigenen, der Geschichte der Bundesrepublik ist. Dies ernst zu nehmen, würde unter anderem erfordern, das bei den Migrantenorganisationen vorhandene Material und Wissen für die Forschung zu erschließen und ihnen hierfür die im deutschen (Geschichts-)Kulturbetrieb üblichen Mittel zur Verfügung zu stellen. Es scheint mir adäquat, den bikulturell geprägten Forschungsgegenstand – die jeweiligen nationalen Migrationsgeschichten –, wo immer möglich, auch unter bikulturellen Perspektiven zu erforschen.

Quellen

Bundesarchiv Koblenz

Quelle 1a: B 149 - 22372, Der Bundesminister des Innern, Schnellbrief vom 2. September 1961 an den Bundesminister für Arbeit und Sozialordnung sowie an das Auswärtige Amt.

Quelle 2a: B 149 - 22374, Bundesvereinigung der Deutschen Arbeitgeberverbände an das Bundesministerium für Arbeit und Sozialordnung, Köln, 12. Dezember 1962.

Quelle 3a: B 119 - 4033, Oberfinanzdirektion München, Niederschrift vom 18. November 1963 über die Besprechung von Luftschutzbaumaßnahmen in der Landeshauptstadt München am 15. November 1963, S. 3-4.

Gedrängte Freiwilligkeit

Arbeitsmigration, Betriebspolitik und Rückkehrförderung 1983/84[1]

Jan Motte

> *„Es ist meine Absicht, über Aufhebungsverträge vorwiegend aus-*
> *ländische Mitarbeiter zur Lösung des Arbeitsvertrages zu bewegen,*
> *da für diesen Personenkreis bei Stillegungsmaßnahmen qualifikations-*
> *bedingt größere Schwierigkeiten bei der Disposition auftreten"*
>
> *(Schreiben des Arbeitsdirektors der Stahlwerke Peine-*
> *Salzgitter an seine Vorstandskollegen, Oktober 1983).*

Zwischen dem Gießhelfer Murat Özdel[2] und den Stahlwerken Peine-Salzgitter[3] wurde im Frühjahr 1984 ein Aufhebungsvertrag „aus Anlaß der derzeitigen wirtschaftlichen Situation unseres Unternehmens und der dadurch notwendig werdenden Personalanpassungsmaßnahmen" vereinbart (Quelle 1i). Für die „mit der Auflösung des Dienstverhältnisses verbundenen Nachteile" erhielt Özdel eine betriebliche Abfindung. Die von ihm geleisteten gesetzlichen Renten- und Werksrentenbeiträge wurden kapitalisiert. Hinzu kam die staatliche Prämie nach dem sogenannten Rückkehrhilfegesetz (RückHG, Bundesgesetzblatt 1983). Mit insgesamt 54 566 DM verließen der 38jährige Özdel und seine Frau mit ihren drei Kindern im September 1984 die Bundesrepublik und zogen nach Izmir in die Türkei. Für Özdel und seine Familie endeten damit elf Jahre Arbeitsaufenthalt in Salzgitter.

Ebenso wie Özdel entschieden sich 1984 im Werk Salzgitter 483 von etwa 1150 Arbeitern aus der Türkei für die Rückkehr.[4] In diesem Jahr ver-

---

1   Der Artikel stellt erste Ergebnisse eines laufenden Dissertationsprojektes zur Beschäftigung von Arbeitsmigranten aus der Türkei bei der Salzgitter Hüttenwerke AG vor. Diese Untersuchung ist dank der großen Unterstützung der Salzgitter Stahl und Technologie AG und des Betriebsrates des Unternehmens realisierbar, die mir die entsprechende Akteneinsicht gewähren. Hella von Oppen danke ich für die kritischen Hinweise, mit denen Sie die Entwicklung dieses Artikels begleitet und gefördert hat.

2   Alle Namen und Namensabkürzungen in diesem Artikel wurden geändert.

3   1970 kam es durch die Fusion mit der Ilseder Hütte/Peine zur Gründung der Stahlwerke Peine-Salzgitter.

4   Die Bezeichnung Arbeiter „aus der Türkei" macht deutlich, daß die Arbeiter eine gemein-

ließen rund 300 000 AusländerInnen die Bundesrepublik. 240 000 von ihnen waren türkische Staatsbürger und Staatsbürgerinnen (Beauftragte der Bundesregierung für Ausländerfragen 1997a).

Im Verhältnis zur Gesamtzahl von 4,53 Millionen im Jahr 1984 in der Bundesrepublik lebenden AusländerInnen ist die Zahl von 300 000 Personen auf den ersten Blick gering. Insoweit scheint die Beurteilung von Bommes (1997, S. 273), die Rückkehrförderungspolitik der Bundesregierung 1983/84 sei „weitgehend wirkungslos (...) verpufft" zunächst einmal plausibel. Auch Frey deutet die Rückkehrförderungsaktionen als Maßnahmen, die „vor allem symbolische Bedeutung" hatten (Frey 1986, S. 27).

Demgegenüber weist die vorliegende Studie die enorme sektorale Wirkung der sogenannten Rückkehrförderung für die Stahlbranche nach. Hier bewirkte die Rückkehrförderungspolitik in den großen Werken die massenhafte Remigration von Arbeitern in die Türkei. So verließen z.B. 42 Prozent der dort arbeitenden Migranten das Werk in Salzgitter. In ihren konkreten Auswirkungen ist die Rückkehrförderungspolitik bisher verkannt und massiv unterschätzt worden.

Die Mikrostudie untersucht in einem ersten Teil den quantitativen Verlauf der Arbeitskräftemigration aus der Türkei in das Hüttenwerk vom Beginn der Anwerbung 1963 bis 1984. Besondere Aufmerksamkeit gilt den sich verändernden innerbetrieblichen Produktions- und Beschäftigungsstrukturen. Erkennbar wird die zunehmende Bedeutung von beruflicher Qualifikation seit den späten sechziger Jahren, die die unqualifizierten Migranten aus Sicht der Personalplanung zunehmend zum ‚Problem' werden ließ. Ein ‚Problem', das mit Hilfe der Politik der Rückkehrförderung ‚erfolgreich' gelöst wurde.

Dieser ‚Erfolg' ist erklärbar durch die spezielle Situation der Stahlindustrie Anfang der achtziger Jahre sowie durch die Politik des Vorstandes und des Betriebsrates des Salzgitterwerkes. Es entstanden spezielle Rahmenbedingungen in den Betrieben der Stahlindustrie, die hier zu einer deutlich stärkeren ‚freiwilligen Rückkehr' der Arbeiter aus der Türkei führten. Erst die Kombination aus allgemeiner Rückkehrförderungspolitik und konkreter Betriebspolitik brachte die ausgeprägte sektorale Wirkung hervor.

---

same territoriale Herkunft aufweisen, nicht notwendigerweise jedoch eine kulturell homogene Gruppe darstellen. Damit wird eine Vereinnahmung, wie sie z.B. durch die Bezeichnung „türkische Arbeiter" für „Kurden" entsteht, vermieden. In dem Artikel wird fast ausschließlich das männliche Genus verwendet, da das Werk in Salzgitter ausschließlich männliche Arbeiter aus der Türkei beschäftigte.

Arbeitsmigration im Hüttenwerk Salzgitter 1963 bis 1984

Vorgeschichte

Im Großraum Salzgitter entstand seit 1937 im Kontext der nationalsozialistischen Autarkie- und Aufrüstungspolitik ein schwerindustrieller Komplex. Die „Reichswerke-Hermann-Göring" und später die Salzgitter Hüttenwerke AG des Salzgitter Konzerns verhütteten die in der dortigen Umgebung lagernden und geförderten Erze. Salzgitter entwickelte sich zu einer der wenigen Industrieinseln mit entsprechender Arbeiterschaft im ansonsten agrarisch dominierten Niedersachsen (Mooser, 1998).

Nach dem Ende der britischen Demontagepolitik Anfang der fünfziger Jahre setzte bei der Hüttenwerke AG ein kontinuierliches Unternehmenswachstum ein. Seit Anfang der sechziger Jahre trafen die prosperierende Unternehmensentwicklung und die damit verbundenen Erweiterungsplanungen jedoch auf Grenzen des regionalen und überregionalen Arbeitsmarktes. Selbst mit kostenaufwendigen Werbeaktionen im südniedersächsischen Raum, vom „Zonenrandgebiet" bis nach Ostfriesland hinein, konnten so gut wie keine Arbeitskräfte mehr auf dem bundesdeutschen Arbeitsmarkt angeworben werden (Quelle 3a).

Die Inbetriebnahme neuer Walzwerke im integrierten Hüttenwerk 1963/64 führte schließlich zu der Entscheidung, Arbeitskräfte im Ausland anzuwerben. Die Salzgitter Hüttenwerke AG stand dabei in direkter Konkurrenz zum Volkswagenwerk im nahen Wolfsburg, das seit Anfang 1962 Italiener beschäftigte (Oswald 1999). Aus dem Wunsch heraus, lediglich Arbeiter aus einer „Nation" anzuwerben (Maturi 1964), erschien der Personalplanung allein die Anwerbung von Arbeitern aus der Türkei geeignet, den „unbegrenzten Nachschub" über einen längeren Zeitraum sicherzustellen (Quelle 3a).

Phasen der Beschäftigung

Gemessen an der quantitativen Entwicklung lassen sich vier Phasen der Beschäftigung von Arbeitern aus der Türkei im Hüttenwerk in Salzgitter identifizieren (vgl. Grafik 1).

Grafik 1: Zahl der Beschäftigten Arbeiter aus der Türkei im Hüttenwerk in Salzgitter, 1963 bis 1984, jeweils September (absolut)

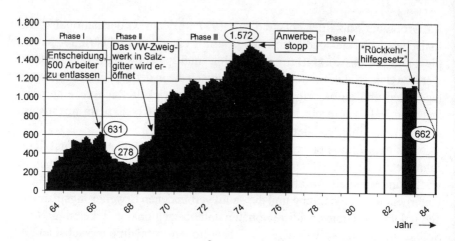

Quellen: 1e; 1f.

Die erste Phase begann am 30. September 1963 mit der Arbeitsaufnahme der ersten sechs Hüttenarbeiter aus der Türkei und endete im August 1966. Zu diesem Zeitpunkt waren 631 Arbeiter aus der Türkei im Hüttenwerk beschäftigt.

1966 führte die erste Nachkriegsrezession auch zu einem Einbruch auf dem Stahlmarkt. Die Entscheidung des Vorstandes der Salzgitter Hüttenwerke AG, aufgrund dieser Entwicklung 500 Beschäftigte zu entlassen, markierte und begründete den Beginn der zweiten Phase. Dieser erste umfangreiche Personalabbau seit dem Ende der alliierten Demontagepolitik wurde durch die Nichtwiederbesetzung frei werdender Stellen und das ‚Abstoßen' von als wenig motiviert eingestuften – vor allem unqualifizierten – Arbeitern bewerkstelligt. Dabei wurden überproportional viele Arbeitsmigranten entlassen.

„(V)on den 155 (Kündigungen, J.M.) waren die Hälfte Türken, ja. Das heißt, ich sage das ganz offen, wir haben verschiedene Maßstäbe angelegt, wir haben strengere Maßstäbe bei den Türken angelegt" (Quelle 3a).

168

Innerhalb weiniger Monate verringerte sich die Zahl der Arbeiter aus der Türkei von 631 auf 278 und somit auf weniger als die Hälfte des Standes von August 1966. Die überproportionalen Entlassungen wurden ermöglicht durch die Kombination von schwachem ausländerrechtlichem Aufenthaltsstatus, auf ein Jahr begrenzte Arbeitsverträge und durch eine fehlende innerbetriebliche Interessenvertretung für die Arbeiter aus der Türkei (Quelle 2n). Demzufolge wiesen die Politik des Vorstandes und das Schweigen des Betriebsrates in der Rezession 1966 den Arbeitsmigranten in der zweiten Phase die klassische Funktion eines „Konjunkturpuffers" zu (Nikolinakos 1973, S. 63ff.).

Der Beginn der dritten Phase war weniger der allgemeinen konjunkturellen Erholung als vielmehr der Eröffnung des Zweigwerkes der Volkswagen AG in Salzgitter geschuldet. Da die Stundenlöhne bei diesem lokalen Konkurrenten bereits bei den Einstiegslöhnen um zwei Mark höher lagen als im Hüttenwerk, wanderten viele deutsche Arbeiter zum Volkswagenwerk ab. Diese Entwicklung wurde durch eine deutlich verstärkte Anwerbeaktivität der Hütte auf dem türkischen Arbeitsmarkt kompensiert. Bis 1969 waren die Anforderungen anonym über die deutsche Verbindungsstelle der Bundesanstalt für Arbeitsvermittlung und Arbeitslosenversicherung in Istanbul erfolgt (Quelle 3a). Seit dem Auftreten der lokalen Konkurrenz um Arbeitskräfte kümmerte sich der Leiter der Personalabteilung für Lohnempfänger persönlich und direkt um die Anwerbung von Arbeitskräften. Der Betriebsrat war in diesen Prozeß der Arbeitskräfteanwerbung eingebunden. Bei mindestens einer Anwerbeaktion in Istanbul war der Betriebsrat sogar durch einen mitreisenden Vertreter beteiligt (Quellen 3a; 3c).

Die Jahre zwischen 1969 und 1974 kennzeichneten die Kernzeit der Zuwanderung von Migranten aus der Türkei nach Salzgitter. Nachdem die letzten Arbeitskräfte in Salzgitter eingetroffen waren, wurde im September 1974 mit 1572 Arbeitern aus der Türkei (16,7 Prozent der Lohnempfänger) die größte Anzahl von im Hüttenwerk beschäftigten Arbeitsmigranten erreicht.

Mit diesem historischen Höchststand begann Anfang 1975 die vierte Phase, die bis September 1984 andauerte. Zunächst nahm die Zahl der Arbeiter aus der Türkei zwar leicht ab, sie stabilisierte sich jedoch nach kurzer Zeit auf einem Niveau von über 1150 Beschäftigten. Damit stellten die Arbeiter aus der Türkei zehn Jahre lang über 14 Prozent der Lohnempfängerschaft des Hüttenwerkes (Quelle 1j).

Die Phase einer relativen Stabilisierung der Belegschaftszahlen der Arbeiter aus der Türkei wurde durch die Folgen der Rückkehrförderungs- und Betriebspolitik 1984 abrupt beendet.

Personalplanung und Belegschaftsentwicklung im Hüttenwerk

Die quantitative Entwicklung bei der Beschäftigung von Arbeitsmigranten im Hüttenwerk zwischen 1963 und 1984 wurde von langfristigen Personalplanungen und ihrer realen Umsetzung maßgeblich beeinflußt.

Die Anwerbung und Beschäftigung der Arbeitsmigranten aus der Türkei erfolgte 1963 unmittelbar vor dem Beginn einer Phase verstärkter innerbetrieblicher Umstrukturierungen. Dies verdeutlicht eine umfassende betriebsinterne Studie, die der Arbeitsdirektor 1965 bei einer Planungsgruppe der Hütte in Auftrag gegeben hatte (Quelle 1d). Während die Hütte aufgrund der guten konjunkturellen Lage Ende der sechziger bis Mitte der siebziger Jahre zunächst noch ungelernte Arbeiter benötigte, war mittelfristig eine Umstrukturierung beabsichtigt, die verstärkt qualifizierte Arbeiter im Hüttenwerk erforderlich machte. Rationalisierungen und Veränderungen der Produktionstechnik sollten eine erhöhte Stahlproduktion bei verminderter aber besser qualifizierter Belegschaft ermöglichen.[5] Damit war für die Personalplanung bereits zu Beginn der Arbeitskräfteanwerbung absehbar, daß die Hütte die in großem Umfang angeworbenen ungelernten Beschäftigten aus der Türkei mittelfristig nicht mehr benötigen würde. Es sei denn, die Arbeitsmigranten wären durch intensive betriebsinterne Weiterbildungsmaßnahmen weiterqualifiziert worden.

Die in der Studie formulierten Erwartungen deckten sich weitgehend mit der realen Entwicklung im Hüttenwerk. Ab Mitte der siebziger Jahre dominierten die Arbeiter mit Fachausbildungen deutlich (Quelle 1h).

Über diesen strukturellen Abbau unqualifizierter Arbeiter hinaus fand zusätzlich eine konzerninterne Umsetzung qualifizierter Arbeiter statt, die in Betriebsverkleinerungen oder Schließungen zahlreicher Konzernbetriebe der

---

5 Ein Indikator dieser Entwicklung ist die Einführung eines geregelten Ausbildungswesens. In der Bundesrepublik wurde 1966 erstmals im Hüttenwesen in dem traditionell auf Anlernprozesse ausgerichteten Bereich der Produktion der anerkannte dreijährige Ausbildungsberuf des Hüttenfacharbeiters eingeführt (Lauschke 1994, S. 203).

Salzgitter AG begründet war. Die Arbeitsmigranten gerieten somit in doppelter Hinsicht unter Druck.

Von Mitte der siebziger bis Anfang der achtziger Jahre entwickelte sich der *Einsatzbetrieb*, der ursprünglich eine innerbetriebliche Anlernfunktion für neu in der Hütte beschäftigte Arbeiter hatte (Jungbluth 1958), zu einem Auffangbecken für eine feste Belegschaft von Migranten, die durch (Teil-) Betriebsstillegungen ihren ursprünglichen Arbeitsplatz verloren hatten.[6]

Unterhalb der deutschen Stammbelegschaft entwickelte sich somit ein ‚national homogener‘ Betrieb. Dieser Teil des Betriebes „verkam",[7] nicht nur in Salzgitter, sondern auch in anderen Werken der bundesdeutschen Stahlindustrie immer mehr zu einer betrieblichen ‚Feuerwehr‘ zur Erfüllung kurzfristiger und unqualifizierter Tätigkeiten (Stern 1984) und verkörperte so das „System der Gastarbeit" in seiner konkreten betrieblichen Ausprägung. ‚Gastarbeit‘ war demnach schlechter bezahlt, unterschichtend, sozial-räumlich segregiert und temporär.

Stahlkrise, Rückkehrförderung und Betriebspolitik 1983/84

1983/84 endete die vergleichsweise lange vierte Phase der Stabilisierung der Beschäftigung von Migranten im Hüttenwerk. 484 Arbeiter aus der Türkei schieden im Rahmen staatlicher Rückkehrförderung und betrieblicher Aufhebungsverträge aus dem Betrieb aus. Nach diesem Exodus arbeiteten nur noch 662 Arbeitsmigranten aus der Türkei im Hüttenwerk. Damit war die Zahl auf einen annähernd so niedrigen Stand wie im Jahr 1966 gesunken, also auf ein Niveau von vor der starken Zuwanderung der späten sechziger

---

6   Die Beschäftigung im Einsatzbetrieb bedeutete die Eingruppierung in einer sehr niedrigen Lohngruppe. Neben dem Einsatzbetrieb entwickelte sich die Position des „Waschkauenwärters" – damit waren, bei ebenfalls niedriger Entlohnung, Tätigkeiten zur Aufrechterhaltung der Sauberkeit im Bereich der Wasch- und Umkleideräume verbunden – zu einer vergleichbaren ‚Auffangstation‘ für ‚unqualifizierte‘ Arbeiter aus der Türkei.

7   Die Einschätzung, daß der Einsatzbetrieb „verkam", traf 1999 der ehemalige Gesamtbetriebsratsvorsitzende der Stahlwerke Peine-Salzgitter AG. Aus dem Kontext seiner Äußerungen wird deutlich, daß sich seine Mißbilligung nicht gegen die Arbeiter aus der Türkei, sondern gegen die Politik der Betriebsleitung richtete, die für die veränderte Funktion und Struktur des Einsatzbetriebes verantwortlich war.

Jahre. Gegenüber 1974 hatte der Anteil der Arbeiter aus der Türkei im Hüttenwerk damit um 58 Prozent abgenommen.

Wie erklärt sich dieser radikale Einbruch im Jahr 1984? Die Personalabteilung der Stahlwerke Peine-Salzgitter begründete die Lösung des Arbeitsverhältnisses gegenüber den Arbeitern aus der Türkei mit dem Absatzrückgang des Unternehmens: Nach einem längeren konjunkturellen Aufschwung erreichte die bundesdeutsche Stahlproduktion im Jahr 1974 mit 53,2 Millionen Tonnen ihren Höchststand (Wuppermann 1985, S. 25f.). Bis 1983 ging die Rohstahlerzeugung jedoch um 17 Millionen Tonnen, also fast um ein Drittel, zurück. Die Beschäftigtenzahl sank von 325 000 (1975) auf 245 000 im Jahr 1983 (IG-Metall 1983, S. 24). Überkapazitäten, starker Preisverfall bei Stahlprodukten, ein rasanter Rationalisierungsprozeß und ein kompliziertes System von Produktionsquoten auf der Ebene der Europäischen Gemeinschaft kennzeichneten die Situation der Stahlindustrie Anfang der achtziger Jahre. Die Branche befand sich in einer strukturellen Krise, die im Verlaufe des Jahres 1983 in einer bislang unbekannten Weise eskalierte.

Für das Geschäftsjahr 1983/84 rechnete die Unternehmensleitung der Stahlwerke mit Verlusten in Höhe von 150 Millionen DM. Im Vergleich zu 1981/82 (3,8 Millionen Jahrestonnen) ergab sich 1982/83 ein Produktionsrückgang auf 3 Millionen Jahrestonnen. In Kombination mit dem durch technische Rationalisierungen begründeten Stellenabbau kam der Vorstand der Stahlwerke Peine-Salzgitter zu der Überzeugung, daß diese Entwicklung nicht mehr nur durch Kurzarbeit, nicht zu ersetzende Abgänge und Sozialpläne zu bewältigen sei. Ein Umstrukturierungskonzept des Vorstandes sah bis 1985, also in einem Zeitraum von nur zwei Jahren, für die Werke Peine und Salzgitter einen Abbau von insgesamt 3250 Stellen vor. Das Hüttenwerk Salzgitter sollte entsprechend diesen Planungen etwa 1500 Stellen einsparen. Allein 1984 sollten 962 Arbeitsplätze der Lohnempfänger (von etwa 7200 im Werk Salzgitter) abgebaut werden (Quellen 2d; 2b). Einen Stellenabbau in dieser Größenordnung hatte es bis zu diesem Zeitpunkt bei den Stahlwerken Peine-Salzgitter noch nicht gegeben. Das Umstrukturierungskonzept des Vorstandes sah neben der Anpassung an den geringeren Beschäftigungsumfang – z.B. durch Änderungen im Schichtsystem – auch eine radikale Veränderung der Arbeitsorganisation vor, die zur ‚Freisetzung' von Arbeitsplätzen in den Stellenplänen führte (Quellen 2c; 2j).

Bei einem Modellversuch im Kaltbreitbandwalzwerk wurde die traditionelle Arbeitsaufteilung zwischen Produktion und Instandhaltung aufgegeben.

Mit Verweis auf das gestiegene Qualifikationsniveau der gelernten Hütten-facharbeiter an den Produktionsanlagen sollten Instandhaltungsarbeiten an Produktionsarbeiter übertragen werden. Diese Arbeiten waren bislang von Schlossern und Anlagetechnikern der Instandhaltungsbetriebe erledigt worden. Unabhängig von saisonalen Schwankungen, neuen Techniken bei den Produktionsanlagen oder einer verminderten Produktion führte diese Umorganisation zu einem erhöhten Entlassungsrisiko bei weiten Teilen der gesamten Hüttenbelegschaft, nicht nur bei den Unqualifizierten (Quelle 2c).

Während sich die Beschäftigten in Betrieben der Stahlindustrie bis dahin lediglich mit Kurzarbeit und Frühruhestandsregelungen, nicht jedoch mit der Gefahr betriebsbedingter Massenentlassungen auseinandersetzen mußten, ging es nun um die Zukunft des eigenen Arbeitsplatzes und des ganzen Betriebes, „letztendlich geht es um alles (...), nämlich um die weitere Existenz der Stahlindustrie" (IG-Metall 1983, S. 42). In den Betrieben herrschte ein Klima von Verunsicherung, verbreiteter Angst und teilweise „tiefe(r) Resignation" (IG Metall 1983, S. 8).

In dieser Situation versuchte der Vorstand der Stahlwerke, insbesondere der Arbeitsdirektor, sein Umstrukturierungskonzept umzusetzen. Seit Oktober 1983 bemühte er sich, die Unterstützung des Betriebsrates für Aufhebungsverträge, die zunächst unter dem euphemistischen Titel „Sozialplan 2" firmierten, zu gewinnen. Innerhalb des Betriebsrates wurde bereits frühzeitig darüber diskutiert, ob dieser Plan eine „Türkenregelung" sei. Dies wies der Arbeitsdirektor zurück. Es handle sich um einen „reine(n) Präventivplan für rückkehrwillige Ausländer" (Quelle 2e). Die Ziele, die er mit diesem „Präventivplan" erreichen wollte, legte der Arbeitsdirektor seinen Vorstandskollegen bereits im August 1983 dar.

(Es sei seine Absicht,) „über Aufhebungsverträge vorwiegend ausländische Mitarbeiter zur Lösung des Arbeitsvertrages zu bewegen, da für diesen Personenkreis bei Stillegungsmaßnahmen qualifikationsbedingt größere Schwierigkeiten bei der Disposition auftreten" (Quelle 1a).

Während der Arbeitsdirektor bei einem allgemeinen Stellenabbau massive Konflikte auf der Seite der deutschen Arbeitnehmer befürchten mußte, rechnete er mit dem konfliktfreieren Ausscheiden der Arbeitsmigranten aus der Türkei. Auf diese für den Betriebsfrieden wichtige Funktion der Aufhebungsverträge wies er seine Vorstandskollegen explizit hin. Denn bei der Entscheidung über den Abschluß von betrieblich vereinbarten Aufhebungsverträgen sei auch zu berücksichtigen, „daß die vorhandene Altersstruktur (...) ohne vorherige Aufhebungsaktion nicht ausreicht, kurzfristige Personalmaßnahmen konfliktfrei zu bewältigen" (Quelle 1a).

Der Arbeitsdirektor versuchte, die Unterstützung des Betriebsrates für das neue Instrument des zielgruppenorientierten Aufhebungsvertrages zu gewinnen. „Wenn nicht gewollt werde, daß saarländische Verhältnisse" im Bereich der Sozialpläne eingeführt würden, dann sollte der Betriebsrat seiner Bitte, den angestrebten Aufhebungsverträge zuzustimmen, entsprechen, „zumal härtere Entscheidungen zu erwarten sind" (Quelle 2d).

Die Wirkung, die dieses Zukunftsszenario beim Betriebsrat erreichte, ist nur unter Berücksichtigung der zu diesem Zeitpunkt bereits eingetretenen Entwicklung bei ARBED Saarstahl verständlich. Der im Saarland praktizierte radikale Personalabbau, der drohende Konkurs und die Aufkündigung eines bestehenden Sozialplans waren die Negativmatrix, die die Sichtweisen und das Handeln der Betriebsratsmitglieder in Salzgitter ebenso wie die der Arbeitnehmervertreter in der gesamten Stahlindustrie beeinflußte (Jung 1984). Der Verweis auf „saarländische Verhältnisse" diente fortan als strategisches Argument innerhalb der Betriebspolitik. Betriebsräte und Gewerkschaft waren 1983 plötzlich in einer Situation, die sie mit dem eingeübten alten Instrumentarium und der Rolle eines durch die Montanmitbestimmung gestärkten Sozialpartners nicht mehr bewältigen konnten.

Die konkrete Gefahr des Verlustes von sozialen Standards im Betrieb sollte mit der Politik der Abfindungsverträge für „rückkehrwillige Ausländer" verhindert werden, wobei die Stahlwerke Peine-Salzgitter nach Einschätzung des Arbeitsdirektors lediglich den gleichen Zwängen folge, wie andere Werke der deutschen Eisen- und Stahlindustrie auch (Quellen 1b; 1c). Darüber hinaus sollten die Abfindungsverträge für rückkehrwillige Ausländer die Ausweitung des Frühruhestandes auf die 55jährigen Mitarbeiter verhindern, da andernfalls „(...) mit der vorzeitigen Pensionierung noch voll einsatzfähiger Mitarbeiter ein erhebliches Qualitäts- bzw. Erfahrungspotential verloren (...)" gehe (Quelle 1a). Die Politik der Aufhebungsverträge gegenüber Ausländern sollte nicht nur durch die Rückkehrförderungspolitik des Bundes und die Kooperation der Bundesanstalt für Arbeit, sondern auch durch die Arbeitnehmervertreter selbst unterstützt werden.[8]

---

8   Bei den Planungen von Aufhebungsverträgen für die ausländischen Arbeiter stand der Arbeitsdirektor bereits seit Herbst 1983 in engem Kontakt mit dem Präsidenten des

Oberstes Ziel der Betriebsratspolitik in dieser Krise war die eigenständige Erhaltung der Stahlstandorte Peine und Salzgitter im Konzernverbund der bundeseigenen Salzgitter AG (Quelle 2g). Das Umstrukturierungskonzept des Vorstandes der Stahlwerke Peine-Salzgitter und der damit zusammenhängende Arbeitsplatzabbau wurden zwar vehement abgelehnt (Quelle 2d), jedoch strebte auch der Betriebsrat eine Einigung bei der Frage der Aufhebungsverträge an. Innerhalb der Verhandlungen sollte allerdings versucht werden, eine materiell bessere Ausstattung der Abfindungsverträge zu erreichen.

Einen Kernpunkt der Verhandlungsstrategie des Betriebsrates stellte die Verknüpfung des „Ausscheiden(s) der ausländischen Arbeitnehmer" mit der Forderung nach der „anteiligen Übernahme von Auslernenden" dar (Quelle 2d). Für den Betriebsrat gab es einen offensichtlichen und häufig diskutierten „Begründungszusammenhang" zwischen dem Ausscheiden der „ausländischen Arbeitnehmer" infolge der angestrebten Aufhebungsverträge und daraus resultierenden Besetzungsproblemen, die durch die Übernahme von Auszubildenden gelöst werden sollten. Obwohl der Betriebsrat Ende November 1983 offiziell beschloß, die „erwogene Forderung nach Übernahme von Auszulernenden" zu unterlassen, da „dies zu falschen Auffassungen gegenüber den ausländischen Arbeitnehmern führen könnte" (Quelle 2f), formulierte er Anfang Dezember 1983, wohl als interne Verhandlungsstrategie gegenüber dem Vorstand, daß die Übernahme von Auszubildenden für den Gesamtbetriebsrat die Voraussetzung sei, um „über eine Betriebsvereinbarung ‚Abfindungsverträge' zu verhandeln" (Quelle 2i). Der Zusammenhang zwischen der angestrebten Übernahme von Auszubildenden und dem „Ausscheiden" von Arbeitsmigranten war stets präsent und ein relevanter Faktor der Betriebs(rats)politik, obwohl schnell deutlich wurde, daß sich der Vorstand nicht auf eine Übernahme der Auszubildenden festlegen lassen würde (Quelle 2k). Nach gescheiterten Verhandlungen zwischen Vorstand und Betriebsrat (Quelle 2h) verabschiedete der Vorstand am 19. Dezember 1983 eine Richtlinie, die die Konditionen der angebotenen Aufhebungsverträge regelte, ohne die Zustimmung des Betriebsrates für eine gemeinsame Betriebsvereinbarung einzuholen.

Landesarbeitsamtes Niedersachsen (Quelle 2d). Über die konkrete Kooperation der Bundesanstalt im Rahmen des Rückkehrhilfegesetzes, z.B. was die Nichteinhaltung von Kündigungsfristen betrifft, siehe Quelle 1k.

Im Betriebsrat kam es daraufhin am 20. Dezember 1983 zu einer strecken-
weise heftigen Auseinandersetzung über die Gründe und die Auswirkungen
des Scheiterns der Verhandlungen mit dem Vorstand. Eine Fraktion innerhalb des Betriebsrates bedauerte, daß es nicht zum Abschluß einer Vereinbarung gekommen sei, zumal „eine beachtliche Zahl der türkischen Belegschaftsmitglieder (von den Aufhebungsverträgen, J.M.) Gebrauch machen
werde" und sie diese „Entscheidung nach rein persönlichen Gesichtspunk-
ten" träfen. Mitglieder dieser Fraktion regten die Übersetzung der Vorstands-
richtlinie in die türkische Sprache an, um deren Inhalt zusätzlich über den
Betriebsrat veröffentlichen zu lassen, zumal „der angebotene Abfindungsver-
trag kein Rausschmißplan" sei. Durch das Scheitern der Verhandlungen sei
der Betriebsrat nun vielmehr in einer „prekären Situation", da „die deutschen
Belegschaftsmitglieder die Abkehr türkischer Belegschaftsmitglieder gerne
sehen würden", es aber zu keiner Vereinbarung gekommen sei.

Vertreter der kleineren Fraktion innerhalb des Betriebsrates, der unter
anderem auch der Gesamtbetriebsratsvorsitzende der Stahlwerke Peine-
Salzgitter angehörte, betonten, daß der Betriebsrat „froh sein (solle), wegen
der unzureichenden Abfindungsverträge so gehandelt" und keine Vereinbarung unterschrieben zu haben (Quelle 2k).

Die unterschiedlichen Einstellungen gegenüber den Aufhebungsverträgen
führten zu einer passiven und ‚stillen' Position des Betriebsrates. Weder die
Fraktion, die eine Unterstützung der Vorstandspläne bezüglich der Aufhebungsverträge favorisierte, noch die Fraktion, die in den Aufhebungsverträgen eine „Abschiebung der Ausländer" (Quelle 2g) zu schlechten Konditionen für die Betroffenen sah, konnte sich politisch durchsetzen. Der
Gesamtbetriebsratsvorsitzende vertrat die Position, daß er „jedem Türken
abraten würde, nach diesen Bedingungen auszuscheiden." Die fehlende
Unterstützung im Betriebsrat führte jedoch dazu, daß er seinen Protest gegen
die Politik der Abfindungsangebote nur noch als Gewerkschafter in entsprechenden Flugblättern der IG-Metall formulieren konnte, nicht hingegen
offen und offiziell in seiner Funktion als Vorsitzender des Gesamtbetriebsrates (Quelle 2h).

Letztendlich entwickelte der Betriebsrat als offizielles Organ der Arbeit-
nehmerinteressen keine politische Position zu den Aufhebungsverträgen, die
auf die Gruppe der Arbeitsmigranten zielten. Das Fehlen einer dezidierten
Position, wie sie der Betriebsrat bei zahlreichen anderen betriebspolitischen
und sozialen Fragen einnahm, wirkte sich in der Konsequenz als eine feh-

lende Wahrnehmung der Interessen der Migranten und eine innerbetriebliche Entsolidarisierung aus.

Der Einschätzung, daß die Arbeiter aus der Türkei für ein Ausscheiden „unter Druck gesetzt" würden (Quelle 2a; Pöschl/Schmuck 1984, S. 188), widersprach der Betriebsrat entschieden. Die Diskussionen in diesem Gremium und die dort wiedergegebenen Stimmungen in den Betrieben legen jedoch nahe, daß 1983/84 im Hüttenwerk, wie bereits zuvor in anderen Betrieben, oftmals „auch und gerade hinter den ‚freiwilligen' Abfindungen (...) ein massiver Kündigungsdruck" steckte (Dohse 1981a, S. 48).

Die konkreten Umstrukturierungen wurden vom Betriebsrat als ein „Angriff auf das Rückgrat dieser Hütte, nämlich auf den Facharbeiter-Bereich" wahrgenommen (Quelle 2m). Trotz dieser Bedrängnis war „die Belegschaft nicht zum Kämpfen zu gewinnen" und selbst bei Funktionären war „kein Widerstand zu spüren" (Quelle 21). Der Betriebsrat sah seine Aufgabe darin, das „Rückgrat" des Betriebes, den ‚deutschen Facharbeiter' als Vertreter der Stammbelegschaft, zu vertreten und seine Position innerbetrieblich abzusichern, auch wenn dies auf Kosten der ausländischen ‚Randbelegschaft' geschah.

Diese Form der Kollegendiskriminierung war nicht auf das Hüttenwerk in Salzgitter und auf die Jahre 1983/84 beschränkt (Werk und Wir 1/1983, S. 30). So berichtet Dohse beispielsweise, daß bei der drohenden Schließung eines Röhrenwerkes „die Ausländerverdrängung von den Kollegen durchaus mit Erleichterung aufgenommen" wurde. Deutlich wird, daß Betriebsräte nicht nur in Salzgitter oftmals „die besondere Benachteiligung von ausländischen Arbeitern billigend in Kauf nahmen" (Dohse 1981a, S. 50).[9]

In der Kritik der arbeitnehmernahen Publikationen über den Arbeitsplatzabbau in der bundesdeutschen Stahlindustrie stellt die Politik der Aufhebungsverträge gegenüber nicht deutschen Arbeitern 1983/84 eine bemerkenswerte Blindstelle dar (Gruber/Sörgel 1984, Bierwirth/König 1988, IG-Metall 1983, 1985). In einer einzelnen Stellungnahme, die diesen blinden Fleck durchbricht, heißt es:

---

9 Diese Politik des Betriebsrates gegenüber ausländischen Arbeitern wird durch Untersuchungsergebnisse aus anderen Betrieben bestätigt. Dohse führt dabei die Dominanz von Facharbeitern oder Arbeitern aus hohen Anlernpositionen im Betriebsrat als Erklärung dafür an, daß „die betrieblichen Interessenvertretungen die Diskriminierungspolitiken durchaus mittragen" (1981a, S. 53).

(Der Vorstand) „versucht, über sog. Abfindungsverträge speziell für die Zielgruppe der türkischen Kollegen die Kosten für die Anwendung des bestehenden Sozialplanes zu reduzieren und gleichzeitig die Spaltung zwischen den abhängig Beschäftigten zu betreiben. Wir wirken diesen Spaltungstendenzen, die sich ähnlich bei Klöckner, Hoesch, Krupp und Thyssen zeigen, massiv entgegen" (Wittek/Barcikowski 1984, S. 150).

Was die Kostenreduzierung, die politische Zielrichtung der Arbeitgeberseite und die erzielte Breitenwirkung dieser Politik betrifft, kann dieser Analyse nur zugestimmt werden. Doch die konkrete Politik in den Werkshallen und im Betriebsrat folgte nicht den vermeintlich gemeinsamen Interessen aller Arbeiter im Hüttenwerk. Auch in den Jahren 1983/84 galt *Differenz* als der Ordnungsfaktor der Betriebspolitik. Dies war eine auf Interpretationen und Zuschreibungen beruhende Differenz, die im alltäglichen Gebrauch artikuliert wurde und die identifizierten Unterschiede zwischen Arbeitern festschrieb. Zwischen „den deutschen Kollegen" und den „Türken" wurde im Gegensatz zu der oben zitierten öffentlichen Äußerung stets deutlich unterschieden (Quelle 2k). Der semantischen Unterscheidung folgten Unterschiede bei der Interessenwahrnehmung durch die Arbeitnehmervertreter.

Die Kategorisierung, die die ‚kleine' wie die ‚große' Politik der Arbeitnehmer bestimmt und geleitet hat, ist nicht allein auf eine „Spaltung" der „abhängig Beschäftigten" ‚von oben' zurückzuführen, sondern sie dokumentiert deutlich die Aneignungen einer bestimmten Politik und Kultur ‚von unten'. Die deutsche Belegschaft versuchte, ihre Arbeitsplätze zu erhalten. Sie strebte trotz Stillegungen ‚ihrer' Betriebe konzerninterne und mit Lohnsicherungen versehene Umsetzungen an, um der Arbeitslosigkeit zu entgehen. Die deutschen Arbeiter wollten auch weiterhin über Sozialpläne und die dadurch garantierten Standards ausscheiden. Sie hatten auch ein Interesse an der Übernahme der (deutschen) Auszubildenden, die oftmals ihre Kinder waren (Wallraff 1985, S. 120f.). Der deutschen Stammbelegschaft war in dieser und anderen Situationen „das Hemd (...) eben näher als die Jacke" (IG Metall 1983, S. 41). Die „politische Handlungsstrategie", die einer „Klassenfraktion" (Miles 1992, S. 109) zur Wahrnehmung ihrer Interessen im Betrieb damals zur Verfügung stand und die sie nutzte, faßt der ehemalige Gesamtbetriebsratsvorsitzende heute so zusammen: „Das, was wir damals gemacht haben, das war Rassismus" (Quelle 3b).

Schlußbetrachtungen

Über die konkreten Verhältnisse in Salzgitter hinaus läßt sich feststellen, daß in der gesamten Stahlindustrie „ausländische Arbeitnehmer (...) überproportional an den personellen Auswirkungen der Umstrukturierung beteiligt" waren. Dies führte dazu, daß sie 1984 „von dem Rückkehrhilfegesetz in sehr starkem Ausmaß Gebrauch gemacht" haben. 90 Prozent der Antragsteller waren dabei Arbeiter aus der Türkei. Bundesweit kam jeder fünfte Antrag auf Rückkehrhilfe von einem Arbeiter aus der Stahlindustrie, in Nordrhein-Westfalen war es jeder dritte (Arbeitgeberverband 1983/84, S. 59-62, ders. 1984/85, S. 68-70).

Zwischen 1983 und 1984 verließen insgesamt 8661 Ausländer die Betriebe dieser Branche. Der Anteil der Ausländer an den Arbeitern verminderte sich insgesamt von 17,6 Prozent (1982) um 3,4 Prozentpunkte auf 14,2 Prozent (1984). Ihr Anteil sank dabei besonders stark in Großbetrieben (in Salzgitter minus 5,8 Prozentpunkte), die Aufhebungsverträge anboten (Arbeitgeberverband 1985/86, S. 69). Dieser massiven sektoralen Wirkung der Politik der Rückkehrförderung wird in bisherigen Einschätzungen kaum Rechnung getragen. Die Beurteilung dieser Politik nimmt häufig lediglich Bezug auf die im Verhältnis zur Gesamtzahl der AusländerInnen als gering eingeschätzte Zahl der Rückkehrer (Pöschl/Schmuck 1984, S.118). In der Logik dieser Betrachtung „verpuffte" die Rückkehrförderungspolitik „weitgehend wirkungslos" (Bommes 1997, S. 273). Die als niedrig beurteilte Zahl der RückkehrerInnen wird dabei „vor allem durch den beschränkten Kreis der Berechtigten" erklärt (Pöschl/Schmuck 1984, S. 118).

Betrachtet man die Politik der Rückkehrförderung aus einer anderen Perspektive, so gelangt man zu plausibleren und ertragreicheren Interpretationen. Einen entsprechenden Hinweis liefert Körner (1986, S. 69), wenn er darauf abhebt, daß durch die Rückkehrförderung strukturelle Anpassungsprozesse erleichtert worden seien:

„Zum überwiegenden Teil wurde Rückkehrhilfe aus Anlaß von Teilstillegungen in den Betrieben des Bergbaus, der Eisen- und Stahlerzeugung und des Schiffsbaus in den Landesarbeitsbezirken Nordrhein-Westfalen und Niedersachsen-Bremen geleistet, was den Abbau überschüssiger Arbeitskräfte in diesen schrumpfenden Branchen zweifellos begünstigt hat" (ebd.).

Wie in Salzgitter, sind es vor allem Arbeiter aus der Türkei in den Groß-betriebe der Stahlindustrie, die im Kontext von Strukturkrise und so-genannter Rückkehrförderung die Betriebe verlassen. Das Bild zeigt die Familie Ümut gemeinsam mit einer befreundeten Familie in ihrer ausge-räumten Wohnung wenige Stunden vor ihrer Abreise aus Duisburg-Hütten-heim in die Türkei, Februar 1984. Insgesamt verließen etwa 900 Arbeiter aus der Türkei die Mannesmann Röhrenwerke AG. Inklusive der Familien-angehörigen umfaßte der Exodus etwa 4500 Personen.

Körners Befund und die im vorliegenden Artikel analysierte Politik innerhalb der Stahlindustrie zeigen die Bedeutung einer durch betriebliche Abfindungsverträge ergänzten Rückkehrförderungspolitik. Sie war ein wirkungsvolles Instrument, das den Strukturwandel in der Branche einleitete und unterstützte, ohne dabei den Betriebsfrieden zu gefährden und die deutsche Stammbelegschaft einschneidenden Maßnahmen auszusetzen. Diese Politik war alles andere als „symbolisch" oder durch „Konzeptionslosigkeit" gekennzeichnet (Frey 1986, S. 57). Durch die Interessenkongruenz der beteiligten Akteure wurde die Rückkehrförderung im Rahmen einer konzertierten Aktion politisch und administrativ umgesetzt. Während 1966/67 auf die Arbeiter aus der Türkei ‚nur' die Hälfte aller Kündigungen entfiel, führte diese Politik in Salzgitter dazu, daß der gesamte geplante Arbeitskräfteabbau für 1984 allein durch ‚freiwillig' ausscheidende Migranten trotz deren verbesserten Aufenthaltstatus' und längerer Betriebszugehörigkeiten bewerkstelligt werden konnte. Aus dieser Perspektive erscheint die Einschätzung des zuständigen Staatssekretärs Wolfgang Vogt, „daß das Gesetz zur Förderung der Rückkehrbereitschaft die Erwartungen der Bundesregierung voll erfüllt habe", außerordentlich plausibel (Frey 1986, S. 40).

Der Vergleich mit den Ergebnissen anderer Studien zeigt, daß Murat Özdel im Rahmen der Rückkehrförderung 1984 den typischen Remigranten verkörperte (Pöschl/Schmuck 1986, S. 116, Arbeitgeberverband 1983/84, S. 59-62). Er verließ mit insgesamt 54 566 DM die Bundesrepublik Deutschland. 6600 DM (12,1 Prozent) dieser Summe entfielen auf die Abfindung der Stahlwerke Peine-Salzgitter, insgesamt 13 500 DM (24,7 Prozent) zahlte die Bundesrepublik Deutschland an Rückkehrprämien, der Restbetrag in Höhe von 34 466 DM (63,2 Prozent) waren Ansprüche Özdels auf durch ihn als Arbeitnehmer eingezahlte Beiträge zur Rentenversicherung, auf seine Werksrente und seine (lediglich anteilige) Beteiligung an der Jahresabschlußvergütung des Betriebes für das Jahr 1984. Der fünfzigprozentige Arbeitgeberanteil zur Rentenversicherung des Arbeitnehmers in Höhe von 26 000 DM, also 5900 DM mehr als die Summe der staatlichen und betrieblichen Abfindungsprämien, verblieben in den Kassen der bundesdeutschen Rentenversicherungen.

Die Einsparungen, die durch die Rückkehrförderung in den Bereichen Arbeitslosengeld, Kurzarbeitergeld und Kindergeld (330 Millionen DM) und im Bereich der Rentenversicherung (4 Milliarden DM) erzielt wurden, sind bereits geschätzt worden (Körner 1986, S. 69, Eryilmaz/Jamin 1998, S. 401).

Die Einsparungen in Höhe von schätzungsweise mehreren hundert Millionen Mark, die vor allem die Unternehmen in der Stahlbranche – und über Strukturanpassungsbeihilfen in der Stahlindustrie damit auch die Bundeskasse – dadurch erzielen konnten, daß die Arbeitsmigranten (zu eincm späteren Zeitpunkt bis Mitte der neunziger Jahre) nicht im üblichen Rahmen über Sozialpläne ausschieden, wurden bislang nicht thematisiert.

Die Einschätzung des Bundesarbeitsministeriums, daß die Rückkehrförderung kein „Zuschußgeschäft" gewesen sei (Körner 1986, S. 69), ist somit eine Untertreibung.

Quellen

Akten aus den Beständen der Salzgitter Stahl und Technologie AG (ohne Signatur)

Quelle 1a: Betriebsvereinbarung „Aufhebungsverträge", Schreiben des Arbeitsdirektors an seine Vorstandskollegen vom 12. August 1983, in: Akte RückHG.

Quelle 1b: Aufhebungsverträge, Schreiben des Arbeitsdirektors an den Gesamtbetriebsrat der Stahlwerke Peine-Salzgitter AG vom 25. Oktober 1983, in: Akte RückHG.

Quelle 1c: Auswertung Abfindungsregelungen vom 20. Juli 1983 (Thyssen, Krupp, etc), in: Akte RückHG.

Quelle 1d: Abteilung Belegschaftswesen des Hüttenwerkes Salzgitter, Personalbedarf Salzgitter Hütte 1965/75, Salzgitter 1965.

Quelle 1e: Akte Belegschaftsstatistik, Werk Salzgitter, Salzgitter AG.

Quelle 1f: Akte Belegschaftsstatistiken Stahlwerke Peine-Salzgitter AG, Januar 76 bis Dezember 79, Salzgitter AG.

Quelle 1g: Akte Türken, Salzgitter AG.

Quelle 1h: Verschiedene Statistiken zum Qualifikationsniveau der Mitarbeiter, in: Akte Vorträge.

Quelle 1i: Einzelakte RückHG.

Quelle 1j: Rede des Vorstandes R., Jahreskonferenz der Betriebsräte und Vertrauensleute von Stahlwerke Peine-Salzgitter AG am 8. Januar 1976, in: Akte Vorträge.

Quelle 1k: Notiz über ein Gespräch mit dem Arbeitsamt Braunschweig, vom 13. Dezember 1983, in: Akte RückHG.

Akten aus den Beständen des Betriebsrates der Salzgitter Stahl und Technologie AG (ohne Signatur)

Quelle 2a: Protokoll über die 47./83 Sitzung des Betriebsrates der Stahlwerke Peine-Salzgitter AG, Werk 1 vom 22. November 1983, in: Akte „BR-Protokolle von 8/83 bis 1/84".

Quelle 2b: Protokoll über die gemeinsame Sitzung des Betriebsrates und der Vertrauens-
körperleitung der IG Metall des Werkes 1 vom 9. November 1983, in: Akte „BR-Protokolle von 8/83 bis 1/84".

Quelle 2c: Personelle Auswirkungen des Umstrukturierungskonzeptes für die Geschäfts-
jahre 1983/84 und 1984/85, in: Akte „BR-Protokolle von 8/83 bis 1/84".

Quelle 2d: Protokoll über die 46./83 Sitzung des Betriebsrates der Stahlwerke Peine-Salzgitter AG, Werk 1 vom 15. November 1983, in: Akte „BR-Protokolle von 8/83 bis 1/
84".

Quelle 2e: Protokoll über die 43./83 Sitzung des Betriebsrates der Stahlwerke Peine-
Salzgitter AG, Werk 1 vom 25. Oktober 1983, in: Akte „BR-Protokolle von 8/83 bis
1/84".

Quelle 2f: Protokoll über die 48./83 Sitzung des Betriebsrates der Stahlwerke Peine-
Salzgitter AG, Werk 1 vom 29. November 1983, in: Akte „BR-Protokolle von 8/83 bis
1/84".

Quelle 2g: Thesenhafte Zusammenfassung der zukünftigen Politik des Betriebsrates, o.O.
o.J. in: Akte „BR-Protokolle von 8/83 bis 1/84".

Quelle 2h: Bericht aus der Gesamtbetriebsratssitzung vom 19. Dezember 1983, in: Akte „BR-
Protokolle von 8/83 bis 1/84".

Quelle 2i: Protokoll über die 49./83 Sitzung des Betriebsrates der Stahlwerke Peine-
Salzgitter AG, Werk 1 vom 6. Dezember 1983, in: Akte „BR-Protokolle von 8/83 bis
1/84".

Quelle 2j: Gesprächsnotiz, Abklärung der Standpunkte zum Umstrukturierungskonzept von
Stahlwerke Peine-Salzgitter AG vom 8. Dezember 83, in: Akte „BR-Protokolle von
8/83 bis 1/84".

Quelle 2k: Protokoll über die 51./83 Sitzung des Betriebsrates der Stahlwerke Peine-
Salzgitter AG, Werk 1 vom 20. Dezember 1983, in: Akte „BR-Protokolle von 8/83 bis
1/84".

Quelle 2l: Protokoll über die außerordentliche Sitzung des Betriebsrates der Stahlwerke
Peine-Salzgitter AG, Werk 1 vom 13. Januar 1984, in: Akte „BR-Protokolle von 8/83
bis 1/84".

Quelle 2m: Bericht aus der Wirtschaftsausschußsitzung am 15. November 1983 – Zusammenfassung, in: Akte „BR-Protokolle von 8/83 bis 1/84".

Quelle 2n: Protokolle der Betriebsratssitzungen 1966, in: „Tageskopien von Januar bis Dezember 1966".

Interviews

Quelle 3a: Interview mit V. (Juni 1998). (Leiter der Abteilung Lohnempfänger des Hüttenwerkes der Salzgitter AG. 1966 bis 1978).

Quelle 3b: Interview mit Z. (April 1999). (Betriebsratsvorsitzender des Werkes 1 in
Salzgitter und Vorsitzender des Gesamtbetriebsrates der Stahlwerke Peine-Salzgitter
AG, Anfang der achtziger Jahre).

Quelle 3c: Interview mit dem Betriebsratsmitglied F. (April 1999). (Betriebsratsmitglied
und Mitglied im „Gastarbeiterausschuß", später „Ausschuß für ausländische Arbeitnehmer", Ende der sechziger bis Anfang der achtziger Jahre).

„Nach Schichtende sind sie immer in ihr Lager zurückgekehrt ..."

Leben in „Gastarbeiter"-Unterkünften in den sechziger und siebziger Jahren

Anne von Oswald und Barbara Schmidt

„Gastarbeiter"-Unterkünfte – in der Tradition von Lagern?

Das 20. Jahrhundert ist auch ein Jahrhundert der Lager gewesen. Besonders in Deutschland zeigt der Umgang mit solchen provisorischen Massenquartieren eine auffällige Kontinuität. Sie führte zunächst von den Behelfsunterkünften für ausländische Saison- und Wanderarbeiter am Anfang des Jahrhunderts zu den Lagern für ausländische Zivilarbeiter und Gefangene im Ersten Weltkrieg und fand im ausdifferenzierten Lagersystem der Nationalsozialisten ihren erschreckenden Höhepunkt. Aber auch nach dem Zweiten Weltkrieg blieb das Leben in Lagern noch ein weit verbreitetes Phänomen und betraf vor allem Displaced Persons (DPs) sowie Vertriebene und Flüchtlinge. Ein Teil der „Gastarbeiterinnen" und „Gastarbeiter", die infolge bilateraler Anwerbevereinbarungen mit Italien (1955), Spanien (1960), Griechenland (1960), der Türkei (1961), Portugal (1964) und Jugoslawien (1968) in die Bundesrepublik kamen, fand in denselben Baracken Unterkunft, in denen zuvor Zwangsarbeiter, DPs oder Vertriebene gelebt hatten. Schließlich werden seit den achtziger Jahren zunehmend Asylbewerber in Baracken, Wohncontainern oder anderen Formen von Sammellagern untergebracht (Herbert 1987, S. 29ff.; Ackermann 1995b, S. 330).

Lager weisen allgemein folgende Merkmale auf: Sie sind ein provisorisches, schnell und billig zu errichtendes Massenquartier; die typische Behausung im Lager ist die Baracke. Das Leben im Lager ist durch räumliche Enge und niedrigen Komfort charakterisiert. Es wird gekennzeichnet durch Isolation nach außen und eine zwangsweise Vergesellschaftung nach innen, die sich in der Einschränkung oder dem Verlust von Privatsphäre und einem umfassenden formellen Reglement niederschlägt (Herbert 1987, S. 31ff.). Das Spektrum von Lagern ist dabei weit gefächert. Je nach der Funktion der

Lager und der Intention der Lagerbetreiber gab es eklatante Abweichungen in den Lebensbedingungen der Lagerbewohner beispielsweise in einem Konzentrationslager auf der einen und einem „Gastarbeiter"-Lager auf der anderen Seite. Lager sind eine spezielle Form der Gemeinschaftsunterbringung, aber umgekehrt fallen nicht alle Gemeinschaftsunterkünfte wie Wohnheime unter den Lagerbegriff. So sind auch nicht alle „Gastarbeiter"-Unterkünfte von vornherein mit Lagern gleichzusetzen.

Der Lagerbegriff soll hier als heuristisches Instrument dienen, um die Entstehung von und das Leben in typischen „Gastarbeiter"-Unterkünften in der Anwerbephase, also in dem Zeitraum zwischen dem Abschluß der ersten Anwerbevereinbarung im Jahr 1955 und dem Anwerbestopp im Jahr 1973, zu analysieren. Dabei ist zunächst zu fragen, warum und in welcher Weise der Standard von Unterkünften für Arbeitsmigranten und Arbeitsmigrantinnen politisch reguliert und legitimiert wurde und welche quantitative Bedeutung die Gemeinschaftsunterkünfte hatten. Anhand der Fallbeispiele der Unterkünfte „Berliner Brücke" des Volkswagenwerkes in Wolfsburg und der Opel-Wohnheime in Rüsselsheim ist dann konkret nachzuzeichnen, wie es zur Entstehung dieser Massenunterkünfte kam, und inwieweit das Leben in solchen Unterkünften als Lagerleben bezeichnet werden kann.

Politische Vorgaben:
Konsens der Bundesregierung und Arbeitgeber?[1]

Schon bevor die ersten „Gastarbeiter" in die Bundesrepublik kamen, traf die Bundesregierung wichtige Vorentscheidungen über deren Unterbringung. In Italien machten deutsche Regierungsvertreter bereits im April 1954 deutlich, daß bei einer möglichen Beschäftigung italienischer Arbeitnehmer und Arbeitnehmerinnen in der Bundesrepublik diese gegebenenfalls mit einer Unterbringung in Baracken rechnen müßten (Quelle 1a; Steinert 1995, S. 220ff.). Außerdem plante man seit Februar 1955, daß der Arbeitgeber, der ausländische Arbeitskräfte anforderte und beschäftigte, auch für die Bereitstellung der Unterkünfte zuständig sein sollte (Quelle 1b). In der deutsch-

---

[1] Da nur die Vorgänge bis 1968 mit Archivmaterial aufbereitet werden konnten, liegt der Schwerpunkt der Darstellung auf dem Zeitraum bis Mitte der sechziger Jahre.

italienischen Anwerbevereinbarung vom 20. Dezember 1955 sowie in den ihr folgenden Vereinbarungen mit den anderen Anwerbeländern wurde entsprechend die Vermittlung ausländischer Arbeitskräfte vom Vorhandensein „angemessener Unterkünfte" abhängig gemacht und die Zuständigkeit für die Unterbringung der Migranten dem Arbeitgeber übertragen (ANBA 1956, S. 45, S. 65). Hintergrund für diese frühen Entscheidungen der Bundesregierung waren folgende Überlegungen: Zum einen sollte angesichts der Wohnungsnot der Wohnungsmarkt nicht weiter belastet und vor allem die öffentliche Hand nicht beansprucht werden. Zum anderen dachte man damals bei den anzuwerbenden ausländischen Arbeitskräften insbesondere an Saisonarbeiter, die nach der Saison wieder in ihr Heimatland zurückkehren würden. Gleichzeitig stand die Bundesregierung, da diese Arbeitskräfte über eine zwischenstaatliche Vereinbarung kommen sollten, unter Legitimationsdruck gegenüber den Anwerbeländern. Insbesondere Italien als das erste und lange Zeit wichtigste Anwerbeland nutzte seine Einflußmöglichkeiten.

Zunächst einmal waren jedoch die Arbeitgeber nur teilweise mit den Vorstellungen der Bundesregierung einverstanden: Angesichts der regionalen und sektoralen Arbeitskräfteverknappung befürworteten sie zwar die Anwerbung ausländischer Arbeitnehmer und Arbeitnehmerinnen, gerade auch weil diese im Gegensatz zu deutschen Arbeitskräften überall leicht in Baracken unterzubringen seien (Herbert 1986, S. 192). Aber die Kosten für die Unterbringung der Arbeitsmigranten und Arbeitsmigrantinnen wollten die Arbeitgeber nicht tragen. Nachdem sie im Juni 1955 die Streichung des entsprechenden Paragraphen im Musterarbeitsvertrag der Anwerbevereinbarung nicht hatten durchsetzen können (Quelle 1c), waren sie in der Folgezeit darauf bedacht, wenigstens billige und schnell zu errichtende Unterkunftstypen zu nutzen (Herbert 1986, S. 204). Dieser Tendenz zur Minimierung der Aufwendungen für Unterkünfte wirkte bei einigen Unternehmen höchstens die Absicht entgegen, durch eine verbesserte Unterbringung die Abwanderung der angeworbenen Arbeitsmigranten und Arbeitsmigrantinnen zu verhindern (Ausländische Arbeitnehmer 1965, S. 13).

Die deutschen Regierungsstellen hingegen erzwangen keinen aufwendigen Standard für die in den Anwerbevereinbarungen geforderten „angemessenen Unterkünfte". Nach nur sehr vagen Vorgaben in den Anfangsjahren (ANBA 1956, S. 67) wurde seit 1959 die neue Ausführungsverordnung zu dem „Gesetz über die Unterkünfte bei Bauten" vom 13. Dezember 1934 auf die Unterkünfte ausländischer Arbeitnehmer und Arbeitnehmerinnen angewandt

(BGBl 1959, Teil I, S. 44f.; RGBl 1934, Teil I, S. 1234; Weicken 1961, S. 31f.). Diese sogenannte „Baubudenverordnung" von 1959 legte unter anderem für die Schlafräume eine Belegung mit maximal sechs Personen und einen Luftraum von mindestens 10 cbm pro Person fest; ferner hatte jeder Arbeiter nach dieser Bestimmung einen Anspruch auf eine Bettstelle (!), einen verschließbaren Schrank, einen Platz am Tisch und eine Sitzgelegenheit. Wascheinrichtungen mit fließendem Wasser waren bei diesen Unterkünften nicht vorgeschrieben, für je fünfzehn Arbeiter war ein WC vorgesehen.

Erst 1960, als die Ausländerbeschäftigung stark expandierte und die Mehrheit der Migranten und Migrantinnen nicht mehr als Saison-, sondern als Dauerarbeitskräfte in die Bundesrepublik kam, wurde der bis dahin gültige Konsens zwischen Arbeitgebern und amtlichen Stellen über die Angemessenheit von Baracken und anderen provisorischen Unterkünften für die Unterbringung der Arbeitsmigranten in Frage gestellt. Die vermehrte Neuerrichtung von Baracken geriet allmählich in Konflikt mit der wohnungspolitischen Zielsetzung insbesondere des Bundesbauministeriums. Baracken erinnerten an das Wohnungselend des Krieges und der unmittelbaren Nachkriegszeit, dessen Überwindung als eines der sichtbarsten Zeichen der Leistungsfähigkeit der Sozialen Marktwirtschaft herausgestellt wurde (Schulz 1994, S. 260; von Saldern 1995, S. 350). Die laufenden Programme zur Räumung der Wohnlager und Einzelbaracken, in denen Vertriebene, Evakuierte und Flüchtlinge untergebracht waren, firmierten nicht von ungefähr unter dem Schlagwort der „Schandfleckbeseitigung" (Quelle 2a). Daher forderte der Bundesbauminister im August 1960 die für das Bauwesen zuständigen Länderminister auf, dem Neubau von Baracken für Arbeitsmigranten und Arbeitsmigrantinnen entgegenzutreten und statt dessen die Errichtung von massiven Wohnhäusern bzw. Reihenfamilienhäusern zu verlangen. Sie seien langfristig billiger als Baracken und verhinderten auch bei einer vorübergehenden Überbelegung eine „unerfreuliche Massierung" der Bewohner (Quelle 1d). Die Initiative hatte allerdings nur begrenzten Erfolg: Länder und Arbeitgeber forderten für die kostspieligere Errichtung von Festbauten die Bereitstellung von Bundesmitteln. Dies lehnten die Bundesressorts jedoch ab, da sie den noch unzureichend mit Wohnraum versorgten deutschen Staatsangehörigen Priorität einräumten (Quellen 1e und 1f). Mit Rücksicht auf das von Arbeitgeberseite gegen Festbauten geltend gemachte Zeitargument ließen die Länder meist weiterhin Baracken bzw. vorläufige Unterkünfte als Übergangslösung zu (Quelle 1g). Sogar das Bundesbauministerium war schließlich bereit, auch bei der Neuregelung in Ausnahmefällen „Leichtbauten" zuzulassen, womit Montagehäuser verschiedenster Bauart mit geringem Gewicht gemeint waren. Diese Kompromißformel trug in der Praxis allerdings nicht sehr weit, da die Abgrenzung von Leichtbauten und Baracken problematisch war. So entstanden auch nach 1960 zahlreiche neue Baracken und Barackenlager für „Gastarbeiter", ohne daß diese Neuschaffung von Lagern prinzipiell als anstößig empfunden wurde.

Fast gleichzeitig mit der Initiative des Bundesbauministers, nämlich am 21. September 1960, beschloß der Vorstand der Bundesanstalt für Arbeitsvermittlung und Arbeitslosenversicherung, den Bau von Unterkünften für Arbeitsmigranten und Arbeitsmigrantinnen finanziell durch günstige Darlehen zu unterstützen. Die Bundesanstalt, zuständig für die amtliche Anwerbung der ausländischen Arbeitnehmer und Arbeitnehmerinnen, war daran interessiert, daß nicht durch fehlende oder mangelhafte Unterkünfte die Anwerbung unterbleiben mußte oder von Seiten der Entsendeländer behindert wurde (Quellen 1h; 2b). Tatsächlich meldeten italienische Stellen seit Sommer 1960 regelmäßig Firmen an die Bundesanstalt, deren Unterbringungspraxis inakzeptabel war, und lehnten seit 1961 in Einzelfällen die weitere Vermittlung italienischer Arbeitnehmer und Arbeitnehmerinnen an solche Firmen ab (Quelle 1i). Solchen Interventionen und den daraus resultierenden Vermittlungsengpässen sollte die Kontrolle und Förderung von Unterkünften seitens der Bundesanstalt entgegenwirken, für die sie bis Ende 1973 insgesamt eine Darlehenssumme von über 450 Millionen DM bereitstellte (Ausländische Arbeitnehmer 1972/73, S. 40). Der funktionale Bezug der Förderung auf die Anwerbung kam darin zum Ausdruck, daß die Unterkünfte ausschließlich für Arbeitskräfte gedacht waren und eine Förderung von Familienunterkünften ausgeschlossen war. Die Wohnstandards der geförderten Unterkünfte waren zwar höher als in der Baubudenverordnung vorgesehen, aber eine Angleichung an die Standards der Wohnheime für deutsche Arbeitnehmer und Arbeitnehmerinnen, die die Bundesanstalt ebenfalls förderte, war nicht angestrebt: Gegenüber den Wohnheimen für deutsche Arbeitnehmerinnen und Arbeitnehmer waren bei den Unterkünften für Ausländer und Ausländerinnen in Ausnahmefällen auch „Leichtbauten (jedoch nicht Baracken)" zugelassen, die Darlehenshöhe pro Bettenplatz wurde um ein Drittel herabgesetzt und die Belegungsdichte von höchstens drei auf in der Regel vier Personen pro Zimmer erhöht (ANBA 1960, S. 109ff.,

S. 537ff.). Die Herabsetzung des Standards wurde einerseits damit legitimiert, daß die ausländischen Arbeitskräfte selbst an möglichst billigen
Unterkünften interessiert seien und nur vorübergehend in diesen Unterkünften lebten. Andererseits deutete sich eine Kontinuität der diskriminierenden
Unterbringungspolitik gegenüber Ausländern und Ausländerinnen der
vorangegangenen Jahrzehnte an, wenn etwa der Vizepräsident der Bundesanstalt im Oktober 1960 darlegte, bei den Unterkünften solle „der Heim-
charakter nicht überbetont werden. Eine mittlere Ausstattung der Heime
genüge, da die Ausländer keine allzu großen Ansprüche stellten." (Quellen 1j; 1k). Man unterschied zwischen „Wohnheimen" für deutsche Arbeitnehmer und Arbeitnehmerinnen und „Unterkünften" für ausländische Arbeitnehmer und Arbeitnehmerinnen und hielt eine gemischte Belegung mit
Deutschen und Ausländern nicht für wünschenswert (Quelle 1l; Yano 1998,
S. 52). Im Bundesbauministerium warnte man zwar im Oktober 1960 im
Zusammenhang mit einer durch die Förderungsgrundsätze nahegelegte Unterbringung großer Ausländergruppen in unmittelbarer Nähe der Arbeitsstelle
davor, „daß sich ‚Ausländerghettos' bilden, die für die Zeit der dichten Belegung durch ausländische Arbeitskräfte die hinreichend bekannten Schatten-
seiten haben" (Quelle 1m). Aber in der Förderpraxis der Bundesanstalt kam
dieser Gedanke nicht zur Geltung. Erst in der Neufassung der Fördergrundsät-
ze rund zehn Jahre später legte man Wert darauf, daß durch die Lage der
Unterkunft „eine Isolierung von der deutschen Bevölkerung vermieden wird"
(ANBA 1971, S. 564).

Die meisten Regelungen zur Unterbringung, von der Verpflichtung des
Arbeitgebers zur Unterbringung über die Kontrolle durch die Arbeitsämter
bis hin zur Förderung durch die Bundesanstalt, galten nur für diejenigen
ausländischen Arbeitnehmer und Arbeitnehmerinnen, die über die Anwerbekommissionen angeworben wurden. Aber der Anteil der anderweitig Einreisenden machte in den sechziger Jahren teilweise mehr als die Hälfte aller
einreisenden Arbeitnehmer und Arbeitnehmerinnen aus den Anwerbeländern
aus (Körner 1976, S. 204), worauf die Bundesanstalt gerade die Mißstände
bei der Unterbringung zurückführte (Quelle 1 n). Verschiedene Ansätze, die
bisherigen Regelungen auch auf diese Ausländergruppe auszuweiten, hatten
nur bedingt Erfolg: Zwar wurden deutsche Arbeitgeber seit Februar 1961
auch bei nicht amtlich angeworbenen Italienern in den ersten beiden Jahren
zur Unterbringung verpflichtet, aber die griechische Regierung lehnte eine
entsprechende Änderung ihrer Anwerbevereinbarung ab, da sie nicht die

freie Wanderung in die Bundesrepublik fördern wollte (Quellen 1o; 1p). Auf Bundes- und Länderebene gab es Initiativen, die Kontrolle der Gemeinschaftsunterkünfte durch Arbeits-, Gesundheits- und Gewerbeaufsichtsämter zu verbessern und auf alle Gemeinschaftsunterkünfte auszudehnen. In der Praxis aber wurde, wie selbst die Bundesanstalt 1962 intern zugestand, „(d)ie vorgeschriebene Überprüfung der Unterkünfte (...) offenbar etwas lässig gehandhabt" (Quelle 2c). Die Kontrolle der Unterkünfte blieb bis in die siebziger Jahre ein Problem (Repräsentativuntersuchung '72, S. 101). Auch die Schaffung einheitlicher Normen für alle Gemeinschaftsunterkünfte für Arbeitsmigranten und Arbeitsmigrantinnen brachte keine substantielle Verbesserung: Auf Anregung der italienischen Seite kam es im Februar 1964 zu einer bilateralen Vereinbarung über „Richtlinien für die Unterkünfte italienischer Arbeitnehmer in der Bundesrepublik Deutschland", die aber aus Gründen der Gleichberechtigung seit dem 1. April 1964 auch auf die Unterkünfte anderer ausländischer Arbeitnehmer und Arbeitnehmerinnen angewandt wurden (Quelle 1q). Bei der Konzeption der Richtlinien hatte sich auf der deutschen Seite die Bundesanstalt mit ihrer Absicht durchgesetzt, „durch ein möglichst einfaches System die Mindestvoraussetzungen festzulegen, die von der italienischen Seite gerade noch akzeptiert werden" (Quelle 1r). So gingen die für alle Unterkünfte geltenden Richtlinien für Mindestanforderungen an vorgesehener Wohnfläche, Zimmerbelegung und Ausstattung mit sanitären Anlagen kaum über die Bestimmungen der Baubudenverordnung von 1959 hinaus (Zieris u.a. 1973, S. 213ff.). Die Richtlinien stellten, da sie keine Rechtsvorschriften waren, für die Arbeitsämter nur in Zeiten großer Arbeitskräfteknappheit ein wirksames Druckmittel zur Durchsetzung der Mindestanforderungen dar, die darüber hinaus den Status quo kaum verbesserten.

Dessen ungeachtet konstatierten die deutschen Stellen seit 1962 in öffentlichen Verlautbarungen regelmäßig eine Verbesserung der Wohnverhältnisse der alleinstehenden Arbeitsmigranten und Arbeitsmigrantinnen und stellten das Problem der Unterbringung als gelöst dar (Bericht der Bundesregierung 1962/63, S. 6; Zieris u.a. 1973, S. 16ff.). Intern hingegen mußte die Bundesanstalt im Mai 1962 zugestehen, daß sich das Problem der Unterkünfte noch sehr „eindringlich" stelle: „Überbelegte, unhygienische, zu teure und unwürdige Unterkünfte seien oft Anlaß zu Untersuchungen und zur Kritik in der Öffentlichkeit" (Quelle 2c). Aber erst Anfang der siebziger Jahre kam es mitbedingt durch einen gestiegenen Lebensstandard und ein verändertes politisches Klima zu so aufsehenerregenden Skandalen wie den um das „Gastarbeiter"-Lager der Baufirma Philipp Holzmann in Frankfurt,[2] daß dies die Herausgabe neuer Richtlinien für die Unterkünfte ausländischer Arbeitnehmer und Arbeitnehmerinnen beschleunigte (Klee 1972, S. 195f.). Diese neuen Richtlinien vom April 1971 verringerten die zulässige Belegung pro Zimmer auf vier Personen, erhöhten die pro Person vorzusehende Gesamtwohnfläche auf acht Quadratmeter und stellten höhere Anforderungen an die Ausstattung mit sanitären Einrichtungen und Kochmöglichkeiten. Sie schrieben erstmals auch die Einrichtung eines Krankenzimmers für Unterkünfte mit mehr als 50 Bewohnern vor (Repräsentativuntersuchung '72, S. 170f.; Zieris u.a. 1973, S. 12ff.; Eryilmaz 1998c, S. 172). Allerdings war die Wirksamkeit auch dieser Richtlinien begrenzt, so daß sie 1973 durch ein Gesetz abgelöst wurden, das zum ersten Mal rechtsverbindliche Mindestanforderungen für von Arbeitgebern bereitgestellte Unterkünfte festlegte und dabei auch nicht zwischen deutschen und ausländischen Arbeitnehmern und Arbeitnehmerinnen unterschied (BGBl 1973, Teil I, S. 905). Nur wenige Monate nach Verkündung des Gesetzes beendete jedoch der Anwerbestopp im November 1973 weitgehend die Neuzuwanderung von Arbeitsmigranten und Arbeitsmigrantinnen aus den Anwerbeländern, und damit ging, wenn auch langsam, die Zeit der „Gastarbeiter"-Unterkünfte ihrem Ende zu.

Quantitative Entwicklung

Für die zahlenmäßige Bedeutung der Gemeinschaftsunterkünfte in der Anwerbephase lassen sich trotz statistischer Probleme folgende allgemeine Trends feststellen: In absoluten Zahlen nahm die Anzahl der in Gemeinschaftsunterkünften lebenden Arbeitsmigranten und Arbeitsmigrantinnen in der Anwerbephase zu. Wohnten im Herbst 1968 bereits etwa 250 000 Arbeitnehmer aus den sechs wichtigsten Anwerbeländern in Gemeinschaftsunter-

---

2 An den katastrophalen Zuständen in dem Barackenlager in Frankfurt-Rödelheim – Anfang der siebziger Jahre standen für etwa 800 Menschen nur acht Duschen und fünf Wasserhähne zur Verfügung – entzündete sich ein Skandal, weil im November 1970 hohen Kirchenvertretern und sizilianischen Sozialreformern der Zutritt zum Lager verwehrt wurde. Die Presse berichtete ausführlich, und nach der Stadt Frankfurt schalteten sich schließlich auch der hessische Sozialminister und der Bundespräsident ein.

künften, so waren es im März 1972 ungefähr 450 000. Die Zahl ging nach dem Anwerbestopp durch das Ausbleiben von neu zuwandernden Arbeitnehmern und Arbeitnehmerinnen und den gleichzeitig zunehmenden Familiennachzug zurück, allerdings wohnten 1980 noch schätzungsweise 230 000 Arbeitsmigranten und Arbeitsmigrantinnen aus den sechs Anwerbeländern in Gemeinschaftsunterkünften.[3] Der relative Anteil der in Gemeinschaftsunterkünften lebenden Arbeitsmigranten und Arbeitsmigrantinnen nahm jedoch in der Anwerbephase bereits leicht ab: Nach Einschätzung der Bundesregierung lebten 1962 etwa zwei Drittel der über die Anwerbekommissionen angeworbenen Arbeitskräfte aus Italien, Spanien, Griechenland und der Türkei in Gemeinschaftsunterkünften, während der überwiegende Teil der außerhalb des amtlichen Anwerbeverfahrens eingereisten Ausländer in Einzelunterkünften wohnte (Bericht der Bundesregierung 1962/63, S. 6). Nach methodisch gesicherten Erhebungen lebte im Frühjahr 1966 und Herbst 1968 ungefähr ein Drittel der Arbeitnehmer und Arbeitnehmerinnen aus den Anwerbeländern (mit Jugoslawien) in Gemeinschaftsunterkünften, bis zum Frühjahr 1972 ging dieser Anteil auf ein Viertel zurück (EMNID-Institut 1966, S. 49-61; Repräsentativuntersuchung 1968, S. 58; Repräsentativuntersuchung '72, S. 104).

Dem allgemeinen Trend nach waren Gemeinschaftsunterkünfte also bereits Mitte der sechziger Jahre nicht mehr die dominierende Wohnform der Arbeitsmigranten und Arbeitsmigrantinnen. Allerdings ergeben sich bei differenzierter Betrachtung bedeutsame Abweichungen von dieser allgemeinen Entwicklung: Bei den Wohnformen von ledigen bzw. ohne ihre Familien zugewanderten Männern machten beispielsweise 1968 die Gemeinschaftsunterkünfte über 50 Prozent aus. Ähnlich starke Abweichungen nach oben ergeben sich auch, wenn man die Nationalität (hohe Werte bei Türken, Portugiesen, Jugoslawen), die Branche (hohe Werte im Baugewerbe und Bergbau), die Aufenthaltsdauer (je kürzer, desto höher der Wert) und die Region (höhere Werte in bestimmten Ballungsgebieten) berücksichtigt (Repräsentativuntersuchung 1968, S. 59f.; Repräsentativuntersuchung '72, S. 105ff.; Borris 1973, S. 132ff.; Eryilmaz 1998c, S. 174f.).

---

3   Errechnet aus den Angaben in: Repräsentativuntersuchung 1968, S. 45, S. 58; Repräsentativuntersuchung '72, S. 11, S. 104; Forschungsinstitut Friedrich-Ebert-Stiftung 1981, S. 6, S. 448; Statistisches Bundesamt 1981, S. 66.

Die politische Entscheidung, die Unterbringung zur Sache der Arbeitgeber zu machen, begünstigte offenkundig die Entstehung von Gemeinschaftsunterkünften. Bei den von Betrieben für Arbeitsmigranten und Arbeitsmigrantinnen bereitgestellten Wohnmöglichkeiten lagen Gemeinschaftsunterkünfte an erster Stelle; private, nicht betriebsgebundene Gemeinschaftsunterkünfte waren äußerst selten (Repräsentativuntersuchung '72, S. 102). Auch die Darlehen der Bundesanstalt waren für die Entstehung von Gemeinschaftsunterkünften von nicht unerheblicher Bedeutung. Ende 1965 wohnte – rechnerisch – etwa jeder zehnte Arbeitnehmer aus den damaligen Anwerbeländern in einer von der Bundesanstalt geförderten Unterkunft (Ausländische

Italienische „Gastarbeiter" der VW-Werke in Wolfsburg während einer Arbeitspause, 1962.

Arbeitnehmer 1965, S. 13; Bundesanstalt 1974, S. 12). Und auch in den folgenden Jahren pendelte der Anteil um diesen Wert. Schätzungsweise jeder zweite Arbeitnehmer aus den damaligen Anwerbeländern (ohne Jugoslawien), der im Herbst 1968 in einer (betrieblichen) Gemeinschaftsunterkunft lebte, wohnte in einer von der Bundesanstalt geförderten Gemeinschaftsunterkunft, im März 1972 war es ungefähr jeder dritte.[4]

Über die Bauweise, die Größe und andere für das Leben in den Unterkünften wichtige Merkmale geben die Repräsentativuntersuchungen nur unzureichend Aufschluß (Zieris u.a.1973, S. 25ff.). Hier setzen die Fallbeispiele zu Wolfsburg und Rüsselsheim an.

Das Leben im Wohnheim – das Leben in einer Behelfsunterkunft: „Gastarbeiter"-Alltag in Rüsselsheim und Wolfsburg

Für die beiden führenden bundesdeutschen Autohersteller Volkswagen und Opel waren die Ausgangsbedingungen im Hinblick auf die Beschäftigung von Ausländern ähnlich, handelte es sich doch in beiden Fällen um Großbetriebe derselben Branche, die seit Ende der fünfziger Jahre mit einem spürbaren Arbeitskräftemangel konfrontiert waren. Beide Betriebe warben seit Anfang der sechziger Jahre – und damit im Vergleich zu anderen Unternehmen relativ spät – ausländische Arbeitnehmer an und brachten sie in Gemeinschaftsunterkünften unter, die für mehrere tausend Menschen konzipiert waren und zur dominierenden Wohnform von Arbeitsmigranten und Arbeitsmigrantinnen in der Käferstadt Wolfsburg und der Opelstadt Rüsselsheim wurden. Die Frage, inwieweit diese „Gastarbeiter"-Unterkünfte in der Tradition von Lagern standen, führt von den jeweiligen betrieblichen Entscheidungen und Motivationen über die bauliche Beschaffenheit der Unterkünfte hin zum Alltag in diesen Unterkünften.

---

4   Errechnet aus den Angaben in: Repräsentativuntersuchung 1968, S. 45, S. 58; Repräsentativuntersuchung '72, S. 11, S. 104; Ausländische Arbeitnehmer 1967, S. 19; Ausländische Arbeitnehmer 1971, S. 28. Die Zahl der fertiggestellten geförderten Bettplätze wurde nach diesen Angaben für Herbst 1968 auf 100 000 geschätzt, für März 1972 auf 150 000.

Die Unterbringungspraxis von Volkswagen und Opel

Die Betriebsleitung des Volkswagenwerks fällte angesichts der Tatsache, daß die weitere Gewinnung deutscher Arbeitskräfte am Wohnungsmangel in Wolfsburg scheiterte, im September 1961 die Entscheidung zur Anwerbung junger italienischer Männer und damit auch zum Bau von Ausländerunterkünften (Quellen 3a; 3b). Stellte man die bevorstehende Anwerbung gegenüber der Belegschaft als letzten, wenig willkommenen Ausweg dar, so beeinflußte die Vorstellung der provisorischen Übergangs- bzw. Notlösung auch jegliche Entscheidung über die Unterbringung der Migranten. Schnell und billig sollten Bettplätze für die in Kürze anreisenden Arbeiter aus Italien errichtet werden, so daß der VW-Generaldirektor Nordhoff bereits von Anwerbungsbeginn an die Errichtung von Baracken in einem „Lager" favorisierte. Bereits Ende 1961 plante man eine Bettenkapazität für knapp 3000 männliche, ledige oder ohne Familienangehörige eingereiste Migranten in den „Unterkünften Berliner Brücke" (Quellen 3c; 3d). Im Januar 1962 wurde mit der Fertigstellung der ersten drei zweigeschossigen Holzhäuser für die in Kürze anreisenden ersten hundert „Transportarbeiter" begonnen (Quelle 3a). Schon im November desselben Jahres wohnten knapp 4000 Italiener in 48 Holzhäusern, die mal als Baracken, mal als Leichtbauten bezeichnet wurden (Quellen 7c; 7d). 1966 waren es über 6000 italienische Arbeiter in 58 Häusern (Quelle 6a). Die provisorischen Massenunterkünfte der Anfangsmonate waren auch ein Ausdruck für den enormen Zeitdruck, Schlafplatz für die dringend benötigten Arbeitskräfte zu erstellen. Auffällig am Beispiel der VW-Unterkünfte ist aber vielmehr, daß Management und Betriebsrat neun Jahre lang an diesen provisorischen Unterkünften festhielten. Trotz lauter werdender Forderungen der Italiener nach Verbesserung der Unterkünfte und Familienwohnungen kamen bei der Betriebsleitung in der gesamten Zeit keine konkreten Überlegungen auf, diese Art der Massenunterkunft durch feste Häuser zu ergänzen oder zu ersetzen. Erst in den Jahren 1970/71 erstellte die VW-Wohnungsgesellschaft im Vorort Kästorf wiederum nur für junge, ausländische Männer Festbauten. Zwölf achtgeschossige Hochhäuser wurden errichtet. Bis Ende der sechziger Jahre hingegen hielt das Volkswagenwerk an einem provisorischen Beschäftigungskonzept und damit auch an einem provisorischen Unterbringungskonzept fest (Oswald 1999).

In Rüsselsheim verlief die Entwicklung anders. Opel begann erst im Sommer 1963 mit der gezielten Anwerbung ausländischer Arbeitskräfte in

Griechenland und Portugal. Bis dahin hatte die Verpflichtung zur Unterbringung von ausländischen Arbeitskräften das Unternehmen abgeschreckt, Arbeitskräfte durch die deutschen Kommissionen anzuwerben (Quelle 1s). In den Jahren 1961/62 hatte Opel allerdings vier Wohnheime für deutsche Arbeitnehmer gebaut, in denen seit 1963 auch angeworbene ausländische Arbeiter untergebracht wurden. Die Wohnheime dienten auch als Vorbild für die 1963/64 in unmittelbarer Nachbarschaft speziell für Ausländer errichteten Wohnheime. Es handelte sich wie bei den Wohnheimen für Deutsche um mehrgeschossige Festbauten, der Standard in der Ausstattung wurde aber bezeichnenderweise deutlich gesenkt. Insgesamt baute Opel bis 1975 auf drei Arealen rund 40 Häuser für fast 7000 ausländische Beschäftigte unterschiedlicher Nationalität.[5] Ende der sechziger Jahre, als die Ausländerbeschäftigung nach Überwindung der Rezession der Jahre 1966/67 sprunghaft anstieg, errichtete nun auch Opel auf einem dieser Areale ausschließlich Baracken (Schmitz/Schrödl 1974, S. 68ff.). Möglicherweise hatte die erste Nachkriegsrezession, in der Opel Anfang 1967 vor allem Ausländer entlassen hatte, das betriebliche Bewußtsein über den zeitlich begrenzten Einsatz der Arbeitsmigranten geschärft, so daß der Bau von provisorischen Unterkünften kostengünstiger erschien.

So entstand auch in Rüsselsheim nicht nur eine symbolische Kontinuitätslinie. Der architektonische Rückgriff auf Baracken knüpfte an das traditionelle Lager als ein provisorisches, schnell und billig zu errichtendes Massenquartier an. Die Festbauten, in denen die Mehrheit der ausländischen Arbeitnehmer in Rüsselsheim lebte, waren zwar auch Massenquartiere, hatten aber eine höhere bauliche Qualität als Baracken bzw. Leichtbauten. Die bis in die Gegenwart reichende Nutzung dieser Bauten macht deutlich, daß es sich – zumindest baulich – nicht um Provisorien handelte, wie sie für Lager typisch sind. Einem Lager entsprachen von der Beschaffenheit her aber die Opel-Baracken sowie die Holzhäuser der „Unterkünfte Berliner Brücke" auf dem

---

5   Im Gegensatz zu den Unterkünften des Volkswagenwerks, in denen während der sechziger Jahre ausschließlich Italiener lebten und erst Anfang der siebziger Jahre Tunesier hinzukamen, lebten in den Opel-Wohnheimen Arbeitsmigranten unterschiedlicher Herkunft, wenngleich nach Heimen getrennt. Aufgrund der Massenanwerbungen von Opel in Griechenland stellten ab dem Jahr 1964 die Griechen die größte Gruppe. Drei Monate später wurden sie bereits als Folge der Verlagerung der Anwerbung nach Spanien von den Spaniern als größte Gruppe abgelöst, deren Anzahl wiederum nach 1974 von den Bewohnern aus der Türkei übertroffen wurde.

Fabrikgelände des Volkswagenwerks. In Rüsselsheim lagen die Baracken der Arbeitsmigranten zudem nahe der Stelle auf dem Werksgelände, an der im Nationalsozialismus Lager für Zwangsarbeiter bestanden hatten. In Wolfsburg konnte der vom VW-Management eingesetzte Unterkunftsleiter seine früheren Erfahrungen als Leiter des Fremdarbeiterlagers zur Zeit des Stadtaufbaus geltend machen (Wolfsburger Nachrichten, 27. Oktober 1962). Selbst VW-Generaldirektor Nordhoff sprach mit Blick auf die Unterkünfte in Wolfsburg von „Baracken" und einem „Lager". Im Bewußtsein über die historische Belastung seiner Wortwahl ließ er aber alle Betriebsabteilungen bitten,

„nicht von ‚Baracken' und einem ‚Lager' zu sprechen und zu schreiben. Bei der Unterkunft handelt es sich um zweigeschossige Holzhäuser in Leichtbauweise, die aus vorgefertigten Bauelementen konstruiert und auf Fundamente gesetzt sind. Das Wort ‚Lager' könnte Assoziationen hervorrufen, die wir im allseitigen Interesse vermeiden möchten. Die Bezeichnung ‚Unterkünfte Berliner Brücke' dürfte allen Erfordernissen gerecht werden" (Quelle 3b).

Bei Opel übertrug man den Begriff des „Wohnheims", den man für die ersten festen Bauten für deutsche Arbeitnehmer gewählt hatte, auf alle Unterkünfte für Ausländer. Dadurch sollte Wohnlichkeit, Behaglichkeit und der Anspruch pädagogischer Betreuung signalisiert werden (Tübinger Brief 3/4/62), wenngleich wie selbstverständlich davon ausgegangen wurde, daß die Anforderungen an ein „Heim" für Ausländer niedriger seien als an eines für Deutsche.

Weitere Kennzeichen von Lagern sind die räumliche Enge und der niedrige Einrichtungskomfort. Sie charakterisierten ungeachtet der unterschiedlichen Unterbringungstypen sowohl die Opel-Wohnheime als auch die VW-Unterkünfte. Beide Unternehmen erfüllten von der Wohnfläche her nur die Mindestanforderungen, die in der Baubudenverordnung 1959 und den Richtlinien von 1964 gleichermaßen gestellt wurden. Bis zu den neuen Richtlinien 1971 lebten die Migranten in den Opel-Wohnheimen in aller Regel in Drei- und Vierbettzimmern; pro Person standen in den Zimmern zehn Kubikmeter Raum bzw. vier Quadratmeter Fläche zur Verfügung. Im Jahr 1971 erzwang die in den Richtlinien vorgenommene Erhöhung der Schlafraumfläche auf sechs Quadratmeter pro Person die Reduzierung der Belegung um jeweils eine Person. Hierbei schöpfte man die in den Richtlinien gewährte Übergangsfrist von einem Jahr voll aus. Die Zimmer waren mit übereinandergestellten Betten mit Stahlrahmen, mit einem Spind und mit einem Stuhl pro Person und einem Tisch für alle Zimmerbewohner, Vorhängen und einfachen Tapeten ausgestattet. Kochgelegenheiten gab es in einer zentral gelegenen Küche, wo sich je zwei Personen eine Kochplatte teilten und für jeden Bewohner ein kleines Wandschränkchen für die Aufbewahrung von Geschirr vorhanden war (Schmitz/Schrödl 1974).

Griechische Arbeiter im Opel-Wohnheim 1964. Die Anwesenheit aller vier Zimmerbewohner erfordert ein diffiziles Arrangement in den beengten Verhältnissen. In den Zimmern mit Standardausstattung (zwei Doppelbetten, Spinde, ein Tisch mit vier Stühlen) sind nur die Bilder über den Betten eine individuelle Note der Bewohner.

Auch in den Unterkünften „Berliner Brücke" in Wolfsburg war nach einer anfänglichen Belegung von vier Personen in einem Zimmer die Drei-Personen-Belegung in einem 13 Quadratmeter großen Zimmer die Regel. Qualitativ eindeutig niedriger lag im Vergleich zu den Rüsselsheimer Wohnheimen die Ausstattung in den gemeinschaftlich genutzten Räumen wie der Küche und den sanitären Einrichtungen. In jeder Etage sollten 68 Personen, aufgeteilt in 17 Zimmern miteinander leben und auskommen. Ein Kochraum mit 18 elektrischen Kochplatten, ein Waschraum mit 13 Waschbecken und vier Toiletten waren – so argumentierte die VW-Leitung – ausreichend, da je die Hälfte der Bewohner eines Stockwerks in der Früh- bzw. in der Spätschicht arbeitete. Schlangestehen und Andrang auf die sanitären Einrichtungen und die einzige Küche waren nach Schichtende oder am Wochenende somit unvermeidlich (Quellen 6a; 6b; 6c).

Obwohl die Massenquartiere in Wolfsburg und Rüsselsheim vom niedrigen Einrichtungskomfort her mit einem Lager vergleichbar waren, herrschte doch bei den Entscheidungsträgern in beiden Werken die Überzeugung vor, daß sie den Aufenthalt der „Gastarbeiter" besser nicht organisieren könnten (Opel Post 12/66, S. 12). Das Leben in der Unterkunft in Wolfsburg kam nach Ansicht des Unterkunftsleiters sogar einer „Sommerfrische" gleich, auch wenn „wir noch nicht den scherzhaften Vorschlag eines Direktors verwirklicht haben, der uns fragte, wann wir denn Kurtaxe einziehen wollen" (Wolfsburger Nachrichten, 27. Oktober 1962). Zugute kam den beiden Betrieben bei ihren Selbstdarstellungen, daß ihre Unterkünfte vielen Zeitgenossen im Vergleich zur weitverbreiteten katastrophalen Wohnsituation vieler Arbeitsmigranten und Arbeitsmigrantinnen in Kellern, völlig überbelegten Zimmern und fensterlosen Garagen als fortschrittlich erschienen. Die Wolfsburger Presse beschrieb die Unterkunft als „schmucke Siedlung" (Wolfsburger Nachrichten, 27.Oktober 1962); in Rüsselsheim lobte die Presse die „freundlichen Drei-Bett-Zimmer, die praktische Küche, die Duschen und die gut eingerichteten Aufenthaltsräume" (Rüsselsheimer Echo, 14. August 1964).

Auch die Bundesanstalt für Arbeit qualifizierte das Massenquartier in Wolfsburg als „wohnliche Heimstatt" (Quelle 5b), und tatsächlich war die Unterbringungspraxis bei Volkswagen und Opel durchaus vereinbar mit einer Förderung durch die Bundesanstalt für Arbeit: Nachdem man die Baracken in Wolfsburg einfach als „Leichtbauten" definiert und die Zimmerbelegung den Vorgaben für die Wohnraumfläche angepaßt hatte, erhielt Volkswagen für die Unterkünfte „Berliner Brücke" von der Bundesanstalt Darlehen in Höhe von insgesamt 6 Millionen DM (Quellen 5a; 5b; 5d). Opel erhielt für seine Wohnheime mindestens 3 Millionen DM (Dresler 1988,

S. 139). Die betrieblichen Entscheidungen über Lage, Größe und Austattung der Unterkünfte prägten maßgeblich das Leben und Zusammenleben der Bewohner.

„Gastarbeiter"-Alltag in Gemeinschaftsunterkünften

Ökonomische Prosperität und Wirtschaftsboom spiegelten sich in den Unterkünften der Arbeitsmigranten und Arbeitsmigrantinnen kaum wider. Wie typische Lagerbewohner lebten auch sie in einer Mangelgesellschaft, die Einschränkung oder Verlust der individuellen Freiheit bedeutete: Nicht nur Mangel an Platz und Bewegungsfreiheit, sondern zwangsläufig auch Mangel an Ruhe, Rückzugsmöglichkeiten und Intimität führten in den Massenunterkünften bis zum vollständigen Verlust der Privatsphäre (Quellen 6d; 7g). Das Zusammenleben zu dritt oder viert auf einem Zimmer brachte es mit sich, daß es für den Einzelnen fast unmöglich war, etwas ohne die Aufsicht einer anderen Person zu tun. Zimmernachbarn bekam man von der Unterkunftsleitung zum Teil nach gemeinsamen Herkunftsgebieten,[6] zum Teil nach freien Bettplätzen zugeteilt. Auch wenn dementsprechend manche Arbeitsmigranten mit Verwandten oder Bekannten im gleichen Zimmer oder wenigstens im gleichen Gebäude wohnten, waren die meisten Zimmernachbarn einander zunächst doch fremd, so daß sich in der Regel Zwangsgemeinschaften bildeten.

Zu diesem Mangel an Privatsphäre gehörte auch der Mangel an Sexualität, der sich aus der Trennung der Geschlechter, der fehlenden Rückzugsmöglichkeit und den restriktiven Besuchsregelungen in den Unterkünften ergab. Das Leben in einer reinen Männergesellschaft und die Beschränkung der Sexualität durch die Gemeinschaftssituation waren prägende Erfahrungen der Migranten (Borris 1973, S. 137) und schlugen sich auch in der Außenwahrnehmung nieder. Die Rüsselsheimer bezeichneten die Ausländerwohnheime

---

6   In den Häusern 9 und 10 in Wolfsburg „waren beispielsweise die Abbruzzen, die haben zusammengehalten bis zum Schluß, Haus 44, da waren die Calabresen, die Sarden waren in 4 und 5 und 6" (Quelle 7a). In den Opel-Wohnheimen lebten im August 1964 allein 400 Kreter, im folgenden Jahr kam eine Gruppe von mehreren hundert Spaniern aus dem Dorf Villamartin aus der Provinz Cadiz (Quellen 7f; 8a).

von Opel auch als „Bullen-Kloster" (Dresler 1988, S. 143), und in Wolfsburg wurde ein „Sex-Stau" bei fast 6000 „quasi kasernierten, heißblütigen Italienern" in der „Berliner Brücke" prognostiziert (Süddeutsche Zeitung, 18. Februar 1971). Die auffällige Präsenz von mehreren tausend ausländischen Männern rief in den verhältnismäßig kleinen Autostädten Rüsselsheim und Wolfsburg heftige Reaktionen Einheimischer hervor. In Wolfsburg klagte Anfang der siebziger Jahre eine Gruppe deutscher Frauen über Belästigungen durch ausländische Arbeiter im Stadtzentrum:

„Man sollte anfangen, den Tatbestand zu berücksichtigen, daß diese Arbeiter auch aus Fleisch und Blut gemacht sind und daß sie nicht ausschließlich von Arbeit und Essen leben können. Inzwischen denken wir, daß es sinnvoll von städtischer Seite wäre, die Möglichkeit eines Freudenhauses für die 10 000 ausländischen Arbeiter in Wolfsburg zu untersuchen" (Quelle 5c).

Die Rüsselsheimer Presse beobachtete seit Ende der sechziger Jahre mit Besorgnis eine Zunahme der Zahl der Homosexuellen in den Opel-Wohnheimen und empfahl den Herren von der Betriebsleitung im Dezember 1969 ebenfalls die Errichtung einer „Art von Eros-Center (...), wollt Ihr nicht gelegentlich mit Euren Frauen und Töchtern Schlimmes erleben" (Mainspitze, 20./21. Dezember 1969). Hier deuten sich auch Konkurrenzängste deutscher Männer an, die mindestens ebenso ausgeprägt waren wie die Ängste und Ressentiments von Frauen. Kneipen und Tanzlokale verhängten Einlaßverbote für Arbeitsmigranten. Prügeleien zwischen deutschen und ausländischen Männern, die Kontakt zu deutschen Frauen hatten, waren keine Seltenheit (Quelle 7a). Einige Unterkunftbewohner in Rüsselsheim hatten ihren ersten und zum Teil einzigen Kontakt zu Frauen in der Bundesrepublik zu Prostituierten, die von ihrem Zuhälter in einem kleinen Bus auf das Gelände der Opel-Wohnheime gefahren wurden (Quelle 7e).

Jedoch traf der Mangel an lebensnotwendigen materiellen Gütern – typisch für frühere Lagergesellschaften – für die Arbeitsmigranten nicht zu. Und falls doch, dann gründete er meist auf eigener Entscheidung. Dieser freiwillige Verzicht für ein späteres besseres Leben in der Heimat war ein entscheidendes Merkmal und oft die Hauptmotivation der Arbeitsmigranten und Arbeitsmigrantinnen, ein Leben in Massenunterkünften auf sich zu nehmen (Treibel 1999, S. 115ff.):

„Die Mehrzahl der Italiener kommt nach Deutschland aus einem ganz spezifischen Grund: um Geld zu machen. Man beginnt sofort mit dem Sparen am Essen, an der Kleidung und an der Freizeit. Man bleibt zu Haus (...) aus dem alleinigen Grund, weil man nicht Geld ausgeben will. Mit der Lohntüte in der Hand, wird sofort die Überweisung nach Italien gemacht" (Italiani a Wolfsburg, September 1973, S. 4).

Aber nicht nur Mangel und Verzicht prägten das Leben in den Lagern und den Gemeinschaftsunterkünften der sechziger Jahre. Räumliche Segregation und Isolation nach außen und ein umfassendes Reglement nach innen verstärkten den Zustand einer entindividualisierten Zwangsgemeinschaft (Herbert 1987; Reimann 1987). Anfang 1970 wohnte rund die Hälfte der ausländischen Einwohner Rüsselsheims und etwa drei Viertel der bei Opel beschäftigten Ausländer in einem der Opel-Wohnheime (Dresler 1991, S. 69). In Wolfsburg lebten sogar 77 Prozent der ausländischen Wohnbevölkerung und 86 Prozent der ausländischen Arbeitnehmer des Volkswagenwerks in der Massenunterkunft räumlich getrennt von den Einheimischen (Quellen 3d; 6a). Diese räumliche Abgrenzung ging in der Wahrnehmung der Beteiligten mit einer sozialen Grenzziehung einher, wenn etwa ein italienischer Dolmetscher des Volkswagenwerkes 1971 von einer „unsichtbare(n) Barriere zur Stadt, zu den Deutschen" sprach: „Die Deutschen sehen uns als Fremdkörper, sie wollen nichts mit uns zu tun haben" (Wolfsburger Allgemeine Zeitung, 20./21. November 1971). Die soziale Problematik, die aus der räumlichen Isolierung der Migranten resultierte, wurde in den beiden Unternehmen durchaus erkannt. So betrachtete die Leitung der Opel-Wohnheime Mitte der sechziger Jahre es als grundsätzliches Problem, in einer relativ kleinen Stadt „einer Vielzahl von Ausländern, die in einer geschlossenen Unterkunft wohnen, die Integration zu ermöglichen" (Tübinger Brief 9/67, S. 213), und sprach sogar von einem „Ghetto-Dasein" der Bewohner (Rüsselsheimer Echo, 2. September 1965). Dennoch nahmen Opel und Volkswagen diese schließlich auch in der Öffentlichkeit kritisierten sozialen Probleme billigend in Kauf. Bei späteren Bauvorhaben für ausländische Arbeitnehmer ließen sowohl die Opel- wie auch die VW-Leitung die Empfehlungen des Bundesbauministeriums für eine räumliche Integration in Form von Familienwohnungen unberücksichtigt und bevorzugten weiterhin die kostengünstigere Lösung einer Massenunterbringung in Fabriknähe.

Die räumliche Trennung fand auch für Einheimische und Migranten ein deutlich sichtbares Zeichen. Eine zwei Meter hohe Umzäunung, ein bewachter Eingang mit Schlagbaum, kontrolliert vom Werkschutz bzw. von der Wohnheimverwaltung, waren sowohl in Rüsselsheim als auch in Wolfsburg errichtet worden. In beiden Städten legitimierte die Werksleitung die Einzäunung mit dem Schutz der Bewohner vor Prostituierten und fliegenden Händlern (Dresler 1988, S. 143). Angesichts der Einwände, die italienische Bewohner der Wolfsburger Unterkunft im Laufe der sechziger Jahre gegen den Zaun und den bewachten Eingang formulierten (Il nostro Lavoro, März 1968, April 1969, Juni 1969), hob man von Seiten des Werkes noch 1970 explizit hervor, „(d)ie persönliche Freiheit der Bewohner wird dadurch in keiner Weise beeinträchtigt, da sie die Unterkünfte zu jeder gewünschten Zeit betreten und verlassen können" (Quelle 6c).

Faktisch war diese persönliche Freiheit der Bewohner der Unterkünfte nicht nur durch Zäune und beengtes Zusammenleben, sondern auch durch Kontrolle und formelle Reglementierung seitens der Unterkunftsleitung beschränkt. Der Zusammenhang ist aus dem Leben in Lagern bekannt. Da es für das bürokratisch organisierte Zusammenleben großer Menschengruppen in einer normabweichenden Wohnform keine gesellschaftlichen Regeln und somit keine funktionierende Selbstregulierung gibt, reagiert die Lagerleitung mit starrem, von außen oktroyiertem formellen Reglement. Auch in den meisten Massenunterkünften für Arbeitsmigranten und Arbeitsmigrantinnen waren für die Unterkunftsleitung Heimordnung und Kontrolle unabdingbar. In Rüsselsheim übernahm das Jugendsozialwerk die Wohnheimleitung für die deutschen und ausländischen Opel-Arbeiter. Einerseits sollte das Sozialwerk dabei, wie es in der Hausordnung hieß, für „Ordnung" sorgen, andererseits die pädagogische Betreuung der Bewohner nicht vernachlässigen. Für eine Gruppe von jeweils 500 bis 700 Heimbewohnern war ein Team von einem Heimleiter und zwei bis drei Betreuern zuständig, wobei die Heimleiter meist Deutsche, die Betreuer meist Ausländer waren. Die ausländischen Betreuer sollten ein – auch sprachliches – Bindeglied zwischen der Heimleitung und den Heimbewohnern bilden und vertraten, auch wenn es zu Loyalitätskonflikten kommen konnte, vor allen Dingen die Interessen der Heimleitung. Ende 1964 arbeiteten 27 hauptamtliche und zwei freie Mitarbeiter in den Opel-Wohnheimen, 13 von ihnen waren Ausländer (Tübinger Brief 5/65, S. 119; Schmitz/Schrödl 1974, S. 89). Die Kontrolle in den VW-Unterkünften war allein in Anbetracht der größeren Zahl an sogenannten Hauswarten wesentlich höher. Ein deutscher und später auch ein italienischer Unterkunftsleiter stand 85 italienischen Hauswarten – *Capo-alloggi* genannt – vor.

Diese regelten jeweils zu zweit den Tagesablauf in einem Haus. Morgens weckten sie, so erinnert sich ein ehemaliger *Capo*, die Arbeiter zur Frühschicht, achteten darauf, daß die Decken ordentlich zusammengelegt und die Spinde gut verschlossen wurden. Abends kontrollierten sie die Gashähne der Herde und ermahnten die von der Spätschicht um 22.30 Uhr Heimkehrenden zur Ruhe (Quelle 7a; Wolfsburger Nachrichten, 27. Oktober 1962). Unterstützung in ihrer Ordnungsfunktion fanden die *Capi* beim Werkschutz, der den Besucherzugang am Unterkunftseingang kontrollierte: Ausweise mußten am Eingang abgegeben werden, und Frauen war generell der Zutritt verboten. Auch in den später errichteten VW-Hochhäusern für Arbeitsmigranten hielt man in der Hausordnung am Frauenverbot fest und begründete dies mit „zu befürchtender sittlicher Verwahrlosung und Prostitution". Aber die Hausordnung wurde, was Frauen betraf, weit weniger streng gehandhabt als in der „Berliner Brücke" (Heisig/Mörlin 1978, S. 82). Auch in den Opel-Wohnheimen kontrollierten die Heimleiter das Leben der Arbeitsmigranten mit Hilfe der Hausordnung: Besuch, allerdings auch Damenbesuch, war nur von 8 bis 22 Uhr in den Gemeinschaftsräumen, in den Wohnräumen nur in Sonderfällen mit Genehmigung der Hausleitung möglich. Die Namen der Besucher sowie der eigene Name mußten bei der Heimleitung eingetragen werden.

Die zwangsweise Vergesellschaftung in den Unterkünften ähnelte jener in Lagern: Die Bereiche Wohnen, Arbeit und Freizeit waren eng miteinander verbunden, die Trennung zwischen privater und öffentlicher Sphäre dadurch weiter aufgelöst. Die Bereiche Arbeit und Wohnen waren auf zweifache Weise verknüpft. Die Wohnheime in Rüsselsheim sowie die Holzhäuser in Wolfsburg lagen auf dem Werksgelände, so daß die Bereiche Arbeit und Wohnen räumlich zusammenrückten. Außerdem waren Arbeits- und Wohnverhältnis aneinander gekoppelt: Wenn das Arbeitsverhältnis in der Fabrik endete, mußte man auch den Platz in der Unterkunft räumen; Übergangszeiten wie nach den Massenentlassungen während der Rezession 1966/67 wurden bei Opel gewährt, fanden im Volkswagenwerk jedoch keine Anwendung (Dresler 1988, S. 142f.). Die Bereiche Arbeit und Wohnen waren jedoch nicht deckungsgleich; so ergaben sich am Arbeitsplatz die häufigsten Kontakte zu Deutschen, wenn diese auch häufig auf die Arbeit beschränkt blieben (Quelle 7e).

Die Kontakte in der Freizeit waren häufig auf Mitbewohner, die Freizeitgestaltung auf das Unterkunftsgelände beschränkt. Dabei spielten die isolier-

Italienischer „Gastarbeiter" mit Freundin auf einem Rummel in Wolfs-
burg, 1962.

te Wohnsituation, aber auch andere Faktoren eine Rolle: Sprachbarrieren, das Gefühl der Fremde, Unsicherheit oder auch die ausgeprägte Sparhaltung führten dazu, daß manche Heimbewohner nur selten in die Stadt gingen, und wenn dies geschah, dann nur um sich mit dem Lebensnotwendigsten zu versorgen. Was aus deutscher Sicht gern mit „fehlendem Integrationswillen" oder auch mit mangelnder Intelligenz (Quelle 6e) erklärt wurde, begründeten viele Arbeitsmigranten selbst mit ihrem Arbeitsalltag: Nach acht Stunden Akkordarbeit, Überstunden oder Wochenendarbeit, mußte eingekauft, gekocht, gewaschen und gebügelt werden. Da blieb bei manchen kaum Raum, die eigene eingekapselte Situation zu verändern. Seine Freizeit vergehe mit „Schreiben und Schlafen", berichtete ein spanischer Bewohner der Opel-Wohnheime 1965 (Mainspitze, 15. Dezember 1965). Andere Bewohner nutzten die Spiel- und Sportmöglichkeiten auf dem Gelände der Unterkunft zum Boccia-, Tischtennis- oder Fußballspielen (Quelle 7c). Es entstanden Fußballmannschaften, kulturelle Gruppen und italienische und spanische Clubs in den Unterkünften (Quelle 7c; Tübinger Brief 5/65, S. 122).

Hinzu kamen sowohl in der „Berliner Brücke" als auch in den Opel-Wohnheimen die Angebote der Leitungen der Unterkünfte, die eine Mischung aus Anpassungshilfe und Unterhaltung waren. In Rüsselsheim entsprangen sie dem pädagogischen Anspruch des Jugendsozialwerks und dem „Bemühen der Heimleitung, die Menschen sich nicht selbst zu überlassen" Opel-Post 12/66, S. 13); in Wolfsburg kamen sie eher gegen die Absicht des VW-Generaldirektors zustande, der wegen der Erfahrungen im Nationalsozialismus jegliche Einmischung des Unternehmens in die Freizeit der Arbeitnehmer ablehnte (Edelmann 1998, S. 242). Nach Erfahrung der Unterkunftsleitung der „Berliner Brücke" ließ sich jedoch mit Sophia Loren auf der Leinwand und einem Fußballplatz vor der Tür das Heimweh besser überwinden als mit Trübsal im Herzen und mit Alkohol im Magen (Wolfsburger Allgemeine Zeitung, 18. Februar 1962).

Unter die Rubrik Anpassungshilfe bzw. Lernfreizeit fielen die Deutschkurse, Film- und Diavorträge zu den Themen Unfallverhütung, Straßenverkehr und Gesundheitspflege und technische Kurse, z.B. in Wolfsburg über „Ausbau und Zusammensetzen eines Käfers". Allerdings war die Beteiligung der Migranten an diesen Bildungsangeboten in beiden Städten nicht sehr hoch; in der Wolfsburger „Berliner Brücke" wurde der Deutschkurs in der Unterkunft sogar schon 1964 abgesetzt und von der Volkshochschule übernommen (Quelle 7b). Schichtarbeit und das Interesse an möglichst vielen Überstunden ließen dafür keine Energiereserven übrig (Wolfsburger Allgemeine Zeitung, 20./21. November 1971; Heisig/Mörlin 1978; Schmitz/Schrödl 1974, S. 91). Ferner wurde in Gruppen- und täglichen Einzelgesprächen, wie es im Jahresbericht der Rüsselsheimer Heimleitung von 1964 heißt, „die Verhaltensweisen der deutschen Bevölkerung und die deutschen Gesetze erklärt, sowie auf die Notwendigkeit, sich diesen anzupassen, hingewiesen. (...) Besondere(r) Nachdruck wurde auf eine korrekte Verhaltensweise der Heimbewohner Frauen und Mädchen gegenüber gelegt" (Tübinger Brief 5/65, S. 120). Unterhaltungsangebote der Rüsselsheimer Heimleitung wie Filmvorführungen, Heimabende und Feiern zu Weihnachten oder zum 17. Juni, insbesondere aber Ausflüge in die nähere und weitere Umgebung erfreuten sich in den sechziger und siebziger Jahren großer Beliebtheit (Opel-Post 12/64; Opel-Post 12/66; Quelle 7h).

Diese Betreuungsangebote bedeuteten gleichzeitig, eventuell auch entgegen der Absicht der Betreuer, eine Optimierung der Kontrolle über die Unterkunftsbewohner. Andere Migranten hingegen entzogen sich dieser Kontrolle und verbrachten einen Teil ihrer Freizeit außerhalb der Unterkünfte. Beliebte Treffpunkte von Migranten waren beispielsweise der Rüsselsheimer Stadtpark und der Bahnhofsvorplatz, dann auch die in beiden Städten entstehenden nationalitätenspezifischen Clubhäuser (Opel-Post 10/63, S. 6f.). Fahrten in umliegende Städte führten zu Bekannten, aber auch in das Rotlichtviertel von Braunschweig. Mancher nutzte sogar seine Freizeit für Nebenjobs, um den Lohn aufzubessern. So berichtete ein Italiener aus Wolfsburg:

„Damals bin ich viel herumgekommen, ich habe neben meiner Schicht noch so allerlei Arbeiten gemacht, ich habe Brot und Backwaren ausgefahren, da habe ich viele Frauen kennengelernt, ich habe eine Zeitlang Lastwagen gefahren, an Wochenenden bin ich manchmal Taxi für einen deutschen Kollegen gefahren, was soll man schon in einem Wohnheim, vier Männer auf einem Zimmer (...)" (von der Grün 1994, S. 112f.).

Beim Freizeitverhalten der Migranten zeigt sich besonders deutlich, daß die Reaktionen auf die in den Unterkünften gegebenen Bedingungen nicht einheitlich waren. Es lassen sich drei allgemeine Verhaltensweisen der Migranten unterscheiden (Goffmann 1973, S. 65ff.; Ackermann 1995b, S. 335):
Die erste Reaktionsweise ist durch Desinteresse und geringe Beteiligung an gemeinschaftlichen Interaktionsprozessen gekennzeichnet und konnte durch die Rückkehrorientierung und das Sparmotiv der meisten Arbeitsmigranten verstärkt werden (Kurz 1965). Der italienische Dolmetscher, der 1971 die ablehnende Haltung der Wolfsburger und Wolfsburgerinnen beklagte, stellte im selben Gespräch fest: „Aber eigentlich ist es umgekehrt bei meinen Landsleuten genauso. Sie haben ihren Job, sie verdienen ihr Geld, alles andere interessiert sie nur am Rande" (Wolfsburger Allgemeine Zeitung, 20./21. November 1971). Diese Haltung konnte sich darin äußern, kaum die Gemeinschaftsunterkunft zu verlassen, aber auch in einer Vernachlässigung der eigenen Kleidung und Körperpflege oder der Ordnung im Zimmer und in den Gemeinschaftsräumen, wie es für Wolfsburg belegt ist (Il nostro Lavoro, Februar 1970). „Die Gesinnung wird hart und stumpf", beobachtete der katholische Pfarrer der örtlichen St. Georgs-Gemeinde voller Sorge bei den Migranten in den Opel-Wohnheimen (Quelle 8).

Neben solchen defensiven bis regressiven Verhaltensweisen gab es jedoch als zweite Reaktionsweise verschiedene *Formen des kollektiven und individuellen Protestes* gegen die Wohnsituation: So forderten beispielsweise die italienischen Vertrauensleute im Juli 1970 von der Betriebsleitung schriftlich eine Verbesserung der hygienischen Verhältnisse in den Unterkünften „Berliner Brücke" und die Einschränkung der Machtbefugnis des Hauswartes (Il nostro Lavoro, September 1970). Für die Opel-Wohnheime sind kollektive Forderungen ähnlichen Inhalts seit der zweiten Hälfte der siebziger Jahre belegt (Dresler 1988, S. 142). In beiden Orten kam es schon in den sechziger Jahren zu Streiks bzw. streikähnlichen Zuständen, die sich in beiden Fällen an der unzureichenden ärztlichen Versorgung in den Unterkünften entzündeten: Während in Rüsselsheim im März 1965 ein spontaner nächtlicher Aufruhr spanischer Heimbewohner durch das Herbeirufen sowohl der Polizei als auch des vorher vergeblich angeforderten Arztes beendet wurde (Rüsselsheimer Echo, 20. März 1965), kam es in Wolfsburg am 5. November 1962, nachdem die Einlieferung eines erkrankten Italieners in ein Krankenhaus verzögert worden war, zu einem großen „wilden" Streik auf dem Unterkunftsgelände (Wolfsburger Allgemeine Zeitung, 6. November 1962; Frankfurter Allgemeine Zeitung, 9. November 1962). Die Werksleitung reagierte mit massivem Polizeiaufgebot und fristlosen Entlassungen; insgesamt verließen infolge des Streiks über 400 Italiener das Werk (Quelle 6f; 6g). Bezeichnend ist, daß man nach den Vorfällen zwar in beiden Orten die ärztliche Versorgung in den Unterkünften tatsächlich verbesserte, der vorangegangene Protest der Migranten aber von der deutschen Presse, der Betriebsleitung wie auch von den Gewerkschaften als ungerechtfertigt dargestellt wurde (Quelle 4b). Undankbarkeit, unkontrollierte Emotionalität und von außen gelenkte Aufhetzung waren die Erklärungsansätze für den kollektiven Protest:

„Daß es vor ein paar Wochen Auftritte gab, die wir in Wolfsburg nicht kennen, zu denen kein Anlaß bestand und die unverkennbar politisch gesteuert waren, gehört der Vergangenheit an. (...) Die Krakeeler sind sämtlich nicht mehr hier, und wir werden sie nie mehr sehen. Ich bin ganz davon überzeugt, daß die, die nun mit uns zusammenarbeiten, es ehrlich meinen, und sie sind uns willkommen. Es geht ihnen ja nicht schlecht, es ist ihnen vielmehr wohl noch nie so gut gegangen. Natürlich können wir nicht jedem ein Einfamilienhaus bauen, und wärmer, als es nun mal hier ist, können wir es beim bestem Willen nicht machen" (Quelle 4a).

Eine individuelle Form des Protestes war der Auszug aus den Unterkünften, als Folge von Vertragsbrüchen, Leistungsverzügen oder Kündigungen. Es folgte Rückkehr in das Herkunftsland, Wechsel in eine andere Stadt oder Umzug in eine private Unterkunft. Wie verbreitet diese Reaktion war, zeigt die hohe Fluktuation in den Unterkünften: In den Opel-Wohnheimen wechselten in den Jahren mit der höchsten Heimbelegung (1970 bis 1973) alle drei Monate durchschnittlich 15 Prozent der Bewohner durch Neuzugänge und Abgänge.[7] Auch in Wolfsburg hielt es weniger als die Hälfte aller Italiener für ein Jahr beim Volkswagenwerk (Oswald 1999). Im Jahr 1971, während der Höchstbeschäftigung von Migranten in Wolfsburg, zogen über 5000 Männer in die Unterkünfte ein, 6500 verließen sie dagegen im selben Jahr.

Demonstrationszug der Europa-Union im Mai 1971 vor den Opel-Wohnheimen in Rüsselsheim. Familiengerechte Sozialwohnungen statt kasernenmäßiger Unterbringung in Gemeinschaftsunterkünften forderte eines der Transparente, die zumeist von Bewohnern der Opel-Wohnheime getragen wurden.

---

7 Errechnet nach den Zahlenangaben bei Schmitz/Schrödl 1974, S. 87.

Zwischen den beiden dargestellten Reaktionsweisen lag die *pragmatische Strategie*, das Beste aus der Situation zu machen. Das Aufhängen von Bildern über dem Bett und in Gemeinschaftsräumen etwa bedeutete die partielle Rückgewinnung der Privatsphäre im entindividualisierten Raum der Unterkunft; beispielhaft war hier eine große Landkarte von Kreta in dem Gemeinschaftsraum der Griechen in den Opel-Wohnheimen, auf der jeder mit einem Schildchen seinen Herkunftsort markierte (Mainspitze, 16. Dezember 1965). In Wolfsburg züchteten Italiener, um ihre kulinarischen Vorlieben pflegen zu können, Ferkel in der Unterkunft und rösteten diese schließlich auf einem offenen Feuer in einem der Holzhäuser (Quelle 5a). Mehr oder weniger intensive Kontakte in- und außerhalb der Unterkunft halfen über die entfremdende Lage in der Fremde hinweg.

Lagerleben in Wolfsburg und Rüsselsheim? – Resümee

Die Unterkünfte in Wolfsburg und Rüsselsheim unterschieden sich in ihrer baulichen Beschaffenheit und entsprachen nicht durchgängig Lagerbehausungen. Für das Leben der Migranten in den beiden Unterkünften waren diese baulichen Unterschiede jedoch von untergeordneter Bedeutung: Mangel an Platz und Privatsphäre in einer provisorischen, prekären Zwangsgemeinschaft, reglementiert durch die Unterkunftsleitung, waren gemeinsame Charakteristika früherer Lagergesellschaften und der Unterkunfts-Gesellschaften in Wolfsburg und Rüsselsheim. Sie prägen sich tendenziell überall dort aus, wo der Alltag großer Menschenmengen bürokratisch „verwaltet" wird. Für die Opel-Wohnheime wurde allerdings von Zeitgenossen der Vergleich mit einer Kaserne und nicht, wie in Wolfsburg, mit einem Lager gezogen (Abb. 17). In den Unterkünften rückten durch die institutionelle und räumliche Anbindung die Lebensbereiche von Arbeit und Wohnen dicht zusammen, ohne jedoch wie bei vielen Lagern zusammenzufallen. Auch die Bereiche Freizeit und Wohnen waren oft, jedoch nicht zwangsläufig deckungsgleich. Aber sowohl bei den Opel-Wohnheimen als auch bei den Unterkünften „Berliner Brücke" gab es die lagertypische, deutliche Trennung von innen und außen, die durch Zaun und Schranke verdeutlicht wurde.

Allerdings lebten die Arbeitsmigranten nicht zwangsweise in den Unterkünften. Auch wenn die faktischen Möglichkeiten, eine alternative Wohnmöglichkeit zu finden, gerade zu Beginn des Aufenthaltes in der Bundesrepublik sehr beschränkt waren, ist der Aspekt der Freiwilligkeit ein wichtiger Unterschied zu manchen anderen Lagern. Die tendenzielle Konzentration von Arbeits-, Wohn- und Freizeitbereich auf die Unterkunft, einerseits mit dem Verlust von individuellen Freiräumen und Ausgrenzung verbunden, ergab andererseits zeit- und vor allem kostensparende Vorteile für die Migranten. Ein kurzer Weg zum Arbeitsplatz, keine zusätzlichen Ausgaben für Freizeitaktivitäten oder Verkehrsmittel, eine günstige Miete sowie preiswertes Essen in der Kantine erlaubten, was für viele Migranten besonders wichtig war, ein sparsames Leben.

Die Homogenität der Bewohner nach Alter, Geschlecht, sozialem Status und Herkunft führte dazu, daß bestimmte Konflikte, wie sie bei heterogenen Lagerpopulationen, beispielsweise in Flüchtlingslagern, typisch waren (Ackermann 1995b), nicht bestanden. Dennoch brachte gerade diese Homogenität neue Konfliktlinien hervor. Langeweile, Monotonie und fehlende Sexualität waren unvermeidliche Konsequenzen. Die geringe Binnendifferenzierung unterschied die Situation in den „Gastarbeiter"-Unterkünften gleichzeitig von der klassischen „Einwandererkolonie", aber auch vom „Ghetto" (Ackermann 1995b, S. 335f.; Reimann 1987, S. 185ff.; Heckmann 1992, S. 96ff.), wenngleich der Ghetto-Vergleich in bezug auf die Isolation der Unterkunftsbewohner immer wieder herangezogen wurde.

Das Verhalten der in den Unterkünften lebenden Migranten war von der sie umgebenden Institution geprägt und zeigte Parallelen zu Bewohnern von anderen Lagern, aber auch zu Insassen von „totalen Institutionen" wie Kasernen oder psychiatrischen Anstalten (Goffmann 1973). Hinzu kamen spezifische Aspekte durch die Migrationssituation, indem etwa das ökonomische Ziel des Geldsparens freiwilligen materiellen Verzicht oder die Rückkehrorientierung eine defensive „Überwinterungsstrategie" begünstigen konnten.

Für Politiker und Arbeitgeber hingegen stand der spezifische „Gastarbeiter"-Status offenkundig im Mittelpunkt: Die Rede vom provisorischen Aufenthalt der Migranten und Migrantinnen ließ zusammen mit nicht immer nur latentem Rassismus die Unterbringung in Unterkünften gerechtfertigt erscheinen, die man in anderen Zusammenhängen als „Schandflecke" bezeichnete. Gleichzeitig stützte die Unterbringung in Gemeinschaftsunterkünften wieder die Rede vom Provisorium, denn wer in solchen Unterkünften lebte, konnte nicht auf Dauer bleiben. Auch wenn die Mehrheit der Migranten und Migrantinnen seit Mitte der sechziger Jahre nicht in Gemeinschafts-unterkünften lebte, waren diese insofern Signum der Anwerbephase, als in ihrem provisorischen Charakter das Verständnis der Arbeitsmigration als zeitlich befristeter Arbeitskräfteimport materiell und symbolisch zum Ausdruck kam.

Quellen

Bundesarchiv Koblenz

Quelle 1a: B 119/3050: BMA an BAVAV vom 1. Juni 1954.

Quelle 1b: B 119/3050: Vermerk des Referats Ia4 (BAVAV) vom 10. Februar 1955.

Quelle 1c: B 119/3050: Niederschrift über die Besprechung am 23. Juni 1955 im BMA über das Verfahren und die Arbeitsbedingungen bei einer etwaigen Hereinnahme von italienischen Arbeitskräften.

Quelle 1d: B 134/6926: BMWo an die für das Bauwesen zuständigen Länderminister bzw. Senatoren vom 25. August 1960.

Quelle 1e: B 149/5800: Niederschrift über die am 17. März 1961 im BMA stattgefundene Besprechung betr. Schaffung angemessener Unterkünfte für die nach der BRD angeworbenen ausl. Arbeitskräfte.

Quelle 1f: B 149/5800: BMWo an BMA vom 23. Februar 1961.

Quelle 1g: B 134/6926: Vermerk des Abteilungsleiters IA (BMWo) zur ARGEBAU-Sitzung vom 21. Oktober 1960.

Quelle 1h: B 119/2898: Auszug aus dem Protokoll der Sitzung des Vorstands (der BAVAV) vom 21. September 1960.

Quelle 1i: B 119/3041-3043, verschiedene Vorgänge.

Quelle 1j: B 119/3024: Auszug aus dem Protokoll über die Dienstbesprechung mit den Hauptreferenten für Arbeitsvermittlung und den Referentinnen für Frauenvermittlung bei den LAÄ am 18. Oktober 1960.

Quelle 1k: B 119/2898: Auszug aus dem Entwurf des Ergebnisprotokolls über die Sitzung des Vorstandsausschusses für Rechts- und Verwaltungsfragen am 31. August/1. September 1960.

Quelle 1l: B 119/1438: BAVAV an LAA Niedersachsen vom 17. Dezember 1960.

Quelle 1m: B 134/8788: Abteilung III (BMWo) an Unterabteilungsleiter IIA (BMWo) vom 15. Oktober 1960.

Quelle 1n: B 149/5800: BAVAV an BMA vom 28. Februar 1961.

Quelle 1o: B 134/6926: Gemeinsame Niederschrift der deutsch-italienischen gemischten Kommission über die behandelten Fragen und Besprechungen, Rom, den 6. Dezember 1960.

Quelle 1p: B 119/4041: Gemeinsame Niederschrift (der Tagung der deutsch-griechischen gemischten Kommission vom 7.-13. Februar 1962).

Quelle 1q: B 134/8784: AA an BMWo u.a. vom 27. Februar 1964.
Quelle 1r: B 119/3056: Vermerk des Referats Ia6 (BAVAV) vom September 1962.
Quelle 1s: B 119/3043: LAA Hessen an BAVAV vom 1. Juli 1960.

Hessisches Hauptstaatsarchiv Wiesbaden

Quelle 2a: 503/2819: HMI: Aufstellung der von hessischen Gemeinden unterhaltenen Lager (sog. Schandflecke) vom 19. November 1959.
Quelle 2b: 940/332: Niederschrift der Präsidentenbesprechung am 12. Januar 1961.
Quelle 2c: 940/332: Niederschrift über die Präsidentenbesprechung am 29. Mai 1962.

Archiv VW-Werk

Quelle 3a: Nordhoff-Rede, Ansprache in der Betriebsversammlung vom 30. August 1961
Quelle 3b: Sozialabteilung, 13/3, Interne Mitteilung der Sozialabteilung vom 5. Januar 1962.
Quelle 3c: Elba 13, Vorstand persönlich, Telegramm von H. Nordhoff an den italienischen VW-Vertriebsleiter Gumpert der Autogerma in Bologna vom 15. Februar 1961.
Quelle 3d: Belegschaftsentwicklung Ausländischer Arbeitnehmer – nach Werken – 1946 bis 1982.

Betriebsratsarchiv VW-Werk

Quelle 4a: Betriebsversammlung vom 4. Februar 1963, Rede Nordhoffs, Zitat S. 11-12.
Quelle 4b: Betriebsversammlung vom 4. Februar 1963, Rede des Betriebsratsvorsitzenden Hugo Bork vom 4. Februar 1962, S. 5.

Niedersächsisches Hauptstaatsarchiv, Zweigstelle Pattensen

Quelle 5a: NDS 1310, Acc 136/82, Nr. 509: Brief des Landesarbeitsamtes Niedersachsen (LAA Nds) an den Präsidenten der Bundesanstalt für Arbeitsvermittlung und Arbeitslosenversicherung betr. Darlehen zur Erstellung von Unterkünften für ausländische Arbeitnehmer vom 15. Dezember 1961.
Quelle 5b: NDS 1310, Acc 136/82, Nr. 510, Brief des Präsidenten des Landesarbeitsamtes Niedersachsen an die Volkswagen AG Wolfsburg vom 2. Juli 1963.
Quelle 5c: NDS 1310, Acc 136/82, Nr. 510, Übersicht über die Ausstattung der „Unterkünfte Berliner Brücke".
Quelle 5d: NDS 1310, Acc 136/82, Nr. 510, Antragsunterlagen des Volkswagenwerks Wolfsburg vom 14. Februar 1962, übermittelt vom Landesarbeitsamt Niedersachsen an den Präsidenten der BAVAV.

Volkswagenwerk, Personalabteilung:

Quelle 6a: VW-Schrift über „Wohnheime für deutsche und ausländische Arbeitnehmer", Dezember 1971.

Quelle 6b: Volkswagenwerk, Personalabteilung, Stellungnahme des Volkswagenwerkes: „So lebt der Italiener in Wolfsburg", 1970.

Quelle 6c: Unterkünfte der Volkswagenwerk AG für ausländische Arbeitnehmer, Dezember 1970.

Quelle 6d: VW-Übersetzung aus der Zeitung „L'Unitá" vom 9. März 1963.

Quelle 6e: VW-Stellungnahme auf einer Tagung zum Thema „Arbeitgeber und Gastarbeiter" am 12. Juni 1964.

Quelle 6f: Brief des VW-Vorstandes an das Arbeitsamt Helmstedt, Nebenstelle Wolfsburg vom 9. Januar 1963.

Quelle 6g: Namentliche Aufstellung der Rädelsführer und entlassenen italienischen Arbeitnehmer, 9. Januar 1963.

Interviews

Quelle 7a: Geführt mit M.C. in Wolfsburg am 29. Oktober 1997.

Quelle 7b: Geführt mit G.K. in Wolfsburg am 21. August 1996.

Quelle 7c: Geführt mit R.A. und A.C. in Wolfsburg am 27. November und 4. Februar 1995.

Quelle 7d: Geführt mit G. Ko. in Wolfsburg am 28. Oktober 1998.

Quelle 7e: Geführt mit E.B. in Raunheim am 6. Juli 1993, Museum der Stadt Rüsselsheim

Quelle 7f: Geführt mit M.M. in Malia (Kreta) am 5. Oktober 1987, Museum der Stadt Rüsselsheim.

Quelle 7g: Geführt mit H.T. in Rüsselsheim am 20. Oktober 1987, Museum der Stadt Rüsselsheim.

Quelle 7h: Geführt mit L. in Rüsselsheim am 22. Juli 1993, Museum der Stadt Rüsselsheim.

Dom- und Diözesanarchiv Mainz

Quelle 8: Akz.: 13-91 Nr. 1237: (Pfr.) Karlheinz Beichert an den Bischof (der Diözese Mainz) vom 28. November 1965.

Beschäftigung statt Ausbildung

Ausländische Arbeiter und Arbeiterinnen in der DDR (1961 bis 1989)

Sandra Gruner-Domić

Einleitung

Nach der Vereinigung der beiden deutschen Staaten 1990 kündigte die Bundesregierung mangels Bedarf die bilateralen Verträge der DDR zur Beschäftigung ausländischer Arbeiter.[1] Die Arbeiter blieben bis zum Auslaufen ihrer Aufenthaltserlaubnis nun auf sich selbst gestellt. Die neue Rechtslage führte zu massenhaften Entlassungen. Für viele Vertragsarbeiter bedeutete das den Wegfall der Aufenthaltserlaubnis, die an ein bestehendes Arbeitsverhältnis gebunden war. Aus dieser Rechtsunsicherheit resultierte die Tatsache, daß ein Teil der Personen, vor allem vietnamesische Kontraktarbeiter, in Asylverfahren gedrängt wurde. Die Abänderung der Verträge bestimmte die Rückkehr der Arbeiter nach Vietnam, Mosambik und Angola. Mit Polen dagegen handelte die Bundesrepublik neue Beschäftigungsverträge aus. Alle früheren Entsendestaaten akzeptierten diese Lage. Nur Kuba weigerte sich, die Verträge zu ändern. Schon vor der Vereinigung hatte es von kubanischer Seite Beschwerden über die Nichteinhaltung der Vereinbarungen durch DDR-Betriebe gegeben (Wendler 1996; Marburger 1993; Helias 1992). 1990 begann der kubanische Staat, alle seine Vertragsarbeiter zurückzuholen.

Anwerbeverträge hatte die DDR seit den sechziger Jahren mit mehreren europäischen und in den siebziger Jahren mit außereuropäischen Ländern geschlossen. Die Gründe für die Beschäftigung von ausländischen Arbeitern in der DDR unterschieden sich von denen in der Bundesrepublik nicht grundsätzlich. Die Beschäftigung ausländischer Arbeitskräfte in der DDR

---

1 Die im Text verwendeten Begriffe Arbeiter und Vertragsarbeiter stehen immer sowohl für weibliche wie männliche Beschäftigte.

hatte zum Ziel, die industrielle Produktion effizienter zu gestalten und den Arbeitskräftemangel der DDR-Wirtschaft zu lindern.

Wegen der in Folge des Krieges und der Bevölkerungsabwanderung prekären Arbeitskräftesituation war die DDR frühzeitig an einem Arbeitskräftetransfer interessiert. Das Ministerium für Arbeit und Löhne (MfAL) präsentierte dem DDR-Ministerrat im Oktober 1961 einen ersten Vorschlag, da man sich wegen akuten Arbeitskräftemangels vor Probleme gestellt sah, Verpflichtungen zu Warenlieferungen an Ungarn, Rumänien und Bulgarien nachzukommen. Inoffiziell machte die DDR danach der Sowjetunion und Bulgarien Angebote einer Beschäftigung ihrer Arbeiter im „gemeinsamen Interesse" (Quelle 1a). Die Arbeitsaufnahme von Bürgern anderer sozialistischer Länder wurde von jenen aus politischen Gründen aber zunächst abgelehnt, da dies als Charakteristikum kapitalistischer Gesellschaften galt, auch wenn die DDR mögliche Abkommen als „lebendige(n) sozialistische(n) Internationalismus" bezeichnete (Quelle 1b).

Ein erster Entwurf sah die Beschäftigung von Ingenieuren, Technikern, Meistern und Facharbeitern aus der UdSSR vor. Außerdem wurde der Einsatz ungelernter Arbeiter aus Bulgarien erwogen, der mit der Möglichkeit verknüpft war, eine Ausbildung zu absolvieren. Es ging vor allem um die Beschäftigung junger Leute. Familien sollten nur in begrenzter Zahl angeworben werden, nämlich wenn beide Ehepartner dem Arbeits-„Markt" in der DDR zur Verfügung standen. Die Kosten für Hin- und Rückreise wurden von der DDR bezahlt, die Versorgung mit Wohnraum und anderen sozialen Leistungen waren je nach Familienstand zu gewährleisten. Das Projekt wurde jedoch abgelehnt. Am 25. Januar 1962 ordnete der Ministerrat deshalb die Aufhebung des Beschlusses „Über den Einsatz von Arbeitskräften aus dem Ausland" an. Dennoch war dieser Entwurf wegweisend für zukünftige Formulierungen in den hier zu behandelnden bilateralen Abkommen (Quelle 1b).

Obwohl dieses erste Transferprojekt zunächst scheiterte, startete die DDR bereits im gleichen Jahr einen neuen Versuch, diesmal als Ausbildungsvertrag mit Polen. Lehrlinge in Berufsausbildungsmaßnahmen waren aber von Arbeitern, die gleichzeitig eine Qualifizierung bekamen, nur durch die rechtlichen Grundlagen zu unterscheiden. Deshalb konnten alle Verträge zum Arbeitskräftetransfer bis zum Ende der DDR von dieser geheimgehalten und in der Öffentlichkeit als Ausbildungsprogramm bzw. als Entwicklungshilfe propagiert werden.

Die Abkommen

Am 6. Dezember 1962 unternahm die DDR einen weiteren Versuch, diesmal zur Beschäftigung und Qualifizierung von 500 polnischen Arbeitern in Braunkohlebetrieben. Die neue Begründung für die Beschäftigung lautete Qualifizierung. Die Lehrlinge sollten für ein bis zwei Jahre Arbeitsverträge erhalten. Im Gegensatz zum ersten DDR-Entwurf von 1961 wurden bei den Verhandlungen mit der polnischen Seite deren Forderungen nach Zahlung von Sozialleistungen (Kindergeld, Ehegattenzuschlag, Geburtenhilfe), der Anerkennung von Berufsjahren und der Gewährung von Trennungsentschädigung abgelehnt. Begründet wurde die Ablehnung der Forderungen mit dem Argument, nur junge Arbeiter in der DDR einzusetzen, die noch der Qualifizierung bedurften (Quelle 1c). Diese erste bilaterale Vereinbarung zwischen der DDR und Polen wurde am 17. März 1963 als „Qualifizierungsvertrag" unterschrieben (Jaspers 1991, S. 155). Da der Vertrag nur eine kurze Laufzeit hatte, wurde in Absprache mit örtlichen Verantwortlichen vorgeschlagen, daß die polnischen Arbeiter einen ständigen Aufenthalt in der DDR beantragen sollten. Daraufhin bewarben sich bereits im nächsten Jahr einige polnische Bürger. Nach Rücksprache zwischen dem DDR-Konsulat in Polen und polnischen Behörden wurde Anfragen zur Übersiedlung stattgegeben. Man behielt sich jedoch künftig die Entscheidung vor, „so viel(en) Familien bzw. Einzelpersonen die ständige Einreise in die DDR" zu ermöglichen, „wie das der deutschen Seite zweckmäßig erscheint" (Quelle 1d). Anträge sollten nur unter Berücksichtigung des Arbeitskräftebedarfs und des vorhandenen Wohnraums genehmigt werden. Anträge zur Übersiedlung wurden aufgrund des DDR-Interesses nicht nur beschleunigt entschieden, sondern bei Aufgabe der polnischen winkte sofort die Staatsbürgerschaft der DDR (Quelle 1d). Ein Jahr später intervenierte die polnische Regierung gegen die nur mit lokalen Behörden vereinbarten Maßnahmen, da sie eine Massenabwanderung befürchtete. Die DDR-Regierung hob daraufhin ihren Beschluß zur Übersiedlung auf (Quelle 1e). Schon während dieser Verhandlungen im Jahr 1965 beschäftigten einzelne Betriebe in den Grenzregionen polnische Tagespendler. Die mit Polen getroffene Pendler-Vereinbarung förderte vor allem die Beschäftigung polnischer Frauen für zwei bis drei Jahre. Diese Vereinbarung bestand bis 1990 (Quelle 1f).

Diese ersten Abkommen mit Polen kann man als Vorläufer für das Konzept bezeichnen, Arbeitskräfte durch Qualifizierungsprogramme zu gewinnen. Beschäftigung erschien damit als Ausbildung. Am 26. Mai 1967 unterzeichnete die DDR das erste bilaterale Abkommen größerer Dimension. Der Vertrag mit Ungarn, in dessen Folge ausländische Arbeiter für drei Jahre in die DDR kamen, ist als Modell für alle weiteren Verträge der „Beschäftigung bei gleichzeitiger Qualifizierung" zu interpretieren. Selbst den polnischen Vertrag von 1963 änderte man jetzt dementsprechend (Quelle 2b). Unter dem neuen Vertrag kamen viele Ungarn mit einem Facharbeiterbrief, im ersten Jahr waren dies 60 Prozent (Quelle 1g). Das Abkommen mit Ungarn bestand bis Ende 1980. In Ungarn konnten in den siebziger Jahren immer weniger Arbeiter angeworben werden, viele der Angeworbenen verließen zudem aus Enttäuschung die DDR frühzeitig und kehrten nach Ungarn zurück. Die Fluktuation erreichte fast ein Viertel der angekommenen Arbeitskräfte, da die Realität nicht ihren Vorstellungen über Arbeits- und Lebensbedingungen sowie Verdienstmöglichkeiten oder Qualifizierungen entsprach (Jaspers 1991, S. 158). Ähnliche Enttäuschungen gab es später auch bei anderen ausländischen Vertragsarbeitern, z.B. Vietnamesen, Algeriern und Kubanern (Spennemann 1997, S. 14; Riedel 1992). Da Ungarn inzwischen selbst ein Arbeitskräftedefizit verzeichnete, verlangte es, wie im Vertrag vorgesehen, Ersatz durch das Entsenden von DDR-Jugendlichen. Ungarn forderte 200 junge DDR-Bürger an, doch in den DDR-Betrieben konnten nur 130 angeworben werden. Die DDR hatte den Paragraphen über den Austausch junger Arbeiter wohl eher als Floskel aufgefaßt (Quelle 1k).

Anfang der siebziger Jahre verhandelten Polen und Ungarn ihre Verträge mit der DDR neu. Polen forderte beispielsweise die Überweisung der vollen Lohnsteuerbeträge und 70 Prozent der Sozialversicherungsbeiträge seiner Arbeiter. Ungarn erreichte für seine Staatsangehörigen neue Vergünstigungen, wie z.B. drei zusätzliche bezahlte Urlaubstage pro Jahr für Heimfahrten, Kindergeldzuschläge und die Anerkennung des Nationalfeiertages als freien Tag (Quelle 1i). Alle Verbesserungen, darunter auch die fünfzigprozentige Erhöhung der Lohnsteuerüberweisung nach Ungarn, wurden von der DDR nur unter der Bedingung eingeräumt, daß Ungarn sich zur Weiterführung des Abkommens verpflichtete (Quelle 1h). Die Dauer der bilateralen Abkommen mit Polen und Ungarn wurde künftig automatisch für jeweils drei Jahre verlängert, solange keine Kündigung durch eine der beiden Seiten erfolgte. Diese Regelung der automatischen Vertragsverlängerung wurde in die folgenden Verträge mit Algerien, Kuba, Vietnam und Mosambik aufgenommen.

Nach den Erfahrungen der ersten sieben Jahre favorisierte man in der DDR eine Beschäftigung in Gruppen ab 100 Personen. Das Argument für eine solche Entscheidung war, daß „sowohl die Eingliederung in den Arbeitsprozeß als auch die gesellschaftliche und kulturelle Betreuung bei größeren Einsatzgruppen durch die Betriebe wirkungsvoller organisiert wird" (Quelle 1j). Obwohl die Konzentration größerer Gruppen von Vertragsarbeitern in einzelnen Wohnvierteln größerer Städte bzw. in kleineren Ortschaften Abgrenzung und Ausländerfeindlichkeit bzw. Rassismus förderte, plante die DDR keine Veränderungen, z.B. eine individuelle Unterbringung. Die Tendenz zum Rückgang ausländischer Bewerber begann sich abzuzeichnen. Sie galt sowohl für Polen als auch für Ungarn. Die Vereinbarungen über die Zahl der Anzuwerbenden wurden nur zu 70 Prozent erfüllt. Polen und Ungarn verlangten nach den ersten Jahren der Anwerbepraxis sowohl ein besseres Ausbildungsniveau für ihre Facharbeiter als auch andere Anreize. Selbst das Lohnniveau in der DDR reichte nicht mehr aus, um Arbeitsmigration in die DDR attraktiv erscheinen zu lassen. Die Staatliche Plankommission der DDR[2] schlug vor, neue Maßnahmen vorzubereiten, weil mit der bisherigen Praxis keine Arbeitskräftesicherheit für volkswirtschaftliche Planungen mehr garantiert werden könne (Quelle 1l; Gruner-Domić 1996, S. 204-230). Daher nahm die DDR Verhandlungen mit weiteren Ländern auf, die überschüssige Arbeitskräfte hatten, ihr politisch nahe standen, aber geographisch fern lagen (wie z.B. Algerien, Angola, Kuba oder Mosambik).

Der nächste Vertrag wurde so im April 1974 mit Algerien geschlossen. Dieser war insgesamt zehn Jahre lang gültig. Die Bedingungen in diesem Abkommen unterschieden sich von den bisherigen bilateralen Festlegungen. Erstmals dauerten die individuellen Arbeitsverträge vier Jahre. Es wurden keine Lohnsteuertransfer vorgenommen und die Rückreise mußten die Arbeiter selbst finanzieren (Tabelle 1 im Anhang des Artikels; Quelle 2b). Da gleichzeitig viele algerische Arbeiter nach Frankreich einwanderten, verbot die algerische Regierung in den achtziger Jahren die Beschäftigung im Ausland. Sie begründete den Stopp damit, daß sie die Entsendung als

---

2 Die Staatliche Plankommission (SPK) hatte die Aufgabe, die Jahrespläne für die Wirtschaft auszuarbeiten. Sie organisierte, kontrollierte und koordinierte die volkswirtschaftlichen Pläne als Basis der Wirtschaftsentwicklung. Sie war verantwortlich für die wirtschaftliche und wissenschaftlich-technische Zusammenarbeit mit den RGW-Ländern (COMECON) sowie für die Planung und regionale Verteilung der Arbeitskräfte und Produktionsstätten.

Fehler anerkenne und sich jetzt gegen die Ausbeutung algerischer Arbeitskräfte bei zunehmendem Rassismus im Ausland ausspreche. Algerien war das erste nichtsozialistische und nichteuropäische Land, mit dem die DDR ein Arbeitskräfteabkommen unterzeichnete.

Die in der DDR mit dem Einsatz algerischer Arbeiter gemachten Erfahrungen zeigten eine neue Perspektive, nämlich Verträge mit sogenannten Entwicklungsländern auszuhandeln, deren Politik und Wirtschaft sozialistisch orientiert waren. DDR-Experten rechneten allerdings mit einer Verdoppelung der Kosten für Unterbringung, Betreuung und Qualifizierung. Aus diesen Gründen wurde bei der Unterzeichnung neuer Abkommen beachtet, daß „der zeitweilige Einsatz eine solche Leistungserhöhung ermöglichen (muß), daß ein ökonomischer Nutzen unbedingt erreicht wird" (Quelle 2a). Daraufhin schloß die DDR Verträge mit Kuba und Mosambik ab.

Am 4. Juli 1975 vereinbarten die DDR und Kuba die berufliche Qualifizierung von 500 bis 1000 kubanischen Arbeitern, Facharbeitern, Technikern und Ingenieuren in Betrieben der Zement- und Textilindustrie sowie der polygraphischen und chemischen Industrie, um sie als Bedienungs- und Reparaturpersonal für Anlagen und Maschinen anzulernen, die aus der DDR nach Kuba exportiert wurden (Quelle 1n; Gruner-Domić 1997). Drei Jahre lang wurde diese Vereinbarung aufrecht erhalten. Obwohl diese Regelung nicht aufgehoben wurde (Quelle 1o), schloß die DDR am 3. Mai 1978 ein neues Abkommen mit Kuba, diesmal zur „Beschäftigung bei gleichzeitiger Qualifizierung" (Quelle 4c). Der Vertrag mit neuen Bedingungen zeigt, daß nunmehr beide Partner in der Beschäftigung statt in der Qualifizierung das Hauptziel sahen.

Ungeachtet einer Kann-Bestimmung im Abkommen verlangte die kubanische Regierung von jedem Arbeiter, generell 60 Prozent seines Lohnes nach Hause zu überweisen. Der Anteil wurde in Kuba in Pesos ausgezahlt. Diese Maßnahme wurde später von allen anderen außereuropäischen Ländern in unterschiedlichen Höhen eingeführt (Tabelle 1 im Anhang des Artikels). Der Transfer bedeutete für die Arbeiter einen tiefen persönlichen Einschnitt, für beide Regierungen aber einen großen Vorteil. Die DDR brauchte nicht mehr den Abkauf einzelner Konsumgüter zu fürchten, während die Entsendeländer das Geld mit aus der DDR importierten Maschinen und Anlagen bzw. mit Schulden verrechnen konnten (Gruner-Domić 1997).

Während der Afrikareise Erich Honeckers im Februar 1979 wurde ein weiteres Abkommen, diesmal mit Mosambik, unterzeichnet (Elsner 1990,

S. 158). Die mosambikanischen Arbeiter kamen nach dem gleichen Verfahren wie die anderen ausländischen Arbeiter in die DDR. Unterschiede bestanden hauptsächlich in der Festlegung, daß Mosambik selbst für die Rückreisekosten aufkam, und den Arbeitern keine bezahlte Urlaubsreise zugestanden wurde (Quelle 2b).

Mit Vietnam existierten bereits seit 1973 Verträge zur Ausbildung in Schulen und Betrieben, für die Jugendliche ein Stipendium erhielten (Quelle 1m). 1976 verhandelte die DDR mit Vietnam über die Beschäftigung von bis zu 20 000 ungelernten Arbeitern und ausgebildeten Facharbeitern. Eine Qualifizierung der vietnamesischen Arbeiter sollte aber ausschließlich „im Prozeß der produktiven Arbeit erfolgen, d.h. nicht nach den in der DDR geltenden Bedingungen für die Berufsausbildung." Manche von diesen Vertragsarbeitern blieben auch, nachdem ein neues, das bekannteste der bilateralen Abkommen unterzeichnet worden war (Quelle 11; Jaspers 1991, S. 159). Der Abschluß am 11. April 1980 war insofern neuartig, als daß jetzt auch Facharbeiter, sogar Hochschulkader bis zum Alter von 50 Jahren, zur Arbeitsaufnahme kommen durften. Ausbildung wurde vielen von ihnen gar nicht erst angeboten (Quelle 2b; Elsner/Elsner 1994, S. 182-190). Wie Mosambik verrechnete auch Vietnam einen Teil seiner Schulden mit den DDR-Ausgaben für die vietnamesischen Arbeiter (Quelle 1p). Vietnam war im sozialistischen Lager das Land, das in großem Maßstab Arbeitskräfte exportierte, und zwar in fast alle sozialistischen Länder Europas (Duc Trong 1998).

Wegen Mangels an eigenen Arbeitskräften, vor allem für unattraktive Tätigkeiten, benötigte die DDR in den achtziger Jahren mehr ausländische Arbeiter für einige Industriezweige, z.B. für die Leichtindustrie. Trotzdem wurde im Beschluß des DDR-Ministerrats von 1983 deren Beschäftigung lediglich als eine vorübergehende Maßnahme zur Überwindung des Arbeitskräftedefizits dargestellt (Quelle 2p). Auf lange Sicht sollten die ausländischen Arbeiter bis Ende der achtziger Jahre in ihre Länder zurückkehren. Ihre Arbeitskraft plante man, durch modernisierte Anlagen und Maschinen zu ersetzen. Im Jahr 1984 wurde mit Angola ein Regierungsabkommen ausgehandelt. Die Vertragsbedingungen ähnelten denen des Vertrags mit Mosambik (Quelle 1q). Im Jahr 1986 schloß die DDR auch mit der Volksrepublik China und Nordkorea bilaterale Verträge zum Arbeitskräftetransfer ab; außerdem gab es kommerzielle Ressortabkommen. Eine Beschäftigung im größeren Rahmen wurde offenbar generell aufgrund hoher Kosten nicht angestrebt. Schließlich plante die DDR für die neunziger Jahre, ca. 2000 mongolische Arbeiter unter Vertrag zu nehmen (Quelle 2c).

Vietnamesischer Vertragsarbeiter im Betrieb, Berlin 1990.

Das Rotationsverfahren:
Dauer und Umfang der Beschäftigungsverhältnisse

Die DDR verstand den Arbeitskräftetransfer also anfangs nur als vorüberge-hend. Da die Effizienz der Beschäftigung ausländischer Arbeitnehmer von deren Aufenthaltsdauer abhing, sollte ein Arbeitsvertrag für mindestens drei bis vier Jahre abgeschlossen werden. Arbeitsverträge konnten nicht individu-ell abgeschlossen oder verlängert werden. Dieses Verfahren implizierte bei automatischer Verlängerung der staatlichen Abkommen einen kontinuierli-chen Wechsel der Arbeitskräfte. Die DDR organisierte den Einsatz damit nach einem Rotationsprinzip. Dieses Verfahren wurde aus Gründen der Ausbildung eingeführt und beibehalten. Der temporäre Status der Arbeiter war für die DDR von Vorteil, da so zu jeder Zeit eine Stornierung des Abkommens möglich war, und die ausländischen Arbeiter keinen Anspruch auf eine Aufenthaltserlaubnis erwirkten (Gruner-Domić 1996).

Bis Mitte der achtziger Jahre beabsichtigte die DDR, mit Hilfe ausländischer Arbeiter vor allem Lücken in der Zulieferindustrie und in der Rohstoffherstellung zu schließen (Quelle 2d). Trotz des umfangreichen Einsatzes konnte der Arbeitskräftemangel nicht beseitigt werden. Da kaum modernisiert und investiert wurde, wuchs das Interesse mancher Betriebe bzw. einiger Wirtschaftszweige an billigen Arbeitskräften noch. Die Beschäftigung von Vertragsarbeitern nahm zu. Nach Auffassung des DDR-Staatssekretariats für Arbeit und Löhne verlangten die Betriebe einen steigenden Einsatz ausländischer Arbeitskräfte, da eine Ausländer-Beschäftigung „unvergleichbar billiger als jede Freisetzung von Arbeitskräften durch Investitionen" sei (Quelle 1r). Hierzu trugen auch die umfangreichen staatlichen Subventionen bei, z.B. für Flugkosten, Aufwendungen für Gemeinschaftsunterkünfte und Qualifizierungsmaßnahmen.

Dem betrieblichen Druck konnte die Regierung in den Jahren 1987/88 nicht entgehen, woraufhin sie begann, den Masseneinsatz vietnamesischer Arbeiter zu organisieren (Quelle 2e). Die Regierung von Mosambik räumte der DDR zusätzlich die Möglichkeit ein, die individuellen Arbeitsverträge nach Ablauf um noch einmal vier Jahre oder mehr zu verlängern, ohne daß eine weitere Qualifizierung damit verbunden sein mußte. Durch diese Klausel wurden schließlich manche Arbeiter acht oder zehn Jahre lang in der DDR beschäftigt.

Ende der achtziger Jahre war somit die erklärte Absicht hinfällig, keine ausländischen Arbeitskräfte mehr zu beschäftigen. Die zuständigen Behörden schlugen allenfalls noch vor, die Zahl der Arbeiter je Vertragspartner auf dem Niveau von jeweils 10 000 zu stabilisieren. Gleichzeitig strebte man die Wiederaufnahme der Beschäftigung von Ungarn an. Dieses Mal war eine individuelle Anwerbung geplant. Mit der Absicht, eine kontrollierte Einwanderung in die DDR zuzulassen, schlug schließlich im Juli 1989 das Staatssekretariat für Arbeit und Löhne völlig neue Konditionen für die angeworbenen Arbeiter vor. Sie sollten in „normalen" Wohnungen leben, und Familiennachzug sollte ermöglicht werden. Damit wollte die DDR-Führung „gleichzeitig Wege einer gezielten Einwanderungs- und Aussiedlungspolitik" eröffnen (Quelle 2f).

Diese abrupte Änderung der Haltung war ein Zeichen der schlechten wirtschaftlichen Situation der DDR, die nicht mehr auf ausländische Beschäftigte verzichten konnte. Obwohl die DDR offiziell die Anwesenheit ausländischer Arbeiter tatsächlich niemals als Einwanderung anerkannte, ist in einigen Dokumenten die Rede von Migration. Die Hälfte, nämlich über 93 000, der 190 400 ausländischen Einwohner der DDR waren 1989 Arbeitsmigranten (Thomä-Venske 1990, S. 126). Die ausländische Bevölkerung der DDR zählte selbst auf ihrem Höhepunkt jedoch nie mehr als 1 Prozent der DDR-Einwohner.

Tabelle 2: Ausländische Vertragsarbeiter in der DDR[3]

Jahr	1966	1967	1969	1970	1971	1974	1977	1978
	ca. 3.500	14.000	14.134	12.200	14.800	18.680	16.500	18.692

Jahr	1979	1980	1981	1984	1986	1987	1988	1989
	20.567	26.006	24.000	29.000	61.000	52.015	87.793	93.568

Quelle: Gruner-Domić 1996, S. 227.

Das Beispiel der kubanischen Vertragsarbeiter

Am Beispiel der kubanischen Vertragsarbeiter in der DDR lassen sich Organisation und Durchführung der Arbeitsmigration in die DDR exemplarisch veranschaulichen.

Die Ankunft der Vertragsarbeiter

Prinzipiell sollten jene Betriebe ausländische Arbeiter beschäftigen, die über entsprechende Erfahrung und die notwendige Infrastruktur verfügten. Die

---

3 Die Zahlen sind von der Autorin aus einer Vielzahl von Dokumenten des Bestandes MfAL/SAL–AAK über die Arbeiter aus „bilateralen Abkommen zur gleichzeitige Qualifizierung" zusammengestellt worden.

DDR beabsichtigte, die materielle Versorgung der Arbeitsmigranten nicht auf Kosten der einheimischen Bevölkerung zu betreiben (Quelle 2f). Ein Aspekt war die Unterbringung. Neubaublöcke aus dem staatlichen Wohnungsbauprogramm zur Versorgung der Bevölkerung sollten nicht als Wohnheime verwendet werden. Diese Absicht konnte jedoch nicht verwirklicht werden.

Durch die enge Unterbringung von 500 bis 900 Arbeitern in Neubausiedlungen, denen die notwendige Infrastruktur fehlte, ergaben sich zahlreiche Konflikte mit der DDR-Bevölkerung (Quelle 1i). Durchschnittlich teilten sich drei Arbeiter ein Zimmer. Daher bevorzugte die DDR bei der Auswahl der Arbeiter junge, ledige Personen ohne Ausbildung (Quelle 3). Nach der Ankunft in der DDR zeigte man ihnen die jeweilige Stadt und gab ihnen einen Gutschein über 300 DDR-Mark als Einkleidungsbeihilfe (Quelle 2g).

Für die kubanischen Arbeiter wurde nach ihrer Ankunft genauso wie vor ihrer Abreise aus Kuba, jedes Detail von Cubatecnica, einer Unterabteilung der kubanischen Botschaft in Ost-Berlin, und von der jeweiligen Leitung des Einsatzbetriebes organisiert. Dies reichte vom Antrag auf einen Ausweis bis zur Freizeitgestaltung. Die Abnahme individueller Aufgaben und Verantwortung erwies sich in der ersten Zeit teilweise als Vorteil, führte oft aber auch zu Problemen. Es hemmte letztlich die Motivation der Kubaner, sich für ihre eigenen Belange einzusetzen. Ähnliches galt für Arbeiter aus Vietnam und Mosambik (Doi Thoai 1991).

Die Vertragsbedingungen für die Arbeiter

Mit der Unterzeichnung des Arbeitsvertrages wurde den kubanischen Arbeitern zugleich ein Personalausweis, ein Sozialversicherungsausweis und der Betriebs- und Wohnheimausweis sowie die Informationsbroschüre „Sicherheit und Gesundheit bei der Arbeit" in spanischer Sprache ausgehändigt. Die Arbeiter wurden darin verpflichtet, die Arbeitsnormen zu erfüllen, die geforderten Leistungen zu erbringen und das „sozialistische Eigentum" zu schützen. Diese Leistungsverpflichtung wurde von den Betrieben oft als Druckmittel benutzt. Die Nichterfüllung der Anforderungen konnte sich lohnmindernd auswirken. Jeder Kubaner wurde angehalten, die Wohnheimordnung einzuhalten und die Miete regelmäßig zu bezahlen (Quelle 4a).

Kubanischer Vertragsarbeiter in Berlin, 1989.

Eine Kündigung der Arbeitsverträge war weder durch den Betrieb noch durch den Arbeiter möglich (Quelle 4b). Die Arbeiter selbst konnten nur über Cubatecnica die Aufhebung ihres Vertrages beantragen. Einige nutzten die Gelegenheit, nach Urlaubsreisen nicht mehr in die DDR zurückzukehren. Für eine formelle Auflösung des Vertrages kamen nur wenige Ausnahmen in Frage. Von kubanischer Seite konnte eine Rückkehr gefordert werden, wenn die DDR-Betriebe sich nicht an die vereinbarten Verträge hielten (Quelle 4c). Falls Arbeiter die „sozialistische Arbeitsdisziplin" oder die „Normen des gesellschaftlichen Zusammenlebens" schwer verletzt hatten, konnten sie entlassen werden (Quelle 4e). Die DDR schickte Beschäftigte auch ohne Zustimmung Kubas zurück, falls sie straffällig wurden.

Für den Fall der Krankheit oder eines Arbeitsunfalls hatte man vereinbart, daß „wenn die Wiederaufnahme der Arbeit innerhalb von drei Monaten nicht möglich und der Werktätige transportfähig ist", der Arbeitsvertrag erlösche. De facto bedeutete dies den erzwungenen Abbruch des Arbeitsverhältnisses (Quelle 4d). Nach schweren Arbeitsunfällen bzw. aufgrund einer Berufskrankheit konnten die kubanischen Arbeiter zwar Schadensersatzansprüche stellen, wurden aber mit einer Abfindung gleichzeitig gekündigt. Bei dauernden Körperschäden erhielten sie von der DDR eine Unfall-, jedoch keine Alters- und Invalidenrente (Quelle 4e).

Als Krankheit wurde in dieser Zeit oft auch eine Schwangerschaft interpretiert, um Schwangeren kündigen zu können. Für Arbeiterinnen aus Mosambik war Schwangerschaft als Kündigungsgrund sogar vertraglich in den Rahmenrichtlinien von 1980 festgelegt worden (Krüger-Potratz 1991, S. 204f.). Die Betriebe bzw. die DDR fürchteten, den ausländischen Frauen rechtlichen und sozialen Schutz gewähren zu müssen. Das beinhaltete – wie für deutsche Arbeiterinnen – einen Anspruch auf ein Jahr bezahlten Mutterschaftsurlaub, Kinderkrippen- bzw. Kindergartenplätze und eine Verbesserung ihrer Unterbringung in den Wohnheimen. Anfang der siebziger Jahre war im Gegensatz dazu noch diskutiert worden, Wohnmöglichkeiten für alleinstehende Mütter einzurichten, damit bestehende Verträge nicht wegen Schwangerschaft gekündigt werden mußten. Eine Situation, die sich in den achtziger Jahren umkehren sollte, denn schwangere Arbeiterinnen aus Vietnam, Kuba und Mosambik wurden in ihr Heimatland zurückgeschickt (Quelle 1h). Diese Bedingungen änderten sich für die Frauen erst Anfang 1989. Schwangerschaft war seitdem kein Grund mehr für eine erzwungene Rückkehr (Müggenburg 1996).

Ausbildungsvertrag und Arbeitsrealität

Die Betreuer der kubanischen Arbeiter berichteten in den Jahresberichten der Betriebe an das Staatssekretariat für Arbeit und Löhne (SAL) häufig über ein geringes Interesse an der Qualifizierung. Deshalb versuchten Betriebe wie staatliche Stellen, durch materiellen Druck, erzieherische Maßnahmen oder ideelle Anreize die kubanischen Arbeiter zu beeinflussen. Unter anderem behielten sie Trennungsentschädigungen ein oder kürzten diese, wenn Kubaner beim Unterricht fehlten. Im Gegensatz dazu zeigten sich die Arbeiter beim Besuch der Sprachausbildung motiviert. Sowohl für Qualifizierung als auch für die Sprachausbildung erhielten die Arbeiter bezahlte Freistellungen (Quellen 4g; 1s).

Das fehlende Interesse an Fortbildung lag sicherlich an der intensiven Aufteilung des Arbeitsalltages. Nach der Schichtarbeit fand abends der Unterricht statt, nur bei Nachtschichten fiel dieser aus. Ein solch strapaziöser Lebensrhythmus dauerte im Durchschnitt zwei Jahre. Ein anderer wichtiger Grund war, daß die angebotene Ausbildung oft nicht den Vorstellungen der Arbeiter von Qualifizierung und Weiterbildung entsprach. Bei den kubanischen Arbeitern kam es vor, daß sie in den Betrieben für einen Beruf ausgebildet, aber in einer anderen Tätigkeit eingesetzt wurden. Sie kamen z.B. für eine Berufsausbildung als Rohrschlosser in die DDR und wurden als Ofenmaurer eingesetzt oder sie sollten als Feuerungsmaurer ausgebildet werden, mußten schließlich aber als Betonwerker arbeiten. Mit einigen der angebotenen Ausbildungen konnten sie in ihrer Heimat wenig anfangen (Quellen 2h; 2i).

Das Desinteresse war nicht nur charakteristisch für die Kubaner, sondern auch für andere Gruppen, wie die algerischen, vietnamesischen oder mosambikanischen Arbeiter. Ungeachtet der genannten Mißstände berichtete der Rat des Stadtbezirkes Potsdam an das SAL voreingenommen:

„Es wird eingeschätzt, auch von der algerischen Leitung, daß ein Teil der algerischen Werktätigen keine große Lust hat, ständig gut zu arbeiten, sie keine großen Bedürfnisse haben, Geld zu verdienen und schon gar nicht bereit (sind), sich zum Facharbeiter zu qualifizieren (Quelle 2q).“

Löhne, Lohntransfer und Lohnprotest

Eines der häufigsten Probleme ausländischer Arbeiter in der DDR war die Lohnabrechnung. Die Bezahlung der kubanischen Arbeiter richtete sich nach ihrer Einstufung und der erreichten Arbeitsnorm. Die DDR befürchtete, daß die Kaufkraft der ausländischen Arbeiter das Problem des ständigen Warenmangels noch verschärfen würde. Daher vereinbarten beide Regierungen die Überweisung von Lohnanteilen als individuelle Ersparnisse nach Kuba (Quelle 4f). Abgesehen vom im Durchschnitt einjährigen Anlernzeitraum, in dem sie geringer bezahlt wurden, zog man den Kubanern 60 Prozent ihres Lohnes ab. Die Frauen und Männer machten deshalb gern Überstunden, um mehr Geld zur Verfügung zu haben (Quelle 2j). Da aber auch von den Überstunden anteilig Geld transferiert werden sollte, wählten einige den Ausweg, in ihrer Freizeit in anderen fremden Betrieben zu arbeiten (Quelle 2k).

Der Vergleich der Löhne mit denen der deutschen Kollegen erzeugte Unzufriedenheit. Der Lohnunterschied ergab sich aus ihrer Einstufung in niedrigere Lohngruppen und durch geringere Bezahlung aufgrund kürzerer Betriebszugehörigkeit. Die Mehrheit der ausländischen Arbeiter war in den Lohngruppen drei oder vier beschäftigt (Quelle 2l). Auf die erste Lohnzahlung bei Normerfüllung reagierten 39 kubanische Arbeiter des Betriebes „VEB Industrie-Isolierungen" in Leipzig, einem Betrieb des Atomkraftwerkbaus, im Jahr 1987 mit einer Arbeitsniederlegung. Nachdem die Mitglieder der Bezirks- und Parteileitung ohne Erfolg mit den Arbeitern verhandelt hatten, ließ die Betriebsleitung die Wohnheime überwachen (Quelle 2m). Um „negativen Auswirkungen" vorzubeugen, wurden zwei kubanische Arbeiter als „Unruhestifter" nach Kuba zurückgeschickt. Weitere fünf Kubaner bekamen ein Disziplinarverfahren, anderen wurde das Trennungsgeld und der spezielle Lohnzuschlag für die Arbeit in einem Atomkraftwerk gestrichen.

Arbeiter aus anderen Herkunftsländern streikten aus den gleichen und anderen Gründen (Müggenburg 1996, S. 16). So legten ebenfalls im Jahr 1987 Vietnamesen im Bezirk Magdeburg die Arbeit nieder. Unzufriedenheit äußerten sie vor allem wegen der allgemeinen schlechten Behandlung, der unattraktiven Tätigkeiten und der schmutzigen Arbeitsräume (Quelle 2h).

Schikanen im Arbeitsalltag

Mehr noch als über schlechte Arbeitsbedingungen klagten einige Arbeiter über die Schikanen mancher Betriebe. In den Akten sind beispielsweise Beschwerdeberichte von Cubatecnica über den VEB Transportgummi in Bad Blankenburg überliefert, in denen geschildert wurde, wie ein Kubaner von seinem Arbeitsplatz versetzt wurde, weil die Deutschen gegen seine geringe Arbeitsleistung protestierten. Im selben Betrieb wollten deutsche Arbeiter eine andere Lohnform einführen, damit die Konfektionierer der Abteilung Keilriemen, die ausschließlich aus Kubanern bestand, ihre Norm zu 100 Prozent erfüllten. Dies – so behaupteten aber die kubanischen Gruppenleiter – wäre wegen der veralteten Maschinen gar nicht möglich. Sicherlich ein Grund, weshalb dort keine deutschen Arbeiter tätig waren. Ein Versuch, die Norm wenigsten zu 90 Prozent zu erreichen, hatte bereits gesundheitliche Schwierigkeiten für vier Arbeiter mit sich gebracht (Quelle 2n). In einem Bericht über den Betrieb Zellwolle Wittenberge in Schwerin wurden ähnliche Vorfälle erwähnt. Ein Jugendlicher aus Kuba arbeitete drei Jahre an einem Arbeitsplatz, obwohl er über gesundheitliche Probleme klagte (Quelle 2o). Im Betrieb Transportgummi wurden, nach der Aussage der Gruppenleiter die kubanischen Arbeiter gezwungen, Sonderschichten zu leisten. Wenn sie sich nicht einverstanden erklärten, drohte die Betriebsleitung mit Kürzungen der Jahresendprämien oder mit dem Anschreiben von Fehlschichten (Quelle 2n). Der VEB Zellwolle Wittenberge setzte die Arbeiter in unterbesetzten Brigaden ein, die folglich ihre Arbeitsaufgaben nicht erfüllen konnten (Quelle 2o). Im selben Betrieb beschwerte sich ein Kubaner über einen Betriebsmeister, der die Ausländer schikanierte, indem er von kubanischen Vertragsarbeitern verlangte, den Müll anderer Schichten und Brigaden wegzuräumen. Der Betriebsmeister drohte im Falle einer Weigerung mit Lohnabzügen und Kürzungen der monatlichen Prämien. Ein anderer Meister provozierte einen kubanischen Arbeiter und forderte ihn auf, sich mit ihm zu schlagen, wobei er ihn mit „Neger" anschrie (Quelle 2o). Im VEB Transportgummi zwang ein deutscher Arbeiter, einen kubanischen Kollegen weiterzuarbeiten, während er selbst zur Frühstückspause ging (Quelle 2n).
Diese Beispiele stammen nicht nur aus zwei unterschiedlichen Betrieben in weit auseinanderliegenden Regionen, sondern auch aus verschiedenen Jahren (1987 und 1989). Art und Weise der Schikanierung am Arbeitsplatz ähnelten sich. Auch mosambikanische und vietnamesische Arbeiter beschrieben

Benachteiligungen ausländischer Arbeiter. Dies konnte von der Menge der zugeteilten Arbeit, Kürzungen von Pausenzeiten über die schlechte Versorgung in der Kantine bis zur Nicht-Gewährung von Urlaubstagen reichen (Broszinsky-Schwabe 1990, S. 18-44; Müggenburg 1996, S. 16; Marburger et al. 1993, S. 4-75; Truong Hong 1992).

Kubanische Arbeiter beim Fest vor ihrem Wohnheim in Berlin Lichtenberg, Sommer 1989.

Urlaub und Rückkehr

Oft legten die kubanischen Arbeiter in der ersten Phase ihres Vertrages zwei Jahresurlaube zusammen, um ihre bezahlten Ferien für eine Reise nach Kuba in Anspruch zu nehmen. In den Folgejahren beanspruchten sie dann meist nur wenige Tage Urlaub, um vor der endgültigen Rückreise genügend Zeit für den Ankauf von Waren und die Vorbereitung der Frachtcontainer für die Verschiffung ihres Eigentums zu haben (Gruner-Domić 1997).

231

Es gab jedoch diverse Fälle, in denen zugesagte Urlaubszeiten später nicht eingehalten wurden (Quelle 2n). Manche Betriebe genehmigten den Urlaub nicht, weil sie keine Arbeitsvertretungen finden konnten und machten die Rückkehr anderer kubanischer Arbeiter aus dem Urlaub zur Vorbedingung (Quelle 2o). Selbst Gruppenleiter und Dolmetscher, die der kubanischen Organisation unterstanden und die Interessen der Arbeiter vertraten, hatten es oft schwer, sich gegen solche Betriebsleitungen durchzusetzen. So forderte beispielsweise der Verantwortliche für Kader und Bildung des Betriebes Zellwolle Wittenberge die kubanische Dolmetscherin auf, keine Anweisungen ihres kubanischen Gruppenleiters zu befolgen, da der Betrieb ihren Lohn bezahlen würde (Quelle 2o).

Die DDR-Betriebe sollten vor der endgültigen Rückkehr der Arbeiter prüfen, ob diese möglicherweise finanzielle Verpflichtungen nicht erfüllt oder Arbeitsmittel nicht zurückgegeben hatten. Es sollte ihnen auch mitgeteilt werden, daß übrig gebliebenes Geld aus dem Einkommen nicht nach Kuba transferiert werden könnte. Denn: „Ein Umtausch in Valuta ist in jedem Falle ausgeschlossen" (Quelle 4e). Die Betriebe waren bis zum letzten Moment verantwortlich. Sie hatten sogar für das pünktliche Erscheinen der Arbeiter mit einem gültigen Paß und den nötigen Rückreisedokumenten auf dem Flughafen zu sorgen.

Zusammenfassung

Obwohl in den sozialistischen Ländern Arbeitskräfteanwerbung eigentlich als kapitalistische Ausbeutung abgelehnt wurde, begann die DDR zu Beginn der sechziger Jahre aufgrund von akutem Arbeitskräftemangel, über die Beschäftigung ausländischer Arbeiter nachzudenken. Nach ersten Verträgen mit Polen und Ungarn orientierte sich die DDR in den siebziger Jahren auf außereuropäische Länder wie Algerien, Kuba, Mosambik. Im Jahr 1980 unterzeichnete sie auch mit Vietnam einen Vertrag über die „Beschäftigung bei gleichzeitiger Qualifizierung".

Die Vorgabe der Anwerbung zur Qualifizierung blieb oft nur ein Alibi. Das Hauptinteresse an der Beschäftigung war bei allen Partnerstaaten, entweder ein Defizit oder einen Überschuß an Arbeitskräften auszugleichen. In der DDR halfen die ausländischen Vertragsarbeiter einem rasch wachsenden Arbeitskräftemangel in den Bereichen ab, aus denen die einheimischen Arbeiter abwanderten. Die ausländischen Beschäftigten wurden vorwiegend in der industriellen Produktion, selten im Dienstleistungssektor beschäftigt. Sie übten wenig qualifizierte, oft unattraktive Tätigkeiten aus, obwohl die Entsendeländer an einer Ausbildung ihrer Arbeiter interessiert blieben.

Der rotierende Einsatz der Vertragsarbeiter in Perioden von vier oder fünf Jahren ergab sich aus den Qualifizierungsklauseln der individuellen Anwerbe- bzw. Arbeitsverträge. Aufgrund dieser Begrenzung der Einzelverträge entstanden der DDR langfristig keine sozialen Verpflichtungen, wie Zahlungen bei Invalidität. Der ständige Wechsel der ausländischen Beschäftigten erlaubte außerdem, die Kosten für Investitionen, wie z.B. in Infrastruktur, niedrig zu halten.

Trotz schwieriger Umstände war für viele der Arbeiter die zeitweilige Beschäftigung in der DDR von individuellem und finanziellem Nutzen. Die Beschäftigung erfolgte unter streng reglementierten Vertragsbedingungen, die aber zum Teil vorteilhafte soziale und arbeitsrechtliche Voraussetzungen für die Ausländer in der DDR-Wirtschaft boten. Allerdings nur dann, wenn die Betriebe und Behörden diese Regelungen einhielten.

Die staatliche Planung der DDR-Führung sah nur eine mittelfristige Beschäftigung der ausländischen Arbeiter vor. Die geplante Reduzierung von Arbeitsplätzen durch Modernisierung kam durch verschiedene Faktoren nicht zustande. Darüber hinaus verlangten wachsende bzw. neue Industriezweige und Dienstleistungsbereiche nach immer mehr Arbeitskräften. In den siebziger Jahren waren ausländische Arbeiter wegen ihrer zusätzlichen Arbeitskraft gesucht. In den achtziger Jahren hingegen setzte man sie vor allem ein, da sie billig und willig waren. Im Jahr 1989 schlug das Staatssekretariat für Arbeit und Löhne sogar vor, einen Plan gezielter Einwanderungspolitik in die DDR aufzustellen.

Mit der Öffnung der Grenzen im Herbst 1989 und den politischen Veränderungen der DDR gerieten diese Vorstellungen zu Makulatur. Die Partnerstaaten wie Vietnam und Mosambik stimmten nach der Vereinigung der beiden deutschen Staaten auf Drängen der Bundesregierung Änderungen für ein Auslaufen der Verträge zu. Jetzt verloren die Vertragsarbeiter jeden Schutz vor der willkürlichen Behandlung durch einzelne Betriebe. Nur Kuba kündigte sofort seine Verträge und holte seine Arbeiter zurück.

Auch wenn die Zahl ausländischer Vertragsarbeiter in der DDR bis 1989 stetig im Ansteigen begriffen war und zum Ende der DDR mit über 90 000 ihren Höchststand erreichte, machte der Anteil ausländischer Arbeiter in der DDR zum Schluß gerade 1,4 Prozent der Beschäftigten in den industrie-produzierenden Bereichen aus. Das Ausmaß ihrer Beschäftigung deckte punktuell in einzelnen Industriezweigen den Bedarf an Arbeitskräften, jedoch ist dies für die DDR-Wirtschaft generell nicht von entscheidender Bedeutung gewesen.

Tabelle 1: Anwerbeverträge der DDR von 1967 bis 1990

	Ungarn	Polen	Algerien	Kuba	Mosambik	Vietnam
Laufzeit des Abkommens	26.5.1967-31.12.1980	25.5.1971-1990 [a]	11.4.1974-31.12.1984	3.5.1978-1990	24.2.1979-1990	11.4.1980-1990
Beschäftigungsdauer	2-3 Jahre	2-3 Jahre	4 Jahre	4 Jahre	4 Jahre	4-5 Jahre
Anwerbealter	ab 18	ab 18	20-40	18-27	18-25	18-35 [b]
Familienstand	ld./allein	ld. o. verh.	ld. o. verh.	vorw. ld.	vorw. ld.	ld. o. verh.
Überweisung von Sozialversicherungsbeiträgen	70%	70%	55%	60%	50%	60%
Überweisung von Lohnsteuer	75%	100%	nein	50%	nein	nein
Zulagen/Transfers						
- Trennungsentschädigung	4 M./Tag	4 M./Tag	4 M./Tag	4 M./Tag	4 M./Tag	4 M./Tag
- Kinderzulage	DDR-Norm	DDR-Norm	25 M./mtl. [c]	DDR-Norm [d]	DDR-Norm	DDR-Norm [cd]
- Lohntransfer vom Nettolohn	nein	nein	bis 40%	bis zu 60% [e]	bis zu 25% [f]	15%
Lohnvorschuß bei Ankunft	100 Mark	200 Mark	300 Mark	300 Mark	300 Mark	300 Mark
Einkleidungshilfe	100 Mark [g]	200 Mark [g]	300 Mark [h]	300 Mark [i]	300 Mark [i]	300 Mark [i]
Einführungslehrgang	nein	nein	ca. 4 Wochen	3-4 Wochen	5 Monate	1-3 Monate
frei am Nationalfeiertag	nein	nein	ja	ja	ja	ja

	Ungarn	Polen	Algerien	Kuba	Mosambik	Vietnam
Heimreisen						
- bez. Urlaubsreise	nein	nein	eine Fahrt [j]	eine Fahrt	nein	nein [k]
- freie Arbeitstage	3 Tage	2 Tage	3 Tage	3 Tage	nein	bis 6 Tage
Kostenübernahme						
- für Anreise	ja	ja	ja	ja	ja	ja
- für Ausreise	ja	ja	nein	ja	nein	ja
bezahlte Freistellung für Quali- fizierung und Sprachausbildung	bis 3 Monate	nein	nein	max. 60 Tage [l]	bis 15 Tage im Jahr	bis 15 Tage im Jahr

a) zusätzlich Pendlervertrag vom 7. Juli 1966 bis 1990
b) Fach- und Hochschulkader bis 40 Jahre
c) bis zu vier Kindern
d) Überweisung ins Heimatland
e) des 350 Mark monatlich übersteigenden Nettolohns
f) Überweisung ab dem vierten Arbeitsmonat
g) mit Rückzahlungsverpflichtung
h) trug der FDGB
i) trug der Betrieb
j) FDGB trug bei Mitgliedschaft die Hälfte der Kosten
k) mit Ausnahme der Arbeiter, die nach einer Ausbildung einen regulären Arbeitsvertrag erhielten
l) für die Dauer der Beschäftigung

Quellen

Bundesarchiv Berlin-Lichterfelde (früher Abt. Potsdam)

Quelle 1a: BA Berlin-Lichterfelde, Ministerratsbeschlüsse Nr. I/4-512: Beschluß über die Gesamtkonzeption für Verhandlungen mit der UdSSR und der Volksrepublik Bulgarien über den Einsatz von Werktätigen aus diesen Ländern vom 30. November 1961, Bl. 81-105.

Quelle 1b: BA Berlin-Lichterfelde, Ministerratsbeschlüsse Nr. I/4-512: Beschluß über die Gesamtkonzeption für Verhandlungen mit der UdSSR und der Volksrepublik Bulgarien über den Einsatz von Werktätigen aus diesen Ländern vom 30. November 1961, Bl. 81.

Quelle 1c: BA Berlin-Lichterfelde, Ministerratsbeschlüsse Nr. I/4-525: Beschluß zur Aufhebung der Beschlüsse über die Eingliederung sowjetischer und bulgarischer Werktätiger in die Industrie und das Bauwesen in der DDR vom 25. Januar 1962.

Quelle 1d: BA Berlin-Lichterfelde, Ministerratsbeschlüsse Nr. I/4-655: Entwurf des Abkommens zwischen der Regierung der DDR und der Regierung der Volksrepublik Polen über den Einsatz polnischer Werktätiger im Braunkohlenbergbau der DDR, 6. Dezember 1962, Bl. 116-168.

Quelle 1e: BA Berlin-Lichterfelde, Ministerratsbeschlüsse Nr. I/4-959: Beschluß über Maßnahmen zur Vorbereitung und Durchführung der Übersiedlung von Bürgern der Volksrepublik Polen in die DDR vom 9. Juni 1964, Bl. 91 und 93.

Quelle 1f: BA Berlin-Lichterfelde, Ministerratsbeschlüsse Nr. I/4-1179: Beschluß über die Aufhebung des Beschlusses des Präsidiums des Ministerrates vom 9. Juni 1964 über Maßnahmen zur Vorbereitung und Durchführung der Übersiedlung von Bürgern der Volksrepublik Polen in die DDR vom 26. August 1965, Bl. 48-51.

Quelle 1g: BA Berlin-Lichterfelde, Ministerratsbeschlüsse Nr. I/4-1201: Information über den Stand der Vorbereitung und notwendige Schlußfolgerungen beim Einsatz polnischer Arbeitskräfte in Betrieben der DDR in Grenzbezirken vom 18. Oktober 1965, Bl. 58-67, Zitat Bl. 60.

Quelle 1h: BA Berlin-Lichterfelde, Ministerratsbeschlüsse Nr. I/4-2116: Beschluß über den Bericht der bisherigen Erfahrungen und Ergebnisse aus dem Einsatz ungarischer und polnischer Werktätiger vom 7. Januar 1970, Bl. 164-165.

Quelle 1i: BA Berlin-Lichterfelde, Ministerratsbeschlüsse Nr. I/4-2410: Beschluß zur Direktive für die Beratung der Vorsitzenden des Wirtschaftsausschusses der DDR/VRP über den Einsatz polnischer Werktätiger in Betrieben der DDR, 10. Februar 1971, Bl. 129-133.

Quelle 1j: BA Berlin-Lichterfelde, Ministerratsbeschlüsse Nr. I/4-2960: Beschluß zur Angleichung der Bedingungen des mit der UVR bestehenden Regierungsabkommens über die zeitweilige Beschäftigung von Werktätigen an das Regierungsabkommen mit der VRP vom 1. November 1973, Bl. 99-102.

Quelle 1k: BA Berlin-Lichterfelde, Ministerratsbeschlüsse Nr. I/4-3178: Information über die Realisierung des mit anderen sozialistischen Ländern vereinbarten Einsatzes von Arbeitskräften in Betrieben der DDR, 10. Oktober 1974. Bl. 187-189.

Quelle 1l: BA Berlin-Lichterfelde, Ministerratsbeschlüsse Nr. I/4-3178: Information über die Realisierung des mit anderen sozialistischen Ländern vereinbarten Einsatzes von Arbeitskräften in Betrieben der DDR, 10. Oktober 1974, Bl. 188-189.

Quelle 1m: BA Berlin-Lichterfelde, Ministerratsbeschlüsse Nr. I/4-3485: Verhandlungs-direktive zum Einsatz vietnamesischer Bürger in Betrieben und Einrichtungen der DDR. 8. Januar 1976, Bl. 90-93.

Quelle 1n: BA Berlin-Lichterfelde, Ministerratsbeschlüsse Nr. I/4-3367: Beschluß zur Un-terstützung der Unterbringung und Ausbildung von vietnamesischen Bürgern in den Be-trieben und Einrichtungen der DDR vom 26. Juni 1975, Bl. 72-78.

Quelle 1o: BA Berlin-Lichterfelde, Ministerratsbeschlüsse PM 02-145/7/75: Abkommen über Maßnahmen zur beruflichen Qualifizierung von 500-1000 Staatsbürgern der Repu-blik Kuba als Berufspraktikanten vom 4. Juli 1975.

Quelle 1p: BA Berlin-Lichterfelde, Ministerratsbeschlüsse 02-PM 200/I.4. / 85, VVS B2-1055 / 85, vom 1. April 1985, S. 6.

Quelle 1q: BA Berlin-Lichterfelde, Zwischenarchiv, DE 1 55102: Staatliche Plankommis-sion, Stellvertreter des Vorsitzenden Tschanter Interne Mitteilung an Dr. Leihkauf, 1. April 1987.

Quelle 1r: BA Berlin-Lichterfelde, SAL-DQ3/1082: Vermerk zu einem Gespräch bezüglich der Durchführung des Regierungsabkommens der DDR-VR Angola und des Besuches des Ministers für Arbeit und Soziale Sicherheit der VRA in der DDR, 24. November 1986.

Quelle 1s: BA Berlin-Lichterfelde, SAL-DQ 3/1633: Zu effektiven Lösungen des Arbeits-kräftedefizits in den nächsten Jahren, Berlin 1987.

Ministerium für Arbeit und Löhne/Staatssekretariat für Arbeit und Löhne – Ausländische Arbeitskräfte (im folgenden MfAL/SAL–AAK)

Quelle 2a: MfAL/SAL–AAK, Konzeption zur zeitweiligen Beschäftigung von Werktätigen aus Entwicklungsländern im Produktionsprozeß volkseigener Betriebe der DDR, vom 23. Mai 1978, S. 2 der Begründung und S. 2 der Konzeption.

Quelle 2b: MfAL/SAL–AAK Gegenüberstellung von Fakten und Bedingungen aus den Regierungsabkommen zum Einsatz ausländischer Werktätiger in Betrieben der DDR.

Quelle 2c: MfAL/SAL–AAK, Konzeption zum Einsatz ausländischer Werktätiger 1991 bis 1995, Juli 1989, S. 4.

Quelle 2d: MfAL/SAL–AAK, Bericht über den Einsatz ausländischer Werktätiger, ins-besondere aus Entwicklungsländern, in der Volkswirtschaft der DDR und Schlußfolge-rungen für den Zeitraum 1981 bis 1985, ohne Datum, S. 1.

Quelle 2e: MfAL/SAL–AAK, Brief des MfAL an Günther Mittag, Mitglied des Politbüros und Sekretär des ZK der SED, am 31. August 1987, S. 1.

Quelle 2f: MfAL/SAL–AAK, Konzeption zum Einsatz ausländischer Werktätiger 1991 bis 1995, Juli 1989, S. 6.

Quelle 2g: MfAL/SAL–AAK, Maßnahmeplan zur Eingliederung und Eingewöhnung für die Neuanreise von 55 kubanischen Werktätigen am 6. Juli 1989; VEB Bodenbearbei-tungsgeräte „Karl Marx", Leipzig, 20. Juni 1989, S. 1.

Quelle 2h: MfAL/SAL–AAK, Telegramm vom Rat des Bezirkes Magdeburg an Ministerrat der DDR, SAL, Magdeburg, 16. April 1987. S. 1-5.

Quelle 2i: MfAL/SAL–AAK, Bericht über die Realisierung der Richtlinie zum Einsatz kubanischer Werktätiger im VEB Maxhütte Unterwellenborn der Monate Juli und August, Pkt. 5.6, Unterwellenborn, 10. September 1981, S. 4.

Quelle 2j: MfAL/SAL–AAK, Kontrollbericht über den Einsatz kubanischer Arbeitskräfte im VEB Möbelwerke Eisenberg, 6. September 1989, S. 9.

Quelle 2k: MfAL/SAL–AAK, Brief von Abt. ausländischer Arbeitskräfte an VEB Mähdrescherwerk Bischofswerda/Singwitz, Berlin, 11. August 1989, S. 1.

Quelle 2l: MfAL/SAL–AAK, Bericht über die Betreuung und Qualifizierung kubanischer Werktätiger im VEB Goldpunkt per 31. Oktober 1987, S. 6.

Quelle 2m: MfAL/SAL–AAK, Telegramm, Sofortmeldung, Nichterscheinen zur Arbeit durch kubanische Staatsangehörige VEB Industrie-Isolierungen, Leipzig Betrieb des VEB Kombinat Kernkraftwerkanlagebau Produktionsstätte Stendal, Stendal 14. April 1987, S. 1.

Quelle 2n: MfAL/SAL–AAK, Brief an SAL von Cubatecnica, Anlage: Brief von Gruppenleitern des VEB Transportgummi Bad Blankenburg, Gera, 17. Dezember 1987, S. 2-4.

Quelle 2o: MfAL/SAL–AAK, Brief an SAL von Repräsentant Cubatecnica; über den Betrieb Zellwolle Wittenberg, Schwerin, von 27. September 1989, S. 1-4.

Quelle 2p: MfAL/SAL–AAK, Brief an den Stellvertreter des Vorsitzenden des Ministerrates der DDR, Werner Krolikowski, Berlin 9. August 1984, S. 2.

Quelle 2q: MfAL/SAL–AAK, Bericht zur Durchführung des Regierungsabkommens über die zeitweilige Beschäftigung algerischer Werktätiger in Betrieben des Bezirkes Potsdams, 11. Februar 1983, S. 4.

Interviews

Quelle 3: Interview mit Dieter Vogeley vom 12. März 1992.

Sonstige Quellen

Quelle 4a: Arbeitsvertrag für kubanische Arbeiter in spanischer/deutscher Sprache (Privatbesitz Sandra Gruner-Domić).

Quelle 4b: Vereinbarung zwischen SAL der DDR und dem Staatlichen Komitee für Arbeit und Sozialversicherung der Republik Kuba zur Durchführung des Abkommens vom 3. Mai 1978 zwischen der Regierung der DDR und der Republik Kuba über die zeitweilige Beschäftigung kubanischer Werktätiger bei gleichzeitiger Qualifizierung im Prozeß produktiver Tätigkeit in sozialistischen Betrieben der DDR, Art. 1, S. 1 (Privatbesitz Sandra Gruner-Domić).

Quelle 4c: Abkommen mit Kuba vom 3. Mai 1979 (Privatbesitz Sandra Gruner-Domić).

Quelle 4d: Vereinbarung 1978, Artikel 6, Abs. 3, S. 5. (Privatbesitz Sandra Gruner-Domić).

Quelle 4e: Rahmenrichtlinien des Abkommens mit Kuba 1980 (Privatbesitz Sandra Gruner-Domić).

Quelle 4f: Richtlinie 1981, Anlage 5: Ordnung zum Ablauf des Lohntransfers kubanischer Werktätiger (aktualisierte Fassung vom 1. Oktober 1985), Punkt. 2, S. 1 (Privatbesitz Sandra Gruner-Domić).

Quelle 4g: Änderungen und Ergänzungen der Vereinbarung 1978, vom 28. Mai 1982, Art. 15, Abs. 2, S. 11.

Dritter Teil

Migrationsgeschichte und systematische Sozialwissenschaft: Neue Perspektiven

Lebenswelten italienischer Migranten

Eine empirische Analyse

Livia Novi

Die italienische Migration in die Bundesrepublik ist nicht erst ein Phänomen der letzten 40 Jahre. Die in den fünfziger Jahren einsetzenden Wanderungsbewegungen aus Süditalien stellen lediglich die letzte Phase einer jahrhundertelangen Tradition der Arbeitsmigration zwischen Italien und Deutschland dar.[1] Im Unterschied jedoch zu früheren spontanen Wanderungen ist die italienische Migration seit Mitte der fünfziger Jahre erstmals eine staatlich gelenkte Wanderungsform. Die 1955 zwischen Italien und der Bundesrepublik unterzeichnete Anwerbevereinbarung führte dazu, daß nach den Bedürfnissen beider Arbeitsmärkte, Arbeitskräfte aus dem *Mezzogiorno* Italiens in die Bundesrepublik zuwanderten. Mit der schrittweisen späteren Einführung der Freizügigkeit der Arbeitnehmer innerhalb der EWG (1961 bis 1968) war es den italienischen Arbeitskräften zudem möglich, als Touristen in die Bundesrepublik einzureisen, um direkt vor Ort einen Arbeitsplatz zu suchen (Feithen 1985).[2] Ab diesem Zeitpunkt bis zur Mitte der siebziger Jahre stiegen sowohl die Anzahl der zuwandernden Migranten und Migrantinnen und deren Kinder aus Italien als auch die Aufenthaltsdauer der Italiener und Italienerinnen in der Bundesrepublik. Auf eine sich konsolidierende Einwanderungssituation der italienischen Bevölkerung in der Bundesrepublik deutet auch die Entstehung italienischer *communities* hin (Heckmann 1992).[3]

---

1   Die historische Entwicklung der Wanderungsbewegungen zwischen Italien und Deutschland wird hier nicht behandelt. Für eine detaillierte Schilderung der Geschichte der italienischen Migration nach Deutschland vgl. Pichler (1997) und Petersen (1993).

2   Dies bestätigt unter anderem auch die Tatsache, daß die deutsche Anwerbekommission in Italien immer weniger Anwerbeanträge bei steigender Zahl von Migranten und Migrantinnen bearbeitete.

3   Am 31. Dezember 1996 wohnten 115 100 (19,2 Prozent) der 599 400 Italiener und Italie-

Ausgangspunkt meines Forschungsinteresses war erstens die Feststellung, daß im Kontext der deutschen historischen Migrationsforschung hinsichtlich der Wanderungsbewegungen in die Bundesrepublik nach dem Zweiten Weltkrieg keine Studien vorliegen, die sich mit den subjektiven Erfahrungen der Migranten und Migrantinnen in einer historischen Perspektive beschäftigen. Für die Zeitspanne vom Zweiten Weltkrieg bis zur Gegenwart liegen geschichtswissenschaftliche Untersuchungen vor, die Migration als historischen Prozeß betrachten, ohne jedoch eine handlungstheoretisch-individualistische Perspektive einzubeziehen (u.a. Bade 1992a; Herbert 1986; Pagenstecher 1994). Zweitens stellte ich fest, daß in bezug auf die Erforschung der italienischen Migration in einer historischen Perspektive die Periode nach dem Zweiten Weltkrieg nicht berücksichtigt worden ist. Die deutsche historische Migrationsforschung hat sich fast ausschließlich mit der Zuwanderung von italienischen Arbeitskräften ins deutsche Kaiserreich befaßt.[4] Meine Untersuchung[5] soll diese Forschungslücken schließen; sie beschäftigt sich einerseits mit den individuellen Erfahrungen von italienischen Migranten und Migrantinnen und andererseits mit dem sozial-historischen Kontext, in dem sich diese Erfahrungen vollziehen. Ziel des folgenden Beitrags ist es, einige Aspekte der theoretischen und empirischen Auseinandersetzung mit diesem Thema zu diskutieren.

Alle Untersuchungen zur italienischen Migration nach 1955 sind sozialwissenschaftlicher Herkunft. In einer Untersuchung zur soziologischen Ausländerforschung bezeichnet Treibel (1988) deren Anfänge als „Vorlaufs- bzw. Frühphase" (1955-73); dazu gehören einige wenige Aufsätze über italienische Migranten, die bis zur wirtschaftlichen Konjunktur von 1966/67 die größte Gruppe innerhalb der angeworbenen ausländischen Arbeiter und Arbeiterinnen bildeten. Darunter ist der Aufsatz von Kurz (1965) hervor-

---

nerinnen seit mehr als 25 Jahren in Deutschland, 89 700 (14,2 Prozent) sogar seit mehr als 30 Jahren (Beauftragte der Bundesregierung für Ausländerfragen 1997, S.180). Die Zahl der etwa eine halbe Million umfassenden italienischen Bevölkerung in der Bundesrepublik ist seit 20 Jahren konstant. Dies erklärt sich mit dem Ausgleich zwischen Fortzügen nach Italien und Geburten italienischer Kinder in Deutschland.

4   Unter anderem sind Mitte der neunziger Jahre zwei monographische Studien entstanden, die die Arbeitsmigration aus Italien ins wilhelminische Deutschland untersuchen (Del Fabbro 1996; Wennemann 1997).

5   Dieser Beitrag entstand in Rahmen eines Promotionsprojektes, das vom Land Niedersachsen gefördert und an der Universität Osnabrück durchgeführt wird.

zuheben. Sie hat als erste den Begriff des *Kulturkonflikts* eingeführt, der bis heute eine Konstante in der Erforschung der italienischen Migration ist.

Auf diese Arbeiten folgte die von Treibel (1988) sogenannte „Hauptphase der Ausländerforschung", die Mitte der achtziger Jahre endete. In dieser Zeit sah sich die Soziologie mit Anfragen konfrontiert, die Empfehlungen für die praktische Bewältigung der aus den Wanderungsprozessen resultierenden Probleme erwarten. Daher behandelten etwa zwei Drittel der sozialwissenschaftlichen Untersuchungen in diesem Zeitraum Probleme der Sozialisation, der Integration und deren subjektive Verarbeitung durch Migranten und Migrantinnen. Zu dieser Richtung gehören auch einige monographische Arbeiten über die italienische Migration, die vor allem die Folgen der Zuwanderung untersuchten und dabei Migration in erster Linie als soziales Problem betrachteten (u.a. Breitenbach 1982; Cavalli-Wordel 1989; Hettlage 1984). Was die italienische Migration betrifft, so wurden die zu untersuchenden Folgeprobleme oft mit der speziellen Entwicklung der italienischen Wanderungsbewegungen erklärt. Im Unterschied zu anderen Migrantengruppen pendelten Italiener und Italienerinnen auch aufgrund der Freizügigkeit in der EWG sehr stark zwischen Deutschland und Italien, ohne sich jedoch langfristig niederzulassen.[6] Insbesondere Hettlage (1984) führte für italienische Migranten den Begriff der *Zwischenwelt* ein, der theoretisch die Situation der italienischen Migranten erklärt. Seiner Meinung nach leben sie in einem System von bilateralen Referenzen: Sie seien aus ihrem Herkunftskontext entwurzelt, ohne in den Kontext des Aufnahmelandes richtig integriert zu sein – dort fremd, hier fremd. Der Begriff der *Zwischenwelt* wurde ohne empirische Überprüfung in späteren Untersuchungen übernommen (Morone 1993).

Seit Mitte der achtziger Jahre, als türkische Migranten und Migrantinnen in Deutschland immer mehr zum Brennpunkt der Diskussion wurden, wurde kaum noch von italienischen Migranten und Migrantinnen gesprochen, da sie im Unterschied zu den Türken und Türkinnen nicht so fremd erschienen. Es fand also nicht nur eine Unterschichtung auf dem Arbeitsmarkt statt, sondern

---

6   Dieser verengte Blickwinkel führte dazu, daß der Gruppe der niedergelassenen Italiener und Italienerinnen keine Aufmerksamkeit geschenkt wurde. Da die sozialwissenschaftliche Forschung auf die Probleme der Migranten konzentriert war, traten die Ursachen solcher Probleme in den Vordergrund. Diese Forschung vermittelte dadurch den Eindruck, daß die italienischen Migranten und Migrantinnen in der Bundesrepublik ein Volk von „Pendlern" seien.

auch in der Wahrnehmung der Ausländer durch die deutsche Bevölkerung und darüber hinaus in der sozialwissenschaftlichen Literatur, die eben Antworten auf die Probleme mit den Ausländern liefern muß.

Zu erwähnen sind auch einige Untersuchungen zur Problematik der Rückwanderung, die zum Teil auch an die Ergebnisse der italienischen Migrationsforschung zur „Rotationsmigration"[7] anknüpften (u.a. Behrmann/Abate 1984; Bechtle-Künemund 1989; Schneider 1990).

In den neunziger Jahren schließlich erschienen einige qualitative Studien, die in die anthropologische Wende der Sozialwissenschaften einzuordnen sind.[8] Diese Studien beschäftigten sich jeweils mit verschiedenen Bereichen der Migrationsforschung und schlossen einige Forschungslücken ohne jedoch die Erfahrungen und Handlungen der Migranten in ihren eigenen sozialhistorischen Kontext einzubetten (u.a. Apitzsch 1990; Lanfranchi 1991; Morone 1993; Pichler 1997). Die historische Beschreibung bleibt aufgrund der Sekundärliteratur allgemein. In diesem Forschungskontext ist die Studie von Philipper (1997) zu erwähnen. Sie führte als einzige eine biographische Studie zur italienischen Migration durch, die eine geschlechtsspezifische Perspektive einbezog. Sie überprüfte empirisch die These, daß ein „Opferstatus" von Migrantinnen nicht belegbar sei; Migration wurde in ihrer Untersuchung als Gewinn bezeichnet.

Zuletzt ist noch die Untersuchung von Ronzani (1981) zu erwähnen, die als erste den Begriff der *europäischen Binnenwanderung* für die italienische Zuwanderung in die Bundesrepublik nach 1968 einführte. Ronzani vertrat die These, daß es aufgrund der Freizügigkeit der Arbeitskräfte innerhalb der EWG nur den italienischen Migranten und Migrantinnen möglich gewesen sei, ohne einen Arbeitsvertrag in die Bundesrepublik einzuwandern. Das bedeutete, daß seit diesem Zeitpunkt ein Umzug in Richtung Nordeuropa formell einem Ortswechsel in die nächste größere italienische Stadt oder vom Süden Italiens in den Norden gleichzustellen gewesen sei. Ferner sei die Migration aus Süditalien nach Nordeuropa im Laufe der sechziger Jahre im Vergleich zur früheren Auswanderung nach Amerika mit immer weniger

---

7   Rotationsmigration bezeichnet die wiederholte Zu- und Abwanderung von Migranten und Migrantinnen, die weder als Saison- noch als Dauerwanderer migrieren. Die italienische Migration ist ein Paradebeispiel dieses Migrationstyps, da sie als „mehrjährig in bestimmter Zeit und mit bestimmtem Zweck" bezeichnet wurde (Reyneri 1981, 38).

8   Zu dieser Entwicklung innerhalb der soziologischen Migrationsforschung vgl. Bommes 1996.

hohen Risiken und Kosten verbunden gewesen und habe daher allen offen gestanden.[9] Die meines Erachtens sehr treffende Beobachtung Ronzanis wurde leider nicht weiterverfolgt und empirisch überprüft. Dies kann mit der Schwerpunktsetzung der sozialwissenschaftlichen deutschen Migrationsforschung in den achtziger Jahren zusammenhängen, die zum größten Teil Auftragsforschung war und sich, wie bereits erwähnt, auf eine ökonomische, sozialpädagogische und integrationspolitische Betrachtungsweise beschränkte.[10]

Ich teile Ronzanis Ansicht, daß spätestens ab 1968 für die italienischen Migranten und Migrantinnen eine Veränderung der Wanderungsform von der reinen Arbeitswanderung zu einer europäischen Binnenwanderung einsetzte. Diese These kann meines Erachtens auch empirisch überprüft werden, indem die Migrationsentscheidung – damit meine ich sowohl die Entscheidung auszuwandern als auch jene, sich niederzulassen – in den Mittelpunkt gerückt wird. Denn wenn man von der Existenz einer europäischen Binnenwanderung ausgeht, dann sind multifaktorielle Migrationsursachen vorauszusetzen. Dadurch wird Migration eine von vielen individuellen und kollektiven Optionen, die innerhalb einer Gruppe zu einer bestimmten Zeit an einem bestimmten Ort angeboten werden.

Die Operationalisierung der Forschungsfrage, den Prozeß einer Entscheidungsfindung im Falle von Migration zu rekonstruieren, ihn in Zusammenhang mit den historischen und sozialen Bestimmungsfaktoren und den individuellen Erfahrungen zu setzen, um diesen Prozeß von innen und von außen zu interpretieren, bedarf einer mikroanalytischen Betrachtungsweise. Nur durch die Übernahme der Perspektive der Migranten und Migrantinnen

---

9   Piselli (1981) stellte in einer ausgezeichneten Fallstudie zur Verwandtschaft und Wanderung in einem Dorf in Kalabrien fest, daß die Massenwanderungen der sechziger Jahre sowohl nach Norditalien als auch nach Deutschland und in die Schweiz zu einer Veränderung des Verwandtschaftssystems geführt haben. In dieser Hinsicht wäre es außerdem fruchtbar, die Ergebnisse der Forschung zur Binnenwanderung mit jenen der internationalen Migration zu vergleichen, um die theoretische Hypothese einer europäischen Binnenwanderung weiter zu verfolgen.

10 Es ist daher kein Zufall, daß sich die soziologischen Untersuchungen der achtziger Jahre zur italienischen Migration oft mit schulischen Problemen italienischer Kinder beschäftigten und sie auf die Pendelmigration zurückführten. Dies würde vielleicht erklären, warum den niedergelassenen Italienern keine einzige Untersuchung gewidmet ist. Sie galten und gelten heute noch als integriert und daher nicht als „forschungsbedürftig".

selbst ist es möglich, Migration als biographische Option, als Erfahrung, als individuelle Wahrnehmung zu betrachten, um so den Findungsprozeß einer Migrationsentscheidung sichtbar und transparent zu machen. Andererseits ist es methodologisch notwendig, die mikroanalytische Ebene zu verlassen, um die sozialen und historischen Bestimmungsfaktoren einer Migrationsentscheidung zu definieren. Die Analyse der inneren und äußeren Strukturen, die zu einer Migrationsentscheidung führen, bedarf eines theoretischen und methodologischen Rahmens, der die zwei Ebenen in sich vereint. Denn es soll vermieden werden, daß der sozial-historische Kontext eine Beschreibung bleibt, die nichts mit den tatsächlichen Erfahrungen der untersuchten Personen zu tun hat. Der Begriff *Lebenswelt* kann diesem Anspruch gerecht werden. Die Operationalisierung dieses Begriffes ermöglicht es, sowohl die individuellen Erfahrungen als auch die Rahmenbedingungen eben dieser Erfahrungen zu rekonstruieren.

Im folgenden Beitrag will ich anhand von empirischem Material, d.h. autobiographischen Interviews einige ausgewählte Aspekte der Rekonstruktion der Lebenswelten italienischer Migranten und Migrantinnen darstellen, um die These der Existenz einer europäischen Binnenmigration in bezug auf die italienische Zuwanderung in die Bundesrepublik empirisch zu überprüfen.

Der konkreten Darstellung des Materials und einiger Ergebnisse seiner Auswertung wird ein theoretischer und methodischer Teil vorangestellt, in dem der Begriff der Lebenswelt erläutert werden soll. Die Entscheidung, mit dem Lebensweltbegriff zu operieren, ist in zweifacher Hinsicht begründet. Erstens bietet er den theoretischen Bezugsrahmen für die Erforschung individueller Erfahrungen in einem sozial-historischen Kontext. Zweitens ist er die methodologische Voraussetzung für einen Zugang zum Material, der eine detaillierte Untersuchung eben dieser Erfahrungen aus der Perspektive der Akteure selbst (Binnenperspektive) zuläßt.

Der Lebensweltbegriff

Lebenswelt ist in den letzten zwanzig Jahren innerhalb der Geisteswissenschaften zu einem modischen, verwaschenen und fast inhaltslosen „Un-Begriff" geworden. In fast allen geisteswissenschaftlichen Disziplinen

(Geschichtswissenschaft, Pädagogik, Anthropologie, Ethnologie, Literaturwissenschaft) erreichte der Lebensweltbegriff seit den siebziger Jahren im Zuge der zu diesem Zeitpunkt einsetzenden anthropologischen Wende Popularität. Der Anwendungsbereich ist so unterschiedlich, daß man von vielen und heterogenen Lebensweltbegriffen ausgehen muß, die je nach Disziplin verschiedene methodologische Funktionen erfüllen.

In der Geschichtswissenschaft wird der Begriff Lebenswelt in der Geschichtsforschung, Geschichtstheorie und Geschichtsdidaktik verwendet. Der Lebensweltbegriff kommt daher in erster Linie in empirischen Studien, die sich mit der Analyse von alltagsgeschichtlichen Themen beschäftigen, vor. Aber er wird auch in geschichtsdidaktischen Untersuchungen und in museumspädagogischen Konzepten, die sich ebenfalls mit dem Alltagsleben der „kleinen Leute" befassen, verwendet. Die Konjunktur des Begriffes ist in den Titeln historischer Veröffentlichungen der letzten zwanzig Jahre ablesbar. Eine Analyse dieser historischen Publikationen vermittelt den Eindruck der Beliebigkeit und Unverbindlichkeit in der Verwendung des Begriffes. Lebenswelt wird als Meta- und Sammelbegriff in Lokalstudien und in biographischen Studien verwendet, die entweder die Lebenswelt einer Gemeinschaft oder die einer einzelnen Person als Untersuchungsgegenstand haben. Diese Studien können demnach in zwei Gruppen aufgeteilt werden: Lebenswelt wird als reale Lebenserfahrung, Lebensweise, Lebensbedingung oder Lebensform verstanden. Sie kann auch als die Summe der Lebensverhältnisse einer Gruppe, die über generations- oder staatsangehörigkeitsspezifische sowie kollektive kulturspezifische Merkmale definiert wird, verstanden werden (z.B. Juden, Migranten aus einem bestimmten Herkunftsland, Kinder, Jugendliche, usw.). Zweitens wird Lebenswelt als die Welt einer Person verstanden, deren Analyse die Möglichkeit bietet, auf allgemeingültige Regeln zu schließen. Obwohl sämtliche Studien den Begriff Lebenswelt ebenso häufig wie diffus verwenden, haben sie jedoch einen gemeinsamen Anspruch: Sie wollen eine Welt rekonstruieren und beschreiben, in der Menschen leben und handeln, um so deren alltäglichen Erfahrungen näher zu kommen. Das heißt, Lebenswelt wird immer als subjektive Kategorie in Abgrenzung zu den objektiven Strukturen verwendet, oft auch mit dem ideologischen Anspruch, den „kleinen Leuten" ihre Geschichte zurückzugeben. Letztendlich handelt es sich oft jedoch um eine Sammlung von paraphrasierten Lebensgeschichten und Erinnerungen ohne jeglichen Anspruch auf Wissenschaftlichkeit. Dies hat den Alltagshistorikern oft zu

Recht den Vorwurf eingehandelt, sich mit dem „Klein-Klein" der Geschichte zu beschäftigen.

Diese Untersuchungen folgen einem historiographischen Programm, das sich seit Mitte der siebziger Jahre einerseits um Alternativen und neue Untersuchungsgegenstände und damit verbundene Methoden bemüht hat und sich andererseits von bestimmten Paradigmen innerhalb der Sozialgeschichte abgrenzt. Dieses Programm hat viele Namen – Historische Anthropologie, Mikrohistorie, Alltagsgeschichte, Erfahrungsgeschichte und führt daher zu Verwirrungen.[11] Gemeinsamer Nenner ist der Versuch, die subjektive Wahrnehmung, das „In-der-Welt-sein" der Akteure zu erfassen. Oft wird jedoch ein Begriff wie der der Lebenswelt unreflektiert aus der Alltagssprache übernommen und als wissenschaftliche Kategorie benutzt, ohne seine theoretischen und methodologischen Implikationen zu berücksichtigen. Selbst bei theoretisch und methodisch reflektiertem Arbeiten wie z.B. bei Vierhaus (1994) und Raphael (1996), bleibt dennoch die Operationalisierung dieses Begriffes im Dunkeln, so daß eine theoretische „korrekte" Übernahme fragwürdig bzw. unpraktikabel erscheint.

Zusammenfassend kann man folgendes feststellen: Wenn seine phänomenologischen Wurzeln nicht unhinterfragt bleiben,[12] ist der Lebensweltbegriff durchaus ein geeignetes Instrument, um die Aufmerksamkeit des Forschers oder der Forscherin auf die Praxis der Akteure zu lenken. Man kann also mit seiner Hilfe die wahrgenommene Wirklichkeit, in der Gruppen und Individuen durch ihr Handeln und Denken jene Wirklichkeit produzieren, abbilden (Vierhaus 1994, S. 13). Pointiert formuliert kann man folgendes sagen: Die Operationalisierung des Begriffes Lebensweltanalyse führt zur Rekonstruktion der Alltagswelt von Menschen innerhalb einer Lebenswelt, die sie zwar in einer bestimmten Art und Weise vorgefunden haben, die sie jedoch mit ihren Handlungen modifizieren können. Es ist daher möglich, mit der Lebensweltanalyse nicht nur die Geschichte der alltäglichen Erfahrungen von

---

11 Die verschiedenen Richtungen haben natürlich unterschiedliche methodische und theoretische Ansätze. Es sind zwei Haupttraditionslinien zu erkennen: Eine führt von Durkheim über den linguistischen und anthropologischen Strukturalismus zu Foucault und Bourdieu. Die andere verläuft von Cassirer über die amerikanische Anthropologie zu Autoren wie Geertz und Darnton. Hier können die verschiedenen Ansätze jedoch nicht weiter dargestellt und diskutiert werden.

12 Ich verwende den Lebensweltbegriff in Anlehnung an Schütz, der Lebenswelt als „Schauplatz sowie Ziel des menschlichen Handelns" bezeichnet (Schütz 1979, S. 28).

Menschen zu rekonstruieren, sondern auch und vor allem die *Modi* herauszuarbeiten, in denen diese alltäglichen Erfahrungen gemacht werden.

Das bedeutet jedoch eine umfassende Auseinandersetzung nicht nur mit den phänomenologischen Hintergründen des Lebensweltbegriffes, sondern auch mit seiner empirischen Umsetzung. Da Lebenswelt keine unmittelbar empirisch applizierbare Kategorie ist, geht es darum, die zeitlichen, räumlichen, sozialen und biographischen Aufschichtungen innerhalb einer spezifischen, einmaligen Lebenswelt zu rekonstruieren und sie in Zusammenhang mit den „objektiven" Bedingungen dieser einmaligen und individuellen Lebenswelt zu setzen.

Die Lebensweltanalyse bedarf einer hermeneutischen Methode, da gesellschaftliche Wirklichkeitskonstruktionen nur hermeneutisch rekonstruierbar sind. Nur ein methodisch kontrolliertes, also nachvollziehbares und falsifizierbares Verstehen unterscheidet sich vom alltäglichen Verstehen und erfüllt somit methodologische Ansprüche.

Methodischer Zugang zur Rekonstruktion von Lebenswelten

Lebenswelten können durch Vermittlung erzählter Lebensgeschichten zugänglich gemacht werden. Daher bilden narrative Interviews die geeignetste Materialgrundlage zur Lebensweltanalyse. Narrative Interviews, wie sie von Fritz Schütze theoretisch entwickelt wurden (1983), zielen darauf ab, Stegreiferzählungen über die Geschichte eines Gegenstandsbereiches oder über die eigene Lebensgeschichte zu erzeugen. Der Erzählfluß wird durch die Interviewerin bis auf die Eingangsfrage zunächst nicht weiter gebremst, er soll bei dem Erzähler bzw. der Erzählerin bestimmte Zugzwänge (Gestalterschließung, Kondensierungs- und Detaillierungsgrenze) herbeiführen. Narrative Interviews sind daher eine adäquate Erhebungstechnik für die Lebensweltanalyse. Mit ihnen kann einerseits das Spannungsverhältnis zwischen dem intentionalen Prinzip der Biographie, den Plänen, Vorstellungen, Entwürfen oder Programmen und andererseits dem, was dem Biographieträger in seiner Biographie geschieht, herausgearbeitet werden.

Die auf diese Weise erhobenen Lebensverläufe sind für die Lebensweltanalyse jedoch Mittel zum Zweck. Es interessieren nicht die Biographien an sich, sondern die Analyse der Lebenswelten der befragten Personen, wie sie sich in den Erzählungen abbilden. Die erhobenen Daten werden zwar nach der Methode der Narrationsanalyse, die sich als biographische Methode versteht, ausgewertet, ohne jedoch ihren theoretischen Rahmen zu übernehmen.

Die Narrationsanalyse ist in erster Linie eine Textanalyse, da die Interviews als „Texte" zu verstehen sind. Bei dieser Methode geht es darum, die prinzipielle Differenz zwischen erzählter und erlebter Lebensgeschichte herauszuarbeiten. Diese Unterscheidung ist unerläßlich, da oft in der Verwendung von erzählten Lebensgeschichten einerseits der Entstehungskontext des Interviews und andererseits die Gesamtheit der erzählten Biographie nicht berücksichtigt werden. Eine konsequente biographische Analyse verbietet eine subsumtionslogische Unterordnung biographischer Erlebnisse unter die von der Forscherin konzipierten Kategorien.

Die Narrationsanalyse, wie von Rosenthal und Fischer-Rosenthal (1997) formuliert, unterscheidet in der Durchführung der Dateninterpretation folgende fünf Schritte:

- In einem ersten Schritt werden aus der erzählten Lebensgeschichte die biographischen Daten herausgearbeitet und sequentiell analysiert. Auf dieser Basis werden Hypothesen über das Leben unter den Bedingungen einer konkreten Gesellschaft und historischen Situation formuliert und geprüft.
- Im zweiten Schritt – der Text- und thematischen Feldanalyse – wird die sequentielle Gestalt des Textes analysiert. Ziel dieser Analyse ist herauszufinden, welche Mechanismen die Auswahl und die Darstellungsform der Themen steuern. Während im ersten Schritt versucht wird, die gelebte Geschichte, das heißt die biographischen Erfahrungen an sich zu rekonstruieren, steht im zweiten Schritt die erzählte Geschichte im Sinne von Art und Funktion der Darstellung im Interview im Vordergrund. Aus dieser Analyse wird deutlich, wie der oder die Erzählende die eigene Lebensgeschichte rekonstruiert. In beiden Schritten wird sequentiell hypothetisch vorgegangen; im Laufe der Interpretation werden die vorher aufgestellten Hypothesen entweder bestätigt oder fallengelassen.
- Im folgenden Schritt wird die Fallgeschichte rekonstruiert. Es werden also die erlebte und die erzählte Lebensgeschichte miteinander kontrastiert. Die gegenwärtige und die vergangene Perspektive der Lebensgeschichte wird herausgearbeitet.

- Dieser kontrastiven Analyse folgt die Feinanalyse, die sich am Vorgehen der objektiven Hermeneutik orientiert. Die Feinanalyse ermöglicht die Bestätigung oder Falsifikation der bis dahin formulierten Hypothesen zur Fallgeschichte.
- Die rekonstruktive Analyse mehrerer Fälle wird abschließend zu Typen verdichtet. Diese Typen sind als Realtypen und nicht als Idealtypen zu verstehen. Diese Verdichtung soll zur Rekonstruktion der Strukturen der Lebenswelt führen. Das bedeutet, daß aus den Ergebnissen der Narrationsanalyse der biographischen Interviews die sozial-räumlichen und die zeitlich-biographischen Strukturen herausgearbeitet werden, die anhand anderer Quellen[13] zu einer „dichten Beschreibung"[14] der Lebenswelten dieser Migranten führen.

Entlang der so verdichteten Strukturen werden schließlich Thesen entwikkelt, die dann theoretisch eingebettet werden. Dadurch wird die Fragestellung hinterfragt und modifiziert. Dies ist die unerläßliche Voraussetzung und gleichzeitig die Stärke eines qualitativen Vorgehens, weil dadurch ein Prozeß in Gang gesetzt wird, der es erlaubt, das empirische Material immer wieder auf den theoretischen Rahmen zu beziehen. Das zeigt sich am Beispiel meines Umgangs mit Migrationstheorien: Ich habe mich nicht vorab auf eine migrationstheoretische Richtung festgelegt und sie dann als Folie für die Interpretation der Interviews verwendet, sondern nach und während der Analyse ihre theoretische Einbettung überprüft und ergänzt.

Die Strukturen der Lebenswelten italienischer Migranten

Aus der Analyse der Interviews haben sich zwei fundamentale Momente einer Migrationsgeschichte herauskristallisiert – die Entscheidung zur Wan-

---

13 Für meine Untersuchung habe ich Quellen aus städtischen Archiven ausgewertet, sowie Daten von den örtlichen Ausländerbehörden und Arbeitsämtern.
14 Die Methode der „dichten Beschreibung", so wie von Geertz (1983) formuliert, ist unter den Historikern, die mit alltagsgeschichtlichen Themen arbeiten, sehr beliebt. Hier kann sie nicht näher erläutert werden. Ich verwende den Begriff „dichte Beschreibung", um die Vorgehensweise des Analysierens der Aufschichtungen der Lebenswelten zu veranschaulichen und dadurch begreifbar zu machen.

derung und jene zur Gründung eines festen Wohnsitzes.[15] Diese beiden Ereignisse sind innerhalb der Entwicklung eines biographischen Plans zu verorten, der aus vielen anderen biographischen Projekten konstituiert ist. Wenn also Migration mikroanalytisch und auf der individuellen Ebene betrachtet wird, so ist sie als biographisches Projekt zu interpretieren.

Aus der kontrastiven Untersuchung der biographischen Analyse und der thematischen Feldanalyse werden die Spuren der Strukturen der Lebenswelten der untersuchten Fälle rekonstruiert. Ich unterscheide in dieser Analyse zwischen sozial-räumlichen und zeitlich-biographischen Strukturen.

Sozial-räumliche Strukturen

Die Familie ist der erste wichtige soziale Raum, in dem Migrationsentscheidungen getroffen werden. Sie sind nicht als Bruch zu interpretieren, sondern als Ausdruck einer nicht mehr bestehenden Zugehörigkeit zu einer Familienstruktur, die nicht mehr funktioniert oder die gebrochen ist. Das heißt, die Entscheidung zur Migration ist immer im Zusammenhang mit der Familiengeschichte der Migranten und Migrantinnen zu betrachten. Die ökonomischen, sozialen und individuellen Hintergründe der Interaktion aller Familienmitglieder bewirken eine Migrationsentscheidung.

Das Milieu ist der zweite wichtige soziale Raum, in dem Migrationsentscheidungen getroffen werden. Da das Auswandern ein allgemein bekanntes und akzeptiertes Verhalten innerhalb eines sozialen Milieus ist, ist Migration eine Möglichkeit, ein bestimmtes soziales Milieu zu verlassen, nach dessen Normen man nicht leben will, ohne jedoch seine Gesetze explizit in Frage zu stellen. Das bedeutet, daß Migration eine Vermeidungsstrategie innerhalb der sozialen und räumlichen Strukturen einer Lebenswelt sein kann; sie ermöglicht den Bruch zu Familie und sozialem Milieu, ohne daß die Loyalität in Frage gestellt wird.

---

15 Im folgenden spreche ich von Migrationsentscheidung und beziehe mich damit auf beide Momente – das Moment des Fortgehens und jenes der Niederlassung. Dies hängt mit der Zusammensetzung meiner Untersuchungsgruppe zusammen. Sie besteht nur aus Italienern und Italienerinnen, die sich seit mindestens 20 Jahren niedergelassen haben. Ich befasse mich nicht mit sogenannten Pendelmigranten, für die sicher andere Ergebnisse zu erwarten sind.

Die Erfahrungen innerhalb der Familie und des sozialen Milieus erlauben nach der Migration die Fortsetzung eines biographischen Plans, der mit der Migrationsentscheidung einen Wandel erlebt hat. Es muß jedoch nicht zu biographischen Brüchen kommen, weil sich die Erfahrungen vor und nach der Migration in einem Lebensverlauf zu einer biographischen Schichtung verdichten, die die Fortsetzung dieses Plans ermöglicht.

Daraus kann die These folgen, daß Ziel und Folge der Migration nicht unbedingt sozialer Aufstieg oder die Verbesserung der wirtschaftlichen Umstände sein müssen. Migration kann auch den Wunsch ausdrücken, an einem Ort zu leben, an dem die im Herkunftsort gültigen Normen nicht gelten, ohne sie jedoch offen in Frage zu stellen. In diesem Sinn ist die Auswanderung nach Deutschland mit einem Umzug in eine andere Stadt im Herkunftsland gleichzusetzen.

Zeitlich-biographische Strukturen

Das erste wichtige Moment der zeitlich-biographischen Strukturen ist die Adoleszenzkrise, die im Kontext der endenden Kindheit zu interpretieren ist. Die in der Kindheit erlernten Bewältigungsstrategien von Krisen werden nun bemüht, um die Adoleszenzkrise zu bewältigen. Zu diesem Zeitpunkt ist die Verknüpfung zu den historischen Ereignissen besonders wichtig, weil nach der Adoleszenzkrise die sogenannte zweite Sozialisation beginnt. Das soziale Milieu ist nun sehr prägend. Wichtig ist die Frage, zu welchem historischen Zeitpunkt diese Krise eintritt, deren Bewältigung entscheidend für den weiteren biographischen Verlauf ist. Zu diesem Zeitpunkt werden einschneidende Entscheidungen, wie die Schule weiter zu besuchen, eine Ausbildungsstelle in einer anderen Stadt anzunehmen oder einen Partner zu suchen, um mit der späteren Heirat aus der ursprünglichen Familie auszutreten, getroffen. Ich denke, daß in diesem biographischen Moment bereits Bewältigungsstrategien entwickelt werden, die in Verbindung mit der späteren Migrationsentscheidung zu interpretieren sind.

Das zweite wichtige Moment ist der Eintritt ins Erwachsenenleben, der entweder durch Heirat oder durch den Eintritt ins Berufsleben gekennzeichnet ist. In beiden Fällen kann dies eine weitere Krise bedeuten, die durch Migration gelöst werden kann. In diesem Sinn vertrete ich die These, daß Migration eine Strategie zur Lösung von Krisen ist, die innerhalb einer Lebenswelt entstanden sind und die zur Modifizierung der Lebenswelt geführt haben. Die so erlernten Strategien werden dann wieder bemüht, um andere Krisen, wie z.b. die ersten Schwierigkeiten in Deutschland, zu bewältigen.

Auf jeden Fall kann aus der Analyse der von mir durchgeführten Interviews folgende These aufgestellt werden: Es handelt sich nicht um durch Migration bedingte zweigeteilte Biographien, wie etwa – die Zeit in Italien und die Zeit in Deutschland. Die Einteilung ist bereits durch andere wichtige biographische Momente vor der Migration erfolgt.

Ich gehe davon aus, daß die Erfahrungen des Herkunftskontextes, also die „Wissensvorräte" einer individuellen Lebenswelt, nicht verloren gehen, sondern die biographischen Voraussetzungen zur Bewältigung von neuen Erfahrungen sind. Diese finden nun zwar in einem anderen historisch-sozialen Kontext statt, knüpfen jedoch unmittelbar an die Erfahrungen im Herkunftskontext an. Es sind demnach keine zeitlichen Brüche zu beobachten.

Das bedeutet, daß für italienische Migranten und Migrantinnen nicht zwangsläufig das theoretische Konzept der sogenannten Zwischenwelt wie von Hettlage (1984) formuliert, zutrifft. Nach Hettlage ist das, was in der Lebenswelt des Herkunftslandes selbstverständlich war, in der neuen Lebenswelt außeralltäglich geworden und damit in seiner Funktion entwertet. Der Migrant bzw. die Migrantin lebe nicht mehr in der ererbten verinnerlichten Traditionswelt seiner bzw. ihrer ursprünglichen Lebensverhältnisse; dafür sei der raum-zeitliche und innerliche Bruch zu einschneidend.

In dieser Allgemeinheit läßt sich diese Vorstellung empirisch nicht bestätigen. Die bisherige Analyse der von mir durchgeführten Interviews zeigt folgendes: Erstens ist Lebenswelt kein statisches Gebilde, das außerhalb der Akteure existiert, weil sie von ihnen selbst stets konstruiert und modifiziert wird. Zweitens ist die Migration nicht zwangsläufig ein Bruch, sondern der Bruch ist bereits vor der Migration eingetreten und oft sogar Voraussetzung dafür. Dadurch leben die Migranten und Migrantinnen nicht in einer Zwischenwelt, sondern in einer für sie gültigen Lebenswelt. Diese Lebenswelt ist kein raum-zeitlich abgrenzbares Gebilde, das jenseits von ihnen existiert. Daher ist es auch nicht möglich, „zwischen" den Lebenswelten ihres Herkunfts- und Einwanderungskontextes wie in einem Vakuum zu leben. Diese Strukturen können an dem von mir untersuchten Fall der Adele C. sehr deutlich dargestellt werden:

Adele C. wurde 1951 in einem Dorf in Apulien geboren. Als sie acht Jahre alt war, starb ihre Mutter, und sie kam mit ihren zwei Geschwistern in ein Waisenhaus. Zwei Jahre später ist sie dann zu ihrem Vater in ein anderes Dorf gezogen, der inzwischen mit einer anderen Frau zusammenlebte. Adele C. verstand sich weder mit der Stiefmutter noch ihrem Vater und lebte daraufhin einige Jahre bei ihrer Großmutter in ihrem Heimatdorf. Durch diese vielen Ortswechsel und aufgrund der Tatsache, daß der Vater sie nicht in eine gemischte Klasse für Mädchen und Jungen schicken wollte, beendete sie nur die Grundschule und brach die Mittelschule ab. 1969 wanderte Adele C. in eine norddeutsche Stadt aus, nachdem sie einige Monate zuvor im Alter von 18 Jahren geheiratet hatte. In Deutschland arbeitete sie in der Anfangszeit in einer kleinen Textilfirma. Nach der Geburt ihrer zweiten Tochter hörte sie auf zu arbeiten und blieb zu Hause. Ihr Mann fand in Deutschland in seinem Beruf als Heizungsmonteur Arbeit und ist seit 25 Jahren in der gleichen Firma tätig. Adele C. und ihr Mann haben in Deutschland drei Töchter bekommen, die inzwischen arbeiten bzw. studieren. Adele C. hat in Deutschland den Mittelschulabschluß nachgeholt, und als die Töchter größer wurden, fing sie wieder an zu arbeiten. Zum Zeitpunkt des Interviews arbeitete sie in der Großküche einer öffentlichen Einrichtung. Adele C. hat nicht die Absicht, nach Italien zurückzukehren, obwohl sie in ihrem Heimatdorf ein Häuschen geerbt hat. Dort hatte sie bereits vor der Migration mit ihrem Mann gewohnt.

Die Analyse ihrer Biographie kann folgendermaßen zusammengefaßt werden: Die im Interview erzählte Biographie von Adele C. ist ein Projekt, das durch verschiedene Krisen – Tod der Mutter, das Leben im Waisenhaus, Umzug zum Vater und Auseinandersetzungen mit der Stiefmutter sowie Schwierigkeiten in der Anfangszeit in Deutschland – immer wieder in Frage gestellt wurde. Die Strategien, die sie bei jeder Krise entwickelt, bilden Wissensvorräte, die in der darauffolgenden Krise als Ressource zu deren Bewältigung verwendet werden. Diese Strategien drücken sich in Entscheidungen aus, wie z.B. zur Großmutter zu ziehen, ihren Mann zu heiraten, nach Deutschland auszuwandern, Hausfrau zu werden, um die Töchter zu erziehen, in Deutschland wieder zu arbeiten und nicht nach Italien zurückzukehren. Sie entscheidet immer innerhalb allgemein gültiger Normen ihrer Lebenswelt, ohne sie jedoch unhinterfragt zu akzeptieren. Sie ist in der Lage, Veränderungen der Strukturen ihrer Lebenswelt wahrzunehmen und ihre Handlungen anzupassen.

Ihre Biographie unterscheidet sich kaum von den Biographien vieler Frauen ihrer Generation in Italien. Sie fand jedoch in ihrer Familie keine geeigneten lebensweltlichen Strukturen vor, um ein biographisches Projekt der Autonomie von der Familie und der Selbstbestimmung zu entfalten. Daher mußte sie auswandern. Adele C. lebt ein Projekt aus, das sich bereits in ihrer Jugend anbahnte, das sie jedoch in Italien in ihrer Familie nicht hätte umsetzen können. Dies wird auch durch die Art der Erziehung ihrer Töchter bestätigt. Für sie selbst war die Heirat die Möglichkeit, einen individuellen Lebensplan zu entwickeln; für die Töchter hingegen steht die Ausbildung im Vordergrund.

Der Gewinn ihrer Migration ist nicht wirtschaftlich, sondern sozial: sie investierte die durch die Migration gewonnenen sozialen, kulturellen und wirtschaftlichen Ressourcen nicht in ein Haus in Italien, sondern in die Ausbildung ihrer Kinder. Das war jedoch nur möglich, weil ihr politische Rahmenbedingungen zur Verfügung standen, die die Migration nach Deutschland einem Umzug in die nächste italienische Großstadt gleichsetzten. Damit bestätigt sich die These einer *europäischen Binnenwanderung*.

Die Migrationsentscheidung ist für Adele C. als biographische Leistung zu bewerten. Sie ist der „große Wurf" ihres Lebens.

258

Soziale Netzwerke und Transnationalität

Neue Ansätze für die historische Migrationsforschung

Sonja Haug und Edith Pichler

Einleitung

Klassische Migrationstheorien befassen sich sowohl mit internationaler Wanderung als auch nationaler Binnenmigration. Innerhalb der Migrationsforschung koexistieren mehrere Traditionen. Dabei kann allgemein zwischen Makro- und Mikro-Theorien der Migration unterschieden werden (Faist 1997a; Kalter 1997; Massey u.a. 1993; Pries 1996). Makro-Theorien betrachten Migration auf der Ebene der Gesellschaft, während Mikro-Theorien auf der Ebene der individuellen Akteure ansetzen.

Makrotheoretische Ansätze wie die Makroökonomie, die Theorie der Arbeitsmarktsegmentierung oder die Weltsystemtheorie rekurrieren zur Erklärung von Migrationen so gut wie ausschließlich auf ökonomische Faktoren. Vor allem Unterschiede der Arbeitsmärkte in Bezug auf das Lohnniveau und die Arbeitslosenquote stehen im Zentrum der Betrachtung. Bei der Weltsystemtheorie kommt als Erklärungsfaktor das Entwicklungsniveau von Gesellschaften und eine kritische Haltung gegenüber den Mechanismen des kapitalistischen Wirtschaftssystems hinzu. Hingegen beziehen sich bevölkerungsgeographische und ökologische oder systemtheoretische Ansätze auch auf andere strukturelle Merkmale von Herkunfts- und Zielregionen, wie die räumlichen Entfernungen oder Machtungleichgewichte zwischen Gesellschaften. Innerhalb von mikroökonomischen Theorien werden die Entscheidungen von Individuen unter Berücksichtigung ihrer Ausbildung und ihres zu erwartenden Einkommens untersucht. Innerhalb der Neuen Migrationsökonomie wird Migration auf Strategien zur Sicherstellung oder Erhöhung des Gesamteinkommens von Haushalten zurückgeführt.

Ende der neunziger Jahre tendiert eine neue Richtung der Migrationsforschung dazu, diesen klassischen Migrationstheorien alternative Konzepte entgegenzusetzen und bei der Erklärung internationaler Migration andere Aspekte in den Mittelpunkt zu stellen (Faist 1995; Massey u.a. 1993; 1994; Pries 1997). Als Begründung für die Notwendigkeit neuer Ansätze werden die seit den sechziger Jahren weltweit zu beobachtenden Veränderungen der Migration und der allgemeine Bedarf nach einem theoretischen Modell, das den sozialen Ursachen und Begleitumständen der Migration gerechter wird, angeführt. Insbesondere die Einbettung der Migranten und Migrantinnen in historische und soziale Kontexte sollte mehr Aufmerksamkeit finden. Die Realitätsferne der klassischen Migrationsforschung in Anbetracht der realen Entwicklung der Migrationsprozesse einerseits und die theoretische Unzulänglichkeit bisheriger Erklärungsansätze andererseits geben dazu Anlaß, sich mit diesen alternativen Theorien näher zu befassen.

Der nachfolgende Beitrag führt die Diskussion um tragfähige theoretische Ansätze und ihre Umsetzung anhand empirischer Beispiele zusammen. Der theoretische Teil dieses Aufsatzes gibt einen kritischen Überblick über neuere Ansätze in der Migrationsforschung. Der empirische Teil geht auf konkrete Forschungsergebnisse im Zusammenhang mit ethnischen Netzwerken und der ethnischen Nischenökonomie am Beispiel der Italiener in Berlin ein. Dabei werden zuerst zwei Fallbeispiele geschildert. Danach werden Ergebnisse aus der Untersuchung der Entwicklung der italienischen *community* und der ethnischen Ökonomie unter historischer Perspektive aufgeführt, die die Notwendigkeit einer theoretischen Berücksichtigung transnationaler sozialer Netzwerke verdeutlichen. Abgeleitet aus den formulierten theoretischen Überlegungen und den empirischen Ergebnissen werden abschließend Schlußfolgerungen für eine zukünftige Migrationsforschung gezogen.

Neuere theoretische Ansätze der Migrationsforschung

Von großem Gewicht für die aktuelle wie zukünftige Migrationsforschung sind Ansätze, die sich erstens vor allem auf der Ebene der Gesellschaften bewegen (transnationale Migration und Migrationssysteme), die sich zweitens zentral mit sozialen Netzwerken befassen (soziale Netzwerke und soziales Kapital) und die drittens die historische Dimension in den Vordergrund stellen (Migrationsketten und kumulative Verursachung von Migration).

Transnationale Migration und Migrationssysteme

Bei transnationaler Migration handelt es sich um einen Spezialfall von internationaler Migration. Während zu Beginn des Jahrhunderts die klassische internationale Migration in Form eines einmaligen Wohnortwechsels dominierte, ist zu beobachten, daß inzwischen vermehrt Formen der transnationalen Migration auftreten. Diese sind dadurch gekennzeichnet, daß von den Migranten und Migrantinnen verschiedene Beziehungen über nationale Grenzen hinweg aufgebaut und aufrechterhalten werden und so eine Verbindung zwischen Herkunftsgesellschaft und Zielgesellschaft geschaffen wird. Eine Reihe von Konzepten, die sich auf diesen Sachverhalt beziehen, können dem transnationalen Ansatz zugerechnet werden (Glick Schiller u.a. 1992; Goldring 1997; Pries 1997; 1998; Rouse 1992; Sassen 1991; Smith 1997). Die dabei im Mittelpunkt der Analyse stehenden „Transmigranten" zeichnen sich dadurch aus, daß sie ihr Leben dauerhaft pluri-lokal gestalten. Das heißt, sie brechen nicht die Brücken zur Herkunftsgesellschaft ab, beabsichtigen aber auch nicht, an den Herkunftsort zurückzukehren. Sie pendeln oftmals zwischen den Wohnorten hin und her und unterhalten vielfältige Beziehungen an beiden Orten; ihr soziales Beziehungsfeld ist nicht an nur einen Ort gebunden. Ein weiteres zentrales Kennzeichen ist, daß Transmigranten sich weder ausschließlich dem Herkunftsort noch dem Einreiseort zugehörig fühlen, sondern sich mit beiden Kulturen identifizieren. Sie bewegen sich somit innerhalb eines „transnationalen sozialen Raums" (Pries 1997; Faist 1998). Die Voraussetzung für das Auftreten und die Verbreitung dieses neuen Migrantentypus liegt in modernen Transport- und Kommunikationsmedien. Dadurch wird die Entstehung nationalstaatenübergreifender transnationaler Gemeinschaften ermöglicht, die unabhängig von geographischen Grenzen einen Austausch von Personen, Gütern und Informationen erlauben.

Nationenübergreifende wechselseitige Bewegungen zeichnen auch den Migrationssystem-Ansatz aus (Fawcett 1989; Kritz u.a. 1992). Dabei wird davon ausgegangen, daß sich durch den Austausch von Informationen, Gütern, Dienstleitungen, Kapital, Ideen und Personen zwischen bestimmten Ländern ein Migrationssystem ausbildet, das Herkunfts- und Zielland der Migranten und Migrantinnen verbindet. Mehrere spezifische Ausreiseländer konzentrieren sich gewöhnlich auf eine Zielregion. Gleichzeitig gehören die Ausreiseländer häufig mehreren Migrationssystemen (multipolare Systeme) an. Im Gegensatz zur Weltsystemtheorie werden bei der Betrachtung der

Migrationssysteme, die als dynamischer Prozeß verstanden werden, neben dem ökonomischen Kontext auch politische, soziale und demographische Faktoren berücksichtigt, in die die Länder eingebettet sind.

Transmigranten lassen sich besonders gut anhand ihrer grenzüberschreitenden Beziehungen, z.b. der Geschäftsbeziehungen innerhalb der ethnischen Nischenökonomie, oder ihrer Orientierung an einem Leitbild des Kulturvermittlers identifizieren. Sowohl für die Untersuchung der transnationalen Migration als auch für die Migrationssystemanalyse sind dabei soziale Netzwerke Parameter von zentraler Bedeutung. Sie stellen die Basis für die Entstehung von transnationalen Verbindungen zwischen den Ländern des Migrationssystems dar und sichern später die Aufrechterhaltung des Systems und die Existenz von transnationalen sozialen Räumen.

Soziale Netzwerke und soziales Kapital

Soziale Netzwerke bestehen aus Gruppen von Personen, die durch bestimmte Arten von Beziehungen, z.B. Verwandtschafts- oder Bekanntschaftsbeziehungen, miteinander verbunden sind. Der Einfluß von sozialen Netzwerken, besonders von Verwandtschaftsnetzwerken, auf Migrationsprozesse wird von verschiedenen Autoren seit längerem betont (Boyd 1989; Choldin 1973; Hugo 1981; Tilly 1990). Die meisten Migranten und Migrantinnen haben bereits Verwandte an ihrem neuen Wohnort. Sie immigrieren zumeist gemeinsam mit einem Teil ihrer Familienangehörigen, und weitere Verwandte oder Bekannte folgen ihnen später nach. Die wichtigsten Effekte sozialer Netzwerke lassen sich mit drei Hypothesen umschreiben. Die Ermutigungshypothese bezieht sich auf soziale Netzwerke am Herkunftsort, indem einzelne Familienmitglieder zunächst zur Arbeitsaufnahme ins Ausland geschickt werden, um die Daheimgebliebenen finanziell zu unterstützen (Hugo 1981). Nach der Informationshypothese wird die Entscheidung zur Migration durch Familienmitglieder, die von ihren guten Erfahrungen im Ausland erzählen, gefördert und der Erleichterungshypothese folgend richtet sich die Auswahl des Zielortes nach bestehenden Familien- und Freundschaftsbindungen, da Verwandte und Bekannte die Migration und die Aufenthaltssituation auf vielfältige Weise erleichtern können (Ritchey 1976). Da Migration Kosten verursacht, können Unterstützungsleistungen durch soziale Beziehungen Bedingungen schaffen, die die Entscheidung zur Migration erst ermöglichen. Das heißt, soziale Netzwerke am Zielort reduzieren sowohl die Kosten als auch die Risiken und erhöhen in ökonomischer und auch sozialer Hinsicht den Gewinn aus der Migration. Insgesamt ist der Einfluß von sozialen Beziehungen auf Migrationsentscheidungen bei internationaler Migration deutlicher spürbar als bei Binnenmigration, da hier besonders hohe Barrieren in Form von Kosten, Risiken und Unsicherheiten bestehen. Persönliche Beziehungen, die aktuelle, ehemalige und potentielle Migranten und Migrantinnen miteinander verbinden, erhöhen daher die Wahrscheinlichkeit internationaler Arbeitsmigration. Die Wahrscheinlichkeit für internationale Migration steigt konkret bei jenen, die soziale Beziehungen zu Personen im Ausland haben. Diese Wahrscheinlichkeit steigt noch weiter an, wenn die Beziehung zu der Person besonders eng ist.

Der Begriff des sozialen Kapitals findet innerhalb der Sozialwissenschaften in verschiedenen Anwendungsbereichen zunehmend Verbreitung (Haug 1997). So hat er auch Eingang in die ökonomisch ausgerichtete Migrationssoziologie gefunden (Massey u.a. 1987, S. 170; Portes 1995; Portes/ Sensenbrenner 1993). Mit dem Konzept des sozialen Kapitals kann der Mechanismus des Einflusses sozialer Netzwerke auf das Verhalten konkretisiert werden. Soziales Kapital stellt eine Art von Ressource dar, die sich aus persönlichen sozialen Beziehungen und der Zugehörigkeit zu einem sozialen Netzwerk ergibt. Soziales Kapital ist deshalb nicht wie die herkömmlichen Kapitalarten ökonomisches Kapital, Humankapital oder kulturelles Kapital ausschließlich im Besitz einzelner Individuuen, sondern stellt eine Eigenschaft der Beziehungsstrukturen zu Personen des sozialen Netzwerks dar. Es wird theoretisch nicht auf der individuellen Ebene, sondern auf einer zwischen der Makro- und der Mikro-Ebene konzeptualisierten Meso-Ebene angesiedelt (Faist 1997a; 1997c, S. 200). Soziales Kapital ergibt sich durch das Eingebettetsein in soziale Netzwerke in Abhängigkeit vom Handeln der anderen Mitglieder, den gegenseitigen Verpflichtungen und dem Vertrauen untereinander. Soziale Beziehungen werden dabei unter dem Gesichtspunkt der Nützlichkeit analysiert. Je mehr soziale Beziehungen eine Person hat, je stärker diese Beziehungen sind, je mehr Kontaktpersonen durch diese Beziehungen potentiell erreichbar sind und je nützlicher diese Kontakte sind, desto höher ist das soziale Kapital. In verschiedenen Lebensbereichen können aus sozialem Kapital Vorteile entstehen. Ein weit gestreutes Verwandtschaftsnetzwerk kann daher ebenso wie ein Netzwerk transnationaler Geschäftsbeziehungen als soziales Kapital betrachtet werden.

Im Zusammenhang mit Migrationsnetzwerken lassen sich vielfältige positive Effekte aus persönlichen Kontakten zu Verwandten, Freunden, Bekannten und zu Personen aus der ethnischen Gemeinschaft beobachten, z.B. in Form von Hilfestellungen bei der Suche nach einem Arbeitsplatz oder einer Wohnung, finanzieller Unterstützung oder Unterstützung bei der Eingewöhnung in einer fremden Umgebung, der Weiterleitung von Informationen innerhalb eines kulturellen Milieus oder der Erleichterung geschäftlicher Transaktionen innerhalb der ethnischen Nischenökonomie, die den Ressourcencharakter der sozialen Beziehungen verdeutlichen.

Migrationsketten und die kumulative Verursachung von Migration

Migrationsnetzwerke können zur Entstehung von Migrationsketten führen. Eine Migrationskette ist dadurch gekennzeichnet, daß Migranten und Migrantinnen untereinander vor der Migration enge persönliche Beziehungen hatten und diese das entscheidende Element für die Migration darstellen. Idealtypisch geht ein Kettenmigrationsprozeß von Pionierwanderern aus, die Ehepartner, Kinder und andere Verwandte nachkommen lassen und Bekannte informieren, die ebenfalls auswandern und ihrerseits ihre Familie nachholen. So entsteht eine Migrationskette. Das Phänomen der Kettenmigration wurde erstmals von MacDonald und MacDonald (1964) definiert. Es kann als eine „universelle und wahrscheinlich auch die quantitativ bedeutendste Form der Migration" (Heckmann 1992, S. 99) beurteilt werden. Kettenwanderungen setzen die Kontinuität der Beziehungen zwischen den Ausgewanderten und den bisher Daheimgebliebenen voraus. Zudem werden die verwandtschaftlichen und nachbarschaftlichen sozialen Beziehungen aus dem Herkunftsland in der Einwanderungsgesellschaft fortgesetzt, indem es im Zuge eines Kettenwanderungsprozesses schrittweise zum Nachzug ganzer familiärer Verbände kommt. Nicht selten erfolgt durch eine Kettenmigration auch der Aufbau von ethnischen Kolonien in Form von Geschwistergemeinden im Einreiseland. Die Migrationsnetzwerke werden sowohl durch andauernde kurzfristige oder endgültige Rückwanderungen eines Teils der Migranten und Migrantinnen als auch durch eine zunehmende Gruppe von im Zielland seßhaften Migranten und Migrantinnen aufrechterhalten. Die Migration kann als ein sich selbsterhaltender sozialer Prozeß betrachtet werden, der durch die Migrationsnetzwerke und die von ihnen bewirkten Schneeballeffekte relativ unabhängig von ökonomischen Faktoren aufrechterhalten bleibt. Der kumulative Anstieg der Zahl der Migranten und Migrantinnen kommt vor allem dadurch zustande, daß mit jedem Einwanderer die Kosten für weitere potentielle Migranten und Migrantinnen gesenkt werden und die Anreize steigen. Durch einzelne Migranten und Migrantinnen entstehen Netzwerke zu einer Vielzahl von Personen im Herkunftsland, von denen einige nachfolgen, was zur Schaffung weiterer transnationaler Netzwerkverbindungen führt (Baily 1982; Banerjee 1983; Böcker 1994; Kamphoefner 1984; Özel/Nauck 1987; Wilpert 1992).

Der Stand der Migrationsforschung: eine kritische Beurteilung

Zum Stand der soziologischen Migrationsforschung läßt sich konstatieren, daß die klassischen mikro- und makrotheoretischen Migrationsansätze theoretisch unvollständig und teilweise empirisch widerlegt sind. Hinzu kommt, daß die empirische Migrationsforschung angesichts der unterschiedlichen konzeptuellen Schwerpunkte auf eine synthesenhafte Analyse von ökonomischen bzw. arbeitsmarktbezogenen Faktoren und sozialen Netzwerken bisher verzichtet hat. Die neueren Migrationsansätze sind von großem heuristischen Wert, indem sie die Bedeutung sozialer Netzwerke im Migrationskontext ins Blickfeld rücken und die Kombination von mikro- und makrotheoretischen Ansätzen über die Verbindung mit einer Meso-Ebene fördern (Faist 1997c). Dabei bieten sie aber vor allem punktuell überzeugende Erklärungen und werden nicht allen historischen Migrationsprozessen gleichermaßen gerecht.

Im Einzelnen können die Ansätze folgendermaßen beurteilt werden: Die Begründung für die Notwendigkeit einer neuen Perspektive und die Ersetzung des Begriffs der internationalen Migration durch das transnationale Konzept besteht in quantitativen und auch qualitativen Veränderungen internationaler Wanderungsbewegungen, die die Entstehung eines neuen Paradigmas innerhalb der Migrationsforschung erforderlich machen. Obwohl von einzelnen Autoren dem Ansatz der transnationalen Gemeinschaften ein signifikantes theoretisches Potential zugeschrieben wird (Portes 1997, S. 812), liegt der Wert des Konzeptes vor allem in der Beschreibung empirischer Phänomene. In Bezug darauf stellt sich zuerst die Frage, ob eine neuartige, transnationale Migration feststellbar ist, zweitens wie sie erklärt werden kann und von welchen Faktoren sie abhängt, und drittens ob sie von Dauer sein wird.

In den USA wurden bereits eine Reihe von Studien zu diesem Thema durchgeführt, deren Ergebnisse dafür sprechen, daß tatsächlich eine neue Art von Migrantentypus weit verbreitet ist (Massey u.a. 1994; Pries 1998; Smith 1997). Für Europa existieren bisher wenige derartigen Studien, mit Ausnahme der Arbeiten zu transnationaler Migration von Wihtol de Wenden (1997) und Faist (1998).

Das Konzept der Migrationssysteme kann durch die Darstellung systematischer Typologien bei der Formulierung von Hypothesen hilfreich sein, besonders was den Einfluß sozialer Netzwerke auf die Migration angeht (Boyd 1989). Die Typologien können zur deskriptiven Untersuchung des Ausmaßes der Migration in Ländern, die als migrationssystembildend definiert wurden, beitragen. Die systemtheoretisch begründeten Einflüsse verschiedener Kontexte sind zumeist jedoch dermaßen allgemein gehalten, daß die Formulierung von konkreten Hypothesen sehr genauer Detailkenntnis und vieler Zusatzannahmen bedarf. Die theoretische Analyse beschränkt sich auf die Postulierung allgemeiner Rückwirkungsmechanismen auf der Makroebene, wobei konkrete Zusammenhänge zwischen einzelnen Kontexten fehlen. Weiterhin beziehen sich die Migrationssystemtheorien häufig auf Migrationsdynamiken nach dem Einsetzen der ersten Migrationsbewegungen, sagen aber wenig zu den Bedingungen der Entstehung von Migrationsprozessen aus. Hinzu kommt das Grundproblem aller Makro-Theorien, daß die realen Zusammenhänge auf den verschiedenen Ebenen nicht verständlich sind und somit keine Kausalanalyse und keine Prognose von Wanderungen möglich ist.

Der besondere Mangel des Netzwerkansatzes besteht in seiner geringen theoretischen Aussagekraft. Es lassen sich auf individueller Ebene kaum konkrete Vorhersagen ableiten, wie sich das Vorhandensein sozialer Beziehungen auf die Migrationsbereitschaft auswirkt. Einerseits gilt die starke Einbettung in soziale Beziehungen am Wohnort als Migrationshindernis. Andererseits erfolgt häufig aus derartigen dichten Netzwerken heraus eine Entsendung einzelner Familienmitglieder zur Arbeitsmigration, worauf die Emigration von weiteren Personen des sozialen Netzwerks folgen kann. Unter welchen sozialen Bedingungen die Migration im Vergleich zum Bleiben eine attraktive Alternative ist, läßt sich mit Hilfe des Netzwerkansatzes nur schwer spezifizieren. Welche Interaktionseffekte mit individuellen ökonomischen Motiven und Restriktionen durch staatliche Regelungen zu erwarten sind, steht auch trotz einiger Hinweise aus der Migrationssystemtheorie weitgehend offen. Zwar ist der Versuch geglückt, mit Hilfe sozialer Netzwerke die Erklärungslücke zwischen Mikro- und Makro-Ebene zu schließen, aber die Unübersichtlichkeit der Netzwerkansätze macht es derzeit schwierig, einen allgemeingültigen kausalen Mechanismus zu entdecken. Ein wertvoller Beitrag der Netzwerkansätze zur Erklärung von Migration besteht in der anschaulichen Schilderung der Einbettung von Migranten und Migrantinnen in Familienkontexte und in ethnische *communities*. Hierbei sind soziale Netzwerke, wie sich unten zeigen läßt, in verschiedenen Lebensbereichen relevant, z.B. in ökonomischer und politischer oder kultureller Hinsicht. Besonders im Zusammenhang mit der Untersuchung transnationaler sozialer Beziehungen ist die Analyse sozialer Netzwerke von wesentlicher Bedeutung.

Das Konzept des sozialen Kapitals kann ebenso wie das Netzwerkkonzept als konzeptuelle Lösung für die Frage der Verbindung zwischen Analysen auf der Mikro- und der Makro-Ebene betrachtet werden. Beide Ansätze führen mit den auf der Meso-Ebene liegenden Beziehungsaspekten ein Bindeglied zwischen Individuum und den makro-strukturellen ökonomischen, politischen und historischen Bedingungen ein (Faist 1997a). Insofern tragen sie entscheidend zur Vollständigkeit von Migrationserklärungen bei. Der Ansatz des sozialen Kapitals spezifiziert den Einfluß sozialer Netzwerke. Im Gegensatz zum eher deskriptiven Charakter der meisten Netzwerkansätze wurden im Zusammenhang mit dem Begriff des sozialen Kapitals Typologien erarbeitet, konkrete Hypothesen formuliert und diese auch teilweise bereits überprüft (Espinosa/Massey 1997). Der Übergang von strukturellen Bedingungen und individuellen Entscheidungen ist mit Hilfe des Konzeptes des sozialen Kapitals leicht modellierbar.

Die kumulative Verursachung von Migration und die Entstehung von Migrationsketten hängt eng mit Migrationssystemen und sozialen Netzwerken zusammen. Der zentrale Gedanke, daß Migration als historischer Entwicklungsprozeß zu betrachten ist, und dies zu einem kumulativen Verlauf der Migration führen kann, ist sicher bedeutsam und richtig. Es müssen demzufolge Informationen über strukturelle, soziale und individuelle Kontexte vorliegen, um Migrationsentwicklungen in ihrer zeitlichen Einbettung angemessen zu beurteilen. Im Rahmen des Ansatzes der kumulativen Verursachung wird postuliert, daß keine von anderen Faktoren unabhängigen

Ursachen identifizierbar sind, die eine eindimensionale Erklärung von Migration ermöglichen würden. Statt dessen wird auf die Komplexität der realen Wirkmechanismen hingewiesen. Die zum Test dieser Thesen benötigten Daten (Mehrebenen- und Längsschnitt-Datensätze) sollten möglichst Ereignisverläufe auf der individuellen Ebene enthalten, zusätzlich Informationen auf der Haushaltsebene und zu sozialen Netzwerken, die idealerweise aus Panelstudien stammen (Massey 1990, S. 19; Massey u.a. 1993, S. 462). Damit werden ernsthafte technische Probleme aufgeworfen, die sich vor allem auf die Erhebung der benötigten Daten beziehen. Zwar erscheint die kumulative Verursachung der Migration plausibel und konsistent, nach einer Beurteilung der bisherigen empirischen Studien ist sie jedoch längst noch nicht nachgewiesen (Massey u.a. 1994, S. 737). Bei der empirischen Untersuchung der Kettenmigration stellen sich ähnlich gravierende Probleme, die eindeutige Ergebnisse bis jetzt weitgehend verhindert haben (Schorlemer 1997; Haug 1999).

Bei einem Theorievergleich läßt sich zusammenfassend feststellen, daß die Annahmen und Hypothesen der neueren Migrationstheorien nicht widersprüchlich sind, aber unterschiedliche Schwerpunkte setzen und auch politische Implikationen enthalten. Jedes der Modelle konnte in einigen empirischen Studien bestätigt werden, wohingegen selten Theorien widerlegt wurden (Massey u.a. 1994, S. 739). Im folgenden empirischen Teil wird ein Anwendungsbeispiel ausgeführt, das in der Vorgehensweise den transnationalen Ansatz mit der Untersuchung auf der Ebene der sozialen Netzwerke verbindet und gleichzeitig auf die Dynamik der Migrationsprozesse im zeitlichen Ablauf eingeht.

Eine empirische Untersuchung der Italiener in Berlin[1]

Zwei Fallbeispiele

Die folgenden Beispiele zeigen, wie sich im Laufe von Migrationsprozessen transnationale Beziehungen entwickeln bzw. transnationale Beziehungen die Auswanderung fördern können. Allerdings sind in der Geschichte der italienischen Migration Netzwerke sowie transnationale Beziehungen kein neues Phänomen. Sie wurden jedoch bis heute nicht in diesem Kontext betrachtet und untersucht. Italienische Migranten und Migrantinnen haben auch vor dem Zweiten Weltkrieg – wie Untersuchungen von Del Fabbro (1996) über die saisonale Wanderung von Handwerkern aus Venetien oder die von Augel (1971) über die Wirtschaftstätigkeiten von Italienern in den vergangenen Jahrhunderten zeigen –, soziale und ökonomische Netzwerke aufgebaut, die transnational agierten. Bei diesen Prozessen spielt die Existenz von sozialen Netzwerken eine wichtige Rolle. Diese Netzwerke können aus dem traditionellen Migrationsmilieu oder aus neu sich artikulierenden informellen bzw. formellen Gruppierungen entstehen.

An zwei Beispielen wird das neue Konzept der transnationalen sozialen Räume verdeutlicht. In transnationalen Räumen bewegen sich nicht nur Personen, Kapital und Waren sondern auch Informationen, Ideen, Symbole und Kultur. So unterscheidet Faist (1998) zwischen ökonomischer und kultureller Transnationalisierung. Bei der ökonomischen Transnationalisierung findet unter den Migranten ein Wandel von den ökonomischen Nischen hin zu Geschäftsaktivitäten im transnationalen Raum statt. Innerhalb der italienischen *community* ist es insbesondere mit der Zuwanderung neuer Migrantentypen zur Bildung transnationaler Räume mit kulturellem Charakter gekommen, die zu neuen Praktiken und Orientierungen, einer *trans-cultural mélange*, führen (Faist 1998).

Das Beispiel des Restaurantbesitzers A. verdeutlicht, wie schon bei der Existenzgründung von Betrieben transnationale ökonomische Transaktionen vollzogen werden: das Kapital, die Handwerker und die Inneneinrichtung

---

[1] Quellenbasis des empirischen Teils sind Aufzeichnungen aus teilnehmender Beobachtung und mündlicher Befragung italienischer Zuwanderer, die im Rahmen mehrerer Studien am Berliner Institut für Vergleichende Sozialforschung erstellt wurden (Pichler 1997).

stammte aus Italien.[2] Während seiner Tätigkeit hat A. selbst Waren aus Italien importiert oder mit dortigen Lieferanten Geschäftsbeziehungen aufgebaut. Weitere transnationale Aktivitäten bestehen bei der Rekrutierung des Personals. A., der zugleich ein Hotel in der Toskana führt, rekrutiert nicht selten das Personal für sein Restaurant in Berlin aus seinen Hotelmitarbeitern. Außerdem stammen die Gäste für sein Hotel in Italien zum Teil aus seiner Berliner Kundschaft.

Das Restaurant B., ein Treffpunkt von Deutschen und Italienern, ist ein Beispiel für die neue Gastronomengeneration.

Das Beispiel des „alternativen" Restaurants B. zeigt die Rolle transnationaler Beziehungen im Kontext des kulturellen Austausches zwischen den beiden Ländern. Sowohl bei der Anwerbung des Personals als auch beim Import bestimmter Spezialitäten werden transnationale Beziehungen aktiviert. Um

2   Diese Form der transnationalen Beziehungen findet bei italienischen Gastronomen und Eisdielenbesitzern seit Jahren statt. In Italien ansässige Firmen haben sich darauf spezialisiert, die Inneneinrichtung italienischer Lokale im Ausland anzufertigen.

das Restaurant ist ein vielfältiges Netzwerk entstanden, das im „alternativen-italienischen Migrationsmilieu" aktiv ist und die Bedürfnisse dieser Gruppe widerspiegelt. Es dient z.B. dem Austausch von Informationen im kulturellen, sozialen oder ökonomischen Bereich.

A., der Pionier der italienischen Küche oder der transnationale Migrant

A. kommt aus Viareggio (Toskana), sein Vater war Kleinunternehmer. Als Handwerker mit Familientradition besaß der Vater zusammen mit seinem Bruder eine Ton- und Keramikfabrik. A. und sein Bruder lösten sich jedoch aus der Handwerkertradition der Familie und wandten sich dem Hotelgewerbe zu. Nach der Ausbildung auf einer staatlichen Hotelfachschule erhielt er im Jahr 1959 ein Angebot, in der Schweiz zu arbeiten. Dort machte er die Bekanntschaft seiner zukünftigen Frau, die im gleichen Hotel arbeitete und aus Berlin kam.

1960 ging er nach Berlin. Dort arbeitete er zunächst als Koch und später als Kellner in verschiedenen Restaurants. 1967 machte er sein eigenes Re-

Eine typische Ristorante-Pizzeria im Stil der siebziger Jahre.

staurant auf. Er wurde von seinem Vater und dem Bruder finanziell unterstützt. Für die Einrichtung des Lokals wandte sich A. an einen Tischler aus seiner Heimat. Andere Inneneinrichtungsgegenstände, wie Dekorationen aus Eisen, wurden von einem befreundeten Handwerker aus Viareggio hergestellt und nach Berlin transportiert. Von Anfang an leitete ihn die Idee, seinen Gästen gutes Essen und gute Weine anzubieten. Aus diesem Grund begann er vor 23 Jahren, selbst Weine aus Italien zu importieren, die damals auf dem Berliner Markt nicht zu finden waren. Der Bruder von A. lebte in Sizilien und verkaufte ihm, ohne weitere Zwischenhändler, den Wein aus verschiedenen Weingütern. Die Lebensmittel in der von ihm gewünschten Qualität mußte A. in den sechziger Jahren selbst importieren. Bei der Aufnahme geschäftlicher Beziehungen in der Toskana, seiner Heimat, konnte A. auf dort vorhandene soziale Netzwerke zurückgreifen, die ihm Geschäftsabschlüsse erleichterten.

A. führt heute neben seinem Restaurant ein kleines Hotel in der Toskana, das seinen Eltern gehörte. Dort verbringt er fast die ganze Sommersaison. A. ist Mitglied in der Accademia dei Rosticceri und in anderen italienischen Gastronomievereinen, die regelmäßig Veranstaltungen im Ausland organisieren. Er ist der Initiator des weltweit aktiven Gastronomenvereins *Ciao Italia* in Berlin. Außerdem ist A. Kontaktmann des 1991 gegründeten *Italian Culinary Institute for Foreigners*, das in den verschiedenen Ländern die klassische und moderne italienische Küche bekannt machen soll und jährliche Wettbewerbe im Ausland veranstaltet. Im Bereich Kultur sponsert A. seit Jahren jeweils zum Berliner Filmfestival einen Filmpreis und einen italienischen Filmball. All diese Aktivitäten führen zu ständigen Beziehungen zwischen der italienischen *community* in Berlin, der bundesdeutschen Aufnahmegesellschaft und der italienischen Herkunftsgesellschaft.[3]

E., die „alternative" Gastronomin

E. kommt aus der Region Marken.[4] Nach ihrem Studium ging sie für ein Jahr nach Amerika. Sie kam 1984 zu Besuch nach Berlin. Da die Stadt mit ihrer

---

3   Faist (1998) spricht von „a continuous involvement in a triadic relationship between themselves, the host country and the original homeland" (S. 17).

4   Die Region Marken mit der Landeshauptstadt Ancona liegt im Mittelitalien an der adriatischen Küste.

kulturellen Vielfalt sie faszinierte, blieb sie in Berlin, und konnte somit aus der von ihr als eng wahrgenommenen italienischen Provinz entkommen. E. fand schnell Arbeit in einem italienischen Restaurant, anfangs als Köchin und später als Kellnerin. Sie arbeitete dort fast drei Jahre. In dieser Zeit eröffnete sich für sie die Möglichkeit, mit einem Partner ein kleines Restaurant zu übernehmen. Das Restaurant sollte von Anfang an nicht nur ein Restaurant sein, sondern auch ein Treffpunkt für Italiener oder Deutsche, die sich für italienische Kultur interessierten.

Bis heute finden dort Photoausstellungen von italienischen, deutschen und Photographen anderer Nationalität statt, es gibt eine kleine Bibliothek mit italienischen und deutschen Büchern, Zeitungen und Zeitschriften. Es werden Filmreihen, in denen italienische Filme (bzw. Videos) in der Originalsprache gezeigt werden, Italienischkurse usw. organisiert. In diesem Lokal hat der Deutsch-Italienische Freundschaftskreis e.V. (DIF) seinen Sitz, in dem E. ebenfalls aktiv ist. Darüber hinaus war E. mit ihrem Partner sowie weiteren Gästen des Lokals Mitinitiatorin der in Italien Mitte der achtziger Jahre gegründeten und weltweit aktiven kulinarischen *slow food* Bewegung. Das Personal ihres Restaurants besteht häufig aus italienischen Studenten und Studentinnen, die sich durch die Arbeit im Lokal ihren Lebensunterhalt verdienen.

Bei dem Lokal B. handelt es sich also nicht um eine Pizzeria im herkömmlichen Sinn. Entsprechend sind auch die Gäste, die dort verkehren, mehrheitlich junge Leute, Studenten, Akademiker. Besucht wird das Lokal auch von Italienern, die ein lockeres italienisches Ambiente suchen (eine Art Bar/Trattoria), das nicht in den normalen Pizzerias zu finden ist. Wie andere italienische Lokale, die in letzter Zeit entstanden sind, stellt auch das Lokal B. aufgrund seiner Aufmachung eine erfolgreiche Nische innerhalb der sich mehr oder weniger ähnelnden italienischen Gastronomie dar. Das Lokal hat sich zum Begegnungsort für die neue Generation von Italienern entwickelt, die nach unserer Definition als postmoderne Migranten und Migrantinnen bezeichnet werden können. Diese kommen nach Berlin, weil sie sich von der Stadt angezogen fühlen und neue Erfahrungen, auch kultureller Art suchen. Das Lokal, dessen Existenz in bestimmten Kreisen Italiens bekannt ist,[5] hat

---

5   Die dort stattfindenden kulturellen und kulinarischen Aktivitäten, die in Verbindung mit Vereinen oder Institutionen in Italien organisiert werden, haben zu diesem „Bekanntheitsgrad" des Lokals geführt.

sich unter anderem zu einem ersten Ziel für junge italienische Zuwanderer und Zuwanderinnen in Berlin entwickelt, die Informationen über Möglichkeiten zu arbeiten und zu wohnen suchen.

Community-Formierung und ethnische Ökonomie

Diese beiden Beispiele sind Teil einer *community*-Formierung in Berlin, die nach dem Zweiten Weltkrieg verschiedene Phasen durchlebt hat und von der Zuwanderung verschiedener Migrantentypen geprägt war. Dabei wird deutlich, daß die nach Berlin eingewanderten italienischen Migrationsgruppen sich wesentlich von den italienischen Migranten und Migrantinnen Westdeutschlands, die ein homogeneres Bild aufweisen, unterschieden. Außerhalb Berlins waren Italiener überwiegend Arbeitsmigranten. In Berlin hingegen entstand eine heterogene *community*, die auf die Stadt selbst, auf ihre Lage und auf ihre ökonomische Struktur zurückzuführen ist. Diese Charakteristika haben verschiedene Typen von Italienern angezogen, die mit ihren unterschiedlichen Bedürfnissen und Lebensstilen zur Entfaltung vielfältiger Aktivitäten innerhalb der *community*[6] und so zu ihrer Diversifizierung beitrugen. So ist die Zahl der in Berlin lebenden Italiener stetig gestiegen: von 1300 Personen im Jahr 1960 auf etwa 12 800 im Jahr 1998.

Migrantentypen

Pioniere: Unmittelbar nach dem Zweiten Weltkrieg holten die in Berlin verbliebenen Italiener – meist ehemalige Zwangsarbeiter oder internierte Soldaten – ihre Familienangehörigen nach. Dies bedeutete eine erste, wenn auch von ihrem Umfang her geringe Art der Zuwanderung bzw. des Familiennachzugs. Sie wurden in den damals gegründeten Familienbetrieben, meist Eisdielen oder Gaststätten, eingesetzt. Zu diesem Zweck erhielten sie

---

6 Über den Begriff *community* bzw. *community*-Formierung siehe die Forschungsansätze der Chicago-Schule bzw. für Deutschland unter anderem die von Heckmann (1981, 1992) und die des Berliner Instituts für Vergleichende Sozialforschung (Blaschke 1984; Blaschke/Ersöz/Schwarz 1987; Blaschke/Germershausen 1989).

ohne Komplikationen eine Aufenthaltserlaubnis für die nachgezogenen Familienmitglieder (Pichler 1997).

Arbeitsmigranten und Arbeitsmigrantinnen: Italienische Arbeitsmigranten kamen erst Mitte der sechziger Jahre in nennenswerter Zahl nach Berlin, häufig nach Zwischenaufenthalten in Westdeutschland. Die finanzielle Unterstützung, die der Berliner Senat als Anreiz für zuziehende Arbeitnehmer bereitstellte sowie die sogenannte Berlinzulage waren auch für Italiener ein Grund, nach Berlin zu kommen. Obwohl einige eine berufliche Ausbildung aus der Heimat mitbrachten, wurden sie meist als ungelernte Arbeiter eingesetzt. In Berlin waren die Italiener überdurchschnittlich häufig in der Baubranche sowie in der Bekleidungsindustrie beschäftigt, das heißt in Branchen, die stark konjunkturabhängig waren und die, wie die Bekleidungsindustrie, durch eine zunehmende Verlagerung von Produktionskapazitäten ins Ausland charakterisiert waren (Gillmeister/Fijalkowski/Kurthen 1989).

Politische Migranten und Migrantinnen: Ende der sechziger und zu Beginn der siebziger Jahre kam es verstärkt zur Einwanderung von Italienern aus dem linken politischen Spektrum, die sich vom Mythos Berlin als einer Stadt der Studentenrevolte angezogen fühlten. Einige von ihnen hatten ihr Studium in Italien abgebrochen und wollten es hier als *studenti-operai* fortsetzen. Um neben ihren politischen Aktivitäten ihren Lebensunterhalt zu sichern, jobbten sie in Restaurants und Kneipen, unterrichteten privat oder in den Volkshochschulen Italienisch oder verdingten sich in verschiedenen Gelegenheitsjobs. In den achtziger Jahren war es der Mythos des Bezirks Kreuzberg,[7] die Hausbesetzerbewegung sowie die autonome Szene, die die jungen Italiener nach Berlin zog. Da sie in ihrer Lebensgestaltung flexibel sein wollten, verdienten sie ihren Lebensunterhalt durch Gelegenheitsjobs, unter anderem auch in verschiedenen alternativen Projekten.

Die Postmodernen:[8] Mitte der siebziger Jahre kamen junge, wenig politisierte Italiener nach Berlin. Für diese Italiener, für die die Auswanderung auch eine „Abenteuerkomponente" besaß, war es nicht mehr die Berliner

---

7 Heute ist es das Viertel Prenzlauer Berg im östlichen Teil Berlins, welches eine Anziehungskraft für junge Menschen aus den verschiedenen Ländern ausübt.

8 Mit dem Begriff *postmoderne Migranten* bezeichnen wir die italienischen Zuwanderer, die durch verschiedene Lebensstile charakterisiert sind. Im Unterschied zu den anderen Migrantentypen, die jeweils eher einer bestimmten „Weltanschauung" zuzuordnen sind, charakterisieren sich die Postmodernen eher durch ein Sammelsurium verschiedener Lebenseinstellungen.

Industrie sondern der Dienstleistungssektor, der ihnen eine Beschäftigungs-
möglichkeit bot. Gerade die Etablierung der italienischen Gastronomie in
Berlin hat indirekt die Wanderung dieses Migrantentypus gefördert. Anders
als die ersten Migranten und Migrantinnen verfügten die politischen und die
postmodernen Migranten und Migrantinnen über eine bessere Ausbildung
und ihre Auswanderung war für sie weniger Zwang als vielmehr eine freiwillige Entscheidung, welche die Möglichkeit eröffnete, andere Länder und
andere Leute kennenzulernen und neue Erfahrungen zu sammeln (Pichler
1997).

Organisationen

Die in Berlin wie in Westdeutschland aktiven italienischen Organisationen
spiegeln die Verhältnisse der italienischen Gesellschaft wider, die durch eine
katholische und kommunistisch-sozialistische Kultur geprägt ist. Aufgrund
der politischen und geographischen Lage der Stadt waren aber ihre ideologischen Konturen viel schärfer ausgeprägt als in Italien selbst. Die Betonung
dieser Differenzierungen verhinderte häufig eine Zusammenarbeit der entweder katholisch, sozialistisch oder kommunistisch geprägten Organisationen. Die neuen Zuwanderer, die diesen Assoziationen eher ablehnend gegenüber stehen, haben Initiative ergriffen und neben diesen quasi offiziellen
Institutionen eigene, ihren politischen und kulturellen Bedürfnissen und
Interessen entsprechendere Organisationen oder lockere Zusammenschlüsse
gegründet. Italienische Vereine und Organisationen dienen häufig als Netzwerk für die unterschiedlichen italienischen Selbständigen: aus diesem
Milieu wird das Personal rekrutiert oder werden die Kunden kontaktiert.
Auch bei der Beteiligung in einer Organisation spiegelt sich die Differenzie-
rung der verschiedenen Migrantengruppen wider.

– Die Pioniere waren eher in der *Missione Cattolica* organisiert, der ersten
  Institution, die unmittelbar nach dem Krieg in Berlin gegründet wurde. In
  den fünfziger Jahren folgte der der *Missione Cattolica* nahestehende Verein *Cesare Orsenigo*.[9]

---

9 Cesare Orsenigo war während des Zweiten Weltkriegs Apostolischer Nuntius in Deutschland.

276

- Mit der Zuwanderung von Arbeitsmigranten und Arbeitsmigrantinnen wurden die italienischen Parteien und ihre parteinahen Migrantenorganisationen aktiv. Diese leisteten vorwiegend eine politische Arbeit unter den Migranten und Migrantinnen, die zum Teil das Ziel hatten, das Wahlpotential der jeweiligen Parteien in Italien zu erhöhen. In Berlin war bis zu seiner Schließung Mitte der neunziger Jahre jahrelang der der KPI nahestehende *Circolo Carlo Levi* sehr aktiv.
- Die Gruppe der poltischen Migranten und Migrantinnen war eher in politischen Organisationen der italienischen außerparlamentarischen Linken (z.B. *Lotta Continua*) organisiert. Sie versuchten durch ein eigenes Zentrum und durch verschiedene Aktivitäten politisch-kulturelle Arbeit unter den Migranten und Migrantinnen zu leisten. Die Lokale dieser Migrantengruppe waren Zielorte der neuen Zuwanderer, die manchmal per Anzeige in der entsprechenden Zeitung der Bewegung als Personal angesprochen wurden.
- Bei den postmodernen Migranten und Migrantinnen kann man eine Entwicklung zu „selbständigen" Organisationen beobachten, die häufig nicht mit den traditionell in der Migration aktiven Institutionen verbunden sind. Diese Vereine konzentrieren sich vorwiegend auf kulturelle Arbeit und ihre Veranstaltungen weisen nicht selten einen interkulturellen Charakter auf.

Aufbauend auf der Etablierung einer ethnischen Ökonomie sind Verbände entstanden, die überregional und transnational agieren. Durch einen Vergleich werden Unterschiede zwischen den „traditionellen" und den „alternativen" Gastronomen deutlich: Während „traditionelle" Gastronomen eher in dem weltweit aktiven Gastronomenverband *Ciao Italia* organisiert sind, sind die „alternativen" Gastronomen Mitglieder der aus der italienischen „linken" Kulturorganisation ARCI entstandenen *slow food* Bewegung. Diese versteht sich als internationales Netzwerk, deren Mitglieder nicht nur Italiener und Gastronomen sind.

Außerdem findet eine Wiederbelebung der regionalen Organisationen wie *Lucchesi nel Mondo, Sardi nel mondo* statt. Da diese regionalen Verbände weltweit aktiv sind, entstehen in den jeweiligen Migrationsländern Netzwerke, die Beziehungen zu den Heimatregionen der Migranten und Migrantinnen unterhalten.

Deindustralisierung, Tertiärisierung und „ethnische Ökonomie"

Von den ab Mitte der siebziger Jahre erfolgten Deindustrialisierungsprozessen, die durch eine Segmentierung des Arbeitsmarktes und die Zunahme peripherer oder sekundärer Wirtschaftsektoren in Form von kleinen Produktionsbetrieben oder Reproduktionsbetrieben (Handel, private Dienstleistungen) gekennzeichnet sind, waren auch die italienischen Migranten und Migrantinnen in Berlin betroffen. Die Berliner Industrie verlor als Arbeitgeber für die italienischen Zuwanderer zunehmend an Bedeutung. Dies führte dazu, daß der Dienstleistungssektor inzwischen zur wichtigsten Wirtschafts- und Beschäftigungsbranche für Italiener in Berlin geworden ist.

Während 1983 von den 2711 sozialversicherungspflichtigen Italienern in Berlin-West 25,9 Prozent oder 703 Personen im verarbeitenden Gewerbe beschäftigt waren, sank ihr Anteil 1995 unter den 2580 sozialversicherungspflichtigen Beschäftigten in Berlin-West auf 14,3 Prozent (371 Personen). Bereits 1983 waren 1314 beziehungsweise 48,4 Prozent der Italiener im Dienstleistungssektor beschäftigt. 1995 waren von 2580 sozialversicherungspflichtig Italienern in Berlin-West 1541 beziehungsweise 59,7 Prozent im Dienstleistungsbereich beschäftigt. Der Handel verzeichnete ebenfalls eine Zunahme der italienischen Beschäftigten: 1983 lag ihr Anteil bei 6,3 Prozent; 1995 stieg dieser Anteil auf 8,4 Prozent (Statistisches Landesamt Berlin; eigene Berechnungen).

Existenzgründungen durch italienische Zuwanderer spielen bei diesem Tertiärisierungsprozeß und der Bedeutungszunahme des Dienstleistungssektors eine wichtige Rolle. Da italienische Migranten und Migrantinnen nicht aus einem proletarischen Milieu, sondern aus Kleinbauern- oder Pächterfamilien, aus Handwerker- oder Händlerfamilien stammten, waren sie mit der Tradition der autonomen Arbeit der Familie vertraut. Diese Tradition und die gesammelten Erfahrungen und Kenntnisse erleichterten ihnen den Weg in die Selbständigkeit. Einige kehrten in ihre ursprünglichen Berufe zurück, andere nahmen neue Aktivitäten in neu entstandenen ökonomischen Nischen auf, z.B. als Spezialitätenhändler oder Enotechebesitzer[10]. Das veränderte Konsumverhalten der Berliner, die urbanen Veränderungen sowie das verbesserte Warenangebot der Importeure förderten neue Möglichkeiten selb-

---

10 Enoteche sind „Weinverköstigungslokale", die sich auf ein bestimmtes Weinangebot spezialisiert haben.

ständiger Aktivitäten für die Migranten und Migrantinnen. Neue Migrantentypen können diesen Wandlungsprozeß verstärken, denn anders als die italienischen Arbeitsmigranten der sogenannten Ersten Generation stehen den neuzugewanderten Italienern aufgrund ihres sozialen Kapitals erweiterte Handlungsspielräume zur Verfügung. Neue Zuwanderer sind zwar mit einem zunehmend fragmentierten Arbeitsmarkt konfrontiert, die Etablierung italienischer Betriebe und der Aufbau eines „ethnischen Milieus" bieten ihnen jedoch auch weiterhin Beschäftigungsmöglichkeiten.

Die Etablierung der italienischen Gastronomie

Bei einer Bestandaufnahme selbständiger Tätigkeiten kann man einen Zusammenhang zwischen den oben eingeführten Migrantentypen und der Art des Betriebes feststellen. Marktspezifische Bedingungen spielen bei der Existenzgründung jedoch ebenfalls eine Rolle.

Pioniere: Erste italienische Existenzgründer nach 1945 waren Arbeiter und Arbeiterinnen, die im Rahmen einer 1938 abgeschlossenen deutsch-italienischen Anwerbungsvereinbarung nach Deutschland kamen (Bermani/Bologna/Mantelli 1997). Waren sie in der Gastronomie tätig, wurden diese Pioniere nach dem Krieg mit einem Markt konfrontiert, der nicht immer die entsprechenden Waren und Zutaten bereitstellte. Wenn sie typische italienische Gerichte anbieten wollten, mußten sie selber Waren aus Italien importieren.

Diese ersten Restaurants dienten als Treffpunkt für die Italiener, die sich damals in Berlin befanden. Auch für die in den fünfziger und Anfang der sechziger Jahre zugewanderten Italiener waren die Lokale und ihre Wirtsfamilien ein Bezugspunkt für die Vermittlung eines Schlafplatzes oder einer Arbeit. Bis Mitte der sechziger Jahre gab es in Berlin zehn bis zwanzig italienische Restaurants.

Arbeitsmigranten und Arbeitsmigrantinnen: Die italienische Gastronomie in Berlin erlebte ihren Aufschwung erst Ende der sechziger und im Laufe der siebziger Jahre. Ermutigt von den Erfolgen der ersten Pizzeriabesitzer eröffneten in den siebziger Jahren immer mehr Italiener Pizzerias in den westlichen Bezirken Berlins. Der Zeitpunkt dieser Expansion stand im Zusammenhang mit der Zuwanderung italienischer Arbeitsmigranten. Viele der durch die Deindustrialisierungsprozesse entlassenen Arbeiter und Arbeiterinnen sahen in der Gastronomie neue berufliche Perspektiven und eröffneten ein eigenes Lokal, zumal für die nachgefragte Küche keine besonderen gastronomischen Vorkentnisse notwendig waren. Es kam zur Etablierung der weitverbreiteten „Ristorante-Pizzeria", die italienische wie deutsche Gerichte zu erschwinglichen Preisen anboten.

Politische Migranten und Migrantinnen: Die politischen Migranten und Migrantinnen griffen bei ihren Existenzgründungen auf ihre politische Einstellung als Opportunität zurück und eröffneten Lokale mit einem „linken" Image. Angesichts des damaligen politischen Klimas garantierte das „linke Ambiente" einen sicheren Erfolg, denn „links auf italienisch" faszinierte viele deutsche Linke. Sie glaubten in diesen Lokalen nicht nur ihre Solidarität mit der linken Bewegung in Italien, sondern auch mit der Welt der italienischen „Arbeitsmigranten" demonstrieren zu können.

Wandel und neue Strategien

Ein neues Verständnis von Lebensqualität, das veränderte Konsumverhalten, die Betonung eigener Lebensstile sowie urbane Veränderungen, brachten in den achtziger Jahren die überlieferte italienische Gastronomie in eine Krise, von der besonders die herkömmlichen italienischen „Ristorante-Pizzerias" betroffen waren. Die Krise führte in der Folgezeit entweder zur Aufgabe von Lokalen, die häufig von Gastronomen anderer Nationalität übernommen wurden, oder zu neuen innovativen Strategien.

Gerade in den achtziger Jahren vollzog sich städtebaulich ein struktureller Wandel in Berlin. Die Sanierung und Modernisierung ganzer Stadtteile veränderte das architektonische Erscheinungsbild und den urbanen Charakter vor allem Charlottenburgs, Schönebergs und Kreuzbergs. Diese Veränderungen führten zu einer neuen demographischen Zusammensetzung einzelner Stadtviertel: Die sogenannte „neue Mittelschicht" aus Akademikern und Freiberuflern zog in die modernisierten Mietwohnungen. Diese neuen, dem alternativen-linksliberalen oder dem aufstiegsorientierten Milieu angehörenden Mieter waren bereits durch die „Werte" der postindustriellen Gesellschaft geprägt. Die Gastronomen in diesen Vierteln mußten dem urbanen Wandel, dem neuen milieuspezifischen Bedürfnis nach Distinktion sowie den unterschiedlichen Lebensstilen Rechnung tragen, wollten sie weiterhin erfolgreich sein.

Die neuen Tendenzen boten gleichzeitig Chancen für die jüngere Zuwanderergeneration. Sie waren eher zu Innovationen bereit und konnten von dieser Entwicklung profitieren. Sie verstanden es, neue Nischen in der Gastronomie zu besetzen. Indem sie ihre Ideen und Lebensstile einbrachten, schufen sie selbst neue Nischen, die wiederum von anderen Italienern besetzt werden konnten. Ein Beispiel für diesen innovativen Geist sind die seit einigen Jahren neu eröffneten Enoteche. Erfolgreiche Pioniere dieser insbesondere in Norditalien verbreiteten Form der Bewirtschaftung waren junge Zuwanderer aus Venetien, die bei ihrer Ankunft in der Stadt das Fehlen solcher Lokale feststellten.

Neue Entwicklungen und Strategien waren zudem mit der Entdeckung der regionalen Küche Italiens verbunden. Was in der Vergangenheit nur von einigen wenigen ,echten' Gastronomen praktiziert wurde, entdeckten nun viele als Gelegenheit, wirtschaftlich Fuß zu fassen. Italienische Gastronomen begannen in ihren Restaurants neben den „nationalen" Gerichten auch Spezialitäten aus ihrer Herkunftsregion anzubieten oder stellten sich in neu eröffneten oder renovierten Lokalen ganz auf die regionale Küche um.

Andere in den letzten Jahren entstandene italienische Lokale in Berlin unterschieden sich wiederum durch ihren Stil von den etablierten, teuren Restaurants, preiswerten Pizzerias oder neuen Trattorias und ähnelten eher einer italienischen Bar. Da in der jungen italienischen Migrantenszene das Bedürfnis nach neuen Arten von Treffpunkten entstanden war, entwickelten sich einige dieser Lokale zu Treffpunkten für junge italienische Migranten und Migrantinnen.

In der Gestaltung ihrer Lokale spiegelte sich auch die „post-materielle" Lebensweise der jungen Gastronomen wider: Sie gaben sich leger und pflegten den Kontakt mit den Gästen. In ihrer Arbeit sahen sie nicht nur eine Verdienstmöglichkeit, sondern ebenso Möglichkeiten der Selbstverwirklichung.

Die neu zugewanderten Migrantengruppen entdeckten neben der Eßkultur die italienische Kultur als Wirtschaftszweig. Der Rückgriff auf diese „ethnische Ressource" war für einen Teil der postmodernen Migrantengruppe auch durch ihre Sozialisation und ihre Biographie bedingt, waren sie doch im Gegensatz zu den älteren Migranten und Migrantinnen in den Genuß einer besseren Schul- und Ausbildung gekommen. Durch den Einsatz dieses „kulturellen Kapitals", konnte ein weiterer Personenkreis im Einwanderungsland erreicht werden. Kultur als „ethnische Ressource" stellte für diese Gastronomen nicht nur eine ökonomische Opportunität dar, sondern auch die

Möglichkeit, individuelle Interessen zu verwirklichen (Pichler 1997; Pichler 1997a).

Schlußfolgerungen

Angesichts der Tatsache, daß kein systematischer Zusammenhang zwischen den verschiedenen alternativen Konzepten der neuen Migrationstheorien erkennbar ist, kann davon ausgegangen werden, daß keines davon Anspruch auf einen allgemeingültigen Erklärungsansatz erhebt. Deshalb können die Ansätze als unvollständige Teilerklärungen der Migration mit unterschiedlicher Schwerpunktsetzung charakterisiert werden. Selbstverständlich kann eine Schwerpunktverlagerung in Richtung sozialer Determinanten der Migration, wie sie in den meisten neueren Migrationstheorien gefordert wird, nicht bedeuten, daß andere zentrale Aspekte der Migration, vor allem die ökonomische und politisch-rechtliche Seite, grundsätzlich an Bedeutung verlieren. Unbestritten ist, daß z.B. in der Bundesrepublik die neuere Geschichte der Arbeitsmigration durch Erfordernisse des Arbeitsmarktes begonnen hat, und die Praxis der Anwerbeverträge zwischen 1955 und 1973 die Entwicklung der Migration bestimmt hat. Dabei wird in neueren Ergebnissen der historischen Migrationsforschung auf einen starken Einfluß der Entsendeländer bereits in der Anfangsphase hingewiesen (Steinert 1995). Zur Initiierung des Immigrationsprozesses waren somit bestimmte soziostrukturelle Bedingungen notwendig, die von strukturellen Transformationen auf der Seite des Ziellandes und der Seite des Herkunftslandes ausgehen und die Entscheidungslage der Migranten und Migrantinnen beeinflußt haben. Zu Beginn des Migrationsprozesses ist ein großer Teil der Migration somit durch ökonomische und rechtliche Faktoren determiniert. In dieser Hinsicht ist internationale Migration vor allem eine ökonomische Entscheidung. Gleichzeitig ist jedoch zu beachten, daß soziale Kontakte am Herkunfts- und am Zielort auch hier in hohem Maße die Attraktivität von Zielorten bestimmten. Migrationsnetzwerke stellten von Beginn der Arbeitsmigration in die Bundesrepublik sowohl in Form des Familiennachzugs als auch der familienübergreifenden Kettenmigration ein bestimmendes Element der Migration dar. Die Bedeutung der immigrationsförderlichen Wirkung transnationaler Beziehungsnetzwerke hat im Verlauf des Immigrationsprozesses keineswegs abgenommen, wie sich am Beispiel der ethnischen Nischenökonomie und den daran beteiligten Migranten und Migrantinnen zeigt.

Versucht man, aus den vorhandenen Theorieelementen zu einer Synthese zu kommen (Massey u.a. 1994, S. 741), kann festgestellt werden, daß Individuen und Familien auf veränderte politische und ökonomische Rahmenbedingungen mit Migration reagieren können. Diese Prozesse können mit Hilfe von ökonomischen Ansätzen untersucht werden. Ist der Migrationsprozeß einmal in Gang gesetzt, entwickelt er innerhalb der sozialen Netzwerke eine sich selbst verstärkende Dynamik, die mit herkömmlichen Ansätzen nur noch schwer zu erfassen ist. Es ist daher sinnvoll, bei der Untersuchung konkreter historischer oder aktueller Migrationsbewegungen auf bestehenden Ansätzen aufzubauen. Theorien auf der Mikro-Ebene, die hinsichtlich der Hinzunahme weiterer Erklärungsfaktoren zu den ökonomischen Determinanten offen sind, wie beispielsweise der Werterwartungsansatz könnten so eine plausible Fundierung der Erklärung einzelner Migrationsentscheidungen bieten (De Jong/Gardner 1981; Esser 1980). Von Seiten der makro-theoretischen Forschung sind Beschreibungen der politisch-ökonomischen Rahmenbedingungen der Migration notwendig, um eine Anschlußfähigkeit an die historischen Gegebenheiten zu erreichen. Die neuen Migrationsansätze können als Ergänzung zu bestehenden Erklärungen betrachtet werden, um über die Meso-Ebene der sozialen Netzwerke einer Integration der Mikro- und Makro-Ebene näherzukommen und über die historische Ebene der Zeitgebundenheit der jeweiligen Migrationsbewegung Rechnung zu tragen.

Hieraus ergeben sich zwei zentrale Ansatzpunkte für die Schwerpunktsetzung innerhalb einer innovativen Migrationsforschung: erstens die Betrachtung der rechtlich-politischen Bedingungen der Migration aus einer historischen Perspektive, um der Entwicklung von Migrationsprozessen im zeitlichen Verlauf gerecht zu werden und zweitens die Einbeziehung der Ebene der sozialen Netzwerke, um eine Verbindung der Mikro- und der Makro-Ebene sowie der ökonomischen und sozialen Analyse zu ermöglichen.

Daß Netzwerkbeziehungen neben ökonomischen Erwägungen bei der Migration in der Bundesrepublik entscheidend für die Migration und die Formierung einer ethnischen *community* sind und Migrationsprozesse daher auf der Ebene der Netzwerke und Organisationen und in historischer Perspektive zu betrachten sind, läßt sich anhand der Migration aus Italien nach Berlin gut zeigen. Berlin war nach dem Zweiten Weltkrieg Ziel verschiedener Migrantentypen aus Italien, die mit ihren unterschiedlichen Aktivitäten die *commu-*

nity-Formierung geprägt haben. In diesem Kontext sind soziale Netzwerke entstanden, die immer stärker transnational agieren.

Zum Verhältnis von Migration und Geschlecht

Anwerbung und Beschäftigung von „Gastarbeiterinnen" in der Bundesrepublik 1960 bis 1973

Monika Mattes

Geschlecht *(gender)* spielte bislang als analytische Kategorie in der sozialhistorischen Migrationsforschung kaum eine Rolle. Arbeitsmigranten und -migrantinnen schienen mit den Begriffen „Reservearmee" oder – in zeitgenössischer Diktion – „Konjunkturpuffer" ausreichend charakterisiert. In einem Bezugsrahmen, dem die soziale Ungleichheit von Klassen und Schichten maßgeblich ist, galt es, die neue subproletarische Klasse der ‚Gastarbeiter' und entsprechende Unterschichtungsprozesse zu identifizieren. Die Frage nach den ‚Gastarbeiterinnen' wurde entweder nicht gestellt oder lapidar mit dem Hinweis auf den weiblichen Familiennachzug abgehandelt. Ähnlich der Arbeitergeschichtsschreibung, die von der „Arbeiterklasse mit ihren Frauen und Kindern" (E.P. Thompson) sprach, dominierten in der sozialhistorischen Migrationsforschung der männliche ‚Gastarbeiter' mit nachziehender Ehefrau und Kindern. Als forschungsrelevantes Untersuchungsobjekt galt allein der männliche Migrationspionier. Der androzentrische Wahrnehmungsausschnitt schien mit dem Hinweis auf die quantitative Männermehrheit unter den Arbeitsmigranten ausreichend begründet. Daß Subjekte von Migrationsprozessen in der Forschung implizit männlich gedacht werden, ist erst jüngst von sozialwissenschaftlicher Seite als „Wahrnehmungslücke" kritisiert worden (Treibel 1998; Herwartz-Emden 1991).

Am Beispiel der ‚Gastarbeiterinnen'-Anwerbung der sechziger Jahre soll im folgenden gezeigt werden, daß Geschlecht für die Untersuchung von Arbeitsmigrationsprozessen eine Analysekategorie von zentraler Bedeutung ist. Zwischen 1960 und 1973 versechzehnfachte sich die Zahl der ausländischen Arbeitnehmerinnen in der Bundesrepublik von rund 43 000 auf über 706 000, ihr Anteil an der Gesamtzahl der ausländischen Arbeitnehmer verdoppelte sich in diesem Zeitraum von 15 auf über 30 Prozent. Dieser beträchtliche Anstieg läßt sich nicht allein auf den weiblichen Familiennachzug zurückführen. Er ist vielmehr zu einem erheblichen Teil Resultat der Geschlechtsspezifik der staatlichen Anwerbepolitik. Der gängigen Denkfigur, ausländische Frauen seien allesamt den männlichen Wegbereitern nach Deutschland nachgereist, gilt es, vor dem Hintergrund eines durch Geschlecht regulierten westdeutschen Erwerbssystems eine differenziertere Wahrnehmung entgegenzustellen. Im folgenden soll untersucht werden, inwiefern die Öffnung des nationalen Arbeitsmarktes für ausländische Arbeitskräfte nicht nur auf einen allgemeinen Arbeitskräftemangel reagierte, sondern über das Konzept der ‚weiblichen Gastarbeit' auch die geschlechtsspezifische Arbeitsteilung stabilisiert werden sollte. Eingeordnet in das klassische Migrationsschema von Push- und Pull-Faktoren geht es hier um den für die weibliche Arbeitsmigration in die Bundesrepublik zentralen „Pullfaktor": den großen Bedarf bestimmter Wirtschaftszweige an weiblichen Arbeitskräften und die gezielte Anwerbung von Frauen. Die Anwerbung und Beschäftigung der Ausländerinnen während der Hauptanwerbephase 1960-1973 werden dabei aus der Sicht der westdeutschen Aufnahmegesellschaft und ihrer maßgeblichen Arbeitsmarktakteure, der staatlichen Arbeitsverwaltung und Unternehmer, analysiert.

Der Arbeitsmarkt wird hier nicht nur als der strukturelle Ort definiert, an welchem Angebot und Nachfrage von Arbeitskräften möglichst in Deckung gebracht werden. Er bildet zugleich einen mental-kulturell geformten Raum, der, rigide aufgeteilt in Frauen- und Männerberufe, auf Geschlechterdifferenz hin ausgelegt ist, diese reproduziert und in Segregierung und Hierarchisierung übersetzt. Dem zugrunde liegt ein lange Zeit unbestrittener gesellschaftspolitischer und kultureller Konsens darüber, daß Männer und Frauen komplementäre Zuständigkeitsbereiche haben: Männer werden per sozialer Norm auf die außerhäusliche, möglichst kontinuierliche und erfolgreiche Berufsarbeit festgelegt, für Frauen gilt dagegen Haus- und Familienarbeit als „natürlicher Beruf". Außerhäusliche weibliche Erwerbsarbeit wird dementsprechend auch von seiten der Arbeitsmarktpolitik schon immer als spezielles Problem behandelt. Die am männlichen Maßstab des „Familienernährers" ausgerichtete Bewertung von Arbeitskraft macht Frauen aufgrund ihrer Familienorientierung zu Arbeitskräften zweiter Wahl, die zu Männern gar nicht erst in Konkurrenz treten, sondern segregierte Arbeitsplätze einnehmen und als Zuverdienerinnen entlohnt werden (Hausen 1993; Maier 1996).

Vorstellungen von einem natürlichen Geschlechterunterschied, dem die hierarchische Ordnung des Arbeitsmarktes Rechnung tragen müsse, prägen nicht zuletzt die Wahrnehmung und Beschreibung weiblicher Arbeitsmigration durch die Arbeitsverwaltung. So wie die Kategorie Geschlecht *(gender)* als kulturelle und soziale Konstruktion folgenreich in Arbeitsmarktpolitik eingeschrieben ist, durchdringt die Konstruktion Ethnizität/Nationalität das Handeln der staatlichen Arbeitsverwaltung, das in gewisser Weise auch darauf gerichtet ist, auf dem Arbeitsmarkt eine ‚ethnische Ordnung‘ zu gestalten: Der Vorrang der deutschen vor den ausländischen Arbeitskräften war gesetzlich fixiert im sogenannten Inländerprimat, den das Ausländergesetz und Arbeitsförderungsgesetz bzw. ihre gesetzlichen Vorläufer vorschrieben.[1]

Zur Situation auf dem westdeutschen Arbeitsmarkt

Der westdeutsche Arbeitsmarkt hatte sich in den fünfziger Jahren je nach Sektor und Region unterschiedlich entwickelt. Herrschte in den agrarisch strukturierten Bundesländern Bayern und Niedersachsen durch die Ansiedlung von Flüchtlingen und Vertriebenen noch bis Ende der fünfziger Jahre eine hohe Arbeitslosigkeit, kam es in den industriestarken Ländern Baden-Württemberg und Nordrhein-Westfalen in bestimmten Wirtschaftssektoren bereits sehr viel früher zu Arbeitskräfte-Engpässen. Das expansive Wirtschaftswachstum führte verbunden mit dem Rückgang der Personen im erwerbsfähigen Alter zu einem schnellen Anstieg der offenen Stellen. Arbeitskräftemangel herrschte spätestens seit 1959 auch in den frauentypischen Branchen, namentlich im Textil- und Bekleidungsgewerbe Baden-Württembergs und Nordrhein-Westfalens, in der Nahrungsmittel- und Konservenindustrie Niedersachsens, in der Elektroindustrie mehrerer Landesarbeitsamtsbezirke sowie fast flächendeckend im Hotel- und Gaststättengewerbe und in Krankenhäusern. Die allgemeine Frauenerwerbsquote war seit 1958

---

1 Der Inländerprimat wurde zunächst auf der Grundlage der Ausländerpolizeiverordnung von 1938 und dem Gesetz über Arbeitsvermittlung und Arbeitslosenversicherung, dann mit dem Ausländergesetz von 1965 und dem Arbeitsförderungsgesetz von 1969 durchgesetzt. Dies bedeutete, daß eine Arbeitserlaubnis nur dann ausgestellt wurde, wenn für eine bestimmte Stelle kein(e) Deutsche(r) zur Verfügung stand und die Aufenthaltserlaubnis nur, wenn die Interessen und Belange der Bundesrepublik (worunter auch die Arbeitsmarktlage fiel) nicht beeinträchtigt würden (Bommes 1997, S. 251).

leicht rückläufig (Maier 1993, S. 257). Durch gesunkenes Heiratsalter und zunehmend längere Ausbildungszeiten nahm die Zahl der für den Arbeitsmarkt verfügbaren jungen Frauen ab. In Wirtschaftszweigen mit unattraktiven Arbeitsplätzen konnte die Nachfrage nach weiblichen Arbeitskräften nicht mehr gedeckt werden (Erwerbstätigkeit 1964, S. 449).

Den Arbeitsämtern oblag die Aufgabe, den Unternehmen gleichwohl die nachgefragten Arbeitskräfte zu vermitteln. Wie der Mangel an weiblichen Arbeitskräften am besten zu beheben sei, darüber gab es in Arbeitsverwaltung und Wirtschaft seit Ende der fünfziger Jahre unterschiedliche Auffassungen. Die Arbeitsmarktplaner setzten zunächst darauf, das noch vorhandene einheimische Angebot mit der steigenden Nachfrage in Einklang zu bringen. So gerieten ihnen die weiblichen Arbeitslosen und die ‚stille Reserve‘ der nichterwerbstätigen Frauen und Mütter ins Blickfeld. Arbeitslos gemeldete Frauen wurden seit 1957 auf Anordnung der Bundesanstalt durch die Arbeitsämter sehr viel strenger auf ihre „Arbeitswilligkeit“ und Verfügbarkeit hin überprüft, um sie gegebenenfalls von Leistungen aus der Arbeitslosenversicherung auszuschließen. Doch die Arbeitsämter hatten große Probleme, diese arbeitslos gemeldeten Frauen auf die wachsende Zahl offener Stellen zu vermitteln. Die Frauen machten Familienaufgaben und gesundheitliche Einschränkungen geltend, selbst auf die Gefahr hin, ihren Anspruch auf Arbeitslosengeld zu verlieren (Quelle 2a). Während die arbeitslosen, häufig älteren Frauen aus gesundheitlichen Gründen kaum auf Arbeitsplätze in der Industrie eingesetzt werden konnten, standen verheiratete Frauen und Mütter überhaupt nur zeitlich eingeschränkt für eine Erwerbstätigkeit zur Verfügung. Das Arbeitskräfteangebot war, zumal auf kommunaler Ebene, immer weniger mit der Nachfragestruktur zur Deckung zu bringen. Die Unternehmer forderten für ihre offenen Stellen zeitlich und physisch voll verfügbare Arbeitskräfte bei den Arbeitsämtern an, idealerweise ledige junge Frauen, die auch Überstunden, Schicht- und Akkordarbeit und andere ungünstige Arbeitsbedingungen wie Arbeiten im Stehen nicht scheuten. Häufig waren die ihnen vom Arbeitsamt vermittelten weiblichen Arbeitslosen nicht willens, an ungesunden Industriearbeitsplätzen in der metall-, textil- oder fischverarbeitenden Industrie zu arbeiten. Verheiratete Arbeiterinnen mit Kindern waren vielen Unternehmern ein Dorn im Auge, galten sie doch aufgrund ihrer Familienpflichten als unzuverlässig und weniger belastbar (Quelle 2b). Der Einrichtung von Teilzeitarbeitsplätzen standen die meisten Industriebetriebe äußerst zurückhaltend gegenüber.

Mit dem deutsch-italienischen Anwerbeabkommen von 1955 waren zunächst nur männliche Landarbeiter für die baden-württembergische Landwirtschaft, in den Folgejahren auch Arbeitskräfte für das Baugewerbe und ferner den Bergbau vermittelt worden. Das Abkommen weckte Hoffnungen, die staatliche Anwerbepolitik könnte auf weibliche Arbeitskräfte ausgeweitet werden. Die Anwerbung von weiblichen Arbeitskräften in Italien zeitigte jedoch keine großen Erfolge. Zwischen 1956 und 1959 wurden kaum mehr als einige Hundert Italienerinnen angeworben. Bedingt durch die Grenznähe stellten Österreicherinnen zu diesem Zeitpunkt noch die größte Gruppe der Arbeitsmigrantinnen in der Bundesrepublik dar. 1959 verhandelte die westdeutsche Arbeitsverwaltung relativ erfolglos mit österreichischen Arbeitsämtern über die Vermittlung ungelernter weiblicher Kräfte für elektrotechnische Industriebetriebe und das Hotel- und Gaststättengewerbe (Quelle 2c). Erst nach Abschluß der Anwerbeabkommen mit Spanien und Griechenland 1960 kam die Anwerbung weiblicher Arbeitskräfte aus dem Ausland allmählich in Schwung.

Auf Grundlage dieser bilateralen Vereinbarungen (weitere Anwerbeabkommen wurden 1961 mit der Türkei, 1964 mit Portugal und 1968 mit Jugoslawien abgeschlossen) hatte die Bundesanstalt für Arbeitsvermittlung und Arbeitslosenversicherung (BAVAV) sogenannte Deutsche Kommissionen und Verbindungsstellen in den Anwerbeländern eingerichtet. Dort gingen die Vermittlungsaufträge ein, mit denen die Unternehmer ihre gewünschten Arbeitskräftekontingente nach Kriterien wie Nationalität, Geschlecht, Alter, beruflichen Kenntnissen, körperlich-psychischem Profil anforderten. Diese Anwerbeeinrichtungen der Bundesanstalt organisierten, unterstützt von den nationalen Arbeitsverwaltungen vor Ort, das gesamte Anwerbegeschehen. Nachdem die interessierten Bewerberinnen und Bewerber gesundheitlich und im Sinn polizeilicher Auffälligkeit auch ,sozial' erfolgreich ausgewählt worden waren, erhielten sie eine Legitimationskarte mit Aufenthalts- und Arbeitserlaubnis und traten, meist im organisierten „Sammeltransport" die Reise nach Deutschland an.

Das Konzept ‚weibliche Gastarbeit‘

‚Weibliche Gastarbeit‘ wurde nie explizit als Konzept formuliert. Worin sie sich von männlicher Gastarbeit unterschied, ist nur durch verstreute Hinweise zu rekonstruieren. Gemeinsam war beiden zunächst die Funktion, als flexibles Ausgleichsinstrument mit temporärem Charakter die Zufuhr von ausländischen Arbeitskräften bedarfsgerecht an westdeutsche Konjunkturlagen anzupassen (Herbert 1986, S. 198f.). Im Fall weiblicher Gastarbeit kam hinzu, daß sie den Vorteil billiger Frauenlöhne bot bei gleichzeitigem Verbleib der reproduktiven Aufgaben von Frauen im Heimatland. Arbeitsverwaltung und Unternehmer – unterstützt von ‚Ausländerexperten‘ – gingen davon aus, daß ausländische Frauen einen noch ausgeprägteren natürlichen Geschlechtscharakter besäßen als deutsche Frauen (Maturi 1961, S. 183f.). Zusammen mit dem allen ausländischen Arbeitskräften zugeschriebenen niedrigen Anspruchsniveau verband sich damit die Erwartung, die offenen Frauenarbeitsplätze im untersten Segment des Arbeitsmarktes durch sehr junge und hochmobile Frauen wieder- oder neubesetzen zu können.

Das Konzept weibliche Gastarbeit schloß Vorstellungen weiblicher Schutzbedürftigkeit und Sittlichkeit mit ein. Für die Anwerbung von Frauen gab es gewisse Sondervorschriften, die als so selbstverständlich angesehen wurden, daß sie nicht explizit in die Anwerbeabkommen aufgenommen werden mußten. So wurde für weibliche Arbeitskräfte in einem Erlaß ausschließlich die gruppenweise Vermittlung empfohlen, sofern in dem Aufnahmebetrieb keine Landsleute arbeiteten. Zur Gruppenvermittlung gehörten „Sammeltransport“ und „Gemeinschaftsunterkünfte“ am deutschen Arbeitsort (Quelle 1b). Wurde die Unterbringung in Baracken bei ausländischen Männern durchaus als ausreichend angesehen, empfahl die Bundesvereinigung Deutscher Arbeitgeberverbände (BDA) in ihrer Informationsbroschüre eine „wohnliche Unterbringung“ weiblicher Arbeitskräfte in Wohnheimen: „(...) bei der Gestaltung solcher Unterkünfte sollte den Bedürfnissen und Wünschen der Frauen besondere Rechnung getragen werden“ (Beschäftigung 1961, S. 36). Da ausländische Arbeiterinnen ‚sittlich‘ als besonders gefährdet galten, bemühten sich die kirchlichen Wohlfahrtsverbände um eine möglichst intensive fürsorgliche Betreuung. „Verwahrlosung“ und „Entwurzelung“ waren Schlüsselbegriffe, mit denen die konfessionelle Sozialarbeit die den Wanderarbeitern drohenden Gefahren beschrieb. Diese trafen aus der Sicht von Sozialfürsorgerinnen junge Frauen noch weitaus härter als junge

Männer. Daher sollten besonders bei den ‚Gastarbeiterinnen‘ alle Bemühungen darauf gerichtet sein, keine Entfremdung von der im Herkunftland gültigen Geschlechterordnung aufkommen zu lassen. Um „sich normal und gesund weiter zu entwickeln, um ihre zukünftige Aufgabe als Frau und Mutter zu erfüllen," sollten sie mit „Spezialkräften für die Mädchenarbeit" intensiv fürsorglich betreut werden (Sorge 1963, S. 293). ‚Weibliche Gastarbeit‘ paßte sich in dieser Lesart harmonisch in gängige zeitgenössische Vorstellungen ein, die nach dem Zweiten Weltkrieg den westdeutschen Diskurs über Frauenerwerbsarbeit beherrschten. Danach besaß außerhäusliche Arbeit von Frauen grundsätzlich den Charakter des Vorübergehenden.

Geschlechtsspezifische Kriterien regulierten die Anwerbung von Arbeitskräften von seiten der Abgabeländer wie auch von westdeutscher Seite. Die Bundesanstalt sah sich einerseits der schnell wachsenden Nachfrage speziell nach ledigen weiblichen Arbeitskräften gegenüber. Diese Erwartung stieg ungeachtet der Tatsache, daß „hinsichtlich der Anwerbung weiblicher Arbeitskräfte von vornherein aus mannigfaltigen Gründen keine großen Erwartungen gehegt wurden" (Ahl 1962, S. 152). Auf der anderen Seite stieß die Bundesanstalt in ihren Vermittlungsbemühungen in den Mittelmeerländern auf massive gesellschaftliche Bedenken gegenüber der Arbeitsmigration vor allem junger, unverheirateter Frauen. Interessierte Arbeitskräfte mußten immer erst die Vorauswahlverfahren der einheimischen Arbeitsbehörden passieren, bevor sie zu den deutschen Anwerbestellen kamen. Diese Schleuse, die Anwerbung im eigenen Sinn zu kontrollieren, verfehlte für migrationsentschlossene Frauen zwar angesichts anderer Ausreisemöglichkeiten ihre Wirksamkeit. Für die Anwerbepolitik der Bundesanstalt aber bedeutete sie ein sehr reales Hindernis, wurden die an Arbeitsmigration interessierten Frauen doch häufig gar nicht erst den deutschen Anwerbekommissionen vorgestellt.

Die Widerstände gegen die Frauenanwerbung in den Anwerbestaaten zusammen mit der in Deutschland langen Tradition, erwerbstätige Frauen als besondere Problemgruppe des Arbeitsmarktes zu behandeln, prägten die Konstruktion ‚weiblicher Gastarbeit‘ in Politik und Praxis der Anwerbung. Das zeigt deutlich der formale Aufbau der jährlich über die Anwerbung und Beschäftigung angefertigten Erfahrungsberichte der BAVAV. Hier wurde die Sonderstellung der Arbeitsmigrantinnen mit vielsagender Sprachregelung in den Kategorien *Facharbeiter*, *Hilfsarbeiter* und *Frauen* festgehalten. Dem allgemeinen Hauptteil über „die ausländischen Arbeitnehmer" folgt ein kleines Unterkapitel über „Frauen" bzw. in späteren Berichten über „weibliche ausländische Arbeitnehmer" (Ausländische Arbeitnehmer 1961ff.). In einigen Anwerbeländern hatte die Bundesanstalt getrennte Vermittlungsstellen für männliche Facharbeiterberufe, männliche Hilfsarbeiter und Frauen eingerichtet, die die eigene Verwaltungsstruktur mit ihrem speziellen Referat für Frauenvermittlung widerspiegelten.

Die Wahrnehmung der weiblichen Arbeitsmigration durch die Arbeitsverwaltung sagt wenig über die Migrantinnen selbst aus, umso mehr aber darüber, daß sich die Deutungs- und Zuschreibungsmuster professioneller Arbeitsmarktbeobachter aus den westdeutschen Kontroversen über Frauen- und Müttererwerbsarbeit ableiteten.

„Es sind allein die ökonomischen Verhältnisse, welche die Frauen dazu veranlassen. Die Not zwingt sie, für den Lebensunterhalt der Familie zu arbeiten, aber der Wunsch ist auch wach, sich die Aussteuer zu verdienen, um dann die Chance zu haben, geheiratet zu werden" (Böckling 1962, S. 533).

So wie die Erwerbstätigkeit von Ehefrauen und Müttern in der Bundesrepublik der fünfziger Jahre überhaupt nur aus familienökonomischer Notwendigkeit öffentlich geduldet wurde, durfte ‚Not' bei ausländischen Frauen das einzige Motiv ihrer Arbeitsaufnahme in Deutschland sein. Weibliche Gastarbeit nur als notgedrungenen Erwerbszwang dank weiblicher Aufopferungsbereitschaft wahrzunehmen, fügt sich ein in das Referenzsystem des „Ernährer-Hausfrau/Zuverdienerin-Modells", das seit dem 19. Jahrhundert bis in die Gegenwart des 20. Jahrhundert den (west-)deutschen Debatten um Frauenerwerbsarbeit zugrunde liegt (Hausen 1997). Im Fremden das Eigene wiederfinden, kennzeichnete unter anderem die Wahrnehmung eines Mitarbeiters der Arbeitsverwaltung, wenn er die „mannigfaltigen Gründe" aufzählte, derentwegen „die Vertragsländer aus ihrer Sicht der Anwerbung männlicher Arbeitskräfte (...) den Vorzug geben". Diese seien „Ernährer der Familie oder Sippe"; die „durch höhere Männerlöhne in die Heimat fließende(n) Beiträge" lägen höher als bei schlechten Frauenlöhnen; die „fachliche Aus- und Fortbildung" käme nur für Männer in Frage. Hier wird zwar nicht wie sonst häufig direkt auf ‚kulturelle Barrieren' der Frauenmigration hingewiesen, sondern am Beispiel der vorgeblich rationalen Migrationskalkulation des Abgabelandes das westdeutsche „Ernährer-Hausfrau/Zuverdienerin-Modell" projektiert. Die aus dem westdeutschen Modell abgeleiteten Normen bildeten das Erklärungsmuster für weibliche Migration, womit diesem Muster eine kulturübergreifende, letztlich anthropologische Allgemeingültigkeit zugesprochen wurde.

Staatliche Anwerbepolitik und steigende Ausländerinnenbeschäftigung

Die Anwerbestellen der Bundesanstalt versuchten, die Wünsche der Unternehmer auch in bezug auf das angeforderte Geschlecht der Arbeitskräfte so gut wie möglich zu erfüllen. Aus dem ältesten Anwerbeland Italien ließen sich jedoch während der gesamten Anwerbezeit kaum Frauen von der Deutschen Kommission vermitteln. Die deutsche Anwerbepolitik konzentrierte sich nach 1960 zunächst auf Griechenland und Spanien. Die dort anfänglich guten Vermittlungsergebnisse ließen beide Länder als vielversprechende Anwerbeländer gerade für Frauen erscheinen. Doch schon 1964 hieß es, „das Reservoir an verfügbaren weiblichen Arbeitskräften hat sich merklich verringert" (Ausländische Arbeitnehmer 1964). Die Anwerbekommissionen bemühten sich im gleichen Jahr, die Anwerbeergebnisse durch Verhandlungen mit den nationalen Arbeitsverwaltungen beider Länder, besondere Werbemaßnahmen und sogenannte fliegende Vermittlungsstellen für entlegenere Landstriche zu steigern. Der Zeitraum zwischen dem Vermittlungsauftrag des Betriebs und dem tatsächlichen Eintreffen der ‚Gastarbeiterinnen' verlängerte sich auf durchschnittlich sechs Monate. Unternehmer beklagten immer wieder diese langen Vermittlungsfristen. Ende 1964 etwa gab es gegenüber 24 800 vermittelten weiblichen Arbeitskräften bereits einen „Nachfrageüberhang" von über 50 900 offenen Stellen (Ausländische Arbeitnehmer 1964). Während sich in Spanien seit 1964/65 immer weniger Frauen als Arbeitskräfte anwerben ließen, gewannen die Türkei seit Mitte der sechziger Jahre sowie das jüngste Anwerbeland Jugoslawien seit 1968 zunehmend an Bedeutung. Von dort und aus Griechenland kamen seit Ende der sechziger Jahre die meisten angeworbenen Frauen (vgl. Tabelle 1 und 2 im Anhang des Artikels).

Das genaue Ausmaß, in dem die staatliche Frauenanwerbepolitik zum rapiden Anstieg weiblicher ausländischer Beschäftigter beitrug, ist kaum quantifizierbar. Die statistisch erfaßten Einreisen sind nicht nach Geschlecht aufgeschlüsselt, und die Rückreisen wurden nicht gezählt. Da zudem viele Frauen häufig ihre einjährige Arbeitserlaubnis verlängerten, die Arbeitsstelle wechselten oder aber schon früher zurückkehrten, läßt sich auch die innere Dynamik der Migration nicht in Zahlen erfassen.

Die wachsende Beschäftigung von Ausländerinnen in der Bundesrepublik war nicht allein auf die westdeutsche Anwerbepolitik zurückzuführen. Auch die anderen Einreisemöglichkeiten, die im Zuge von Kettenmigrationen genutzt wurden, spielten eine große Rolle. Ausländische Frauen kamen entweder als direkt Angeworbene zur Erwerbsarbeit nach Westdeutschland, oder sie reisten über den sogenannten Zweiten Weg per Sichtvermerk oder mit Touristenvisum ein. Auf welche Weise auch immer Arbeitsmigrantinnen in die Bunderepublik gelangten, die steigenden Zahlen weiblicher ausländischer Beschäftigter spiegeln den anhaltend großen Bedarf an weiblichen Arbeitskräften für das unterste Segment des Frauenarbeitsmarktes wider.

Der Frauenanteil an den ausländischen Arbeitskräften differierte je nach Nationalität und den spezifischen Migrationsbedingungen. Trotz der geringen offiziellen Anwerbezahlen bildeten die Italienerinnen in Deutschland bis 1962 und noch einmal im Jahr 1968 die stärkste Migrantinnengruppe. Als Angehörige eines EG-Landes war es ihnen seit Anfang der sechziger Jahre möglich, frei in die Bundesrepublik einzureisen. Ebenfalls relativ stark waren die Griechinnen und zunächst auch die Spanierinnen auf dem westdeutschen Ausländerinnenarbeitsmarkt vertreten. Nach dem rezessionsbedingten Rückgang aller beschäftigten Ausländerinnen im Jahr 1967 verschoben sich mit der neuerlichen Konjunkturbelebung Ende der sechziger Jahre die nationalen Proportionen. Die Zahl der Spanierinnen erhöhte sich kaum noch, während die Zahl der jugoslawischen Arbeiterinnen in der Bundesrepublik, die schon vor der deutsch-jugoslawischen Anwerbevereinbarung hoch lag, seit 1969 durch hohe Anwerbezahlen nach oben schnellte. Relativ am stärksten war seit Ende der sechziger Jahre der Zuzug türkischer Arbeitnehmerinnen, die schließlich im Jahr 1972 vor den Griechinnen und nach den Jugoslawinnen die zweitstärkste Nationalitätengruppe stellten (vgl. Tabelle 3 und 4 im Anhang des Artikels).

Ausländische Arbeiterinnen auf geschlechtsspezifisch segregierten Arbeitsmärkten

Die zwischenstaatlichen Anwerbeabkommen, die sich inhaltlich und formal am deutsch-italienischen Abkommen von 1955 orientierten, enthielten einen Musterarbeitsvertrag, der vermeintlich geschlechtsneutral den angeworbenen Arbeitskräften unter anderem die sozialpolitische Gleichstellung mit „vergleichbaren einheimischen Arbeitskräften" und tarifliche Bezahlung garantierte. Für die ‚Gastarbeiterinnen' aus den Anwerbestaaten war generell nur ein bestimmtes, eng umrissenes Spektrum an Arbeitsstellen mit un- und angelernten Tätigkeiten in Industrie und Dienstleistung vorgesehen. In der Forschung wird darauf hingewiesen, daß bei der offiziellen Anwerbung durch die Bundesanstalt der Musterarbeitsvertrag für die Arbeitskräfte einen gewissen Schutz vor Tarifunterschreitung gewährte. Von diesem Schutz kann im Fall weiblicher Arbeitskräfte kaum die Rede sein. Sicher ist, daß viele der ohne Anwerbeverfahren eingereisten Ausländerinnen im Schattenbereich unter willkürlichen, tarifunterschreitenden Lohn- und Arbeitsbedingungen beschäftigt wurden. Dennoch sind aus geschlechtergeschichtlicher Sicht die Vorzüge, die ein Arbeitsvertrag bot, zurückhaltend zu beurteilen. Der Arbeitsvertrag, zusammen mit einer Arbeitserlaubnis, die die Arbeitsverwaltung auf bestimmte Branchen und Betriebe einschränken konnte, bildeten eher ein Lenkungsinstrument, um die unteren, unqualifizierten und schlechtentlohnten Frauenarbeitsplätze in Industrie und Dienstleistung aufrechtzuerhalten.[2]

Der im Arbeitsvertrag für einen Industriearbeitsplatz festgelegte Bruttolohn mochte Migrantinnen aus der Türkei oder Jugoslawien zunächst sehr hoch vorgekommen sein, da sich ihr Vergleichsmaßstab am Herkunftsland orientierte. Doch am durchschnittlichen westdeutschen Lohnniveau gemessen war er äußerst niedrig. Auf dem strikt nach Geschlecht segregierten Arbeitsmarkt der Bundesrepublik waren Frauenlohnabschläge von bis zu 30 oder 40 Prozent für Arbeiterinnen in den sogenannten Leichtlohngruppen bis

---

2 Nicht um Geschlechterhierarchien, sondern um die volkswirtschaftliche Frage, ob die verstärkte Beschäftigung von ausländischen Arbeitskräften rationalisierungsbedürftige veraltete Arbeitsplätze weiter aufrechterhalte, ging es in einer politischen Diskussion über Kosten und Nutzen der Ausländerbeschäftigung. Diese wurde während der Rezession 1966/67 durch einen Artikel des Berliner Wirtschaftswissenschaftlers Föhl ausgelöst (Herbert 1986, S. 205ff.).

in die späten sechziger Jahre in allen Wirtschaftsbereichen tarifvertraglich üblich (Maier 1993, S. 272). Demgegenüber erhielten verheiratete Männer in vielen Branchen einen Ernährerzuschlag. Auch waren die im Vergleich zu den Männern jüngeren ‚Gastarbciterinnen' von den tariflichen Altersabschlägen stärker betroffen. Während sich die männlichen ‚Gastarbeiter' vor allem im Baugewerbe, Bergbau und der eisenschaffenden wie -verarbeitenden Industrie konzentrierten und dort häufig auch Facharbeiterpositionen besetzten, waren ausländische Frauen als un- und angelernte Arbeiterinnen hauptsächlich im verarbeitenden Gewerbe in den sogenannten leichten Frauenindustrien beschäftigt. Ihre Zahl verdoppelte sich dort zwischen 1965 und 1973 auf knapp 247 000. Meistens arbeiteten sie als Schicht-, Akkord- und Fließbandarbeiterinnen.

Die Niedriglohnbranchen der Textil-, Bekleidungs-, Nahrungs- und Genußmittelindustrie erreichten besonders hohe Ausländerinnenquoten. In der Eisen- und Metallverarbeitung waren es vor allem die Zweige Elektrotechnik

Griechische „Gastarbeiterinnen" in einer Hamburger Spirituosenfabrik, 1963.

und Eisen- und Metallwarenindustrie, in denen der Anteil an Ausländerinnen Ende der sechziger Jahre stark anstieg (Ausländische Arbeitnehmer 1972/ 73). Hier konzentrierte sich eine große Zahl von gesundheitsschädlichen Arbeitsplätzen, für die nur sehr junge, gesunde und mobile Arbeiterinnen möglichst ohne Familienanhang in Frage kamen. Diese waren zu geringen Löhnen unter den erwerbsfähigen deutschen Frauen nicht mehr zu finden. Eine Sonderzählung der Bundesanstalt für Arbeit im Mai 1970 führte dazu aus:

Es „hatten die Betriebe für etwa zwei Drittel aller offenen Stellen für Metallhilfsarbeiterinnen eine Altersbegrenzung gesetzt, für Elektromontiererinnen sogar bei drei Viertel der Stellen. (...) Sie verlangten weitgehend jüngere bewegliche Ganztagskräfte, die sich rasch den modernen Fertigungsmethoden, auch hinsichtlich Schichtarbeit usw. anpassen und ein Höchstmaß an Leistung erbringen können. An Geschicklichkeit, Konzentrationsfähigkeit, schnelles Reaktionsvermögen und Bereitschaft zur Anpassung an innerbetriebliche Umstellungen werden hohe Forderungen gestellt. Beeinträchtigungen, die diesen Vorstellungen der Betriebe entgegenstehen, treten bei ausländischen Arbeiterinnen weniger auf. Diese sind gesundheitlich ausgesucht, gehören meistens jüngeren und mittleren Jahrgängen an (...), haben durchwegs keine Rücksicht auf häusliche Bindungen zu nehmen und scheuen daher auch keine Schichtarbeit" (Ursachen 1970, S. 908).

Der im Arbeitsvertrag garantierte tarifliche Schutz wurde im Fall weiblicher Arbeitskräfte häufig nicht wirksam, da gerade der Frauenarbeitsmarkt tariflich überhaupt nicht oder nur ungenügend geregelte Tätigkeitsbereiche aufwies. Die Bereiche „Häusliche Dienste", Hauswirtschaft und Hotel- und Gaststättengewerbe sahen sich nicht zuletzt deswegen schon in den fünfziger Jahren mit einem Arbeitskräfte- und Nachwuchsmangel konfrontiert. Diese Situation verschärfte sich noch in den sechziger Jahren, insbesondere durch die Ausweitung des öffentlichen Sektors. Küchenhelferinnen und andere Hilfskräfte für Großkantinen, Anstalten und Krankenhäuser, Hotels und Gaststätten sowie, mit abnehmender Tendenz, Hausgehilfinnen für Privathaushalte wurden händeringend gesucht. Diese ‚dienenden', haushaltsnahen Tätigkeiten im traditionellen Pflichtenkreis von Frauen waren äußerst unattraktiv, anstrengend, schlecht bezahlt und bedeuteten häufig überlange Arbeitszeiten und wenig Abgrenzungsmöglichkeiten gegenüber dem Arbeitgeber. Ausländische Bewerberinnen für offene Stellen in diesen wenig nachgefragten Arbeitsfeldern zu finden, wurde für die Anwerbestellen der

BAVAV Anfang der sechziger Jahre zu einer undankbaren Aufgabe, stießen doch die entsprechenden Arbeitsangebote bei den anzuwerbenden Frauen auf wenig Gegenliebe. Die für Frauenvermittlung in der Bundesanstalt zuständige Verwaltungsoberrätin Maria Böckling begründete die geringen Anwerbeerfolge in Italien, Griechenland und Spanien unter anderem mit den unzumutbar niedrigen Löhnen, die den Frauen keinerlei Anreiz zur grenzüberschreitenden Arbeitswanderung boten:

„Bemühungen für die Dienstleistungsbetriebe blieben bisher versagt. Weder für Anstalten und Krankenhäuser noch für Privathaushaltungen waren in größerer Zahl Haus- und Küchengehilfen zu finden. In den Anwerbeländern finden derartige Arbeitsangebote kaum Interesse. In Großstädten wie Rom, Mailand oder Madrid werden Hausgehilfinnen für Löhne, die den deutschen Angeboten entsprechen, gesucht. Im übrigen gilt in diesen Ländern die Hausarbeit als eine der niedrigsten Arbeiten, die nur derjenige annimmt, der keine andere Wahl hat" (Böckling 1962, S. 531).

Die Bundesanstalt klagte, daß Migrantinnen andere Länder, etwa die Schweiz oder Großbritannien, wegen der dort besseren Löhne der Bundesrepublik vorzögen und riet den Unternehmern, ein bestimmtes Lohnminimum nicht zu unterschreiten (Quelle 2d). Die schlechten Vermittlungsergebnisse im hauswirtschaftlichen Bereich ließen sich auch durch spezielle Werbemaßnahmen nicht verbessern (Ausländische Arbeitnehmer 1962, S. 12).

Daß sich die ausländischen Frauen zugeschriebene traditionelle Weiblichheit in der westdeutschen Wahrnehmung gerade bei unteren Dienstleistungstätigkeiten spezifisch nutzbar machen ließ, zeigt das Beispiel spanischer Saisonarbeiterinnen, die auf Helgoland im Hotel- und Gaststättengewerbe „für den Hausputz und als Küchenhilfskräfte eingesetzt" wurden.

„Sie waren überdurchschnittlich arbeitswillig, und vor allem achteten sie den Gästen gegenüber stets auf eine sympathische Zurückhaltung und ein einwandfreies Benehmen. Man hat den Eindruck, daß für diese Frauen und Mädchen, die von ihrer Heimat her an strenge Sitten und patriarchalisches Denken gewohnt waren, solche Korrektheit noch eine Selbstverständlichkeit ist" (Frau und Beruf 1963, S. 26).

Der Konjunktureinbruch 1966/67 betraf ‚Gastarbeiterinnen' im übrigen weniger als die männlichen ‚Gastarbeiter'. Auch während der Krise hielt die Nachfrage in den obengenannten Dienstleistungsbereichen unvermindert an.

Hier konnten erstmals ausreichend weibliche Arbeitskräfte vermittelt werden, als die Industrie weniger offene Stellen für migrationsentschlossene Ausländerinnen anzubieten hatte. Seit Mitte der sechziger Jahre wurden insbesondere die über den Zweiten Weg einreisenden Frauen aus Jugoslawien in diesen Bereich gelenkt. In einigen, fast ausschließlich mit Frauen besetzten Dienstleistungsbereichen nahm die Ausländerinnenquote zwischen 1968 und 1973 stark zu. Sie stieg im Krankenpflegebereich von 4,9 auf 9,8 Prozent, im Reinigungsgewerbe von 3,5 auf 9,4 Prozent und im Hotel- und Gaststättengewerbe gar von 9,4 auf 20,5 Prozent (Ausländische Arbeitnehmer 1972/73). Diese Arbeitskräfte leisteten fast ausschließlich Hilfstätigkeiten auf unterster Stufe der beruflichen und sozialen Hierarchie. Der Gedanke, daß Frauen wegen ihres Geschlechts diese Billiglohnarbeiten einnehmen sollten, war (nicht nur) in der Arbeitsverwaltung eine tief verwurzelte Grundüberzeugung. Die hierarchische Geschlechterordnung, die gerade im Dienstleistungsbereich besonders prägend war, bildete eine nicht hinterfragte Prämisse für das institutionelle Handeln und wurde in der Ausländerinnenbeschäftigung reproduziert.

Geschlechtsspezifische Sonderregelungen bei der Zulassung zum Arbeitsmarkt

Angesichts der anfänglichen Schwierigkeiten, mit weiblichen Anwerbungen den Arbeitskräftenotstand in unbeliebten Tätigkeitsbereichen auszugleichen, ist nach geschlechtsspezifischen Sonderregelungen in der Anwerbepolitik zu fragen. Die Bundesanstalt wachte normalerweise streng über das eigene Vermittlungsmonopol gegenüber Anwerbungen privater Arbeitsvermittler und Unternehmer. Es wäre von seiten der Bundesanstalt konsequent gewesen, für Arbeitskräfte aus Anwerbestaaten eine Einreise per Sichtvermerk zu unterbinden und diese nur über das Anwerbeverfahren der Deutschen Kommissionen und Verbindungsstellen der Bundesanstalt einreisen zu lassen. Dieses geschah aber nicht. Statt dessen gab es 1965 eine geschlechterpolitische Weichenstellung: Der sogenannte Zweite Weg, d.h. Einreise per Sichtvermerk, wurde zwar 1965 für männliche Hilfskräfte verschlossen, nicht aber für weibliche Arbeitskräfte und männliche Facharbeiter. Diese konnten weiterhin direkt mit Sichtvermerk an der staatlichen Anwerbung vorbei als Arbeitskräfte einreisen (Dohse 1981b, S. 197). Um die Engpässe auf dem weiblichen Arbeitsmarkt zu schließen, wurde zweigleisig gefahren. Man warb staatlicherseits so viele Frauen an, wie man konnte, und verließ sich gleichzeitig auf die zusätzlichen Kettenmigrationseffekte, die dafür sorgten, daß viele ausländische Frauen über den Zweiten Weg und damit an den Selektionsfiltern der Bundesanstalt vorbei einreisten. In eine ähnliche Richtung weist der Fall Jugoslawien. Bevor 1968 nach langwierigen Verhandlungen das deutsch-jugoslawische Abkommen zustande kam, galt offiziell das Gebot, keine Arbeitskräfte aus sozialistischen Ländern in der Bundesrepublik zu beschäftigen. Als Antwort auf die Verschärfung der Arbeitskräftesituation in den hauswirtschaftlichen Berufen war jedoch bereits 1962 explizit für diejenigen weiblichen jugoslawischen Hilfskräfte, die in den „Mangelberufen" des Dienstleistungssektors arbeiten wollten, eine Ausnahmeregelung verfügt worden: Interessierte Jugoslawinnen erhielten speziell für diese Berufe eine Arbeitserlaubnis. Wechselten sie in die Industrie, drohte ihnen die Abschiebung durch die Ausländerbehörde. Jugoslawische Männer waren nur als Facharbeiter erwünscht, als an- und ungelernte Arbeiter erhielten sie hingegen keine Arbeitserlaubnis (Quelle 3).

Schwangerschaft – ein Risiko weiblicher Gastarbeit

Hinsichtlich des von Unternehmern geforderten Wunschprofils für weibliche Arbeitskräfte – jung, ledig, kinderlos – befanden sich die Anwerbestellen der Bundesanstalt in einem Dilemma. Um die Nachfrage auch nur annähernd befriedigen zu können, dürfte die gesundheitliche und ‚soziale' Überprüfung gegenüber weiblichen Arbeitskräften weniger streng als bei männlichen Bewerbern praktiziert worden sein. Als Indiz hierfür ist die von Unternehmern immer wieder geführte Klage zu werten, man hätte ihnen ältere, schwangere und selbst kinderreiche Ausländerinnen vermittelt. Arbeitgeber forderten, „daß die angeworbenen Frauen vor der Reise gynäkologisch untersucht werden" (Quelle 1a). Die Verbandszeitschrift *Der Arbeitgeber* mahnte die Unternehmer schon 1965, nicht zu hochgeschraubte Anforderungen an das Arbeitskräfteprofil zu stellen. Einige Unternehmer hätten nur junge ledige Frauen oder verheiratete, aber kinderlose Frauen über 30 angefordert. Deren Vermittlung könnten die deutschen Anwerbestellen jedoch nicht sicherstellen. Lange Wartezeiten bzw. die Nichterledigung des Auftrages seien dann die Folge (Der Arbeitgeber 1965, Nr. 11/12, S. 333). Auch war es zwischen Unternehmern und Bundesanstalt umstritten, ob die Vermittlung einer schwangeren ‚Gastarbeiterin' von der Bundesanstalt als „Fehlvermittlung" anerkannt und die Frau auf deren Kosten „rückgeführt" würde. In einer ersten Klarstellung, die die Bundesanstalt als Regelungshilfe an die Landesarbeitsämter erließ, erklärte sie die Schwangerschaft zu einem „Teil des Risikos, der mit der Anwerbung von weiblichen Arbeitnehmern im Ausland zwangsläufig verbunden ist und auch zumutbar erscheint" (Quelle 2e). Wenig später beschwerte sich die Bundesvereinigung der Deutschen Arbeitgeberverbände (BDA) bei der Bundesanstalt, daß Frauen schwanger einreisen konnten, weil zwischen der gesundheitlichen Untersuchung im Anwerbeverfahren und der Ausreise vier Monate lagen. Wiederum wies die Bundesanstalt 1966 die Forderung der BDA zurück, im Arbeitsvertrag eine Zusatzklausel aufzunehmen, daß eine verschwiegene Schwangerschaft den Vertrag nichtig machen würde. Die Bundesanstalt argumentierte:

„Eine solche einschränkende Klausel würde somit die ohnehin schon äußerst schwierige Situation bei der Vermittlung von weiblichen Arbeitskräften aus den Anwerbeländern nur noch erheblich verschärfen. Das wäre jedoch gerade im Interesse der anfordernden Arbeitgeber nicht zu vertreten" (Quelle 1c).

Seit 1970 führten die Anwerbekommissionen der Bundesanstalt fast in allen Anwerbeländern Schwangerschaftstests durch (Ausländische Arbeitnehmer 1970).

Altersstruktur und Familienstand der Arbeitsmigrantinnen

Mit ‚weiblicher Gastarbeit' sollte in der Bundesrepublik gezielt der Bedarf an sehr jungen, möglichst ledigen Arbeitskräften gedeckt werden. Das große Nachfrageinteresse westdeutscher Unternehmen läßt sich an der Altersstruktur der Arbeitsmigrantinnen ablesen. 1963 waren von den ausländischen Arbeitnehmern rund 23 Prozent der Frauen unter 21 Jahre, bei den Männern dagegen nur rund 11 Prozent (Ausländische Arbeitnehmer 1963, S. 5). Im Laufe der sechziger Jahre reduzierte sich der Anteil der sehr jungen Migrantinnen zwar etwas, aber 1968 waren nach der Repräsentativuntersuchung der Bundesanstalt immer noch 32 Prozent der Frauen und nur 16 Prozent der Männer jünger als 25 Jahre (Repräsentativuntersuchung 1968).

Im Vergleich zur deutschen weiblichen Erwerbsbevölkerung blieb die ausländische auch in den Folgejahren weiterhin sehr jung. Im Jahr 1970 waren rund 88 Prozent der in der Bundesrepublik lebenden ausländischen Beschäftigten jünger als 45 Jahre, während der entsprechende Anteil bei den Deutschen bei rund 63 Prozent lag. Daraus resultieren die höchst unterschiedlichen Erwerbsquoten von 71 Prozent für die ausländische und 43 Prozent für die deutsche Erwerbsbevölkerung. Nicht nur wegen der jüngeren Altersstruktur, sondern auch weil ausländische Ehefrauen und Mütter im Gegensatz zu deutschen in der Regel ganztägig versicherungspflichtig erwerbstätig waren, lag die Erwerbsquote bei den Ausländerinnen mit 58 Prozent 1970 erheblich über der der Deutschen mit 29 Prozent (Erwerbstätigkeit 1973, S. 643).

Die Frage, wieviele der ausländischen Arbeiterinnen ledig, vor, mit oder nach ihrem Ehemann zwecks Erwerbsarbeit in die Bundesrepublik einreisten, ist anhand des vorhandenen Zahlenmaterials nur schwer zu beantworten. Nach der Repräsentativuntersuchung der Bundesanstalt von 1968 waren von den ausländischen abhängig Beschäftigten 36 Prozent der Frauen, aber nur 29 Prozent der Männern ledig.[3] Der Anteil der sogenannten „Lediggehenden" d.h. der Verheirateten, die alleine in der Bundesrepublik lebten, an den ausländischen Arbeitskräften insgesamt betrug bei den Männern 30 Prozent und bei den Frauen nur 6 Prozent. Dies bedeutete, daß über 90 Prozent der verheirateten Ausländerinnen mit ihrem Ehemann in der Bundesrepublik lebten. Insgesamt waren 1968 42 Prozent aller erwerbstätigen Ausländerinnen ledig bzw. ohne Ehemann in der Bundesrepublik. Auch wenn der Anteil der Ledigen/Lediggehenden je nach Nationalität stark differierte und die Zahl verheirateter Ausländerinnen nach 1968 kontinuierlich zunahm, paßt dieser Befund kaum zu dem die ,Gastarbeiter-Geschichte' beherrschenden

---

3   Einen überdurchschnittlichen Ledigenanteil wiesen Frauen aus Jugoslawien mit 49 Prozent auf, während die Spanierinnen mit 36 Prozent im Durchschnitt und die Türkinnen mit 29 Prozent, die Italienerinnen mit 24 Prozent und die Griechinnen mit 21 Prozent unter dem Durchschnitt lagen. Auffallend ist der sehr hohe Ledigenanteil von 63 Prozent unter den „übrigen Ausländerinnen", der vor allem durch die Pendelmigration junger Arbeitsmigrantinnen aus den Nachbarländern Österreich, Niederlande und Frankreich zustandekam.

Bild der nachziehenden Ehefrauen. Über ein Drittel aller Arbeitsmigrantinnen aus den Anwerbeländern war während der Hauptphase der Anwerbung in den späten sechziger Jahren ohne Ehemann in der Bundesrepublik (Repräsentativuntersuchung 1968, S. 55).

Weibliche Gastarbeit und Einwanderung

Mit wachsender Aufenthaltsdauer und zunehmendem Familiennachzug nahm die Zahl der Verheirateten unter den ausländischen Arbeiterinnen zu. Die Niederlassung der ‚Gastarbeiter‘, die mit der Umsiedlung aus den Wohnheimen in Privatwohnungen und dem Nachholen der Kinder aus dem Herkunftsland gekennzeichnet war, wurde zum faktischen Einwanderungsprozeß. Das Prinzip der Gastarbeit, welches der deutschen Wirtschaft durch den temporären Aufenthalt von Arbeitskräften mit niedrigen Reproduktionskosten einen möglichst großen Nutzen bringen sollte, erwies sich bald als nicht durchsetzbar und löste um 1970 zunehmend Kosten-Nutzen-Debatten über die Ausländerbeschäftigung und deren Infrastrukturbelastung aus (Herbert 1986, S. 216-219). Was die weiblichen ‚Gastarbeiter‘ betraf, mußten sich Arbeitsmarktplaner zwar schon früh von der Idee verabschieden, ausschließlich und kontingentweise junge Frauen ohne Familienbindungen rekrutieren zu können. Doch spätestens Ende der sechziger Jahre begann sich das Konzept ‚weibliche Gastarbeit‘ im Kern aufzulösen. Die angeworbenen Ausländerinnen heirateten, zogen in Familienhaushalte, bekamen Kinder und schränkten damit die an ihrer Arbeitskraft so hochgeschätzte Mobilität und zeitliche Flexibilität ein. Fragen und Probleme, die aus der Familiengründung resultierten, ein Bereich, den die westdeutsche Seite gern ganz in die Herkunftsländer der ‚Gastarbeiterinnen‘ verbannt hätte, zeigten sich mit aller sozialen Schärfe in der Einwanderungssituation. Im Kampf um die knappen Plätze in Kindergärten, die zu errichten man konsequent versäumt hatte, läßt sich anders als im Erwerbsbereich ein direktes Konkurrenzverhältnis zwischen deutschen und ausländischen erwerbstätigen Müttern aufzeigen. Die Erwerbsquote der Ausländerinnen blieb bis in die siebziger Jahre sehr hoch. Ausländische Frauen blieben meistens auch als Mütter kleiner Kinder ganztägig, häufig sogar im Schichtdienst, erwerbstätig. Teilzeitarbeit spielte für sie so gut wie keine Rolle.

Der Anwerbestopp, den die Bundesregierung für ‚GastarbeiterInnen' aus Nicht-EG-Ländern Ende 1973 verhängte, zielte darauf, die Ausländerbeschäftigung über zwei Wege abzubauen: durch Abschottung des nationalen Arbeitsmarkts nach außen und durch Durchsetzung des Inländerprimats nach innen. Die Strukturkrise in den traditionellen Industrien des Textil- und Bekleidungssektors sowie der Metallindustrie reduzierte insbesondere die Arbeitsplätze von Ausländerinnen. Sie wurden vorrangig entlassen. Zusammen mit einer diskriminierenden Vergabe der Arbeitserlaubnis – für erwerbstätige Mütter wurde die Arbeitserlaubnis nur verlängert, wenn sie, was selten genug vorkam, einen Kindergartenplatz nachweisen konnten – führte dies zur Abdrängung von Arbeitsmigrantinnen auf die unsicheren und ungeschützten Arbeitsplätze im informellen Arbeitsmarkt. Für verheiratete Ausländerinnen, deren Aufenthaltsgenehmigung vom Ehemann abhängig war, wurde die Situation besonders prekär (Karsten 1987).

Bis 1973 hatte das Geschlecht der MigrantInnen für den Arbeitsmarkt und seine Akteure eine ordnungsstiftende Funktion gehabt, ging es doch darum, Tätigkeiten, die schon immer von Frauen ausgeübt wurden, weiterhin mit Frauen, wenn auch mit ausländischen, zu besetzen. Dahinter standen handfeste lohnpolitische Gründe, aber auch kulturelle Norm- und Wunschvorstellungen darüber, wie Arbeiten zwischen den Geschlechtern aufgeteilt werden müssen. Nach dem Anwerbestopp, der zu Lasten der AusländerInnen die Vollbeschäftigung der Deutschen sichern sollte, wurde die Arbeitsmarktpolitik gegenüber ausländischen und deutschen Arbeitskräften nun vorrangig durch das Prinzip Ethnizität/Nationalität geordnet. Fraglich ist dabei, ob innerhalb der Arbeitsverwaltung überhaupt jemals ernsthaft daran gedacht wurde, alle mit Ausländerinnen besetzten Arbeitsplätze wieder mit deutschen arbeitslosen Frauen zu besetzen. Ende der fünfziger Jahre hatte man mit der Öffnung des nationalen Arbeitsmarktes implizit auf eine befürchtete Aufweichung der geschlechtsspezifischen Arbeitsmarktordnung geantwortet. Die Schließung des bundesdeutschen Arbeitsmarktes 1973 bedeutete eine explizite Demonstration arbeitsmarktpolitischer Handlungsfähigkeit gleichermaßen zugunsten weiblicher *und* männlicher Arbeitskräfte mit deutscher Staatsangehörigkeit.

Tabelle 1: Anwerbung von Frauen 1961 bis 1973

	1961	1962	1963	1964	1965	1966	1967	1968	1969	1970	1971	1972	1973
Italien	2.942	—	545	517	729	520	157	212	224	111	55	32	14
Spanien	6.280	—	9.013	8.078	8.050	7.508	1.436	4.646	6.816	6.924	5.689	4.632	4.226
Griechenland	5.879	11.852	13.681	11.155	14.310	14.035	1.471	10.740	21.328	19.931	12.092	5.629	1.776
Türkei	46	—	2.476	5.022	11.107	9.611	3.488	11.302	20.711	20.624	13.700	16.498	23.839
Portugal	—	—	—	5	232	1.831	334	1.188	2.313	3.298	3.627	3.489	5.550
Jugoslawien	—	—	—	—	—	—	—	—	14.754	19.908	17.252	12.432	16.461
Insges.*	15.147	22.579	25.715	24.777	34.428	33.505	6.886	28.088	66.146	70.810	52.484	42.992	52.070

Quelle: Eigene Zusammenstellung nach den Zahlenangaben in den Erfahrungsberichten der Bundesanstalt für Arbeitsvermittlung und Arbeitslosenversicherung 1961 bis 1972/73, Nürnberg 1962ff.

* Die genannten Gesamtzahlen enthalten die hier nicht aufgeführten Zahlen zu den angeworbenen Tunesierinnen (seit 1970) und Marokkanerinnen (seit 1971).

Tabelle 2: Frauenanteil an Vermittlungen 1961 bis 1973 (in Prozent)

	1961	1962	1963	1964	1965	1966	1967	1968	1969	1970	1971	1972	1973
Italien	—	—	—	—	—	3,9	3,9	2,0	2,2	1,5	1,3	1,5	0,4
Spanien	—	—	—	18,0	19,9	28,4	44,1	20,0	16,3	17,1	19,3	20,6	15,5
Griechenland	—	—	—	27,4	43,0	52,0	75,5	44,2	41,6	40,0	39,9	33,9	35,8
Türkei	—	—	—	—	24,4	29,6	48,2	27,3	21,1	21,6	21,5	26,4	23,5
Portugal	—	—	—	—	—	25,0	40,5	25,3	20,3	18,2	23,4	24,2	19,7
Jugoslawien	—	—	—	—	—	—	—	—	21,8	18,7	23,5	26,0	24,5
Insges.*	—	14,5	—	—	22,3	31,4	39,9	27,0	23,6	22,0	23,9	25,2	21,9

Quelle: Eigene Zusammenstellung nach den Zahlenangaben in den Erfahrungsberichten der Bundesanstalt für Arbeitsvermittlung und Arbeitslosenversicherung 1961 bis 1972/73, Nürnberg 1962ff.

* Die genannten Gesamtzahlen enthalten die hier nicht aufgeführten Zahlen zu den angeworbenen Tunesierinnen (seit 1970) und Marokkanerinnen (seit 1971).

Tabelle 3: Ausländische Arbeitnehmerinnen 1961 bis 1973

	1961	1962	1963	1964	1965	1966	1967	1968	1969	1970	1971	1972	1973
Italien	14.934	26.310	34.516	41.244	57.300	70.800	57.900	67.141	80.962	90.300	97.936	104.290	103.328
Spanien	9.287	24.303	34.334	42.914	52.700	55.300	42.400	40.548	45.066	50.546	53.936	55.711	55.122
Griechenland	8.724	24.000	37.950	51.561	69.000	77.900	58.300	61.036	81.077	103.100	113.846	116.944	116.973
Türkei	430	1.563	—	8.000	17.800	27.200	25.500	34.257	53.573	77.405	97.358	119.501	128.808
Portugal	—	—	—	900	—	3.800	—	5.597	8.461	12.119	16.211	19.898	21.503
Jugoslawien	—	—	—	—	—	—	25.500	42.247	85.497	—	139.929	147.824	149.893
Insges.*	74.263	131.620	175.456	223.887	283.500	338.518	286.717	321.100	439.400	558.000	633.879	690.656	706.591

Quelle: Eigene Zusammenstellung nach den Zahlenangaben in den Erfahrungsberichten der Bundesanstalt für Arbeitsvermittlung und Arbeitslosenversicherung 1961 bis 1972/73, Nürnberg 1962ff.

* Die genannten Gesamtzahlen enthalten die hier nicht aufgeführten Zahlen zu den angeworbenen Tunesierinnen (seit 1970) und Marokkanerinnen (seit 1971).

Tabelle 4: Frauenanteil an ausländischen Arbeitnehmern 1961 bis 1973 (in Prozent)

	1961	1962	1963	1964	1965	1966	1967	1968	1969	1970	1971	1972	1973
Italien	—	9,5	12,0	13,9	15,4	18,1	21,7	22,1	23,2	23,7	24,3	24,9	25,2
Spanien	—	25,8	28,7	28,4	28,9	31,1	35,9	35,2	31,5	29,4	29,6	30,3	30,8
Griechenland	—	29,7	32,5	33,3	36,9	40,0	41,5	42,2	42,4	42,6	42,0	43,0	43,6
Türkei	—	—	—	—	13,4	16,9	19,4	22,4	21,9	21,9	22,0	22,4	24,4
Portugal	—	—	—	—	—	18,2	25,0	28,4	28,6	27,1	27,8	29,7	31,2
Jugoslawien	—	—	—	—	—	—	33,4	35,5	32,3	29,7	31,2	31,9	32,2
Insges. *	15,5	18,5	21,2	22,0	23,3	25,8	28,9	29,5	29,3	28,6	29,2	29,5	30,1

Quelle: Eigene Zusammenstellung nach den Zahlenangaben in den Erfahrungsberichten der Bundesanstalt für Arbeitsvermittlung und Arbeitslosenversicherung 1961 bis 1972/73, Nürnberg 1962ff.

* Die genannten Gesamtzahlen enthalten die hier nicht aufgeführten Zahlen zu den angeworbenen Tunesierinnen (seit 1970) und Marokkanerinnen (seit 1971).

Quellen

Bundesarchiv Koblenz, Bestand: Bundesanstalt für Arbeit B119

Quelle 1a: 3017, Bericht des Landesarbeitsamts Nordbayern an BAVAV vom 12. Dezember 1966.

Quelle 1b: 4147, Brief der Bundesanstalt an die deutschen Kommissionen in Italien, Spanien, Griechenland vom 2. November 1960.

Quelle 1c: 4147, Dienstblatt der BAVAV, Nr. 3 vom 17. Januar 1966.

Staatsarchiv München, Bestand: Landesarbeitsamt Südbayern, Abgabe 1982

Quelle 2a: 5079, Rundbrief der BAVAV an die Landesarbeitsämter vom 26. August 1957 bzgl. Arbeitsvermittlung weiblicher Hauptbetragsempfänger.

Quelle 2b: 5079, Bericht Landesarbeitsamt Südbayern an BAVAV über Frauenvermittlung vom 30. November 1959.

Quelle 2c: 5147, Abdruck des Schreibens der Bundesanstalt für Arbeitsvermittlung und Arbeitslosenversicherung an das Bundesministerium für Arbeit vom 2. April 1959 bzgl. der Anwerbung weiblicher Arbeitskräfte in Österreich).

Quelle 2d: Abgabe 1982, 5148, Rundschreiben der BAVAV an alle Dienststellen vom 13. April 1960.

Quelle 2e: Abgabe 1982, 5150, Runderlaß der BAVAV an Landesarbeitsämter vom 10. Februar 1965.

Bayrisches Hauptstaatsarchiv, Bestand: Ministerium des Innern

Quelle 3: 88391, Schnellbrieferlaß der BAVAV an die Landesarbeitsämter vom 5. Juli 1962.

Literatur

Ackermann, Volker (1994), „Integration – Begriff, Leitbilder, Probleme", in: Mathias Beer (Hg.), *Zur Integration der Flüchtlinge und Vertriebenen im deutschen Südwesten nach 1945*, Sigmaringen, S. 11-26.

Ackermann, Volker (1995a), *Der ‚echte' Flüchtling. Deutsche Vertriebene und Flüchtlinge aus der DDR 1945-1961*, Osnabrück.

Ackermann, Volker (1995b), „Homo Barackensis – Westdeutsche Flüchtlingslager in den 1950er Jahren", in: ders./Berd-A. Rusinek/Falk Wiesemann (Hg.), *Anknüpfungen*, Gedenkschrift für Peter Hüttenberger, Essen, S. 302-319.

Ackermann, Volker (1996), „Die nicht ausgebliebene Radikalisierung. Jugendliche DDR-Flüchtlinge nach dem Bau der Berliner Mauer und in der Studentenrevolte 1968", in: Thomas Grosser/Sylvia Schraut (Hg.), *Die Flüchtlingsfrage in der deutschen Nachkriegsgesellschaft*, Mannheim, S. 329-348.

Ackermann, Volker (1999), „Mißbrauch des Asylrechts? Die Diskussion um die Aufnahme von Flüchtlingen und Zuwanderern aus der Sowjetischen Besatzungszone Deutschlands in Nordrhein-Westfalen 1947-1949", in: *Sammelband Leidinger* (im Erscheinen).

Adler, Hans G. (1955), *Theresienstadt 1941-1945. Das Antlitz einer Zwangsgemeinschaft. Geschichte, Soziologie, Psychologie*, Tübingen.

Ahl, Gerhard, „Möglichkeiten und Grenzen der Anwerbung weiblicher Arbeitskräfte in Griechenland", *Arbeit, Beruf und Arbeitslosenhilfe – Das Arbeitsamt*, Nr.7/1962, S. 152-154.

Albertin, Lothar (1987), „Flüchtlinge – Eine kirchenhistorische Chance für den Protestantismus nach dem Zweiten Weltkrieg. Beobachtungen aus der Region Ostwestfalen-Lippe", in: Rainer Schulze/Doris von der Brelie-Lewien/Helga Grebing (Hg.), *Flüchtlinge und Vertriebene in der westdeutschen Nachkriegsgeschichte. Bilanzierung der Forschung und Perspektiven für die zukünftige Forschungsarbeit*, Hildesheim, S. 288-301.

Albrecht, Jörg (1988), „Wir erwarten nicht viel. Bloß Freiheit." Jeder achte Einwohner der Kleinstadt Espelkamp ist Aussiedler und kommt aus der Sowjetunion, *Die Zeit*, 2. August 1988.

Aly, Götz (1995), *„Endlösung". Völkerverschiebung und der Mord an den europäischen Juden*, Frankfurt am Main.

Amtliche Nachrichten der Bundesanstalt für Arbeitsvermittlung und Arbeitslosenversicherung (ANBA), Nürnberg, 4.-18. Jg.

Apitzsch, Ursula (1990), *Migration und Biographie. Zur Konstitution des Interkulturellen in den Bildungsgängen junger Erwachsener der zweiten Migrantengeneration*, Bremen, unveröffentlicht.

Arbeitgeberverband Eisen- und Stahl e.V. (1983/84), *Jahresberichte*, Düsseldorf.

Arbeitgeberverband Eisen- und Stahl e.V. (1984/85), *Jahresberichte*, Düsseldorf.

Arndt, Helmut (1954), *Die volkswirtschaftliche Eingliederung eines Bevölkerungsstroms. Wirtschaftstheoretische Einführung in das Vertriebenen- und Flüchtlingsproblem*, Berlin.

Arndt, Klaus D. (1960), *Wohnverhältnisse und Wohnungsbedarf in der sowjetischen Besatzungszone*, Deutsches Institut für Wirtschaftsforschung, Sonderhefte Neue Folge Nr. 50, Reihe A: Forschung, Berlin.

Augel, Johannes (1971), *Italienische Einwanderung und Wirtschaftätigkeit in rheinischen Städten des 17. und 18. Jahrhunderts*, Diss. Universität Bonn.

Ausländergesetz '65. Alternativentwurf '70. Kritik und Reform, hrsg. von Forschungsinstitut der Friedrich-Ebert-Stiftung (= studentische politik H. 1, 1970).

Ausländische Arbeitnehmer 1961-1972/73. Jährliche Erfahrungsberichte der Bundesanstalt für Arbeitsvermittlung und Arbeitslosenversicherung (seit 1969: Bundesanstalt für Arbeit), Nürnberg 1962-1974.

Bade, Klaus J. (1987), „Sozialhistorische Migrationsforschung und Flüchtlingsintegration", in: Rainer Schulze/Doris von der Brelie-Lewien/Helga Grebing (Hg.), *Flüchtlinge und Vertriebene in der westdeutschen Nachkriegsgeschichte. Bilanzierung der Forschung und Perspektiven für die zukünftige Forschungsarbeit*, Hildesheim, S. 126-162.

Bade, Klaus J. (1990a), „Aussiedler – Rückwanderer über Generationen hinweg", in: ders. (Hg.), *Neue Heimat im Westen. Vertriebene, Flüchtlinge, Aussiedler*, Münster, S. 128-149.

Bade, Klaus J. (1990b), „Einführung. Wege in die Bundesrepublik", in: ders. (Hg.), *Neue Heimat im Westen. Vertriebene, Flüchtlinge, Aussiedler*, Münster, S. 5-13.

Bade, Klaus J. (1992a), *Deutsche im Ausland, Fremde in Deutschland in Geschichte und Gegenwart*, München.

Bade, Klaus J. (1992b), „,Politisch Verfolgte genießen (...)'. Asyl bei den Deutschen – Idee und Wirklichkeit", in: ders. (Hg.), *Deutsche im Ausland – Fremde in Deutschland. Migration in Geschichte und Gegenwart*, München, S. 411-422.

Bade, Klaus J. (Hg.) (1994a), *Das Manifest der 60. Deutschland und die Einwanderung*, München.

Bade, Klaus J. (1994b), *Ausländer – Aussiedler – Asyl. Eine Bestandsaufnahme*, München.

Bade, Klaus J. (1994c), „Die neue Einwanderungssituation in Deutschland", in: *Das neue Europa. Aussiedler und Flüchtlinge als Teil der Migrationsbewegungen*, hrsg. von der Geschäftsstelle der Arbeitsgemeinschaft Kath. Flüchtlings- und Aussiedlerhilfe (KLD), Ettenheim, S. 89-96.

Bade, Klaus J. (1994d), *Homo Migrans. Wanderungen aus und nach Deutschland*, Essen.

Baily, Samuel L. (1982), „Chain Migration of Italians to Argentina, Case Studies of the Agnonesi and Sirolesi", *Etudes Migrations*, Jg. 19, H. 65, S. 73-91.

Banerjee, Biswajit (1983), „Social Networks in the Migration Process, Empirical Evidence on Chain Migration in India", *The Journal of Developing Areas*, Jg. 17, S. 185-196.

Bausinger, Hermann/Braun, Markus/Schwedt, Herbert (1959), *Neue Siedlungen*, Volkskundlich-soziologische Untersuchungen des Ludwig Uhland-Instituts Tübingen, Stuttgart.

Bayerischer Landtag (1959), *Verhandlungen*, Stenographische Berichte.

Beauftragte der Bundesregierung für Ausländerfragen (1997), *Jahresbericht*, Bonn.

Beauftragte der Bundesregierung für Ausländerfragen (Hg.) (1997a), *Migration und Integration in Zahlen. Ein Handbuch*, Bonn.

Bechtle-Künemund, Karin (1989), *Rückkehr nach Monopoli. Spielregeln eines lokalen süditalienischen Arbeitsmarktes*, Frankfurt am Main/New York.

Beer, Mathias (1995a), „Menschen in Lagern – Die Schlotwiese 1945 bis 1967", in: Margarethe Baxmann/Martin Frey (Hg.), *Menschen in Rot. Die Geschichte eines Stuttgarter Stadtteils in Lebensbildern*, Tübingen.

Beer, Mathias/Lutum-Lenger, Paula (Hg.) (1995b), *Fremde Heimat. Das Lager Schlotwiese nach 1945*, Stuttgart/Tübingen.

Beer, Mathias (1996), „Selbstbild und Fremdbild als Faktoren bei der Eingliederung der Flüchtlinge und Vertriebenen nach 1945", in: Sylvia Schraut/Thomas Grosser (Hg.), *Die Flüchtlingsfrage in der deutschen Nachkriegsgesellschaft*, Mannheim, S. 31-53.

Beer, Mathias (1997), „Flüchtlinge – Ausgewiesene – Heimatvertriebene. Flüchtlingspolitik und Flüchtlingsintegration in Deutschland nach 1945 begriffsgeschichtlich betrachtet", in: ders./Martin Kintzinger/Marita Krauss (Hg.), *Migration und Integration. Aufnahme und Eingliederung im historischen Wandel*, Stuttgart, S. 145-167.

Behrmann, Meike/Carmine, Abate (1984), *Die Germanesi. Geschichte und Leben einer süditalienischen Dorfgemeinschaft und ihrer Emigranten*, Frankfurt am Main.

Benz, Wolfgang (Hg.) (1985), *Die Vertreibung der Deutschen aus dem Osten. Ursachen, Ereignisse, Folgen*, Frankfurt am Main.

Benz, Wolfgang (1995), „Fünfzig Jahre nach der Vertreibung", in: ders. (Hg.), *Die Vertreibung der Deutschen aus dem Osten. Ursachen, Ereignisse, Folgen*, aktualisierte Neuausgabe, Frankfurt am Main, S. 8-15.

Benz, Wolfgang (Hg.) (1995a), *Die Vertreibung der Deutschen aus dem Osten. Ursachen, Ereignisse, Folgen*, aktualisierte Neuausgabe, Frankfurt am Main.

Bericht der Bundesregierung über die Beschäftigung ausländischer Arbeitnehmer in der Bundesrepublik (1962/63), Bundestags-Drucksache IV/859 vom 21. Dezember 1962, in: *Verhandlungen des Deutschen Bundestages*, 4. WP 1961, Anlagen-Bd. 82, Bonn.

Berliner Geschichtswerkstatt (Hg.) (1993), ‚... da sind wir keine Ausländer mehr‘ Eingewanderte ArbeiterInnen in Berlin 1961-1993, Berlin.

Bermani, Cesare/Bologna, Sergio/Mantelli, Brunello (1997), *Proletarier der „Achse". Sozialgeschichte der italienischen Fremdarbeit in NS-Deutschland 1937 bis 1943*, Berlin.

Bierwirth, Waltraud/König, Otto (Hg.) (1988), *Schmelzpunkte. Stahl. Krise und Widerstand im Revier*, Essen.

Bild-Zeitung, 7. November 1962: „Rädelsführer fahren nach Italien zurück".

Blaschke, Jochen (1984), „Thesen zur Herausbildung einer Migrantenkolonie und die politische Organisation von Arbeitseinwanderern", *Arbeitsheft des Berliner Instituts für Vergleichende Sozialforschung*, Berlin.

Blaschke, Jochen/Ersöz, Ahmet/Schwarz, Thomas (1987), „Die Formation ethnischer Kolonien. Wirtschaftliche Kleinbetriebe, politische Organisation und Sportvereine", in: Jürgen Friedrichs (Hg.), 23. *Deutscher Soziologentag 1986. Sektions- und Ad-hoc-Gruppen*, Opladen, S. 579-583.

Blaschke, Jochen/Germershausen, Andreas (1989), „Migration und ethnische Beziehungen", *Nord-Süd aktuell, Vierteljahreszeitschrift für Nord-Süd und Süd-Süd-Entwicklung*, III/4, S. 506ff.

Böcker, Anita (1994), „Chain Migration over Legally Closed Borders. Settled Immigrants as Bridgeheads and Gatekeepers", *The Netherland's Journal of Social Science*, Jg. 30, H. 2, S. 87-106.

Böckling, Maria (1962), „Ausländische Arbeitnehmerinnen in der Bundesrepublik Deutschland", *Bundesarbeitsblatt*, Nr. 15, S. 530-533.

Böke, Karin (1996), „Flüchtlinge und Vertriebene zwischen dem Recht auf die alte Heimat und der Eingliederung in die neue Heimat. Leitvokabeln der Flüchtlingspolitik", in: Karin Böke/Frank Liedtke/Martin Wengeler, *Politische Leitvokabeln in der Adenauer-Ära*, Berlin/New York, S. 131-210.

Bommes, Michael (1996), „Die Beobachtung von Kultur. Die Festschreibung von Ethnizität in der bundesdeutschen Migrationsforschung mit qualitativen Methoden", in: Carsten Klingemann u.a. (Hg.), *Jahrbuch für Soziologiegeschichte 1994*, Opladen, S. 205-226.

Bommes, Michael (1997), „Von ‚Gastarbeitern' zu Einwanderern. Arbeitsmigration in Niedersachsen", in: Klaus J. Bade (Hg.), *Fremde im Land. Zuwanderung und Eingliederung im Raum Niedersachsen seit dem Zweiten Weltkrieg*, Osnabrück, S. 249-322.

Borris, Maria (1973), *Ausländische Arbeiter in einer Großstadt. Eine empirische Untersuchung am Beispiel Frankfurt*, Frankfurt am Main.

Boyd, Monica (1989), „Family and Personal Networks in International Migration, Recent Developments and New Agendas", *International Migration Review*, Jg. 23, H. 3, S. 638-670.

Bredow, Wilfried von/Foltin, Hans Friedrich (1981), *Zwiespältige Zufluchten. Renaissance des Heimatgefühls*. Berlin/Bonn.

Breitenbach, Barbara von (1982), *Italiener und Spanier als Arbeitnehmer in der Bundesrepublik Deutschland. Eine vergleichende Studie*, München/Mainz.

Brelie-Lewien, Doris von der (1990), „*Dann kamen die Flüchtlinge." Der Wandel des Landkreises Fallingbostel vom Rüstungszentrum im „Dritten Reich" zur Flüchtlingshochburg nach dem 2. Weltkrieg*, Hildesheim.

Brelie-Lewien, Doris von der/Schulze, Rainer (1987), „Flucht und Vertreibung – Aufnahme und Seßhaftwerdung. Neue Fragen und Ansätze für einen alten Themenbereich der deutschen Nachkriegsgeschichte", *Jahrbuch für ostdeutsche Volkskunde*, Jg. 30, S. 94-119.

Brosius, Dieter/Hohenstein, Angelika (1985), *Flüchtlinge im nordöstlichen Niedersachsen 1945-1948* (Quellen und Untersuchungen zur Geschichte Niedersachsens nach 1945, Bd. 1), Hildesheim.

Broszinsky-Schwabe, Edith (1990), „Die DDR-Bürger im Umgang mit ‚Fremden‘. Versuch einer Bilanz der Voraussetzungen für ein Leben in einer multikulturellen Welt", in: Sanem Kleff/Edith Broszinsky-Schwabe/Marie-Th. Albert/Helga Marburger/Marie E. Karsten, *BRD-DDR*, Frankfurt, S. 18-46.

Bude, Heinz (1985), „Die individuelle Allgemeinheit des Falls", in: Hans-Werner Franz (Hg.), *22. Deutscher Soziologentag. Sektions- und Ad-hoc-Gruppen*, Opladen, S. 84-86.

Bund der Vertriebenen, Vereinigte Landsmannschaften, Kreisverband Lübbecke (Hg.) (1995), *„Wir waren Heimatlose". Denkschrift zur Einweihung des Gedenksteins am Mahnmal in der Vertriebenenstadt Espelkamp am 6. Mai 1995*, Espelkamp.

Bundesanstalt für Arbeitsvermittlung und Arbeitslosenversicherung (Hg.) (1969), *Repräsentativuntersuchung 1968 über die Beschäftigung ausländischer Arbeitnehmer und ihrer Familien- und Wohnverhältnisse*, Nürnberg.

Bundesanstalt für Arbeit (Hg.) (1970), *Ergebnisse der Repräsentativuntersuchung vom Herbst 1968*, Beilage zur ANBA Nr. 8/1970, Nürnberg.

Bundesanstalt für Arbeit (Hg.) (1973), *Repräsentativuntersuchung '72 über die Beschäftigung ausländischer Arbeitnehmer im Bundesgebiet und ihre Familien- und Wohnverhältnisse*, Beilage zur ANBA Nr. 11/73, Nürnberg.

Bundesanstalt für Arbeit (Hg.) (1974), *ANBA Sondernummer. Arbeitsstatistik 1973 – Jahreszahlen*, Nürnberg.

Bundesgesetzblatt (BGBl), versch. Jg.

Bundesgesetzblatt, I/1983, S. 1377, 28. November 1983.

Bundesministerium für innerdeutsche Beziehungen (Hg.) (1985), *DDR-Handbuch, Bd. 1: A-L*, Köln.

Bundesministerium für Vertriebene, Flüchtlinge und Kriegsgeschädigte (Hg.) (1965), *Zwanzig Jahre Lager Friedland*, Bonn.

Bundesministerium für Vertriebene, Flüchtlinge und Kriegsgeschädigte (Hg.) (1984), *Dokumentation der Vertreibung der Deutschen aus Ost-Mitteleuropa*, bearb. von Theodor Schieder u.a., 5 Bde., 3 Beihefte, unveränd. Nachdruck der Ausgabe 1953-1962, München.

Bundesrat (1962/1965), *Stenographische Berichte*.

Bundestag (1956/1965), *Verhandlungen des Deutschen Bundestages*.

Bundesvereinigung der Deutschen Arbeitgeberverbände (Hg.) (1961), *Beschäftigung ausländischer Arbeitskräfte. Was der Arbeitgeber über Anwerbung, Vermittlung und Beschäftigung ausländischer Arbeitskräfte beachten sollte*, Köln.

Bundesverwaltungsgericht (1957), Urteil des I. Senats vom 15. Dezember 1955, in: *Entscheidungen des Bundesverwaltungsgerichts*, Bd. 3, S. 58ff.

Caritas-Nachrichten für das Erzbistum Paderborn (Hg.) (1963), „Die caritative Sorge um die ausländischen Arbeitnehmerinnen", Nr. 11, S. 293.

Carstens, Uwe (1988), „Das Flüchtlingslager St. Peter-Böhl in Schleswig-Holstein", *Jahrbuch für ostdeutsche Volkskunde*, Jg. 31, S. 93-183.

Carstens, Uwe (1992), *Die Flüchtlingslager der Stadt Kiel. Sammelunterkünfte als desintegrierender Faktor der Flüchtlingspolitik*, Marburg.

Carstens, Uwe (1994), *Leben in Flüchtlingslagern. Ein Kapitel deutscher Nachkriegsgeschichte*, Husum.

Cavalli-Wordel, Alessandra (1989), *Schicksale italienischer Migrantenkinder. Eine Fallstudie zur Schul- und Familiensituation*, Weinheim.

Choldin, Harvey M. (1973), „Kinship Networks in the Migration Process", *International Migration Review*, Jg. 7, S. 163-175.

Cistova, Bella E./Cistov, Kirill V. (Hg.) (1998), *„Fliege, mein Täubchen, von Westen nach Osten (...)" Auszüge aus Briefen russischer, ukrainischer und weißrussischer Zwangsarbeiterinnen und Zwangsarbeiter 1942-1944*, Berlin/Frankfurt am Main u.a.

Dabel, Gerhard (1981), *KLV. Die erweiterte Kinder-Land-Verschickung. KLV-Lager 1940-1945. Dokumentation über den „Größten soziologischen Versuch aller Zeiten"*, Freiburg im Breisgau.

Das Ausländergesetz vom 28. April 1965, *Bundesgesetzblatt I*, 1965, S. 353-362.

De Jong, Gordon F./Gardner Robert. (1981), *Migration Decision Making. Multidisciplinary Approaches to Microlevel Studies in Developed and Developing Countries*, New York.

Del Fabbro, René (1996), *Transalpini. Italienische Arbeitswanderung nach Süddeutschland im Kaiserreich 1870-1918*, Osnabrück.

Der Arbeitgeber, Nr. 11/12/1965, S. 333.

Diaz-Briquets, Sergio (1983), „Demographic and Related Determinants of Recent Cuban Emigration", *International Migration Review*, Jg. 17.

Dieckie-Clark, Henry F. (1963), „The Marginal Situation. A Contribution to Marginal Theory", *Social Forces*, Nr. 12, S. 363-370.

Dietrich, Susanne/Schulze-Wessel, Julia (1998), *Zwischen Selbstorganisation und Stigmatisierung. Die Lebenswirklichkeit jüdischer Displaced Persons und die neue Gestalt des Antisemitismus in der deutschen Nachkriegsgesellschaft*, Stuttgart.

Dietz, Barbara (1997), *Jugendliche Aussiedler. Ausreise, Aufnahme, Integration*, Berlin.

Dietz, Barbara (1999), „Jugendliche Aussiedler in Deutschland. Risiken und Chancen der Integration", in: Klaus J. Bade/Jochen Oltmer (Hg.), *Aussiedler. Deutsche Einwanderer aus Osteuropa* (Schriften des Instituts für Migrationsforschung und Interkulturelle Studien der Universität Osnabrück, Bd. 8), Osnabrück, S. 153-176.

Dietz, Barbara/Hilkes, Peter (1994), *Integriert oder isoliert? Zur Situation rußlanddeutscher Aussiedler in der Bundesrepublik*, München.

Dohse, Knut (1976), „Ausländerentlassungen beim Volkswagenwerk", *Leviathan*, Jg. 4, H. 4, S. 485-493.

Dohse, Knut (1981a), *Ausländerpolitik und betriebliche Ausländerdiskriminierung*, Berlin.

Dohse, Knuth (1981b), *Ausländische Arbeiter und bürgerlicher Staat. Genese und Funktion von staatlicher Ausländerpolitik und Ausländerrecht. Vom Kaiserreich bis zur Bundesrepublik Deutschland*, Königstein/Ts.

Doi Thoai (1991), *Deutsch-vietnamesische Zeitschrift für Kultur und Sozialwissenschaften*. Nr. 1.

Dombois, Rainer (1976), „Massenentlassungen bei VW. Individualisierung der Krise", *Leviathan*, Jg. 4, H. 4, S. 432-464.

Dresler, Achim (1988), *Ausländische Arbeitsmigranten in Rüsselsheim nach 1945. Geschichte, Wohnsituation und die Rolle der Beschäftigungspolitik von Opel*, Diplom-Arbeit am FB Geographie der Johann Wolfgang Goethe Universität Frankfurt am Main (Ms.), Frankfurt.

Dresler, Achim (1991), „Früher aus Hammelbach, heute aus Tunceli. EinwanderInnen in Rüsselsheim nach 1945", in: Volkshochschule der Stadt Rüsselsheim/Örtliche Arbeitsgemeinschaft Arbeit und Leben (Hg.), *Gastarbeiter – Fremdarbeiter – Kriegsgefangene. Zur Ausländerbeschäftigung bei Opel Rüsselsheim*, Rüsselsheim, S. 41-69.

Drobisch, Klaus/Wieland, Günther (1993), *System der NS-Konzentrationslager: 1933-1939*, Berlin.

Duc Trong, Phan (1998), *Vietnamesische Vertragsarbeitnehmer in der BRD. Probleme der Integration in Deutschland. Wege und Programme der Reintegration in der SRV*, (Diss., Ms., HU Berlin), Berlin.

Düspohl, Martin (1995), „Arbeitsmigration nach Berlin im 19. Jahrhundert. Jeder zweite Berliner stammt aus Schlesien", in: *„ Wach' auf, mein Herz, und denke ". Zur Geschichte der Beziehungen zwischen Schlesien und Berlin-Brandenburg von 1740 bis heute./ "Przebudźsię, serce moje, i pomyśl ". Przyczynek do historii stosunków między Śląskiem a Berlinem-Brandenburgią od 1740 roku do dziś*, hrsg. von der Gesellschaft für interregionalen Kulturaustausch Berlin u. Verein Schlesisches Institut Opole, Berlin/Opole, S. 190-208.

Edding, Friedrich (1955), *Die wirtschaftliche Eingliederung der Vertriebenen in Schleswig-Holstein*, Berlin.

Edelmann, Heidrun (1998), „,Wirtschaftswunder' made in Niedersachsen – Heinrich Nordhoff und das Volkswagenwerk", in: Bernd Weisbrod (Hg.), *Von der Währungsreform zum Wirtschaftswunder. Wiederaufbau in Niedersachsen*, Hannover, S. 231-244.

Eller, Horst (1988), „Espelkamp – auch heute noch eine Heimat für Spätaussiedler?", in: Stadt Espelkamp u.a. (Hg.), *Espelkamp – eine Idee wird zur Stadt. 40 Jahre Geschichte einer Stadt (1948-1988)*, Espelkamp, S. 79-87.

Elsner, Eva-Maria (1990), „Rechtsstellung der ausländischen Arbeitskräfte in der DDR", *Zeitschrift für Ausländerrecht* (ZAR), Jg. 1990, Bd. 4.

Elsner, Eva-Maria/Elsner, Lothar (1994), *Zwischen Nationalismus und Internationalismus. Über Ausländer und Ausländerpolitik in der DDR 1949-1990. Darstellung und Dokumente*, Rostock.

EMNID-Institut (Hg.), *Gastarbeiter in Deutschland*, Band 1, Frühjahr 1966, S. 49-83 (unveröff. Standard-Erhebung).

Entwurf eines Gesetzes über den Aufenthalt der Ausländer (Ausländergesetz), Deutscher Bundestag, Drucksache IV/868 vom 28. Dezember 1962.

Erker, Paul (1988), *Vom Heimatvertriebenen zum Neubürger. Sozialgeschichte der Flüchtlinge in einer agrarischen Region Mittelfrankens 1945-1955*, Stuttgart.

Eryilmaz, Aytaç (1998a), „Wie geht man als Arbeiter nach Deutschland?", in: Aytaç Eryilmaz/Mathilde Jamin (Hg.), *Fremde Heimat. Eine Geschichte der Einwanderung aus der Türkei*, Essen, S. 93-119.

Eryilmaz, Aytaç (1998b), „Die Ehre der Türkei. Frauen als Arbeitsmigrantinnen", in: Aytaç Eryilmaz/Mathilde Jamin (Hg.), *Fremde Heimat. Eine Geschichte der Einwanderung aus der Türkei*, Essen, S. 133-137.

Eryilmaz, Aytaç (1998c), „Das Leben im Wohnheim", in: Aytaç Eryilmaz/Mathilde Jamin (Hg.), *Fremde Heimat. Eine Geschichte der Einwanderung aus der Türkei*, zweisprachig Deutsch-Türkisch, Essen, S.171-177.

Eryilmaz, Aytaç/Jamin Mathilde (Hg.) (1998), *Fremde Heimat. Eine Geschichte der Einwanderung aus der Türkei*, Essen.

Espelkamper Nachrichten, Jg. 3, Nr. 8, August 1954.

Espinosa, Kristin/Massey, Douglas (1997), „Undocumented Migration and the Quantity and Quality of Social Capital", in: Ludger Pries (Hg.), *Transnationale Migration*, Soziale Welt, Sonderband 12, S. 141-162.

Esser, Hartmut (1980), *Aspekte der Wanderungssoziologie*, Neuwied.

Esser, Hartmut (1989), „Gastarbeiter", in: Wolfgang Benz (Hg.), *Die Geschichte der Bundesrepublik Deutschland*, Bd. 2: Wirtschaft, aktualisierte und erw. Neuausgabe, Frankfurt, S. 326-361.

Esser, Hartmut/Korte, Hermann (1985), „Federal Republic of Germany", in: Tomas Hammar (Hg.), *European Immigration Policy*, Cambridge, S. 165-205.

Faist, Thomas (1995a), „Sociological Theories of International South to North Migration. The Missing Meso-Link", *ZeS-Arbeitspapier*, Nr. 17.

Faist, Thomas (1995b), „A Preliminary Analysis of Political-Institutional Aspects of International Migration, Internationalization, Transnationalization, and Internal Globalization", *ZeS-Arbeitspapier*, Jg. 10, H. 19.

Faist, Thomas (1997a), „Migration und der Transfer sozialen Kapitals oder: warum gibt es relativ wenige internationale Migranten?", in: Ludger Pries (Hg.), *Transnationale Migration*, Soziale Welt, Sonderband 12, S. 63-84.

Faist, Thomas (1997b), „From Common Questions to Common Concepts", in: Tomas Hammar/Grete Brochmann/Kristof Tamas/Thomas Faist (Hg.), *International Migration, Immobility and Development*, Oxford, S. 247-276.

Faist, Thomas (1997c), „The Crucial Meso-Level", in: Tomas Hammar/Grete Brochmann/Kristof Tamas/Thomas Faist (Hg.), *International Migration, Immobility and Development*, Oxford, S. 187-217.

Faist, Thomas (1998), „International Migration and Transnational Social Spaces. Their Evolution, Significance and Future Prospects", *IIS-Arbeitspapier*, Nr. 9/98, Bremen.

Fassmann, Heinz/Münz, Rainer (Hg.) (1996), *Migration in Europa. Historische Entwicklung, aktuelle Trends und politische Reaktionen*, Frankfurt.

Fawcett, James T. (1989), „Networks, Linkages, and Migration Systems", *International Migration Review*, Jg. 23, H. 3, S. 671-680.

Feithen, Rosemarie (1985), *Arbeitskräftewanderung in der Europäischen Gemeinschaft. Bestimmungsgründe und regionalpolitische Implikationen*, Frankfurt am Main/New York.

Feldkamp, Michael F. (1998), *Der Parlamentarische Rat 1948-1949. Die Entstehung des Grundgesetzes*, Göttingen.

Fischer-Rosenthal, Wolfram/Rosenthal, Gabriele (1997), „Narrationsanalyse biographischer Selbstpräsentationen", in: Ronald Hitzler/Anne Honer (Hg.), *Sozialwissenschaftliche Hermeneutik*, Opladen.

Forschungsinstitut der Friedrich-Ebert-Stiftung (1981), *Situation ausländischer Arbeitnehmer und ihrer Familienangehörigen in der BRD. Repräsentativuntersuchung '80*, hrsg. vom Bundesministerium für Arbeit und Sozialordnung, Bonn.

Frankfurter Allgemeine Zeitung, 9. November 1962: „Die großen Kinder aus dem Süden sind vereinsamt".

Franz, Fritz (1963), „Zur Reform des Ausländer-Polizeirechts", *Deutsches Verwaltungsblatt*, Jg. 78, S. 797-803.

Franz, Fritz (1984), „Ausländerrecht – Kritische Bilanz und Versuch einer Neuorientierung", in: Hartmut M. Griese (Hg.), *Der gläserne Fremde. Bilanz und Kritik der Gastarbeiterforschung und Ausländerpolitik*, Opladen, S. 73-88.

Frau und Beruf (1963): „Spanierinnen auf Helgoland", Nr. 5/6, S. 26-27.

Frey, Martin (1986), „Direkte und indirekte Rückkehrförderung seitens der Aufnahmeländer", in: Heiko Körner/Ursula Mehrländer (Hg.) (1986), *Die „ neue" Ausländerpolitik in Europa. Erfahrungen in den Aufnahme- und Entsendeländern*, Bonn, S. 15-63.

Fuchs, Konrad (1994), „Vom deutschen Krieg zur deutschen Katastrophe", in: Norbert Conrads (Hg.), *Schlesien* (Deutsche Geschichte im Osten Europas), Berlin, S. 554-687.

Fulbrook, Mary (1995), *Anatomy of Dictatorship*, Oxford.

Geertz, Clifford (1983), Dichte Beschreibung. Beiträge zum Verstehen kultureller Systeme, Frankfurt am Main.

Gärtner, Adrian u.a. (1990), Abschlußbericht der Forschungsgruppe „Zusammen leben in Espelkamp", (Ms.) Fachhochschule Bielefeld.

Gillmeister, Helmut/Fijalkowski, Jürgen/Kurthen, Hermann (1989), *Ausländerbeschäftigung in der Krise? Die Beschäftigungschancen und -risiken ausländischer Arbeitnehmer am Beispiel der Westberliner Industrie. Beiträge zur Sozialökonomik der Arbeit*, hrsg. von Michael Bolle und Burkhart Strümpel, Bd. 21. Berlin.

Glick Schiller, Nina,/Basch, Linda/Blanc Szanton, Cristina (1992), *Towards a Transnational Perspective on Migration, Race, Class, Ethnicity and Nationalism Reconsidered*, New York.

Goffman, Erving (1973), *Asyle. Über die soziale Situation psychiatrischer Patienten und anderer Insassen*, Frankfurt am Main.

Goldring, Luin (1997), „Power and Status in Transnational Social Spaces", in: Ludger Pries (Hg.), *Transnationale Migration*, Soziale Welt, Sonderband 12, S. 179-196.

Görtz, Hans-Jürgen (Hg.) (1971), *Die Mennoniten* (Die Kirchen der Welt, Bd. 8), Stuttgart.

318

Gravenhorst, Lerke (1990), „Nehmen wir Nationalsozialismus und Auschwitz ausreichend als unser negatives Eigentum in Anspruch? Zu Problemen im feministisch-sozialwissenschaftlichen Diskurs der Bundesrepublik Deutschland", in: dies./Carmen Tatschmurat (Hg.), *Töchter-Fragen. NS-Frauen-Geschichte*, Freiburg/Br., S. 17-37.

Grele, Ronald J. (1980), „Ziellose Bewegung. Methodologische und theoretische Probleme der Oral History", in: Lutz Niethammer (Hg.), *Lebenserfahrung und kollektives Gedächtnis. Die Praxis der Oral History*, Frankfurt am Main, S. 143-161.

Greverus, Ina-Maria (1972), *Der territoriale Mensch. Ein literaturanthropologischer Versuch zum Heimatphänomen*, Frankfurt am Main.

Grewe, Uwe (1990), *Lager des Grauens. Sowjetische KZs in der DDR nach 1945*, Kiel.

Grieser, Helmut (1980), *Die ausgebliebene Radikalisierung. Zur Sozialgeschichte der Kieler Flüchtlingslager im Spannungsfeld von sozialdemokratischer Landespolitik und Stadtverwaltung 1945-1950*, Wiesbaden.

Gropp, Joachim (Bearb.) (1994), *Siedlungsentwicklung und Infrastrukturplanung in Espelkamp. Aktualisierung der Strukturanalyse und Folgen für die weitere Planung* (LEG Standort und Projektentwicklung GmbH), (Ms.) Düsseldorf.

Gruber, Walter/Sörgel, Peter (Hg.) (1984), *Stahl ohne Zukunft? Der Überlebenskampf in den Revieren*, Hamburg.

Grün, Max von der (1994), *Ausländer in Deutschland*, München.

Gruner-Domić, Sandra (1996), „Zur Geschichte der Arbeitskräftemigration in der DDR. Die bilateralen Verträge zur Beschäftigung ausländischer Arbeiter (1961-1989)", *Internationale Wissenschaftliche Korrespondenz zur Geschichte der deutschen Arbeiterbewegung*, Jg. 32, H. 2, S. 204-230.

Gruner-Domić, Sandra (1997), „Kubanische Arbeitskräftemigration in die DDR 1978-1989. Das Arbeitskräfteabkommen Kuba-DDR und dessen Realisierung", *Arbeitsheft des Berliner Instituts für Vergleichende Sozialforschung*, Berlin.

Gümrükçü, Harun (1986), *Beschäftigung und Migration in der Türkei. Unter Berücksichtigung der Auswirkungen der Auswanderung auf die Volkswirtschaft der Bundesrepublik* (Beiträge zur Arbeitsmarkt- und Berufsforschung 104), Nürnberg.

Günnewig, Reinhard (1991), „Eure Rede sei: Ja". Die rußlanddeutsche Mennonitengemeinde von Espelkamp, *Frankfurter Rundschau*, 1. Juni 1991.

Haberland, Jürgen (1994), *Eingliederung von Aussiedlern. Sammlung von Texten, die für die Eingliederung von Aussiedlern (Spätaussiedlern) aus den osteuropäischen Staaten von Bedeutung sind*, Leverkusen, S. 115-119.

Häußermann, Hartmut/Oswald, Ingrid (Hg.) (1997), Zuwanderung und Stadtentwicklung, *Leviathan* Sonderheft 17/1997, Opladen/Wiesbaden.

Hagemann, Karen (1990), „Ich glaub' nicht, daß ich Wichtiges zu erzählen hab'(...)"' Oral History und historische Frauenforschung", in: Herwart Vorländer (Hg.), *Oral History. Mündlich erfragte Geschichte*, Göttingen, S. 29-48.

Hamburgischer Landesverein vom Roten Kreuz, Ausschuß Deutsche Kriegsgefangene (Hg.) (1918), *Ansichten russisch-sibirischer Kriegsgefangenenlager*, Hamburg.

Hanika, Josef (1957), *Volkskundliche Wandlungen durch Heimatverlust und Zwangswanderung. Methodische Forschungsanleitung am Beispiel der deutschen Gegenwart*, Salzburg.

Haug, Sonja (1997), „Soziales Kapital. Ein kritischer Überblick über den aktuellen Forschungsstand", *Mannheimer Zentrum für Europäische Sozialforschung (MZES), Arbeitsbereich II*, Arbeitsbericht Nr. 15.

Haug, Sonja (1999), *Soziales Kapital, Migrationsentscheidungen und Kettenmigrationsprozesse. Das Beispiel der italienischen Migranten in Deutschland*, Diss. Mannheim.

Hausen, Karin (1993), „Wirtschaften mit der Geschlechterordnung. Ein Essay", in: dies. (Hg.), *Geschlechterhierarchie und Arbeitsteilung. Zur Geschichte ungleicher Erwerbschancen von Männern und Frauen*, Göttingen, S. 40-67.

Hausen, Karin (1997), „Frauenerwerbstätigkeit und erwerbstätige Frauen. Anmerkungen zur historischen Forschung", in: Gunilla Budde (Hg.), *Frauen arbeiten. Weibliche Erwerbstätigkeit in Ost- und Westdeutschland nach 1945*, Göttingen, S. 19-45.

Heckmann, Friedrich (1981), *Die Bundesrepublik. Ein Einwanderungsland? Zur Soziologie der Gastarbeiterbevölkerung als Einwandererminorität*, Stuttgart.

Heckmann, Friedrich (1992), *Ethnische Minderheiten, Volk und Nation. Soziologie interethnischer Beziehungen*, Stuttgart.

Hefele, Peter (1998), *Die Verlagerung von Industrie- und Dienstleistungsunternehmen aus der SBZ/DDR nach Westdeutschland. Unter besonderer Berücksichtigung Bayerns (1945-1961)*, Stuttgart.

Heffner, Krystian (1993), *Oppelner Schlesien. Bevölkerungs- und Raumgestaltungsverlauf des Dorfbesiedlungssystems*, Opole.

Heffner, Krystian (1994), „Die regionale Entwicklung des Oppelner Schlesiens", in: Hans van der Meulen (Hg.), *Anerkannt als Minderheit. Vergangenheit und Zukunft der Deutschen in Polen*, Baden-Baden, S. 179-200.

Heidemeyer, Helge (1994), *Flucht und Zuwanderung aus der SBZ/DDR 1945/1949-1961. Die Flüchtlingspolitik der Bundesrepublik Deutschland bis zum Bau der Berliner Mauer*, Düsseldorf.

Heinelt, Hubert/Lohmann, Anne (1992), *Immigranten im Wohlfahrtsstaat. Am Beispiel der Rechtspositionen und Lebensverhältnisse von Aussiedlern*, Opladen.

Heisig, Michael/Mörlin, Margret (1978), *Der Einfluß der sozialen Lage auf die Schulsituation ausländischer Kinder. Italiener in Wolfsburg*, Diplomarbeit, Hildesheim.

Helias, Eva (1992), „Polnische Arbeitnehmer in der DDR und BRD, ihre Rechte, Pflichten und die neue Situation nach der Vereinigung Deutschlands", *Arbeitsheft des Berliner Instituts für Vergleichende Sozialforschung*, Berlin.

Hentschel, Tamara/Hirschenberger, Magnar/Liepe, Lars/Spennemann, Nozomi, (1997) (Hg.), *Zweimal angekommen und doch nicht zu Hause*, Berlin.

Herbert, Ulrich (1985), *Fremdarbeiter. Politik und Praxis des „Ausländereinsatzes" in der Kriegswirtschaft des Dritten Reiches*, Berlin/Bonn.

Herbert, Ulrich (1986), *Geschichte der Ausländerbeschäftigung in Deutschland 1880 bis 1980. Saisonarbeiter – Zwangsarbeiter – Gastarbeiter*, Berlin/Bonn.

Herbert, Ulrich (1987), „Lagerleben. Zur Dynamik eines Provisoriums", *Journal für Geschichte*, Jg. 8, H. 2, S. 27-35.

Herwartz-Emden, Leonie (1991), „Migrantinnen und ihre Familien in der Bundesrepublik Deutschland. Ein Bericht zum Forschungsstand", *Ethnizität & Migration*, Jg. 7, H. 2, S. 5-28.

Hettlage, Robert (1984), „Kulturelle Zwischenwelten", *Schweizerische Zeitschrift für Soziologie*, Jg. 10, H. 2, S. 354-400.

Höcherl, Hermann (1963), *Gespräch in der WDR-Sendung „Die Woche in Bonn" am 17. März, Abschrift des Bundespresseamtes*, in: Presseausschnittsammlung des SPD-Parteivorstands im Archiv der sozialen Demokratie der Friedrich Ebert-Stiftung.

Hoffmann, Dierk (1999), „Der Weg in die Planwirtschaft. Arbeitskräftelenkung in der SBZ/DDR", *Deutschland-Archiv*, Jg. 32, S. 209-223.

Hoffmann, Johannes/Wille, Manfred/Meinicke, Wolfgang (1993), „Flüchtlinge und Vertriebene im Spannungsfeld der SBZ-Nachkriegspolitik", in: Manfred Wille (Hg.), *Sie hatten alles verloren. Flüchtlinge und Vertriebene in der sowjetischen Besatzungszone Deutschlands*, Wiesbaden, S. 12-26.

Hong Quang, Truong (1992), „Zur Situation der Kontraktarbeiter in den neuen Bundesländern", *Loccumer Protokolle*, Nr. 6.

Horn, Christa (1992), *Die Internierungs- und Arbeitslager in Bayern 1945-1952*, Frankfurt am Main.

Hübner, Peter (1995a), „Arbeiter und sozialer Wandel im Niederlausitzer Braunkohlenrevier von den dreißiger bis Mitte der sechziger Jahre", in: Peter Hübner (Hg.), *Niederlausitzer Industriearbeiter 1935 und 1970*, Berlin, S. 23-60.

Hübner, Peter (1995b), *Konsens, Konflikt und Kompromiß. Soziale Arbeiterinteressen und Sozialpolitik in der SBZ/DDR*, Berlin.

Hugo, Graeme J. (1981), „Village-community Ties, Village Norms, and Ethnic and Social Networks, A Review of Evidence from the Third World", in: Gordon F. De Jong/Robert Gardner (Hg.), *Migration Decision Making. Multidisciplinary Approaches to Microlevel Studies in Developed and Developing Countries*, New York, S. 186-224.

Hüser, Karl/Otto, Reinhard (1992), *Das Stammlager 326 (VI K) Senne 1941-1945. Sowjetische Kriegsgefangene als Opfer des nationalsozialistischen Weltanschauungskrieges*, Bielefeld.

IG Metall (1983), *Zur Situation bei Eisen und Stahl*, Düsseldorf.

IG Metall (1985), *Zur Situation bei Eisen und Stahl*, Düsseldorf.

Il nostro Lavoro, laufende Jahrgänge, seit Dezember 1966.

Info-Dienst Deutsche Aussiedler (1998), hrsg. von Beauftragten der Bundesregierung für Aussiedlerfragen, Horst Waffenschmidt, Nr. 99, Bonn.

Informationszentrum Afrika (Hg.) (1993), *Schwarz-weiße Zeiten. AusländerInnen in Ostdeutschland vor und nach der Wende. Erfahrungen der Vertragsarbeiter aus Mosambik*, Bremen.

Innenausschuß (1963), Deutscher Bundestag, 4. Wahlperiode, *Kurzprotokoll der 72. Sitzung des Ausschusses für Inneres*, 28. November 1963.

Institut für Besatzungsfragen (Hg.) (1950), *Das DP-Problem. Eine Studie über die ausländischen Flüchtlinge in Deutschland*, Tübingen.

Italiani a Wolfsburg, laufende Jahrgänge, von Dezember 1972 bis Dezember 1976.

Jacobmeyer, Wolfgang (1985), *Vom Zwangsarbeiter zum heimatlosen Ausländer. Die Displaced Persons in Westdeutschland 1945-1951*, Göttingen.

Jamin, Mathilde (1998a), „Die deutsch-türkische Anwerbevereinbarung von 1961 und 1964", in: Aytaç Eryilmaz/Mathilde Jamin (Hg.), *Fremde Heimat. Eine Geschichte der Einwanderung aus der Türkei*, Essen, S. 69-82.

Jamin, Mathilde (1998b), „Die deutsche Anwerbung. Organisation und Größenordnung", in: Aytaç Eryilmaz/Mathilde Jamin (Hg.), *Fremde Heimat. Eine Geschichte der Einwanderung aus der Türkei*, Essen, S. 149-170.

Jamin, Mathilde (1998c), „Migrationserfahrungen. Aus Interviews mit MigrantInnen der Ersten Generation", in: Aytaç Eryilmaz/Mathilde Jamin (Hg.), *Fremde Heimat. Eine Geschichte der Einwanderung aus der Türkei*, Essen, S. 207-231.

Jaspers, Dirk (1991), „Ausländerbeschäftigung in der DDR", in: Marianne Krüger-Potratz (Hg.), *Anderssein gab es nicht. Ausländer und Minderheiten in der DDR*, Münster/New York, S.151-164.

Jenkis, Helmut W. (1976), *Wohnungswirtschaft und Wohnungspolitik in beiden deutschen Staaten*, Hamburg.

Jung, Georg (1984), „Der Kampf um ARBED-Saarstahl und seine Lehren", in: Walter Gruber/Peter Sörgel (Hg.), *Stahl ohne Zukunft? Der Überlebenskampf in den Revieren*, Hamburg, S. 71-81.

Jungbluth, Adolf (1958), *Arbeitsdirektor und Betrieb. Erfahrungsbericht aus einem Hüttenwerk*, München.

Kalinke, Heinke M. (1997), *Die Frauen aus Zülz/Biała. Lebensgeschichten dies- und jenseits der deutsch-polnischen Grenze (1920-1995)* (Schriftenreihe der Kommission für deutsche und osteuropäische Volkskunde, Bd. 76), Marburg/L.

Kalter, Frank (1997), *Wohnortwechsel in Deutschland*, Opladen.

Kamphoefer, Walter D. (1984), „Entwurzelt oder verpflanzt? Zur Bedeutung der Kettenwanderung für die Einwanderer in Amerika", in: Klaus J. Bade, (Hg.), *Auswanderer – Wanderarbeiter – Gastarbeiter. Bevölkerung, Arbeitsmarkt und Wanderung in Deutschland*, Band 1, Ostfildern, S. 321-349.

Kanein, Werner (1966a), *Das Ausländergesetz und die wesentlichen fremdenrechtlichen Vorschriften (Kommentar)*, München/Berlin.

Kanein, Werner (1966b), „Aktuelle Fragen des neuen Fremdenrechts", *Deutsches Verwaltungsblatt*, Jg. 81, S. 617-623.

Karasek-Langer, Alfred (1957), „Neusiedlung in Bayern nach 1945. Einschnitt in unsere Volksgeschichte", *Jahrbuch für Volkskunde der Heimatvertriebenen*, Bd. 2, S. 24-102.

Karsten, Maria-Eleonora (1987), „Migrantinnen. ‚Traditionelle Frauenarbeit in ungeschützten und illegalen Verhältnissen‘", in: Hedwig Rudolph (Hg.), *Ungeschützte Arbeitsverhältnisse. Frauen zwischen Risiko und neuer Lebensqualität*, Hamburg.

Klassen, Peter P. (1991), *Die Mennoniten in Paraguay*, Weierhof.

Klee, Ernst (Hg.) (1972), *Gastarbeiter. Analysen und Berichte*, Frankfurt am Main.

Kleff, Hans-Günter (1984), *Vom Bauern zum Industriearbeiter. Zur kollektiven Lebensgeschichte der Arbeitsmigranten aus der Türkei*, Ingelheim.

Kleineke, Dagmar (1993), *Die Entstehung und Entwicklung des Lagers Friedland 1945-1955*, Diss., Göttingen.

Kleinert, Uwe (1988), *Flüchtlinge und Wirtschaft in Nordrhein-Westfalen 1945-1961. Arbeitsmarkt – Gewerbe – Staat*, Düsseldorf.

Kleinknecht, Thomas (1990), „Der Wiederaufbau der westfälischen Verbandsdiakonie nach 1945. Organisatorisch-methodischer Neubeginn und nationalprotestantische Tradition in der kirchlichen Nothilfe", *Westfälische Forschungen*, Bd. 40, S. 527-616.

Kleinknecht, Thomas (1997), „Die westfälische Nachkriegsdiakonie vor der Flüchtlingsfrage. Kirchliche Fürsorge und der Prozeß der Integration. Eine Forschungsskizze", in: Bernd Hey/Günther van Norden (Hg.), *Kontinuität und Neubeginn. Die rheinische und westfälische Kirche in der Nachkriegszeit (1945-1949)*, Bielefeld, S. 135-157.

Klonovsky, Michael/Flocken, Jan von (1991), *Stalins Lager in Deutschland. 1945-1950. Dokumentation, Zeugenberichte*, Berlin/Frankfurt am Main.

Koch, Reinhard (1986), „Die Massen-Migration aus der SBZ und der DDR", *Zeitschrift für Soziologie*, Jg. 15, H. 1, S. 37-40.

Köhle-Hetzinger, Christel (Hg.) (1995), *Neue Siedlungen – Neue Fragen. Eine Folgestudie über Heimatvertriebene in Baden-Württemberg – 40 Jahre danach*, Tübingen.

König, Peter (1989), „Kriegsgefangene und FremdarbeiterInnen in Stuttgart", in: Marlene Hiller (Hg.), *Stuttgart im 2. Weltkrieg. Katalog zur Ausstellung*, Gerlingen, S. 353-368.

Körner, Heiko (1986), „Das Gesetz zur Förderung der Rückkehrbereitschaft von Ausländern vom 28. November 1983. Eine kritische Bilanz", in: ders./Ursula Mehrländer (Hg.), *Die „neue" Ausländerpolitik in Europa. Erfahrungen in den Aufnahme- und Entsendeländern*, Bonn, S. 65-72.

Körner, Heiko/Mehrländer, Ursula (Hg.) (1986), *Die „neue" Ausländerpolitik in Europa. Erfahrungen in den Aufnahme- und Entsendeländern*, Bonn.

Körner, Hellmut (1976), *Der Zustrom von Arbeitskräften in die Bundesrepublik Deutschland 1950-1972. Auswirkungen auf die Funktionsweise des Arbeitsmarktes*, Frankfurt am Main/München.

Kogon, Eugen (1946), *Der SS-Staat. Das System der deutschen Konzentrationslager*, Frankfurt am Main.

Kogon, Eugen (Hg.) (1983), *Nationalsozialistische Massentötung durch Giftgas. Eine Dokumentation*, Frankfurt am Main.

Kollai, Helmut R., *Die Eingliederung der Vertriebenen und Zuwanderer in Niedersachsen*, Berlin, 1959.

Kornrumpf, Martin (1979), *In Bayern angekommen. Die Eingliederung der Vertriebenen. Zahlen – Daten – Namen*, München/Wien.

Kosthorst, Erich/Walter, Bernd (1993), *Konzentrations- und Strafgefangenlager im Dritten Reich. Beispiel Emsland*, 3 Bde., Düsseldorf.

Krallert-Sattler, Gertrud (1989), *Kommentierte Bibliographie zum Flüchtlings- und Vertriebenenproblem in der Bundesrepublik Deutschland, in Österreich und der Schweiz*, Wien.

Krause, Michael (1997), *Flucht vor dem Bombenkrieg. „Umquartierung" im Zweiten Weltkrieg und die Wiedereingliederung der Evakuierten in Deutschland 1943-1963*, Düsseldorf.

Krause-Vilmar, Dietfrid (1984), „Das Lager als Lebensform des Nationalsozialismus", *Pädagogische Rundschau*, Jg. 1984, S. 29-38.

Kritz, Mary M./Lim, Lin Lean/Zlotnik, Hania (Hg.) (1992), *International Migration Systems. A Global Approach*, Oxford.

Krüger-Potratz, Marianne (1991), *Anderssein gab es nicht. Ausländer und Minderheiten in der DDR*, Münster/New York.

Kurz, Ursula (1965), „Partielle Anpassung und Kulturkonflikt. Gruppenstruktur und Anpassungsdispositionen in einem italienischen Gastarbeiter-Lager", *Kölner Zeitschrift für Soziologie und Sozialpsychologie*, Jg. 17, H. 4, S. 814-832.

Landesamt für Datenverarbeitung und Statistik Nordrhein-Westfalen (Bearb., 1996), *Datenspektrum. Statistische Zahlen zur Struktur und Entwicklung der Stadt Espelkamp* (Ms.), Düsseldorf.

Lanfrachi, Andrea (1995), *Immigranten und Schule. Transformationsprozesse in traditionalen Familienwelten als Voraussetzung für schulisches Überleben von Immigrantenkindern*, Opladen.

Langen, Mona (1997), *Evangelischer Wohnungsbau in Bayern. Innerkirchliche Diskussion und Durchführung bis 1957* (Einzelarbeiten aus der Kirchengeschichte Bayerns, Bd. 72), Neustadt a.d. Aisch.

Lauschke, Karl (1994), „Mobilität und Aufstieg in der Eisen- und Stahlindustrie nach dem Zweiten Weltkrieg", in: ders./Thomas Welskopp (Hg.) (1994), *Mikropolitik im Unternehmen. Arbeitsbeziehungen und Machtstrukturen in industriellen Großbetrieben des 20. Jahrhunderts*, Essen, S. 186-213.

Lauterbach, Hanna (1990), „‚Aber dann hätten wir ja nur noch Verbrecherinnen (...)' Kommentar zur Diskussion über den Anteil von Frauen am ‚Handlungskollektiv Deutschland'", in: Lerke Gravenhorst/Carmen Tatschmurat (Hg.), *Töchter-Fragen. NS-Frauen-Geschichte*. Freiburg/Br., S. 141-145.

Lehmann, Albrecht (1983), *Erzählstruktur und Lebenslauf. Autobiographische Untersuchungen*, Frankfurt am Main.

Lehmann, Albrecht (1986), *Gefangenschaft und Heimkehr. Deutsche Kriegsgefangene in der Sowjetunion*, München.

Lehmann, Albrecht (1991), *Im Fremden ungewollt zuhaus. Flüchtlinge und Vertriebene in Westdeutschland 1945-1990*, München.

Lehmann, Hartmut (Hg.) (1995), *Wege zu einer neuen Kulturgeschichte*, Göttingen.

Lemberg, Eugen/Edding, Friedrich (Hg.) (1959), *Die Vertriebenen in Westdeutschland, ihre Eingliederung und ihr Einfluß auf Gesellschaft, Wirtschaft, Politik und Geistesleben*, 3 Bde., Kiel.

Lemberg, Eugen/Krecker, Lothar (1950), *Die Entstehung eines neuen Volkes aus Binnendeutschen und Ostvertriebenen. Untersuchungen zum Strukturwandel von Land und Leuten unter dem Einfluß des Vertriebenenzustroms*, Marburg.

Levy, René (1977), *Der Lebenslauf als Statusbiographie. Die weibliche Normalbiographie in makrosoziologischer Perspektive*, Stuttgart.

Lucassen, Leo (1997), „The Gulf Between Long Term and Short Term Approaches in Immigration Studies. A Reassessment of the Chicago School's Assimilation Concept", *IMIS-Beiträge*, H. 5, S. 5-23.

Lüdtke, Alf (1997), „„... den Menschen vergessen?' – oder: Das Maß der Sicherheit. Arbeiterverhalten der fünfziger Jahre im Blick des MfS, SED, FDGB und staatlichen Leitungen" in: Alf Lüdtke/Peter Becker, *Akten, Eingaben, Schaufenster. Die DDR und ihre Texte. Erkundungen zu Herrschaft und Alltag*. Berlin, S. 189-222.

Lüttinger, Paul (1986), „Der Mythos der schnellen Integration. Eine empirische Untersuchung zur Integration der Vertriebenen und Flüchtlinge in der Bundesrepublik Deutschland bis 1971", *Zeitschrift für Soziologie*, Jg. 15, H. 1, S. 20-36.

Lüttinger, Paul (1989), *Integration der Vertriebenen. Eine empirische Analyse*, Frankfurt am Main/New York.

MacDonald, John S./MacDonald, Leatrice D. (1974), „Chain Migration, Ethnic Neighbourhood Information, and Social Networks", in: Charles Tilly (Hg.), *An Urban World*, Boston, S. 226-236.

Maier, Friederike (1993), „Zwischen Arbeitsmarkt und Familie – Frauenarbeit in den alten Bundesländern", in: Gisela Helwig/Hildegard M. Nickel (Hg.) *Frauen in Deutschland 1945-1992*, Bonn, S. 257-279.

Maier, Friederike (1996), „Arbeitsmarkt und Geschlechterverhältnis. Frauenarbeit als Gegenstand politischer Regulierung", in: Teresa Kulawik/Birgit Sauer (Hg.), *Der halbierte Staat. Grundlagen feministischer Politikwissenschaft*, Frankfurt am Main/New York, S. 175-205.

Maier, W. (1958), „Die Ausländer in Bayern 1958", *Bayern in Zahlen*, Jg. 12, H. 12, S. 352-354.

Mainspitze, 15. Dezember 1965: „Zu Besuch in den Opel-Wohnheimen (I). Die Gastarbeiter sind ganz anders".

Mainspitze, 16. Dezember 1965: „Zu Besuch in den Opel-Wohnheimen (II). Die Gastarbeiter sind ganz anders".

Mainspitze, 20./21. Dezember 1969: „Dies und das aus dem Stadtgeschehen".

Marburger, Helga/Helbig, Gisela/Kienast, Eckhard/Zorn, Günter (1993), „Situation der Vertragsarbeitnehmer der ehemaligen DDR vor und nach der Wende", in: Helga Marburger (Hg.) ,*Und wir haben unseren Beitrag zur Volkswirtschaft geleistet'. Eine aktuelle Bestandsaufnahme der Situation der Vertragsarbeitnehmer der ehemaligen DDR vor und nach der Wende*, Frankfurt am Main, S. 4-75.

Markefka, Manfred (1982), *Vorurteile, Minderheiten, Diskriminierung*. Neuwied, Darmstadt.

Massey, Douglas S. (1990), „Social Structure, Household Strategies, and the Cumulative Causation of Migration", *Population Index*, Jg. 56, H. 1, S. 3-26.

Massey, Douglas S. u.a. (1993), „Theories of International Migration, A Review and Appraisal", *Population and Development Review*, Jg. 19, H. 3, S. 431-466.

Massey, Douglas S. u.a. (1994), „An Evaluation of International Migration Theory, The North American Case", *Population and Development Review*, Jg. 20, H. 4, S. 699-749.

Massey, Douglas S./Alarcón, Rafael/Durand, Jorge/González, Humberto (1987), *Return to Aztlan. The Social Process of International Migration from Western Mexico*, Berkeley.

Maturi, Giacomo (1964), *Arbeitsplatz Deutschland. Wie man südländische Gastarbeiter verstehen lernt*, Mainz.

Maturi, Giacomo (1961), „Weibliche Arbeitskräfte aus den Mittelmeerländern", in: Hessisches Institut für Betriebswirtschaft (Hg.), *Ausländische Arbeitskräfte in Deutschland*, Düsseldorf, S. 183-186.

May, Thorsten in Zusammenarbeit mit Adolf Krumrei und Klaus Penner (1998), „Gebt Zeugnis von eurer Hoffnung. Freikirchen in Espelkamp", in: Stadt Espelkamp (Hg.), *Espelkamp. Gemeinsam auf neuen Wegen. Einblicke in fünf Jahrzehnte*, Espelkamp, S. 46-51.

Merbeck, Marianne (Hg.) (1991), *Ich bin doch nichts Besonderes. Aachener Frauen erzählen Geschichte*, Aachen.

Messerschmidt, Rolf (1992), „„Mythos Schmelztiegel! Einige Neuerscheinungen zur „Flüchtlingsforschung" der letzten Jahre", *Neue Politische Literatur*, Jg. 37, H. 1, S. 34-55.

Meyer, Waltraud/Weinrich, Gerhard (1988), „Der Ludwig-Steil-Hof – seine Geschichte und Gegenwart", in: Stadt Espelkamp u.a. (Hg.), *Espelkamp – eine Idee wird zur Stadt. 40 Jahre Geschichte einer Stadt (1948-1988)*, Espelkamp, S. 31-35.

Mihçiyazgan, Ursula (1986), *„ Wir haben uns vergessen". Ein intrakultureller Vergleich türkischer Lebensgeschichten*, Hamburg.

Ministerium für Arbeit, Gesundheit und Soziales des Landes Nordrhein-Westfalen (Hg.) (1992), *Ausländer, Aussiedler und Einheimische als Nachbarn. Ermittlung von Konfliktpotentialen und exemplarischen Konfliktlösungen im nachbarschaftlichen Zusammenleben von Ausländern, Aussiedlern und Einheimischen*, erarbeitet von der Forschungsgruppe Kommunikation und Sozialanalysen, Wuppertal.

Mironenko, Sergej V. (Hg.) (1998), *Sowjetische Speziallager in Deutschland 1945 bis 1950*, 2 Bde., Berlin.

Mooser, Josef (1998), „Regionalisierung und Kontraste in der Arbeitergeschichte der fünfziger Jahre. Niedersachsen in bundesrepublikanischer Perspektive", in: Bernd Weisbrod (Hg.), *Von der Währungsreform zum Wirtschaftswunder. Wiederaufbau in Niedersachsen*, Hannover.

Morone, Tommaso (1993), *Migrantenschicksal. Sizilianische Familien in Reutlingen. Heimat(en) und Zwischenwelt. Eine empirische Untersuchung*, Bonn.

Müggenburg, Andreas (1996), *Die ausländischen Vertragsarbeitnehmer in der ehemaligen DDR, Darstellung und Dokumentation, Mitteilungen der Beauftragten der Bundesregierung für die Belange der Ausländer*, Bonn.

Müller, Georg/Simon, Heinz (1959), „Aufnahme und Unterbringung", in: Eugen Lemberg/ Friedrich Edding (Hg.), *Die Vertriebenen in Westdeutschland. Ihre Eingliederung und ihr Einfluß auf Gesellschaft, Wirtschaft, Politik und Geistesleben*, Kiel, Bd. 1, S. 300-446.

Müller, Roland (1988), *Stuttgart zur Zeit des Nationalsozialismus*, Stuttgart.

Müller, Ulrich (1995), „Soziale Probleme", in: Edgar Lersch/Heinz H. Poker/Paul Sauer (Hg.), *Stuttgart in den ersten Nachkriegsjahren*, Stuttgart, S. 297-341.

Münz, Rainer (1997), „Woher-Wohin? – Massenmigration im Europa des 20. Jahrhunderts", in: Ludger Pries (Hg.), *Transnationale Migration*, Soziale Welt, Sonderband 12, S. 221-244.

Münz, Rainer/Ohliger, Rainer (1998), „Long-Distance Citizens. Ethnic Germans und Their Immigration to Germany", in: Peter H. Schuck/Rainer Münz (Hg.), *Paths to Inclusion. The Integration of Migrants in the Unites States*, New York/Oxford, S. 155-201.

Nahm, Peter Paul (1971), „... *doch das Leben ging weiter.*" Skizzen zur Lage, Haltung und Leistung der Vertriebenen, Flüchtlinge und Eingesessenen nach der Stunde Null*, Köln/Berlin.

Nauck, Bernhard (1989), „Assimilation Process and Group Integration of Migrant Families", *International Migration*, Jg. 27, S. 27-48.

Neue Westfälische, 19. August 1988: „Aussiedler. Espelkamp funkt ‚SOS' an Land und Bund".

Neue Westfälische, 10. September 1988: „Espelkamp steht kurz vor dem Kollaps".

Niemann, Heinz (1993), *Meinungsforschung in der DDR. Die geheimen Berichte des Instituts für Meinungsforschung an das Politbüro*, Köln.

Niethammer, Lutz (1995), „Alliierte Internierungslager in Deutschland nach 1945. Vergleich und offene Fragen", in: Christian Jansen (Hg.), *Von der Aufgabe der Freiheit. Politische Verantwortung und bürgerliche Gesellschaft im 19. und 20. Jahrhundert*, Festschrift für Hans Mommsen zum 5. November 1995, Berlin, S. 469-492.

Nikolinakos, Marios (1973), *Politische Ökonomie der Gastarbeiterfrage. Migration und Kapitalismus*, Reinbek bei Hamburg.

Nugyen, Trong Cu (1992), „Zur Situation der Ausländer in den neuen Bundesländern", *Zeitschrift für Ausländerrecht* (ZAR), Jg. 12, H. 1, S. 20-24.

Oberländer, Theodor (1959), *Das Weltflüchtlingsproblem. Ein Vortrag gehalten vor dem Rhein-Ruhr-Club*, 8. Mai 1959.

Oberpenning, Hannelore (1998a), „Flüchtlinge, Vertriebene, Aussiedler in Espelkamp – eine empirische Fallstudie zum Eingliederungsgeschehen seit 1945", *Westfälische Forschungen*, Bd. 48, S. 379-397.

Oberpenning, Hannelore (1998b), „Die Aufbaugemeinschaft Espelkamp. Zur Geschichte einer besonderen Kooperation zwischen Staat und Kirche in Nordrhein-Westfalen", in: Stadt Espelkamp (Hg.), *Espelkamp. Gemeinsam auf neuen Wegen. Einblicke in fünf Jahrzehnte*, Espelkamp, S. 30-40.

Oberpenning, Hannelore. (1999a), „Zuwanderung und Eingliederung von Flüchtlingen, Vertriebenen und Aussiedlern im lokalen Kontext – das Beispiel Espelkamp", in: Klaus J. Bade/Jochen Oltmer (Hg.), *Aussiedler. Deutsche Einwanderer aus Osteuropa* (Schriften des Instituts für Migrationsforschung und Interkulturelle Studien der Universität Osnabrück, Bd. 8), Osnabrück.

Oberpenning, Hannelore (1999b), „Espelkamp. Von der sozialen Stadtgründung zum modernen Industriestandort", in: Werner Abelshauser (Hg.), *Studien zur Wirtschaftsgeschichte des Kreises Minden-Lübbecke im 19. und 20. Jahrhundert* (im Erscheinen).

Özel, Sule/Nauck, Bernhard (1987), „Kettenmigration in türkischen Familien. Ihre Herkunftsbedingungen und ihre Effekte auf die Reorganisation der familiären Interaktionsstruktur in der Aufnahmegesellschaft", *Migration*, Jg. 1, S. 61-94.

Opel-Post: „Gestörtes Gleichgewicht", Jg. 15, Nr. 10/63, S. 4-7.

Opel-Post: „Das Gastarbeiterproblem wird vielfach hochgespielt"Opel-Post, Jg. 16, Nr. 12/64, S. 4-7.

Opel-Post: „Viele Nationen unter einem Dach", Jg. 18, Nr. 12/66, S. 12-13.

Orłowski, Hubert (1996), *„Polnische Wirtschaft"*. *Zum Polendiskurs der Neuzeit*, Wiesbaden.

Osterloh, Jörg (1995), *Sowjetische Kriegsgefangene 1941-1945 im Spiegel nationaler und internationaler Untersuchungen. Forschungsüberblick und Bibliographie*, Dresden.

Oswald, Anne von (1999), „Arbeitseinsatz der ‚Gastarbeiter' im Volkswagenwerk (1962-1974/75)", in: Katja Dominik/Marc Jünemann/Jan Motte/Astrid Reineke (Hg.), *Angeworben – eingewandert – abgeschoben. Ein anderer Blick auf die Einwanderungsgesellschaft Bundesrepublik Deutschland*, Münster, S. 83-100.

Pagenstecher, Cord (1994), *Ausländerpolitik und Immigrantenidentität. Zur Geschichte der „Gastarbeit" in der Bundesrepublik*, Berlin.

Pegel, Michael (1997), *Fremdarbeiter, displaced persons, heimatlose Ausländer. Konstanten eines Randgruppenschicksals in Deutschland nach 1945*, Münster.

Peters, Dietlinde (1995), „Wie tausend andere auch. Drei schlesische Dienstmädchen in Berlin", in: *„Wach' auf, mein Herz, und denke". Zur Geschichte der Beziehungen zwischen Schlesien und Berlin-Brandenburg von 1740 bis heute./"Przebudź się, serce moje, i pomyśl". Przyczynek do historii stosunków między Śląskiem a Berlinem-Brandenburgią od 1740 roku do dziś.*, hrsg. von der Gesellschaft für interregionalen Kulturaustausch Berlin u. Verein Schlesisches Institut Opole, Berlin/Opole, S. 209-214.

Petersen, Jens (Hg.) (1993), *L'emigrazione tra Italia e Germania*, Manduria.

Pfeil, Elisabeth (1954), *Neue Städte auch in Deutschland*, Göttingen.

Philipper, Ingeborg (1997), *Biographische Dimensionen der Migration. Zur Lebensgeschichte von Italienerinnen der ersten Generation*, Weinheim.

Pichler, Edith (1997), *Migration, Community-Formierung und ethnische Ökonomie. Die italienischen Gewerbetreibenden in Berlin*, Berlin.

Pichler, Edith (1997a), Migration und ethnische Ökonomie. Das italienische Gewerbe in Berlin, in: Hartmut Häußermann/Ingrid Oswald (Hg.), Zuwanderung und Stadtentwicklung, *Leviathan* Sonderheft 17/1997, Opladen/Wiesbaden, S. 106-120.

Piselli, Fortunata (1981), *Emigrazione e parentela in una comunità calabrese*, Torino.

Plato, Alexander von (1985), „Fremde Heimat. Zur Integration von Flüchtlingen und Einheimischen in die Neue Zeit", in: Lutz Niethammer/Alexander von Plato (Hg.), *„ Wir kriegen jetzt andere Zeiten". Auf der Suche nach der Erfahrung des Volkes in nachfaschistischen Ländern*, Berlin/Bonn, S. 172-219.

Plato, Alexander von/Meinicke, Wolfgang (1991), *Alte Heimat – Neue Zeit. Flüchtlinge, Umgesiedelte, Vertriebene in der Sowjetischen Besatzungszone und in der DDR*, Berlin.

328

Plesse, Rainer (1988), *Kulturelle Aspekte des Lebens ausländischer Werktätiger in der DDR, dargestellt am Beispiel des VEB IFA Automobilwerk und der Stadt Ludwigsfelde*, (Diplomarbeit Humboldt Universität zu Berlin, Sektion Ästhetik und Kulturwissenschaften), Berlin.

Pöschl, Angelika/Schmuck, Peter (1984), *Die Rückkehr – Ende einer Illusion. Türkische Gastarbeiterfamilien in der Bundesrepublik Deutschland und die Probleme ihrer Rückkehr in die Türkei*, München.

Portes, Alejandro (1995), „Economic Sociology and the Sociology of Immigration, A Conceptual Overview", in: Alejandro Portes (Hg.), *The Economic Sociology of Immigration. Essays on Networks, Ethnicity, and Entrepreneurship*, New York, S. 1-41.

Portes, Alejandro (1997), „Immigration Theory for a New Century, Some Problems and Opportunities", *International Migration Review*, Jg. 31, H. 4, S. 799-825.

Portes, Alejandro/Sensenbrenner, Julia (1993), „Embeddedness and Immigration. Notes on the Social Determinants of Economic Action", *American Journal of Sociology*, Jg. 98, S. 1320-1350.

Pries, Ludger (1996), „Transnationale Soziale Räume. Theoretisch-empirische Skizze am Beispiel der Arbeitswanderungen Mexiko-USA", *Zeitschrift für Soziologie*, Jg. 25, H. 6, S. 456-472.

Pries, Ludger (Hg.) (1997), *Transnationale Migration*, Soziale Welt, Sonderband 12, Baden-Baden.

Pries, Ludger (1998), „Transmigranten" als ein Typ von Arbeitswanderern in pluri-lokalen sozialen Räumen", *Soziale Welt*, Jg. 49, H. 1, S. 135-150.

Pscheidt, Edgar (1984), „Die Flüchtlingslager", in: Friedrich Prinz (Hg.), *Integration und Neubeginn. Dokumentation über die Leistung des Freistaates Bayern und des Bundes zur Eingliederung der Wirtschaftsbetriebe der Vertriebenen und Flüchtlinge und deren Beitrag zur Wirtschaftlichen Entwicklung des Landes*, München, Bd. 1, S. 197-270.

Quattrosoldi, 5. 1962: „Italiener in Deutschland" (Übersetzung).

Raphael, Lutz (1996), „Diskurse, Lebenswelten und Felder. Implizite Vorannahmen über das soziale Handeln von Kulturproduzenten im 19. und 20 Jahrhundert", in: Wolfgang Hardtwig/Hans-Ulrich Wehler (Hg.), *Kulturgeschichte heute*, Göttingen.

Rehders, Lenchen (1953), *Probsteierhagen, Fiefbergen und Gut Salzau, 1945-1950*, Kiel.

Reichling, Gerhard (1986), *Die deutschen Vertriebenen in Zahlen*, 2 Bde., Bonn.

Reichling, Gerhard (1987) „Flucht und Vertreibung der Deutschen – Statistische Grundlagen und terminologische Probleme", in: Rainer Schulze/Doris von der Brelie-Lewien/Helga Grebing (Hg.), *Flüchtlinge und Vertriebene in der westdeutschen Nachkriegsgeschichte. Bilanzierung der Forschung und Perspektiven für die künftige Forschungsarbeit* (Veröffentlichungen der historischen Kommission für Niedersachsen und Bremen, Bd. 38; Quellen und Untersuchungen zur Geschichte Niedersachsens nach 1945, Bd. 4), Hildesheim, S. 46-56.

Reichsgesetzblatt (RGBl) 1934.

Reimann, Helga (1987), „Die Wohnsituation der Gastarbeiter", in: dies./Horst Reimann (Hg.), *Gastarbeiter. Analyse und Perspektiven eines sozialen Problems*, 2. völlig neu bearbeitete Auflage, Opladen, S. 179-184.

Repräsentativuntersuchung 1968: S. Bundesanstalt für Arbeit (Hg.) (1970).

Repräsentativuntersuchung '72: S. Bundesanstalt für Arbeit (Hg.) (1973).

Reyneri Emilio (1980), *La catena migratoria. Il ruolo dell'emigrazione nel mercato del lavoro di arrivo e di esodo*, Bologna.

Riedel, Almuth (1994), *Erfahrungen algerischer Arbeitsmigranten in der DDR. ‚Hatten och Chancen ehrlich'*, (Diss., FU Berlin 1992), Opladen.

Ritscher, Bodo (Hg.) (1996), *Die sowjetischen Speziallager in Deutschland 1945-1950*, Göttingen.

Rittstieg, Helmut (1982), „Grundzüge des Aufenthaltsrechts", in: Gerhard Schult (Hg.), *Einwanderungsland Bundesrepublik Deutschland?*, Baden-Baden, S. 29-38.

Ronge, Volker (1997), „German Policies Toward Ethnic German Minorities", in: Rainer Münz/Myron Weiner (Hg.), *Migrants, Refugees, and Foreign Policy*, Providence/Oxford, S. 117-140.

Ronzani, Silvio (1981), *Arbeitskräftewanderung und gesellschaftliche Entwicklung. Erfahrungen in Italien, in der Schweiz und in der Bundesrepublik Deutschland*, Königstein/Ts.

Rouse, Roger (1992), „Making Sense of Settlement, Class Formation, Cultural Struggle, and Transnationalism among Mexican Migrants in the United States", in: Nina Glick Schiller/Linda Basch/Cristina Blanc-Szanton (Hg.), *Towards a Transnational Perspecitve on Migration*, New York.

Rückerl, Adalbert (Hg.) (1977), *Nationalsozialistische Vernichtungslager im Spiegel deutscher Strafprozesse. Belzec, Sobibor, Treblinka, Chelmno*, München.

Ruhl, Klaus-Jörg (Hg.) (1988), *Frauen in der Nachkriegszeit 1945-1963*, München.

Runge, Irene (Hg.) (1990), *Ausland/DDR, Fremdenhaß*, Berlin.

Rüsselsheimer Echo, 14. August 1964: „‚Daheim kaufen wir uns dann ein Land'".

Rüsselsheimer Echo, 2. September 1965: „Spanier stellen stärkstes Ausländerkontingent".

Rüsselsheimer Echo, 20. März 1965: „Als Juan nachts Bauchweh bekam".

Saldern, Adelheid von (1995), *Häuserleben. Zur Geschichte städtischen Arbeiterwohnens vom Kaiserreich bis heute*, Bonn.

Salvador-Wagner, Elisabeth (1996), *Heimat auf Zeit. Das volksdeutsche Flüchtlingslager Haiming 1946-1960*, Innsbruck.

Schiedermair, Rudolf (1968), *Handbuch des Ausländerrechts der Bundesrepublik Deutschland*, Frankfurt/Berlin.

Schier, Siegfried (1982), *Die Aufnahme und Eingliederung von Flüchtlingen in der Hansestadt Lübeck. Eine sozialgeschichtliche Untersuchung für die Zeit nach dem 2. Weltkrieg bis Ende der fünfziger Jahre*, Lübeck.

Schiffauer, Werner (1991), *Die Migranten aus Subay. Türken in Deutschland. Eine Ethnografie*, Stuttgart.

Schmelz, Andrea (1998), *Politik und Migration im geteilten Deutschland während des Kalten Krieges. Die West-Ost-Migration in die DDR in den fünfziger und sechziger Jahren*, Diss. HU-Berlin, (im Erscheinen).

Schmidt, Alois (1961), „Espelkamp-Mittwald", *Berichte zur deutschen Landeskunde*, Bd. 27, H. 1, S. 63-86.

Schmitz, Inge/Schrödl, Werner (1974), *Untersuchung der Wohnsitutation der ausländischen Arbeiter in den Rüsselsheimer Opel Wohnheimen*, (Ms.) Ingenieurarbeit FH Darmstadt, FB Architektur.

Schneider, Arnd (1990), *Emigration und Rückwanderung von „Gastarbeitern" in einem sizilianischen Dorf*, Frankfurt am Main.

Schorlemer, Georg Freiherr von (1997), *Die netzwerkbezogene Kettenmigration*, Mahlow.

Schraut, Sylvia/Grosser, Thomas (Hg.) (1996), *Die Flüchtlingsfrage in der deutschen Nachkriegsgesellschaft*, Mannheim.

Schütz, Alfred (1972), *Gesammelte Aufsätze*, Bd. 1, Den Haag.

Schütz, Alfred/Luckmann, Thomas (1979), *Strukturen der Lebenswelt*, Bd. 1, Frankfurt am Main.

Schütze, Fritz (1983), „Biographieforschung und narratives Interview", *Neue Praxis. Zeitschrift für Sozialarbeit, Sozialpädagogik und Sozialpolitik*, Jg. 13, H. 3, S. 283-293.

Schuhladen, Hans/Schroubek, Georg R. (Hg.) (1989), *Nahe am Wasser. Eine Frau aus dem Schönhengstgau erzählt aus ihrem Leben. Eine Dokumentation zur volkskundlichen Biographieforschung* (Münchner Beiträge zur Volkskunde, Bd. 9), München.

Schulz, Günther (1994), *Wiederaufbau in Deutschland. Die Wohnungsbaupolitik in den Westzonen und der Bundesrepublik von 1945 bis 1957*, Düsseldorf.

Schulze, Rainer (Hg.) (1990), *Unruhige Zeiten. Erlebnisberichte aus dem Landkreis Celle 1945-1949*, München.

Schulze, Rainer/Brelie-Lewien, Doris von der/Grebing, Helga (Hg.) (1987), *Flüchtlinge und Vertriebene in der westdeutschen Nachkriegsgeschichte. Bilanzierung der Forschung und Perspektiven für künftige Forschungsarbeit*, Hildesheim.

Schulze-Westen, Irmgard (1948), *Das Flüchtlingsproblem. Ein repräsentatives Beispiel für die Notwendigkeit des Lastenausgleichs. Untersuchung der Verhältnisse in einem westfälischen Landkreis*, Hamburg.

Schuster, Oskar (1971), „Wohnlagerräumungen von 1953 bis 1971. Eine Zusammenstellung nach amtlichen Berichten", *Der Fachberater für Vertriebene*, Flüchtlinge und Kriegsgeschädigt, Jg. 24, S. 274-280.

Schwäbische Landeszeitung 25. Juli 1959: „120 000 Ausländer in Bayern".

Schwarz, Gudrun (1990), *Die nationalsozialistischen Lager*, Frankfurt am Main.

Seraphim, Peter-Heinz (1954), *Die Heimatvertriebenen in der Sowjetzone*, Schriften des Vereins für Socialpolitik, Gesellschaft für Wirtschafts- und Sozialwissenschaften, Neue Folge, Band 7/1, Berlin.

Simon, Ruby (o.J.), *Espelkamp. Geschichte lebendig 1945-1959. Es begann in Hallen und Baracken*, Lübbecke.

Smith, Robert (1997), „Reflections on Migration, the State and the Construction, Durability and Newness of Transnational Life", in: Ludger Pries (Hg.), *Transnationale Migration*, Soziale Welt, Sonderband 12, S. 197-220.

Sofsky, Wolfgang (1993), *Die Ordnung des Terrors. Das Konzentrationslager*, Frankfurt am Main.

Souchon, Fritz (1959), „Espelkamp – Die Entwicklung einer neuen Stadt", in: *Neue Städte und Slumsanierung in Deutschland*, Köln, S. 11-16.

SPD (1963), *Die SPD teilt mit*, 30. April 1963.

Spennemann, Nozomi (1997), „Aufbauhelfer für eine bessere Zukunft. Die vietnamesischen Vertragsarbeiter in der ehemaligen DDR", in: Tamara Hentschel/Magnus Hirschenberger/Lars Liepe/Nozomi Spennemann (Hg.), *Zweimal angekommen und doch nicht zu Hause*, Berlin.

Statistisches Bundesamt (Hg.) (1957), *Die kriegsbedingten Lager und ihre Insassen im Jahre 1955*, Wiesbaden.

Statistisches Bundesamt Wiesbaden (Hg.) (1981), *Statistisches Jahrbuch 1981 für die Bundesrepublik Deutschland*, Stuttgart/Mainz.

Statistisches Landesamt Berlin (Hg.), *Berliner Statistik. Statistische Berichte*, versch. Ausgaben.

Steinert, Johannes-Dieter (1995), *Migration und Politik. Westdeutschland – Europa – Übersee 1945-1961*, Osnabrück.

Stepien, Stanislaus (1989), *Der alteingesessene Fremde. Ehemalige Zwangsarbeiter in Westdeutschland*, Frankfurt am Main/New York.

Stern, 1. März 1984: „Die Heimatvertriebenen. Exodus der Türken".

Stich, Walter (1998), „Fünfzig Jahre Ludwig-Steil-Hof. Der diakonische Gedanke bleibt lebendig", in: Stadt Espelkamp (Hg.), *Espelkamp. Gemeinsam auf neuen Wegen. Einblicke in fünf Jahrzehnte*, Espelkamp, S. 26-29.

Stoll, Christian Th. (1968), *Die Rechtsstellung der deutschen Staatsangehörigen in den polnisch verwalteten Gebieten. Zur Integration der sogenannten Autochthonen in die polnische Nation*, Frankfurt am Main/Berlin.

Storck, Erich (1959), „Die soziologischen Grundlagen von Espelkamp", in: *Neue Städte und Slumsanierung in Deutschland*, Köln, S. 17-23.

Strauß, Christof (1998), *Kriegsgefangenschaft und Internierung. Die Lager in Heilbronn-Böckingen 1945 bis 1947*, Heilbronn.

Streit, Christian (1978), *Keine Kameraden. Die Wehrmacht und die sowjetischen Kriegsgefangenen 1941-1945*, Stuttgart.

Süddeutsche Zeitung, 18. Februar 1971: „Arbeiten ohne Aufstieg – Wohnen mit Aufzug. Das Volkswagenwerk holt die Gastarbeiter aus dem Provisorium ins Hochhaus/Sex-Stau und Wetterschwierigkeiten".

Süddeutsche Zeitung, 23. November 1962: „Die Italiener in Wolfsburg haben Heimweh".

Süddeutsche Zeitung, 9. März 1963: „Ist die Polizei gegen Ausländer machtlos?"

Ther, Philipp (1998), *Deutsche und polnische Vertriebene. Gesellschaft und Vertriebenenpolitik in der SBZ/DDR und in Polen 1945-1956*, Göttingen.

Thomä-Venske, Hanns (1990), „Notizen zur Situation der Ausländer in der DDR", *Zeitschrift für Ausländerrecht* (ZAR), Jg. 10, H. 3, S. 125-131.

Thomas, Fritz (1950), *Das Recht der Vertriebenen. Von den Flüchtlingsgesetzen der Länder zum Bundes-Vertriebenengesetz*, Dortmund.

Tilly, Charles (1990), „Transplanted Networks", in: Virginia Yans-McLaughlin (Hg.), *Immigration Reconsidered. History, Sociology, and Politics*, New York, S. 79-95.

Tolksdorf, Ulrich (1990), „Phasen der kulturellen Integration bei Flüchtlingen und Aussiedlern", in: Klaus J. Bade (Hg.), *Neue Heimat im Westen*, Münster, S. 106-127.

Treibel, Annette (1988), *Engagement und Distanzierung in der westdeutschen Ausländerforschung*, Stuttgart.

Treibel, Annette (1990), *Migration in modernen Gesellschaften. Soziale Folgen von Einwanderung und Gastarbeit*, Weinheim, München.

Treibel, Annette (1999), *Migration in modernen Gesellschaften. Soziale Folgen von Einwanderung, Gastarbeit und Flucht*, 2., völlig neu bearbeitete und erweiterte Auflage, Weinheim/München.

Treibel, Annette/Schöttes, Martina (1998), „Frauen – Flucht – Migration. Wanderungsmotive von Frauen und Aufnahmesituationen in Deutschland", in: Ludger Pries (Hg.), *Transnationale Migration*, Soziale Welt Sonderband 12, Baden-Baden, S. 85-117.

Tröger, Annemarie (1987), „German Women's Memories of World War II", in: Margaret R. Higonnet (Hg.), *Behind the Lines. Gender and the two World Wars*, New Haven/London, S. 285-299.

Tübinger Brief, Jg. 8, Nr. 3/4/62: „Wohnheime der Adam Opel AG in Rüsselsheim".

Tübinger Brief, Jg. 11, Nr. 5/65, S. 119-123: „Jahresbericht 1964 der Gesamtleitung der Opel-Wohnheime in Rüsselsheim".

Tübinger Brief, Jg. 13, Nr. 9/67, S. 211-214: „Rüsselsheim. Jahresbericht 1966 des JSW in den Opel-Wohnheimen".

Tuchel, Johannes (1994), *Die Inspektion der Konzentrationslager 1938-1945. Das System des Terrors*, Berlin.

Urban, Thomas (1994), *Deutsche in Polen. Geschichte und Gegenwart einer Minderheit*, 2. Aufl., München.

Ursachen für die besondere Entwicklung auf dem Teilarbeitsmarkt für Frauen, in: *Amtliche Nachrichten der Bundesanstalt für Arbeit*, Nr. 12/1970, S. 904-911.

Vierhaus, Rudolf (1995), „Die Rekonstruktion historischer Lebenswelten. Probleme moderner Kulturgeschichtsschreibung", in: Hartmut Lehmann (Hg.), *Wege zu einer neuen Kulturgeschichte*, Göttingen, S. 7-28.

Viewegh, Thomas (1998), „Die Plassenburg – ein Vorzeigelager?", in: Rudolf Endres (Hg.), *Bayerns vierter Stamm. Die Integration der Flüchtlinge und Vertriebenen nach 1945*, Köln/Weimar/Wien, S. 21-53.

Volkmann, Rolf (1998), *Das Flüchtlingslager Mariental (1945-1947) und die Vertriebenentransporte aus Schlesien (1946-1947). Ein Beitrag zur Nachkriegsgeschichte der Gemeinde Mariental und des Landkreises Helmstedt*, Mariental.

Wagner, Helmut (1956), *Die Heimatvertriebenen und Sowjetzonenflüchtlinge in Rheinland-Pfalz*, Berlin.

Waldmann, Peter (1979), „Die Eingliederung der ostdeutschen Vertriebenen in die westdeutsche Gesellschaft", in: Josef Becker u.a. (Hg.), *Vorgeschichte der Bundesrepublik Deutschland. Zwischen Kapitulation und Grundgesetz*, München, S. 163-192.

Wallraff, Günter (1985), *Ganz unten*, Köln.

Warnecke, Peter (1998), *Nationalsozialistische Konzentrations- und Vernichtungslager im Spiegel deutschsprachiger Printmedien. Eine Bibliographie*, Bielefeld.

Weicken, Helmuth (1961), „Anwerbung und Vermittlung italienischer, spanischer und griechischer Arbeitskräfte im Rahmen bilateraler Anwerbevereinbarungen", in: Hessisches Institut für Betriebswirtschaft (Hg.), *Ausländische Arbeitskräfte in Deutschland*, Düsseldorf, S. 9-43.

Weißmann, Günter (1966), *Ausländergesetz*, Kommentar, Berlin.

Wember, Heiner (1991), *Umerziehung im Lager. Internierung und Bestrafung von Nationalsozialisten in der britischen Besatzungszone Deutschlands*, Essen.

Wendler, Wilfried (1996), *Ein Leben in Angst. Die vietnamesischen Vertragsarbeitnehmer der ehemaligen DDR*, (Ms.), hrsg. von der Gemeinschaft deutscher und vietnamesischer Bürgerinnen.

Wennemann, Adolf (1997), *Arbeit im Norden. Italiener in Rheinland und Westfalen des späten 19. und frühen 20. Jahrhundert*, Osnabrück.

Werk und Wir (Werkszeitschrift der Hoesch Werke AG), verschiedene Jahrgänge.

Wilmes, Julia (1997), *Die sowjetischen Speziallager im Spannungsfeld von Besatzungspolitik, Entnazifizierung und Herrschaftssicherung*, Berlin.

Wilpert, Czarina (1992), „The Use of Social Networks in Turkish Migration to Germany", in: Mary M. Kritz/Lim L. Lin/Hania Zlotnik (Hg.), *International Migration Systems*, London, S. 177-189.

Windaus-Walser, Karin (1988), „Gnade der weiblichen Geburt? Zum Umgang der Frauenforschung mit Nationalsozialismus und Antisemitismus", *Feministische Studien*, Jg. 6, H. 1, S. 102-117.

Wiśniewski, Zenon (1992), „Aus Polen – nach Deutschland. Zahlenmäßige Entwicklung und Integrationsprobleme der Aussiedler", *Osteuropa*, Jg. 42, H. 2, S. 160-170.

Wippermann, Wolfgang (1999), *Konzentrationslager. Geschichte, Nachgeschichte, Gedenken*, Berlin.

Wirtschaft und Statistik (1951), „Die Ausländer im Bundesgebiet", Nr. 8, S. 313-315, 965f.

Wirtschaft und Statistik (1964), „Die Ausländer im Bundesgebiet", Nr. 11, S. 645-650.

Wirtschaft und Statistik (1964), „Die Erwerbstätigkeit von Frauen und Müttern und die Betreuung ihrer Kinder", Nr. 8, S. 444-456.

Wirtschaft und Statistik (1973), „Erwerbstätigkeit der Ausländer im Vergleich zur deutschen Erwerbsbevölkerung", Nr.11, S. 643.

Wisotzki, Elisabeth (1992), *Die Überlebensstrategien der rußlanddeutschen Mennoniten*, Diss., Bonn.

Wittek, Herbert/Barcikowski, Rainer (1984), „Mobilisierung zur Gegenwehr", in: Walter Gruber/Peter Sörgel (Hg.) (1984), *Stahl ohne Zukunft? Der Überlebenskampf in den Revieren*, Hamburg, S. 139-150.

Wolfsburger Allgemeine Zeitung, 18. Februar 1962: „Arrivederci Wolfsburg. Geschenkberge und dicke Brieftaschen. Werden sie zum VW-Werk zurückkehren?".

Wolfsburger Allgemeine Zeitung, 6. November 1962: „Wilder Streik im Wolfsburger Italienerdorf".

Wolfsburger Allgemeine Zeitung, 20./21. November 1971: „Integration".

Wolfsburger Nachrichten, 27. Oktober 1962: „3800 Italiener wohnen im Wolfsburger ‚Klein-Napoli'".

Wolfsburger Nachrichten, 6. November 1962: „Im Italienerdorf erregten sich die Gemüter".

Wuppermann, G. Theodor (1985), „Strukturmaßnahmen und technische Konzepte in Unternehmen der deutschen Stahlindustrie", in: *Stahl und Eisen* 105, S. 25-28.

Wyman, Mark (1998), *DPs. Europe's displaced persons, 1945-1951*, Ithaca/New York.

Yano, Hisashi (1998), „Wir sind benötigt, aber nicht erwünscht". Zur Geschichte der ausländischen Arbeitnehmer in der Frühphase der Bundesrepublik", in: Aytaç Eryilmaz/ Mathilde Jamin (Hg.), *Fremde Heimat. Eine Geschichte der Einwanderung aus der Türkei*, Essen, S. 39-55.

Zeidler, Manfred (1996), *Kriegsende im Osten. Die Rote Armee und die Besetzung Deutschlands östlich von Oder und Neiße 1944/45*, München.

Zenter, Kurt (Hg.) (1954), *Aufstieg aus dem Nichts. Deutschland von 1945 bis 1953. Eine Soziographie in zwei Bänden*, Köln/Berlin.

Zentrum für Türkeistudien (1998), *Deutsch-türkische Ehen und Kinder aus diesen Ehen in Deutschland*, unveröffentlichte Untersuchung, bearbeitet von Yunus Ulusoy und Nesrin Çalagan, Essen.

Zieris, Ernst/Becker, Alois/Koenen, Reiner (1973), *Betriebsunterkünfte für ausländische Mitbürger in Nordrhein-Westfalen*, Opladen.

Zurhausen, Guido (1988), „Die Aufbaugemeinschaft. Ein Sonderfall für Kirche und Staat", in: Stadt Espelkamp u.a. (Hg.), *Espelkamp – eine Idee wird zur Stadt. 40 Jahre Geschichte einer Stadt (1948-1988)*, Espelkamp, S. 99-111.

Zu den Autorinnen und Autoren

Volker Ackermann, Prof. Dr., geb. 1959, Historiker, zur Zeit im nordrhein-westfälischen Hauptstaatsarchiv, zugleich Lehraufträge an der Heinrich-Heine-Universität Düsseldorf.

Wichtigste Veröffentlichungen: „Nationale Totenfeiern in Deutschland. Von Wilhelm I. bis Franz Josef Strauß. Eine Studie zur politischen Semiotik." Stuttgart 1990; „Der ‚echte' Flüchtling. Deutsche Vertriebene und Flüchtlinge aus der DDR 1945-1961", Osnabrück 1995; „Die nicht ausgebliebene Radikalisierung. Jugendliche Flüchtlinge nach dem Bau der Berliner Mauer und der Studentenrevolte 1968" in: Thomas Grosser/Sylvia Schaut (Hg.) „Die Flüchtlingsfrage in der deutschen Nachkriegsgesellschaft", Mannheim 1996, S. 329-348.

Mathias Beer, Dr. phil., geb. 1957, Historiker, Leiter des Forschungsbereichs Zeitgeschichte am Institut für donauschwäbische Geschichte und Landeskunde Tübingen, Lehrbeauftragter an der Geschichtswissenschaftlichen Fakultät der Eberhard-Karls-Universität Tübingen. Arbeitet gegenwärtig an einer Studie mit dem Titel „Das Bundesministerium für Vertriebene, Flüchtlinge und Kriegsgeschädigte. Integration, Politik und Verwaltung in den beiden ersten Jahrzehnten der Bundesrepublik".

Forschungsschwerpunkte: Geschichte des späten Mittelalters und der frühen Neuzeit, des Dritten Reiches und zur Nachkriegsgeschichte, zu Themen der Familien-, Mentalitäts-, Verwaltungs-, Politik-, Wissenschafts- und Migrationsgeschichte.

Sandra Gruner-Domić, Diplom-Ethnologin, geb. 1966 in La Paz (Bolivien). Zur Zeit Doktorandin am Institut für Europäische Ethnologie an der Humboldt-Universität Berlin mit dem Thema: Fremdheit und Identität am Beispiel von Lateinamerikanerinnen in Berlin". Veröffentlichungen: Kubanische Arbeitskräftemigration in die DDR 1978-1989. Das Arbeitskräfteabkommen Kuba – DDR und dessen Realisierung, Berlin 1997; sowie Artikel zur Arbeitskräftemigration in der DDR, zum Rassismus in der Migration und zu den Auswirkungen von Koka-Substitutionsprogrammen auf bolivianische Bauern.

Sonja Haug, Diplom-Soziologin ist seit August 1996 wissenschaftliche Mitarbeiterin am Mannheimer Zentrum für Europäische Sozialforschung (MZES), Universität Mannheim, im Projekt Soziales Kapital und Migration. Sie hat in Mannheim Soziologie, Psychologie und Wissenschaftstheorie studiert. Danach war sie für ein Jahr am Institut für Sozialforschung der Universität Stuttgart beschäftigt. Ihre kürzlich fertiggestellte Doktorarbeit behandelt das Thema Soziales Kapital, Migrationsentscheidungen und Kettenmigrationsprozesse. Das Beispiel der italienischen Migranten in Deutschland.

Mathilde Jamin, Dr. phil., geb. 1948, Studium der Geschichte und Germanistik in Bochum und Heidelberg, 1982 Promotion in Bochum bei Hans Mommsen mit der Arbeit „Zwischen den Klassen. Zur Sozialstruktur der SA-Führerschaft" (Wuppertal 1984), seit 1984 Historikerin am Ruhrlandmuseum Essen.

Heinke M. Kalinke, Dr. phil., geb. 1965 in Wolfenbüttel. In Göttingen Studium von Volkskunde, Mediävistik und Neuerer deutscher Literaturwissenschaft. 1992 Magisterarbeit über die Ernährungslage in Deutschland nach 1945, 1997 Promotion über die Lebenswege und -geschichten, Erfahrungen und Mentalitäten von Frauen in und aus Oberschlesien. Seit Februar 1998 wissenschaftliche Mitarbeiterin am Johannes-Künzig-Institut für ostdeutsche Volkskunde in Freiburg/Br. Forschungsschwerpunkte: Biographie-, Frauen- und Migrationsforschung, Ostmitteleuropa (Polen), Sozialgeschichte des 19. Jahrhunderts.

Monika Mattes, M.A., Historikerin, Studium der Neueren Geschichte, Osteuropäischen Geschichte und Romanistik in Freiburg, Lyon und Berlin; Dissertationsprojekt zu Arbeitsmigrantinnen und geschlechtsspezifischen Arbeitsmarkt in der Bundesrepublik 1955-1973; Veröffentlichungen: Vom Ich der Küche zum Wir des Kollektivs. Hausfrauenbrigaden in der DDR 1958-61, in: 1999. Zeitschrift für Sozialgeschichte des 20. und 21. Jahrhunderts, 11 (1996), H. 2, S. 36-61; Zusammen mit Rainer Hohlfeld: Wissenschaftsplanung und Kaderpolitik in der DDR unter besonderer Berücksichigung der ideologischen Steuerung in den Naturwissenschaften (erscheint 1999 in einem von der Enquete-Kommission des Deutschen Bundestages herausgegebenen Band).

Motte, Jan, M.A., Historiker und wissenschaftlicher Mitarbeiter des Landeszentrums für Zuwanderung NRW in Solingen. Langjährige Tätigkeit bei der Geschichtswerkstatt Göttingen e.V. Mitarbeit bei mehreren lokal- und alltagsgeschichtlichen Projekten zu den Themen „Migration" und „Nationalsozialismus". 1994 bis 1996 Mitarbeiter bei einem Projekt zur Arbeiter- und Industriegeschichte des 19. Jahrhunderts am Max-Planck-Institut für Geschichte in Göttingen.

Laufendes Dissertationsprojekt zur Sozial- und Alltagsgeschichte der Arbeitsmigration aus der Türkei. Zuletzt Mitherausgeber des Bandes „Angeworben – eingewandert – abgeschoben. Ein anderer Blick auf die Einwanderungsgesellschaft Bundesrepublik Deutschland" (Münster 1999).

Livia Novi, geboren 1965 in Rom, lebt seit 10 Jahren in Deutschland, wo sie ihr Studium in den Fächern Geschichte und Literaturwissenschaft mit einer Magisterarbeit zur deutsch-italienischen Anwerbevereinbarung von 1955 beendet hat. Sie arbeitet seit 1996 an ihrer Dissertation, die vom Land Niedersachsen gefördert wird.

Hannelore Oberpenning, Dr. phil., geb. 1960, Wiss. Assistentin (Neueste Geschichte), Institut für Migrationsforschung und Interkulturelle Studien (IMIS), Universität Osnabrück; assoziiertes Mitglied des IMIS; Publikationen unter anderem zur historischen Migrationsforschung, zur Wirtschafts-, Sozial- und Kulturgeschichte sowie zur historischen Regionalforschung.

Ohliger, Rainer, M.A., geb. 1967, Historiker, Studium der Geschichtswissenschaft, Betriebswirtschaft und Demographie an der Albert-Ludwigs-Universität Freiburg und der University of Michigan, Ann Arbor, wissenschaftlicher Mitarbeiter in der Forschergruppe Gesellschaftsvergleich an der Humboldt-Universität zu Berlin. Veröffentlichungen zur Migrationsgeschichte, Forschungsschwerpunkte: Historische Migration, Ethnizität, Geschichte und Gegenwart ethnischer Minderheiten in Europa.

Oswald, Anne von, Dr. phil, geb. 1963, Historikerin, Studium der Geschichtswissenschaft, Soziologie und Politikwissenschaft in Italien, wissenschaftliche Mitarbeiterin der Arbeitsstelle für Wirtschafts- und Sozialgeschichte der Freien Universität Berlin. Veröffentlichungen zur jüngeren deutschen und italienischen Wirtschaftsgeschichte, Schwerpunkt Unternehmensgeschichte. Neuester Arbeitsschwerpunkt: Geschichte der Arbeitsmigration in der Bundesrepublik.

Edith Pichler, Dr. phil., geb. 1960 in Bozen und aufgewachsen im Cles (Trentino), Studium der Politikwissenschaft und Promotion am Otto-Suhr Institut der Freien Universität Berlin, wissenschaftliche Mitarbeiterin am Berliner Institut für Vergleichende Sozialforschung. Dort arbeitete sie zu den Themen Minderheiten, Regionalismus, und Migration. Seit 1997 ist sie am Institut für Sozialwissenschaften an der Humboldt-Universität als verantwortliche Mitarbeiterin im Projekt Symbolische Exklusion beschäftigt.

Andrea Schmelz, Dr. phil., Historikerin und Sozialwissenschaftlerin, Berlin, promovierte zum Thema „Migration und Politik im geteilten Deutschland" an der HU Berlin. Ihre Forschungsschwerpunkte liegen unter anderem im Bereich Politik und Geschichte der Migration im 20. Jahrhundert und Vergangenheitspolitik im internationalen Vergleich. Sie arbeitet an einem Forschungsvorhaben zu „Affirmative Action, Race, Gender: Chancen und Grenzen der Gleichstellungs- und Antidiskriminierungspolitik in Südafrika".

Barbara Schmidt, geb. 1967, studierte Geschichte und Germanistik und ist Mitarbeiterin beim Akademischen Auslandsamt der Philipps-Universität Marburg. Sie arbeitet zur Zeit an einer sozialhistorischen Dissertation zu den Anfängen der Arbeitsmigration in die Bundesrepublik mit dem regionalen Schwerpunkt Südhessen.

Karen Schönwälder, geb. 1959, Promotion 1990 mit einer Arbeit über die Geschichtswissenschaft im Nationalsozialismus, wissenschaftliche Angestellte an der Philipps-Universität Marburg, dann Dozentin an der University of London, zur Zeit Habilitandenstipendium der DFG für eine vergleichende Studie zum Umgang der bundesdeutschen und der britischen Gesellschaft mit den Einwanderungsprozessen der Nachkriegszeit. Buch- und Zeitschriftenveröffentlichungen zu Migration und Minderheitenpolitik, zur deutschen Geschichtswissenschaft und zu Themen deutscher und britischer Politik.

Abbildungen

Einband: *Italienische „Gastarbeiter" der VW-Werke im Wolfsburg überweisen einen Teil ihres Lohns an ihre Familien in Italien, 1962.*
© Bildarchiv Preußischer Kulturbesitz, Berlin, Foto Benno Wundshammer

Campus Soziologie

Rainer Münz,
Wolfgang Seifert, Ralf Ulrich
Zuwanderung nach Deutschland
Strukturen, Wirkungen, Perspektiven
2. Auflage, 1999. Ca. 210 Seiten
ISBN 3-593-36374-7

Deutschland ist seit der Nachkriegszeit zu einem der weltweit wichtigsten Einwanderungsländer geworden. Die Autoren untersuchen die Ursachen der Zuwanderung von Vertriebenen, Gastarbeitern, Aussiedlern und Asylbewerbern, analysieren die Sozialstruktur dieser Gruppen und zeigen Perspektiven für ihre Integration auf. Darüber hinaus plädiert das Buch dafür, dass die dauerhaft hier lebenden Ausländer tatsächlich deutsche Staatsbürger werden sollen.

Ulrike Davy, Dilek Cinar
Die Integration von Einwanderern
Rechtliche Regelungen im europäischen Vergleich
1999. Ca. 500 Seiten
ISBN 3-593-36336-4

In dieser vergleichenden Studie wird der Prozess der rechtlichen Integration vom Zeitpunkt der Zuwanderung bis zum Erwerb der Staatsbürgerschaft des Aufnahmelandes für drei Gruppen von ausländischen Staatsangehörigen nachgezeichnet: für unselbständig Beschäftigte, für Familienangehörige und für im Inland geborene Kinder und Jugendliche mit ausländischer Staatsangehörigkeit. Die Untersuchung konzentriert sich auf die Hauptzielländer der Nachkriegsmigration: Belgien, Deutschland, Frankreich, Großbritannien, die Niederlande, Österreich und die Schweiz.

Campus Verlag · Frankfurt/New York

Campus Soziologie

Jörn Rüsen,
Hanna Leitgeb, Norbert Jegelka (Hg.)
Zukunftsentwürfe
Ideen für eine Kultur der Veränderung
1999. 325 Seiten, gb.
ISBN 3-593-36329-1

Am Ende des Jahrtausends geht das Wort von der Zeitenwende um. Das 21. Jahrhundert wird zur Projektionsfläche unterschiedlichster Verheißungen und Visionen. Zugleich sind einst verbindliche Ideologien und Utopien fraglich geworden oder ganz zerfallen. Die Einheit des Wissens und Deutens ist zersplittert in die Vielfalt verschiedenster Interpretationen, doch das Bedürfnis nach Orientierung ist unverändert groß. In dieser Situation denken namhafte Autorinnen und Autoren über die Grundlagen und Optionen einer sinnvollen Zukunftsgestaltung nach. Sie beschreiben und analysieren aktuelle Probleme unserer Kultur: wachsende Gewaltpotentiale, unkontrollierte Wirtschaftsprozesse, menschlichen Selbstverlust, zunehmende biologische Verfügbarkeit über die menschliche Natur, Konflikte zwischen den Zivilisationen und die Unbewohnbarkeit der Erde. Die Diskussion über mögliche Veränderungskräfte und Alternativen menschlichen Lebens gehen dabei weit über die pragmatischen Ansätze und Grenzen der Einzeldisziplinen hinaus.

Campus Verlag · Frankfurt/New York